"一带一路"
经济发展报告

国家开发银行
联合国开发计划署　著
北　京　大　学

中国社会科学出版社

图书在版编目（CIP）数据

"一带一路"经济发展报告/国家开发银行，联合国开发计划署，北京大学著.—北京：中国社会科学出版社，2017.12
ISBN 978 - 7 - 5203 - 1743 - 6

Ⅰ.①一… Ⅱ.①国…②联…③北… Ⅲ.①"一带一路"—区域经济合作—经济发展—研究报告 Ⅳ.①F125

中国版本图书馆 CIP 数据核字（2017）第 306260 号

出 版 人　赵剑英
责任编辑　卢小生
责任校对　周晓东
责任印制　王　超

出　　　版　中国社会科学出版社
社　　　址　北京鼓楼西大街甲 158 号
邮　　　编　100720
网　　　址　http：//www.csspw.cn
发 行 部　010 - 84083685
门 市 部　010 - 84029450
经　　　销　新华书店及其他书店

印刷装订　北京君升印刷有限公司
版　　　次　2017 年 12 月第 1 版
印　　　次　2017 年 12 月第 1 次印刷

开　　　本　710×1000　1/16
印　　　张　27.5
插　　　页　2
字　　　数　465 千字
定　　　价　110.00 元

《"一带一路"经济发展报告》编委会

免责声明

此出版物所述观点不作为发布机构的政策执行依据。发布机构已尽可能确保本出版物数据的准确、无误，但不为因数据使用所导致的任何后果承担责任。

Disclaimer

The views expressed in this publication are those of the authors and do not necessarily reflect the views and policies of the UN/UNDP. UN/UNDP does not guarantee the accuracy of the data included in this publication and accepts no responsibility for any consequence of their use. By making any designation of or reference to a particular territory or geographic area, or by using the term "country" in this document, UN/UNDP does not intend to make any judgments as to the legal or other status of any territory or area.

免责声明

此出版物所述观点概不代表联合国或联合国开发计划署的政策和观点。联合国、联合国开发计划署不保证本出版物数据的准确、无误，也不为因数据使用所导致的任何后果承担责任。如出版物包含任何地图，其反映的形式和内容不在任何程度和方面表达或暗示联合国或联合国开发计划署对于任何国家、地域、城市或地区的法律地位或合法性，或者其版图及边界划分的立场和观点。

序　一

国家开发银行、联合国开发计划署（UNDP）和北京大学联合编制的《"一带一路"经济发展报告》即将公开发布，这体现了国家开发银行服务国家发展、助力"一带一路"的不懈努力，展示了国内外高端智库携手合作、提升中国研究软实力、实现知识分享的良好夙愿。

2016年9月，国家发展和改革委员会代表中国政府同联合国开发计划署签订了《共同推进"一带一路"建设谅解备忘录》，这是中国政府与国际组织签署的第一份政府间共建"一带一路"谅解备忘录，是国际组织参与"一带一路"建设的一大创新。在2017年5月14日高峰论坛期间，双方在备忘录基础上正式签订了《共同推进"一带一路"建设行动计划》。《"一带一路"经济发展报告》就是该行动计划的一项重要成果。报告以"一带一路"为整体进行经济发展分析，全面覆盖"一带一路"沿线国家，结合"一带一路"建设要求，对法律、政策、基础设施、规划、项目、金融、贸易、外交等内容开展专题研究。报告以历史和全球的视角挖掘出全球价值以及各国经济发展的内在联系，准确把握全球价值链从"中心—边缘"的单循环向"双环流"方向的转变趋势，从理论层面论证了"一带一路"倡议的经济逻辑。

随着中国国际合作的日益广泛深入，中国凭借着庞大的制造能力和产业配套能力、适中的技术标准和技术水平、雄厚的外汇储备和资源调动能力，通过广泛的经济合作和产业布局，越来越成为链接发达国家与亚非拉欠发达国家的枢纽，在中间品和最终消费品之间起到了国际贸易流动关键节点的作用。在全球价值双环流架构下，"一带一路"倡议可以有效对接各国的发展模式和产业梯度，能够充分发挥不同位势国家的比较优势，实现多层次、宽领域的区域经贸合作，促进多边利益最大化。

习近平主席在"一带一路"高峰论坛期间宣布国家开发银行将为"一带一路"沿线国家提供2500亿元等值人民币专项贷款，突出了开发性金融的重要作用。国家开发银行作为中国最大的对外投融资合作银行，在推动建设、拉动区域经济发展方面发挥了主力银行作用。国家开发银行依托国家信用，通过筹集长期稳定的金融资金，匹配"一带一路"重大项目的中长期资金需求。截至 2017 年上半年，中家开发银行融资支持"一带一路"沿线国家累计承诺贷款 2277 亿美元，发放贷款 1682 亿美元，国际业务余额 1138 亿美元，占国家开发银行国际业务贷款余额的 35%。在融智与智库建设方面，创造性地将"规划先行"的发展理念融入国际业务中，主动对接项目所在国或地区的发展规划，孵化和开发项目，实现经济可持续发展。通过双边、多边金融合作，以及与世界银行、长期投资者俱乐部、联合国开发计划署等国际机构开展智库联盟、知识分享等合作，用国际语言为"一带一路"沿线国家讲述中国故事，分享中国经验。

实践证明，开发性金融作为连接政府和市场的桥梁，在帮助项目所在国实现金融发展目标和经济社会发展目标、缓解经济社会发展的"瓶颈"制约、维护国家的金融稳定、增强经济竞争力和合作国造血功能等方面发挥了重要的作用。国家开发展银行有意愿、有能力服务好"一带一路"建设，共商、共享、共建人类美好社会也是国家开发展银行开展国际业务的立足点和出发点。

2016 年下半年，国家开发银行启动了《"一带一路"经济发展报告》的研究和编写工作，在国家发展和改革委员会的指导下，国家开发银行研究院会同总行相关局、各分行组成了研究小组，与北京大学和联合国开发计划署密切合作，历时一年，最终形成了这份报告。希望本报告的发布，能够为"一带一路"建设提供必要的、有效的理论和智力支撑。知识推动发展，未来我们将继续加强同国际组织在政策、机制等方面的沟通协作，通过知识产品的分享与务实的项目合作，推动"一带一路"倡议行稳致远，同沿线国家共同迈向更加美好的未来！

国家开发银行董事长

2017 年 11 月

序　二

　　2015 年，联合国 193 个成员国全体通过了 17 个可持续发展目标，呼吁全球经济在 2030 年之前迈上可持续发展道路。可持续发展目标作为普适倡议，旨在消除贫困，保护环境，确保人人享有和平与富足。世界需要强大的领导力，才能真正实现减贫、经济增长和环境可持续等事关民众福祉的重大目标。政府、公民和商业及社会各界，都应积极行动，共同促进变革，支持可持续发展目标的实现。

　　2013 年，中国提出"一带一路"倡议。该倡议横跨亚洲、欧洲和非洲，涉及全球至少一半人口，将为世界贡献 1/4 的包括货物和服务在内的海陆经济产出。随着"一带一路"倡议在拉动基础设施建设等方面的早期收益日渐凸显，该倡议在产生发展红利、加速推进可持续发展目标的早日实现等方面，也具有巨大的潜力。

　　2016 年 9 月联合国大会期间，联合国开发计划署与中国政府签署了一份《共同推进"一带一路"建设谅解备忘录》。2017 年 5 月 15 日"一带一路"国际合作高峰论坛期间，联合国开发计划署与中国政府签署了《共同推进"一带一路"建设行动计划》。同期，联合国开发计划署与作为该行动计划中方执行方的中国国家开发银行签署了一份联合声明，正式开展合作。上述战略伙伴框架的搭建，体现了联合国开发计划署在有效助力"一带一路"倡议实现可持续发展和联合国《2030 年可持续发展议程》方面的强劲决心。

　　《"一带一路"经济发展报告》由联合国开发计划署、中国国家开发银行和北京大学联合撰写，直面"一带一路"倡议的复杂性，旨在提供一种理论框架，以便分析、评估该倡议对相关国家和地区发展所产生的影响。本报告有一个关键假设，即基于一种共同愿景，"一带一路"倡议能够构建出一种以长远目标为导向且兼具可持续性的经济增长模式。在该模式下，可持续发展目标能够发挥核心作用，助力共建"一带一路"

发展进程,切实促进经济繁荣。

本报告重点分析了"一带一路"沿线有关国家和地区的经济结构,并深入讨论了其在产能、融资和人力资本发展等领域的合作潜力。报告指出,尽管一些国家和地区的经济发展差异较大,但仍然可以在共建"一带一路"过程中,在经济和社会领域展开深度合作,互补长短,实现多赢。这些合作将对全球经济治理和可持续发展产生深远的影响。

我们都充分认识到互联互通在国际发展中的重要作用,希望借用联合撰写本报告的机会,向"一带一路"倡议建言献策。在推动"一带一路"倡议实现可持续发展成果过程中,我们共同努力,并深感荣幸。本报告关注个人和机构层面的利益相关方,希望能抛砖引玉,提供切实可靠的政策建议,激发"一带一路"倡议的深度讨论与务实合作。

罗世礼(Nicholas Rosellini)

联合国驻华系统协调员

联合国开发计划署驻华代表

摘　　要

　　当前，寻求包容及可持续的全球治理体系已经成为国际社会的主要诉求。2015 年，联合国成员国一致通过并采纳了《2030 年可持续发展议程》，承诺在未来 15 年实现 17 个可持续发展目标。由此，国际社会的发展翻开了历史的新篇章，聚焦于经济、社会和环境领域系统、均衡和协调发展。在此议程的指导下，所有国家，不论是穷国、富国和中等收入国家，都将以人为本，致力于进一步消除一切形式的贫困，实施相关措施以促进经济增长，创造体面的就业机会，满足教育、卫生、社会保护等社会需求，以及应对气候变化。

　　回顾过去 70 年，人类社会取得了长足的进步，这得益于第二次世界大战以后建立的一整套贸易、金融及发展合作的制度体系。然而，当今世界经济格局正在发生深刻的变化。在全球经济疲软，国际金融市场频繁动荡和全球贸易投资持续低迷的态势下，新兴市场国家和发展中国家根据自身资源禀赋的优势，通过参与全球产业链、价值链和供应链，抓住全球化的机遇，对全球经济增长贡献已经达到 80%。与此同时，新一轮产业和技术革命正在兴起，将对生产、消费及财富分配方式产生更加深远的影响。然而，全球目前仍有 8.36 亿人处于极端贫穷，最富有的 1% 的人口拥有的财富超过其余 99% 的人口的财富总和。

　　这些趋势反映出了全球发展亟待解决的问题。如何变革现有的全球治理体系，使其更准确地反映国际经济力量的变动，更公正合理地表达发展中国家在后 2015 的发展诉求，以及更有效地解决国际社会面临的共同挑战，成为当今发展领域热议的话题。《2030 年可持续发展议程》的提出正是国际体系顺应时代发展，不断创新和完善的产物。要实现可持续发展目标需要各个部门，尤其是私营部门的参与，以及各个层级领导力的支持。这不仅是国家层面的愿景和行动，更需要区域的协作和互动。同时，实现可持续发展目标加重了世界各国对发展融资的进一步需求。

例如，根据亚洲开发银行的预测，在未来十年内，仅亚洲每年就需要新增投入 82000 亿美元的基础设施资金。

无疑，"一带一路"倡议（The Belt and Road Initiative，BRI），即"丝绸之路经济带"和"21 世纪海上丝绸之路"的提出为《2030 年可持续发展议程》的执行提供了有效助力。以政策、基础设施、贸易、资金及民心五个层面的互联互通为基础，"一带一路"倡议旨在构建互利合作网络，共创新型合作模式，打造多元合作平台，为世界经济增长提供新的动力，为全球提供新型公共产品和更丰富的融资手段。以打造绿色、健康、智力以及和平丝绸之路为首要任务，"一带一路"倡议有潜力为世界诸多国家提供多方面的发展红利，建设开放、联动和更具包容性的世界经济。

诚然，"一带一路"倡议是中国推进全球治理体系改革的初步探索，也是中国更深层次参与经济全球化的必然途径。在过去的 30 年，中国自身经过不断地改革和开放，一跃成为世界第二大经济体。根据国际货币基金组织的估算，2016 年中国对世界经济增长的贡献为 39%，比 2015 年上涨 14.2 个百分点。在经济水平提高的同时，中国人类发展水平也得到了显著的改善。2014 年，中国人类发展指数达到了 0.73，在 188 个国家和地区中列第 90 位，已进入高人类发展水平国家组。因此，中国经济社会发展的经验可为其他发展中国家所借鉴。通过"一带一路"倡议，中国希望与世界各国互相学习、取长补短、互诉发展需求和面临的"瓶颈"，互相切磋各项政策措施的利弊，以共同商讨互利共赢、可持续的远景发展规划，共同制定全球治理的新规则。

值得注意的是，中国经济发展也正在面临着模式和结构上的重大调整。供给侧结构性改革迫在眉睫，以期实现产业升级，发展先进制造业，有效扩大需求和保护生态环境。在此背景下，"一带一路"倡议的提出，不仅是对"后 2015 区域合作和全球治理体系变革"的展望，也为中国重新审视和制定自身发展的策略提供了历史的机遇。

然而，"一带一路"倡议的要义是什么？"一带一路"沿线国家的经济脉络、贸易和投资格局、政治体系、文化传统等是什么？国家和区域之间可以通过怎样的机制和途径为世界经济发展做出进一步的贡献？中国等新兴经济体又可在其中扮演怎样的角色？这些问题在现阶段倡议提出的初期，都值得深入思考，以进一步明确国际分工和合作为实现联动式发展的具体目标和任务。

针对上述问题，本书紧紧围绕经济发展，对"一带一路"沿线国家进行了分析和研究。意在将沿线国家作为一个整体，从产业梯度分析、贸易依存度及互补性等视角，透视沿线国家的经济互补性和产能合作的可能性，探索"一带一路"倡议实施的理论基础。本书的突出特点在于实时监测和记录"一带一路"沿线国家的各项数据信息，通过"五通"指数，对各国的投资规模、导向及方式，金融市场及风险，人文交流，"一带一路"重点项目等方面进行全面的分析，为相关政策制定和合作项目的确定提供实时可靠的理论和信息依据。

本书就经济贸易的双环流理论进行了专门阐述。当今世界贸易格局呈现出双环流的特点，以中国等新兴经济体为枢纽，承接着南北及南南两个生产要素的经济环流。由于"一带一路"沿线国家经济发展水平参差不齐，各自资源禀赋各异，工业化阶段处在不同阶段，形成三种不同的产业梯度，即技术密集与高附加值产业（工业化后期国家）、资本密集型产业（工业化中期国家）及劳动密集型产业（工业化初期国家）。"一带一路"有潜力推动产业在不同梯度国家的转移，使各国相互拉动，贸易形成互补，实现价值链双环流上的产业协同。进一步讲，这将促进"一带一路"倡议框架下的国际产能合作。这不仅包含狭义的工业生产能力，更涵盖了技术、管理制度、标准等"软实力"的跨国合作，有利于扩大世界范围内的生产可能性边界。

本书还重点论述了"一带一路"倡议的中国对外投资问题。当前，"一带一路"沿线国家已成为中国对外投资的主要目的地。对外投资从睦邻友好国家逐步拓展，呈现包括能源、交通、矿产、制造、房地产、金融等各领域的多元化投资模式。与此同时，沿线国家资金融通效果显著，在金融监管合作、国际多边开发性金融机构的成立和运行（如亚洲基础设施投资银行、新开发银行、丝路基金）、人民币国际化进程等方面均有体现。不仅如此，国际产能合作和基础设施建设都已有条不紊地逐步开展。六大经济走廊的推进正在沿线各国以不同程度展开。国有企业携手民营企业，逐步迈向国际的舞台，以公私合营（PPP）、境外经贸区等多种方式促进包括纺织、家电、钢铁水泥、高铁轨道、通信设备等多种优势产业的跨国合作。更值得一提的是，"一带一路"沿线国家在科技、教育、卫生、民间智库团体、青年等人文领域的交流取得了相对均衡的进展。这为促进沿线国家政府、企业、人民等互相理解，避免和减少误解、分歧和冲突，促进各方面的互联互通，起到了至关重要的作用。

本书指出了"一带一路"倡议实施的风险与挑战。"一带一路"倡议涉及多个国家，包括双边、次区域和区域各个层面，既为中国带来了发展的机遇，也面临着风险与挑战。"一带一路"倡议需要秉承共商、共建、共享的原则，坚持"创新、协调、绿色、开放、共享"的发展理念，世界各国共同构建开放型世界经济，共同落实《2030年可持续发展议程》，共同建设广泛的发展伙伴关系，构建迈向未来的"人类命运同体"。

目　录

第三篇 "一带一路"建设的点线面：产业合作、互联互通、金融合作与人文交流

第四篇　"一带一路"的建设进展：
"五通"指数与国内响应

第一篇

理论框架：历史脉络、全球视野与经济逻辑

第一章 时代呼声中的"一带一路"

改革开放30多年来,中国经济的发展日新月异,中国在发展过程中积累了工业化、城镇化、国际化、信息化的宝贵经验。"一带一路"建设不是中国一家的独奏,而是沿线国家的合唱。同时,共建"一带一路"是促进共同发展、实现共同繁荣的合作共赢之路。

在经济全球化趋势的停滞及全球经济低迷的国际背景下,中国对世界经济的带动作用凸显。"一带一路"倡议的提出,意在汇聚中国的发展经验,结合沿线国家的产业和资源优势,创造区域经济的和谐共赢发展。"一带一路"倡议的发起具有历史光环和希望的曙光,不仅是来自时代的呼声,也是来自中国的呼声,来自沿线各国的呼声。这不仅有利于沿线国家紧密团结、增进互信、共谋发展,而且有助于加强沿线各国的风险抵抗能力,建立稳固的增长原动力。

一 "一带一路"倡议的发起

2013年9月,国家主席习近平在哈萨克斯坦纳扎尔巴耶夫大学发表公开演讲时,提出为了使欧亚各国经济联系更加紧密,相互合作更加深入,发展空间更加广阔,以创新的模式共同建设"丝绸之路经济带"。10月,习近平主席在印度尼西亚国会发表重要演讲时指出东南亚地区自古以来就是"海上丝绸之路"重要枢纽,中国愿同东盟国家加强海上合作,共同建设"21世纪海上丝绸之路"。随后,2014年12月的中央经济工作会议、2015年2月的"推进'一带一路'建设工作会议",特别是3月28日国家发展改革委、外交部、商务部联合发布的《推动共建丝绸之路经济带和21世纪海上丝绸之路的愿景与行动》,标志着"一带一路"倡议开始正式进入大众视野。

　　"丝绸之路经济带"和"21世纪海上丝绸之路"是促进全球合作共赢的中国方案。"一带一路"方案立足当前，着眼长远，致力于亚欧非大陆及附近海洋的互联互通，把中国自身发展置身于更为宏大的亚欧非大陆框架中，以一个极富中国智慧的构想将互利共赢的理念应用到加强国际区域经济合作领域，把中国智慧和中国气魄淋漓尽致地展现给了世人。

　　由于"一带一路"倡议的宏伟构想站在当代全球化发展的新高度，着眼于与世界各国加强经贸联系，以一个接纳、开放、包容的态度将沿线国家的利益结合在一起，提出的共同打造政治互信、经济融合、文化包容、互联互通的利益共同体、责任共同体和命运共同体的全新发展模式符合沿线国家的根本经济利益。因此，"一带一路"倡议一经提出，便在国际社会引起了热烈反响。在中国政府的积极推动下，短短三年多的时间里，就有30多个沿线国家和中国签署了共建"一带一路"经济带的合作协议，同时有超过100个国家和国际组织参与到了"一带一路"建设中来。在各方的共同努力下，相关务实合作已取得积极进展。其中，亚洲基础设施投资银行已经于2014年10月正式成立运营，截至2016年10月，亚洲基础设施投资银行的成员国已达80个以上。而于2014年年底成立的丝路基金也正在不断加快具体项目投资，稳步推进一批双边及多边重大项目合作。可以说，目前亚欧大陆陆地上的"丝绸之路经济带"已逐渐成形，而"21世纪海上丝绸之路"也开始进入一个新的发展阶段，逐渐得到国际社会和更多海洋国家的理解、响应及参与。在实际操作层面，一些沿线国家将本国提出的类似区域经济发展战略与"一带一路"倡议相互融合，在促进经济发展方面也取得了很好的效果。因此，"一带一路"倡议构想，无论是在短期成果方面，还是在长期前景上，都举世瞩目。

二 "一带一路"的历史光环与演进逻辑

(一)"一带一路"的概念形成

　　在文化学意义上，"一带一路"不过是"丝绸之路"的另外一种表述。然而，颇值得玩味的是，"丝绸之路"这个被赋予了浓重东方色彩的概念却并不是中国人的发明。中国古代文献在提及地理学意义上的"丝绸之路"时，多以"西域"相称，从来没有出现过"丝绸之路"的用词。19世纪70年代，德国地理学家李希霍芬（Ferdin and von Richthofen）在历史上首次提出了"丝绸之路"（Seiden Strassen）的概念——"自公元前114年至公元127年间连接中国与河中以及印度的丝绸贸易的西域道路"。① 19世纪末至20世纪初，进入中亚的探险家已经开始使用"丝绸之路"的称呼。日本学者长泽和俊指出，李希霍芬笔下的"丝绸之路"在地理范围上是狭隘的，直到1910年，另外一位德国学者赫尔曼（A. Herrmann）才在《中国与叙利亚间的古代丝绸之路》认为应该把"丝绸之路"的含义一直延长到通向遥远西方的叙利亚地区。② 李希霍芬注意到了"海上丝绸之路"的存在，但是，没有进行阐释。1903年，法国汉学家沙畹（Edouard Chavannes）在《西突厥史料汇编》［Documents Surles Zou—kiue（Zurcs）Occidentaux］中提出"陆地丝绸之路"和"海上丝绸之路"的区别："丝路有陆海二道，北道出康居，南道为通印度诸港之海道，以婆庐羯泚（Broach）为要港。又称罗马 Justin 与印度诸港通市，而不经由波斯，曾于公元531年遣使至阿拉伯西南 Yemen 与 Him-yarites，命其往印度购丝，而转售之于罗马人，缘其地常有舟航至印度。"③

20世纪30年代，南京国民政府聘请瑞典人斯文·赫定（Sven Hedin）为铁道部顾问，率勘探队从北京出发赴中国西北地区考察。考察结束之后，赫定撰写了《丝绸之路》一书，自1936—1939年先后以瑞典文、德文、英文和日文出版，在世界范围内引起了广泛影响。赫定在该书中明确描述道："丝绸之路全程，从西安经安西、喀什噶尔、撒马尔罕和塞流西亚，直至推罗，直线距离4200英里，如果加上沿途绕弯的地方，总共约有6000英里，相当于赤道的四分之一。"④ 他同时廓清了"海上丝绸之路"的概念："在楼兰被废弃之前，大部分丝绸贸易已开始从海路运往印度、阿拉伯、埃及和地中海沿岸城镇。"⑤ 在此之后，"丝绸之路"的地

---

① Richthofen, F. V. China. Bd. 1. Berlin, 1877, 454ff.
② ［日］长泽和俊：《丝绸之路史研究》，天津古籍出版社1990年版，序言，第2页。
③ 冯承钧译：《西突厥史料汇编》，中华书局1958年版，第167页。
④ 斯文·赫定：《丝绸之路》，江红、李佩娟译，新疆人民出版社1996年版，第214页。
⑤ 同上。

理范围基本被确定下来。

1963 年，法国学者布尔努瓦（Lucette Boulnois）出版了《丝绸之路》的专著，该书的法文版再版三次，并被译成德文、英文、西班牙文等多国语言发行。布尔努瓦首次将"丝绸之路"的时空范围扩展到前人没有达到的维度："研究丝路史，几乎可以说是研究整部世界史，既涉及欧洲大陆，也涉及北非和东非。如果再考虑到中国瓷器和茶叶的外销以及鹰洋（墨西哥银元）流入中国，那么它还可以包括美洲大陆。它在时间上已持续了近 25 个世纪。"①

与其他研究者的认识不同，布尔努瓦有一个特别值得注意的观点——海上丝绸之路几乎从一开始就承担了重要的运输交通职能。"它从中国广州湾（今湛江市）的南海岸出发，绕过印度支那半岛，穿过马六甲海峡……在 1 世纪末以前，地中海地区所进口的大部分丝绸似乎都是通过海路而运输的，并不经由穿过波斯的陆路。"② 无论这个判断能否得到证实，中国古代陆地和海上两条丝绸之路的真实性和重要性都是毋庸置疑的。

日本学者对"丝绸之路"的研究也起步较早。20 世纪上半叶，白鸟库吉、桑原骘藏、羽田亨、石田于之助等东洋史学的学者从地理学、民族学等角度对西域史和东西交通史进行了深入研究。前文所述赫尔曼的《中国与叙利亚间的古代丝绸之路》以及斯文·赫定的《丝绸之路》也在 1944 年分别由霞关书房和高山书院翻译出版。1950 年之后，木原均、岩村忍、吉田光邦等的西域游记重新勾起日本学界的"大陆情结"，东洋史学界的松田寿男、江上波夫、羽田明、小林高四郎、长泽和俊等发表了大量有关丝绸之路历史和文化交流的论著，研究阶段从"启蒙时代"进入到了"专门化时代"。③ 1955 年前后，奥运会火炬从雅典通过丝绸之路传到东京，随后著名作家井上靖在 1959 年先后发表短篇小说《楼兰》和长篇小说《敦煌》，将"丝绸之路热"扩散到日本全民层面。这种对"丝绸之路"关注的热度一直持续到 20 世纪 80 年代之后。自 1979 年开始，日本 NHK 电视台和中国中央电视台联合拍摄制作了大型纪录片《丝

① 布尔努瓦：《丝绸之路》，耿昇译，山东画报出版社 2001 年版，第 2 页。
② 同上书，第 45 页。
③ ［日］长泽和俊：《丝绸之路史研究》，天津古籍出版社 1990 年版，序言，第 6 页。

绸之路》系列，播出之后在全球引起了巨大轰动。

相较而言，中国学者对"丝绸之路"的关注和研究要比西方及日本稍稍滞后。1989 年出版的《丝绸之路文献叙录》收入了国内 20 世纪 90 年代之前"丝绸之路"的相关研究条目，共计 764 条。① 其中，20 世纪 20 年代 4 条，30 年代 33 条，40 年代 57 条，其余均为新中国成立之后的研究条目。也就是说，1910—1949 年的前 40 年和 1950—1989 年的后 40 年相比，有关丝绸之路研究的数量之比是 1∶7。总体而言，中国学者早期的研究稍显薄弱。

民国时期最著名的贡献当属张星烺先生编纂的《中西交通史料汇编》（六册，1930 年），此书影响深远，可谓开启了中国学者研究丝绸之路的新起点。在此之前，目前能够看到的国内学者最早关于"丝绸之路"的研究，是陈垣先生在 1923 年《国学季刊》第 1 卷第 1 期和第 2 期先后发表的"火祆教入中国考"和"摩尼教入中国考"。其后整个 20 年代少有学者涉及这一领域。《中西交通史料汇编》刊出之后，包括冯承钧在 1932 年翻译了前述法国汉学家沙畹所撰《西突厥史料汇编》，在国内掀起了一股研究"丝绸之路"相关问题的热潮。20 世纪 30 年代初，顾颉刚先生创立禹贡学会，出版《禹贡》半月刊，发表了诸多研究西北地区历史地理的论文，其中不乏国内丝绸之路研究的经典之作，例如，贺昌群在 1936 年第 5 卷第 3—4 期发表的《汉以后中国人对于世界地理知识之演进》，白寿彝发表在 1936 年第 5 卷第 11 期的《从怛罗斯战役说到伊斯兰教之最早的华文记录》。顾廷龙先生则为禹贡学会辑印了《西域遗闻》《敦煌杂钞》《哈密志》等重要资料。此外，国内许多其他刊物也开始刊登东西方交通历史问题的文章，像杨宪益的《唐代东罗马遣使中国考》②、岑仲勉的《释桃花石（Taugas）》③、周谷城的《西域交通之历史的观察》④、朱杰勤的《华丝传入欧洲考》⑤ 等研究都是后来研究相关领域的基础文献。

新中国成立后的 20 世纪 50 年代和 60 年代，有关"丝绸之路"的研

---

① 甘肃省社会科学学会联合会、甘肃省图书馆合编：《丝绸之路文献叙录》，兰州大学出版社 1989 年版。

② 杨宪益：《唐代东罗马遣使中国考》，《西北文化》1947 年第 1 卷第 3 期。

③ 岑仲勉：《释桃花石（Taugas）》，《东方杂志》1936 年第 33 卷第 21 号。

④ 周谷城：《西域交通之历史的观察》，《东方杂志》，1945 年第 41 卷第 11 期。

⑤ 朱杰勤：《华丝传入欧洲考》，《文史汇刊》1935 年第 1 卷第 2 期。

究主要是从对外友好关系和边疆民族团结等角度展开的，在研究的广度和深度上都有所欠缺。① 直到改革开放之后，随着国际经贸、学术交流的日益扩大，特别是在日本学术界的积极推动参与下，国内的"丝绸之路"研究迅速蓬勃地发展起来。以《敦煌学集刊》（创刊于 1980 年）为代表的一大批专业性学术期刊相继出现，各类专题研讨会定期召开，为研究"丝绸之路"提供了良好的平台和广阔的空间。社会公众也通过不同渠道了解了这条千年商路的伟大文明历程，"丝绸之路"终于深入人心。

（二）"一带一路"的历史逻辑

考察"丝绸之路"的观念史和学术史，对于理解"一带一路"的现实内涵有重要的参考意义。至少从辞源角度来说，"一带一路"并不是中国人自己的发明，而是凝结了世界不同国家和地区众多学者共同智慧的思想结晶。前文曾经指出，"一带一路"的辞源一方面与中国传统的贡纳体系有关，另一方面在很大程度上暗藏了对东西方文明分野的解释。② 在费正清所谓"帝国中央为本位，四方为蛮夷"的"中央"逻辑之下，中国的统治者和社会精英们不愿承认或者不会意识到在遥远的西方还存在着一条贸易通道，而这条通道的另一端，是一个或若干个同样强大的拥有平等地位的帝国。也正因如此，中国的统治者和社会精英们没有任何动力去主动离开广袤的平原大陆去寻求来自海洋文明的发展机遇。

众多的考古发现已经表明：西域地区同中国内地的联系至少可以追溯到新石器时代。公元前 3 世纪希腊人和罗马人称中国为"赛里斯国"（Serice），足以证明中西方经济交往的悠久历史。亨利·裕尔在《东域纪程录丛》中有公元前 4 世纪中国丝绸就已出口到印度的记录。③ 尚存疑的《穆天子传》更是记载周穆王在公元前 985 年就曾经到遥远的西方各国旅行，并带回了能工巧匠和各种珍宝。④ 不过，作为一条完整的通道，学者们仍然倾向于"丝绸之路"形成于张骞"凿空西域"之后。杨巨平的观点较有代表性："到公元前 4 世纪，欧亚大陆诸文明之间有的已有所接触，有的也有所耳闻，但一条连接东西方两端的纽带或通道还未形

---

① 当然，也有季羡林先生"中国蚕丝输入印度问题的初步研究"此类少数奠基性文章。
② 张亚光：《"一带一路"的历史转换与现实思考》，《经济科学》2015 年第 3 期。
③ ［英］亨利·裕尔：《东域纪程录丛》，中华书局 2008 年版，第 7 页。
④ （晋）郭璞注：《穆天子传》。原文："吉日甲子。天子宾于西王母……"；参见裕尔《东域纪程录丛》第 10 页。

成……张骞之行，标志着后来所称的'丝绸之路'的全线贯通，西域的信息首先传入内地中原。"①

"丝绸之路"的形成和产生，毋庸置疑，是发端于朴素的商业贸易活动。然而这条商业通道正式被载入中国史册却并非因为它给东亚帝国带来的经济利益。汉代史籍已经明确无误地指出：张骞的"凿空西域"绝对不是出于纯粹的经贸目的，而是基于军事、外交和政治层面的考虑。张骞之后汉代政府所推行的贡纳体系，初衷同样是为了边疆稳定的需求。事实上，研究汉代对外贸易的余英时先生指出：为了将匈奴纳入汉代的贡纳体系并维系下去以保障西北边疆的安定，中央政府付出了巨额的经济代价，这些经济代价既包括直接的货币转移，也包括被西域各国奉为珍宝的丝绸。他通过估算得到的结论是："汉代中国维持贡纳体系的费用大约是每年政府发放的工资额的1/3，或者是帝国总收入的7%，这一估算仍然没有考虑维持贡纳体系很好运转所必需的军事和行政管理开支。实际上，它肯定构成了政府开支的主要项目之一。"②③

汉武帝统治时期，政府对商业的态度是严加抑制的④，很难想象当时汉朝的子民会有积极性从事对外贸易。荷兰学者胡四维强调："汉朝向中亚扩张只有一种动机，即希望阻止匈奴人的入侵，'断其右臂'，夺取匈奴人在西部地区的基地。汉朝政府把越来越多的丝绸运到匈奴和中亚其他地区，主要是没收大地主和富商的财产，源头则是群众用丝绸缴纳的赋税。汉朝政府限制而不是鼓励对外贸易，丝绸是由政府的代理人，而不是由商人运出国境的。中国丝绸运到罗马，是由西方和西域商人转手运去，而不是汉族商人运去的。"⑤《后汉书·西域传》比较模糊地描述了汉代开辟丝绸之路的政治企图和实施效果："汉世张骞怀致远之略，班

---

① 杨巨平：《亚历山大东征与丝绸之路开通》，《历史研究》2007 年第 4 期。

② 余英时：《汉代贸易与扩张——汉胡经济关系结构研究》，上海古籍出版社 2005 年版，第 59 页。

③ 《史记·大宛列传》记载："乌孙使既见汉人众富厚，归根其国，其国乃以重汉。其后岁余，骞所遣使通大夏之属者皆颇与其人俱来，于是西北国始通于汉矣。"《汉书·西域传》提到："元康年间，龟兹王遂来贺……赐以车骑旗鼓，歌吹数十人，绮绣杂缯琦珍凡数千万。"《汉书·匈奴传》也记录元寿二年，乌珠留若鞮单于，汉政府"赐衣三百七十袭，锦绣缯帛三万匹，絮三万斤"。

④ 如推行著名的"告缗令"。

⑤ ［荷］胡四维：《汉代丝绸贸易考》，《中国史研究动态》1980 年第 11 期。

超奋封侯之志，终能立功西遐，羁服外域。自兵威之所肃服，财赂之所怀诱，莫不献方奇，纳爱质，露顶肘行，东向而朝天子。故设戊己之官，分任其事；建都护之帅，总领其权。先驯则赏籝金以赐龟绶，后服则系头颡而衅北阙。立屯田于膏腴之野，列邮置于要害之路。驰命走驿，不绝于时月；商胡贩客，日款于塞下。"从另外一些历史记录中也可以得到贡纳体系颇有成效的反面证明：公元前 3 年，王莽出于经济原因断然拒绝了匈奴单于入朝觐见；公元 45 年，刘秀削减了回贡的供给，坚决拒绝扩大贡纳体系。这些都表明汉代在丝绸之路沿线采取的贡纳制度得到了西域国家良好的回应。

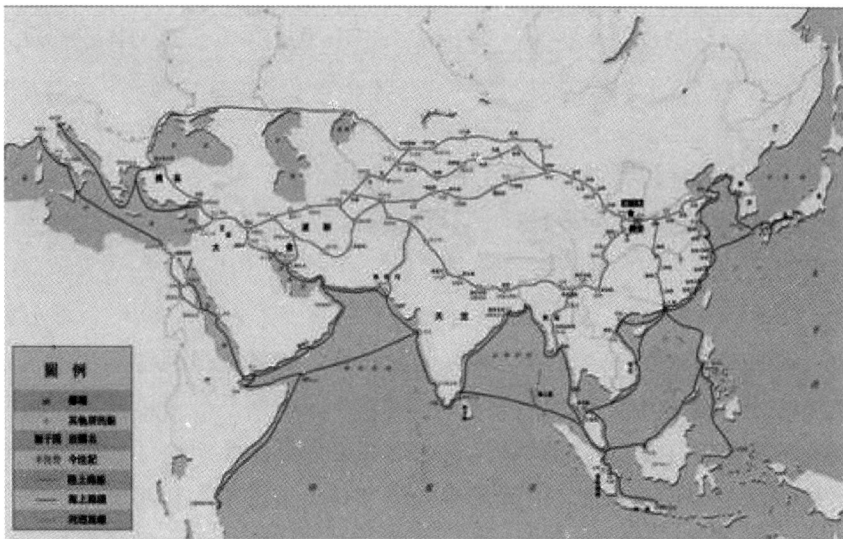

图 1-1　唐代丝绸之路示意

资料来源：图片来自网络。

　　贡纳体系和丝绸之路交互重合，自汉代开始对中国后世影响深远，历代政府都借鉴和采用了这一制度来维护对外关系的稳定。武功显赫如初唐的李世民，也同样认为，和少数民族政权"结以婚姻，缓辔羁縻，亦足三十年安静"。[①] 但是，正如余英时所指出的那样，中央政府推行贡

---

① 《旧唐书·北狄·铁勒传》。

纳体系并非出于经济考虑，而是出于政治考虑，这种制度带来的后果往往是不经济的。"就国家财政而言，贡纳体系对汉代中国来说显然是一种债务而不是资产。如果它有经济价值的话，其经济价值远不如它的政治意义。"① 直到明朝时期，政府仍然固执地坚持着违背经济规律的礼仪性的规定："有贡舶即有互市，非入贡即不许其互市。"②《明史》卷三二五记载：满刺加（马六甲）国王受郑和邀请，率540多人与大明进行友好朝贡，明政府回赐各种丝绸达1300多匹，瓷器1.9万件。这在经济价值上显然是严重不对等的交易。然而明朝政府花费巨大获得的这种宗主国地位却是徒有虚名的：马六甲王国在1511年被葡萄牙攻占时，曾向明朝政府求援，希望能派兵帮助复国。但是明朝政府只是在口头上对葡萄牙进行了谴责，并没有派兵相助。一千多年来靠经济输出来维系的政治地位和国际关系，在新兴西方世界的冲击下，一触而溃。

明清时期，贡纳体系的脆弱和溃败，源自"丝绸之路"的空间转换。尽管存在布尔努瓦提出的异议，学术界的主流意见还是认为历史上的"丝绸之路"发生了从陆路到海路的交替。长泽和俊曾经做过学术史的检索，发现早期围绕草原路的东西交通的比重较重，而近代以后则围绕南海路的东西交通的比重增大了。"因此丝绸之路的古代史是以草原路为中心，自古代后期至中世纪是以绿洲路为中心，而近代以后则是以南海路为中心了。"此处的"近代"并非中国史学界所谓鸦片战争之后的时期，应当是内藤湖南所指宋代之后的"近世"之概念。长泽和俊复言："由于葡萄牙、西班牙、荷兰、英国、法国的东渐而发展起来的东西贸易，包括非洲及美国，成为近代丝绸之路的中心课题。"③

季羡林先生在1955年的《中国蚕丝输入印度问题的初步研究》一文中较早地指出，中国蚕丝传入印度的道路有五条：一为南海道，二为西域道，三为西藏道，四为缅甸道，五为安南道。在五条道路中，以西域道和南海道开拓最早，利用时间最长，利用率最高。从时间上看，大致唐以前，以西域道为主，唐以后多走海路，到了宋元明时期，海路占据

① 余英时：《汉代贸易与扩张——汉胡经济关系结构研究》，上海古籍出版社2005年版，第57页。

② 王圻：《续文献通考》卷三十一，《市籴考》。

③ ［日］长泽和俊：《丝绸之路史研究》，天津古籍出版社1990年版，序言第9页。

垄断地位。①

　　学界对于唐代之后丝绸海路崛起的原因多有阐释，主要有二：一是宋代以后经济重心南移，陶瓷业中心南移，方便沿海港口输出；二是技术的进步，比如，罗盘导航的应用和造船业发展。南宋吴自牧《梦粱录》卷12记载道：宋时海船大者载重达五千料（一料约60公斤），载五六百人。《全球通史》的作者斯塔夫里阿诺斯（Leften Stavros Stavrianos）也认为：宋朝期间，中国人在造船业和航海业上取得巨大进步，"其中包括指南针、带有可调中心垂直升降板的平底船，以及代替竹帆的布帆的使用"。② 斯塔夫里阿诺斯还指出了一个重要的原因——"穆斯林商人和水手从事贸易的积极性，也加速了海外贸易的发展"。③ 因而，"宋朝时期，中国人首次大规模从事海外贸易，不再主要依靠外国中间商……正朝一个海上强国的方向发展"。④

　　除了上述原因，陆上丝绸之路到海上丝绸之路的转换需要置于更宏大的背景中去思考。古代中国人利用丝绸之路以及随之相伴的贡纳体系，将中国的地理范围不断向西扩展，汉代和唐代是最典型的例子。到了两宋时期，辽、西夏等西北民族政权形成了严密的屏障，中原地区的商品除边境互换贸易之外，难以继续通过陆上丝绸之路向西延伸。与此同时，一方面是经济重心的不断南移，另一方面是在丝绸之外，瓷器与茶叶在对外贸易中的地位日益突出。与丝绸不同，瓷器易碎笨重，茶叶也以大宗为主，这两类商品要求海洋运输的高度发展。海上丝绸之路对于中原地区而言在这个时候已经超越了传统的陆上丝绸之路。蒙古国兴起之后，所到之处皆是破坏性的战争征服，短期内不利于贸易交往，但是，从中长期来看，其极大地降低了丝绸之路的交易成本，形成蒙古国统治下特有的经济贸易稳定局面（Pax Mongolica），促成了陆上丝绸之路最后的辉煌。⑤ 珍妮特·阿布－路高德（Janet Abu－Lughod）指出：在13世纪至

---

① 季羡林：《中国蚕丝输入印度问题的初步研究》，《历史研究》1955年第4期。
② ［美］斯塔夫里阿诺斯：《全球通史》（上），北京大学出版社2005年版，第260页。
③ 同上书，第261页。
④ 同上。
⑤ 《剑桥欧洲经济史》指出："蒙古国统治期间，安纳托利亚的贸易繁荣并没有急剧衰落，贸易的部分重新转向土耳其现有城市的损害也没有那么大。因此，蒙古国统治以某种代价带来了一定的利益。它带来了额外税收；但反过来贸易路线受到保护。"参见［英］波斯坦等主编《剑桥欧洲经济史》第2卷，经济科学出版社2004年版，第384页。

14 世纪蒙古国统治时代，欧洲西北部和中国间有八条重合的繁荣"贸易路线"。① 但是随后中亚各国很快陷入了战乱，阻碍了这条贸易通道的顺利运转。《剑桥欧洲经济史》对此有准确的分析："从地中海到达远东的两条路线——陆地经过中亚、海上绕过印度——在不同时期都繁荣过，而且这两条路线很少直接竞争……相应地，西亚、东南欧和俄罗斯大草原上蒙古国人的征杀导致了远东古代陆上贸易路线的破坏与转向。大体而言，当中国（或蒙古国人）的政治控制扩张到西方——突厥斯坦——时，当波斯、近东和地中海东部较为安宁时，陆地路线的确开始繁荣。……拜占庭丝绸工业的发展是以东方手艺人披露的工艺秘密为基础的，伊斯兰在前罗马和萨珊土地上的崛起导致了陆地贸易路线的衰退。"②

公元 15 世纪开始的地理大发现，揭开了西方国家兴起的序幕。葡萄牙、西班牙、荷兰、英国等国先后通过各自领先的航海技术和军事工业建立起了基于海洋的霸权，控制了东西方海洋贸易的通道。就贸易内容本身而言，丝绸、瓷器、茶叶仍然是主要商品，因而此时的贸易通道仍然属于"丝绸之路"的范畴。然而最关键的区别在于，传统丝绸之路另外一端的国家不会冲击到古老的中华帝国，丝绸之路是中性的。新的海上丝绸之路，事实上已经成为西方列强的囊中之物。他们不仅控制了丝绸贸易，而且一步步地侵入了中华帝国内部。

西方建立在航海技术基础上的海洋文明，是一种先发积累的优势，工业革命之后迅速爆发出巨大的活力和威力。中国的航海技术尽管也不落后，但总体上仍然以大陆文明为主，体现为不重视海洋权益，闭关锁国，从而丧失了与西方列强保持同等地位对话的资格。当东西方不同制度、不同发展程度的文明发生直接碰撞时，古老的贡纳体系便很快轰然倒塌了。旧的丝绸之路逐渐湮没在近代史的黄尘乱云之间。而当历史进入到 21 世纪初，东西方文明的结构正在发生着深刻的重建，新的"一带一路"便呼之欲出了。

---

① 转引自 Robert Skidelsky, "Will the 13th Century Pax Mongolica Return with China's New Silk Road?", *The Huffington Post*, 06/22/2015。

② ［英］波斯坦等主编：《剑桥欧洲经济史》第 2 卷，经济科学出版社 2004 年版，第 371 页。

三 "一带一路"的国内背景

（一）发展阶段

1. 经济总体发展状况

图 1－2 显示了中国国内生产总值总量与人均国内生产总值变化情况。

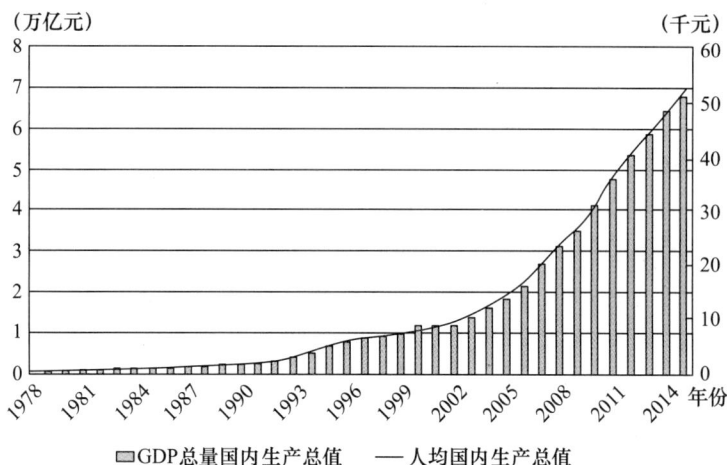

图 1－2　中国国内生产总值总量与人均国内生产总值变化情况

资料来源：国家统计局。

自 1978 年改革开放起，中国逐步完成了从计划经济到市场经济的转变，经历了经济和社会层面的快速发展。1978—2016 年，中国经济创造了年均国内生产总值增速 9.63％、人均国内生产总值增速约 9％的增长"奇迹"，而同期世界经济年均增速只有约 2.9％。中国经济高速增长期持续的时间和增速都超过了经济起飞时期的日本和亚洲"四小龙"。1978年，中国经济总量仅位居世界第十位，2010 年成为世界第二大经济体；经济总量占世界的份额由 1978 年的 1.8％，提高到 2016 年的 14.84％。尤其是在国际金融危机爆发的时段里，中国成为带动世界经济复苏的重要引擎，对世界经济增长的年均贡献率超过 20％。

从收入水平来看，中国由典型的低收入穷国成功地跃升至上中等收入发展中国家行列。从产业结构演进来看，新型工业化和农业现代化均获得了实质性进展，与当代标准工业化国家相比，中国从 1978 年的工业化初期进入到现阶段的工业化中后期，工业化已实现了近 70%，距离基本实现工业化目标为期不远；农业现代化水平已从低收入穷国水平提升至当代上中等收入国水平，农业劳动力就业比重从 1978 年的 70.5%（当代低收入国平均为 72%）下降至目前的 29.5%（当代上中等收入国平均为 30%），因此可以说，新中国成立，尤其是改革开放以来，中国一以贯之的是一条工业化发展主线，以至改革开放 30 多年来经济的高速增长是一个非常典型的从农业主导到工业部门崛起的过程。

2015 年，中国完成了联合国"千年发展目标"（MDGs），并对世界范围内该目标的实现做出了卓著的贡献。图 1-3 为中国城镇居民人均可支配收入和农村居民家庭人均纯收入变化情况。

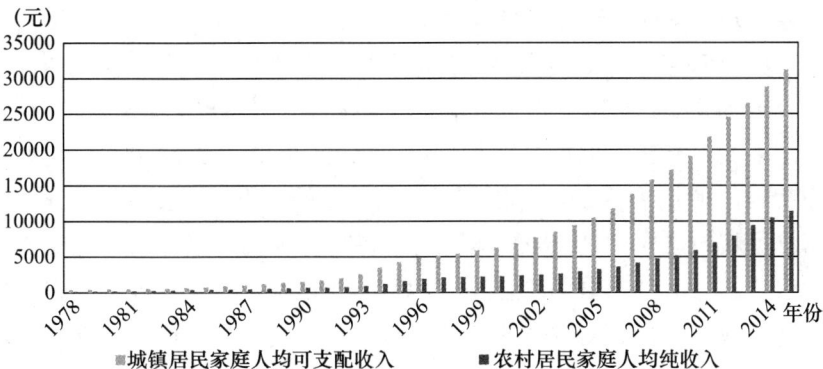

图 1-3 中国城镇居民人均可支配收入和农村居民家庭人均纯收入变化情况
资料来源：国家统计局。

在人均收入方面，人均国内生产总值已由 1978 年的 385 元上升至 2016 年的 53974 元。按照世界银行的划分标准，已经由低收入国家跃升至上中等收入国家。此外，中国城镇居民人均可支配收入年均增长 13.1%，2016 年，达到 33616 元；农村居民人均纯收入年均实际增长 13%，2016 年，达到 12363 元。

恩格尔系数，由改革开放初期的城镇 57.5%，农村 67.7% 双双下降到 40% 以下，加权平均为 36.4%。根据世界银行 WDI 和 Penn World Table 的数据，我们发现，中国的人口预期寿命与人力资本在改革开放后有一个巨大的提升，其中人民的预期寿命从 1978 年的 65.52 岁上升到 2016 年的 75.8 岁，提高了 10 岁以上，说明人民的生活水平和医疗条件有了巨大的提高；人力资本也从 1978 年的 1.62 上升到 2014 年的 2.47，上升了 52%。

在交通运输设施网络里程方面，1978 年为 123.51 万公里，2014 年为 955.68 万公里（含村道），是 1978 年的 7.74 倍。其中，公路里程 2016 年为 469.63.39 万公里，是 1949 年的 58.22 倍；铁路里程 12.4 万公里，是 1949 年的 5.76 倍；管道输油气里程从 1958 年的 0.02 万公里增加到 2014 年的 10.57 万公里，增加了 527.5 倍；定期航班航线里程从 1949 年的 1.13 万公里增加到 2016 年的 634.8 万公里，民用机场 2016 年达到 218 个，比 1950 年增加 182 个。

在高速公路方面，1988 年，147 公里的沪嘉公路建成通车，中国高速公路实现了零的突破，1999 年突破了 1 万公里，2002 年又突破了 2 万公里。到 2016 年年底，全国高速公路里程已达到 13 万公里，实现了全国省际及大部分中心城市之间的高速公路连接。中国用短短十多年的时间，走完了发达国家三四十年的发展历程。目前，中国公路总里程、高速公路里程均位居世界第二位。放眼当下，虽面临着错综复杂的国内外经济形势和严峻的挑战，中国经济运行仍保持在合理的区间，结构优化取得积极进展。自 2008 年国际金融危机以后，中国经济受短期波动和中长期下行双重影响，中国经济增长进入换挡期：年均国内生产总值增速从 2007 年的 14.2% 下降至 2008 年的 9.6%，到 2016 年减慢至 6.7%。在经济增速放缓的大背景下，中国的产业结构却在发生着一系列深刻的变化：2006 年，第二产业增加值占国内生产总值比重达到峰值 47.95%，随后开始下降；到 2013 年，第三产业占比（46.09%）首次实现对第二产业占比（43.89%）的赶超。2015 年，中国国内生产总值为 676708 亿元，增长 6.9%，在世界主要经济体中位居前列。2015 年，分季度看，第一季度同比增长 7.0%，第二季度增长 7.0%，第三季度增长 6.9%，第四季度增长 6.8%。分产业看，第一产业增加值 60863 亿元，增长 3.9%；第二产业增加值 274278 亿元，增长 6.0%；第三产业增加值 341567 亿元，增长 8.3%，在国内生产总值中的比重首次超过 50%，达到 50.5%，比

2014 年提高 2.4 个百分点，高于第二产业 10 个百分点。2016 年，中国国内生产总值 744127 亿元，比上年增长 6.7%。其中，第一产业增加值 63671 亿元，增长 3.3%；第二产业增加值 296236 亿元，增长 6.1%；第三产业增加值 384221 亿元，增长 7.8%。第一产业增加值占国内生产总值的 8.6%，第二产业增加值比重为 39.8%，第三产业增加值比重为 51.6%，比上年提高 1.4 个百分点。2016 年，人均国内生产总值 53980 元，比上年增长 6.1%。全年国民总收入 42352 亿元，比上年增长 6.9%。此外，在改革方面，中国政府坚持"稳增长、调结构、惠民生、防风险"的原则，主动适应和引领新常态，不断创新宏观调控方式，深入推进供给侧结构性改革，扎实推动"大众创业、万众创新"，经济保持了总体平稳、稳中有进、稳中有好的发展态势。

2. 产业结构变迁

图 1-4 中的三条曲线分别刻画了中国第一、第二、第三产业增加值分别占国内生产总值比重变化情况。数据显示，第一产业产值占比处于持续下降过程中，由 1995 年的 19.6% 下降到 2014 年的 8.9%。与此形成鲜明对比的是第三产业，其产值占比处于持续上升过程中，由 1995 年的 33.7% 上升到 2016 年的 50.2%，产业结构持续优化。第二产业占比呈稳中缓降趋势，1995 年为 46.8%，2014 年下降到 40.9%。这表明中国的工业结构调整加快，转型升级成效明显。

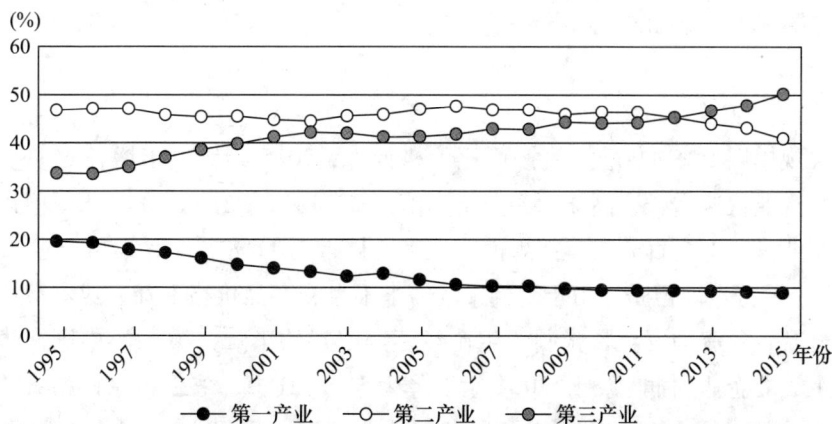

图 1-4 中国第一、第二、第三产业增加值占国内生产总值比重变化情况

资料来源：Wind 和 EDB 数据库。

（1）农业

虽然产业占比不断下降，但依靠中国政府持续加大的"三农"政策支持力度，促进农业综合生产能力不断提升。2016年，粮食总产量61623万吨（见图1-5），比2014年增加921万吨，增长1.5%。2016年10月，中国政府推出了《全国农业现代化规划（2016—2020年）》。该规划从着力推进农业转型升级、着力促进农业均衡发展、着力提升农业可持续发展水平等七个方面布局，推进农业结构调整，深化农业农村改革，推进农村第一、第二、第三产业融合发展，促进区域农业统筹发展。

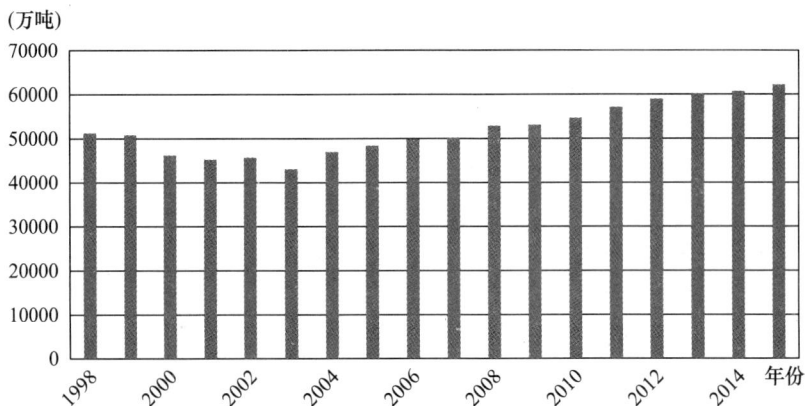

图1-5 1998—2014年中国粮食总产量变化

资料来源：国家统计局。

（2）工业

规模以上工业①增加值按可比价格计算，2015年比上年增长6.1%。新兴产业快速增长，高技术产业增加值比2014年增长10.2%，比规模以上工业高4.1个百分点，占规模以上工业比重为11.8%，比2014年提高1.2个百分点。但是，由于受到市场需求不足、产品价格下降、成本费用上升及企业流动资金紧张制约生产经营等因素的影响，2015年中国规模以上工业企业利润总额比2014年下降2.3%。其中，采矿和原材料行业利润下降明显，2015年煤炭开采和洗选业利润总额仅为2012年的1/9，

---

① 规模以上工业企业是指年主营业务收入在2000万元及以上的工业企业。

2015 年石油和天然气开采业利润降为 2014 年的 1/4；而符合转型升级方向的行业利润则保持较快增长，计算机、专用设备、汽车、医药制造等行业利润保持稳步增长。总体来看，高技术制造业利润比 2014 年增长 8.9%，装备制造业增长 4%，消费品制造业增长 7%。2016 年，全部工业增加值 247860 亿元，比上年增长 6.0%，规模以上工业增加值增长 6.0%，工业战略性新兴产业增加值增长 10.5%，高技术制造业增加值增长 10.8%，占规模以上工业增加值的 12.4%。装备制造业增加值增长 9.5%，占规模以上工业增加值的 32.9%。六大高耗能行业增加值增长 5.2%，占规模以上工业增加值的 28.1%。全年规模以上工业企业实现利润 68803 亿元，比上年增长 8.5%。分门类看，采矿业实现利润 1825 亿元，比上年下降 27.5%；制造业 62398 亿元，增长 12.3%；电力、热力、燃气及水生产和供应业 4580 亿元，下降 14.3%。全年规模以上工业企业每百元主营业务收入中的成本为 85.52 元，比上年下降 0.1 元。年末规模以上工业企业资产负债率为 55.8%，比上年末下降 0.4 个百分点。

2012—2015 年中国典型工业行业总利润变化情况如表 1－1 所示。

表 1－1　　　　2012—2015 年中国典型工业行业总利润变化情况　　单位：亿元

行业	2012 年	2013 年	2014 年	2015 年
煤炭开采和洗选业	3808.1	2680.19	1424.34	405.07
石油和天然气开采业	4048.94	3657.84	3114.29	692.37
文教、工美、体育和娱乐用品制造业	592.65	744.12	845.51	927.82
医药制造业	1865.89	2132.71	2382.47	2717.35
专用设备制造业	2144.44	2333.98	2261.53	2186.65
汽车制造业	4321.2	5230.37	6158.42	6071.3
计算机、通信和其他电子设备制造业	3194.18	3826.33	4282.57	4563.74
废弃资源综合利用业	162.66	180.77	198.71	210.86

资料来源：Wind 和 EDB 数据库。

（3）服务业

2014 年，中国第三产业占比首次超过第二产业，这是中国经济发展的一个转折点。在就业层面，2013—2015 年，中国服务业就业人员年均增长 5.8%，比全部就业人员年均增长高出 5.5 个百分点。2015 年年末，服务业就业人员占全部就业人员比重为 42.4%，分别比第一产业和第二产业高出 14.0 个和 13.2 个百分点。服务业成为拉动社会就业总量上升的主要力量。在贸易层面，2014 年，中国服务贸易世界排名首次超过德国，跃居第二位。2015 年，服务进出口规模再创历史新高，计算机、通信和信息服务出口、专业管理和咨询服务出口、广告服务出口、知识产权使用费出口分别增长 25.0%、13.6%、37.1%、64.9%。2016 年，中国服务业增加值 384221 亿元，比上年实际增长 7.8%，在三次产业中继续领跑，增速比第二产业高出 1.7 个百分点。服务业占国内生产总会比重已上升为 51.6%，比上年继续提高 1.4 个百分点，比第二产业高出 11.8 个百分点。服务业对国民经济增长的贡献率为 58.2%，比上年提高 5.3 个百分点，比第二产业高出 20.8 个百分点。在投资增速总体趋缓的形势下，2016 年，服务业投资仍保持两位数增长，完成固定资产投资 345837 亿元，比上年增长 10.9%，增速高出第二产业 7.4 个百分点；占全部固定资产投资的 58.0%，比上年提高 1.4 个百分点，高出第二产业 19.1 个百分点；服务业新增投资占全部新增投资的 76%。服务业的快速发展吸引外资投入快速增长。此外，就中国第三产业潜力来说，仍有巨大发展空间。依靠中国城镇化的不断推进，未来将有两亿多农民工转化为市民，数以亿计的人口向城镇转移，给服务业的发展了提供广阔空间。

1995—2014 年中国三次产业就业人数变化情况如图 1-6 所示。

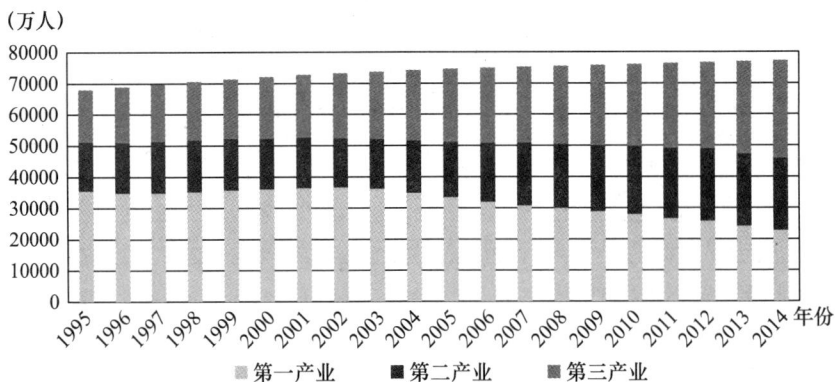

图 1-6 1995—2014 年中国三次产业就业人数变化情况

资料来源：国家统计局。

四　"一带一路"的国际背景

（一）国际经济新常态趋势

截至 2016 年，国际金融危机已经过去八年了，如今全球经济依然低迷，很多国家的宏观经济政策并没有起到应有的效果，全球经济治理体系面临多重困境。中国经济 2010 年的增长速度为 10.6%，2015 年下降到 6.9%，同中国处于相同发展程度的其他新兴市场经济体，它们在这一时期的经济增长同样出现了大幅度下滑，其中巴西 2010 年经济增长率为 7.5%，到 2015 年下降到负 3.8%；俄罗斯 2010 年的经济增长率为 4.5%，2015 年下降为负 3.7%；经济表现抢眼的印度也经历了一个显著的下滑，从 2010 年的经济增长率为 10.3% 下降到 2015 年的 7.6%。即使那些高收入、高增长的东亚经济体，其经济也经历了一个大幅度下降的过程。比如，新加坡 2010 年的经济增长率高达 15.2%，但 2015 年经济增长率只有 5.92%；韩国经济同样也经历了一个大幅下滑，其在 2010 年的增长速度为 6.5%，但 2015 年的经济增长速度下滑到只有 2.6%。此外，以往时期发达国家的经济增长率平均每年能达到 3% 多点，但到现在多数发达国家经济的增长率只是 2%，或者 2% 以下。因此，不难看出，发达国家并没有从 2008 年爆发的经济危机中完全走出来，即经济没有完全恢复过来。

在此背景下，当前国际经济增长速度必然放慢，而且国际贸易的增长速度比国际经济增长速度更慢，因此，中国的出口增长率从 2001—2007 年的年均 26% 降到 2008—2015 年的年均不足 5%，由此可以看出，投资、消费和外需"三驾马车"中外需受到了巨大的冲击。

面对当前国际新常态，全球如何进行反危机管理，如何进一步打开国际市场，深化世界各国的经贸往来，这对于熨平经济周期就显得尤为重要。事实上，如今的中国不断提出新理念、新思路，贡献中国方案、中国智慧，这些不仅得到了国际社会的普遍认可，而且正在重塑着全球经济治理体系。例如，中国的反危机举措正被世界所参考。面对经济危机，西方国家的办法通常是增加货币供给，但当实体经济缺乏相应的货币需求时，大量货币却在银行体系中滞留，并未有助于恢复经济元气。

而中国的经验则是在需求侧、供给侧同时寻找答案。尤其是中国提出供给侧结构性改革，显然是中国在对宏观经济失衡特点的认识逐渐加深过程中总结出来的综合措施。与此同时，中国的改革动力释放出全球溢出效应。中国的改革开放是一个既"走出去"又"请进来"的过程，也是"中国走向世界"和"世界走向中国"的过程。现在，中国正在从货物出口大国发展为对外投资大国，中国的开放水平正在从沿海扩大到内陆，从货物深入到服务，从交流升级到全球融合。目前已有100多个国家和国际组织表达了支持和参与"一带一路"倡议，这已经超出了传统"一带一路"的地理范围，真正形成了具有广泛影响的国际合作框架。

因此，我们不难判断：中国的进一步开放将带来"新全球化"进程。这是在新兴市场国家和发展中国家的共同参与下，世界经济出现的新趋势。与过去的全球化不同，"新全球化"不是仅惠及发达国家10多亿人口的局部现代化，而是可持续发展的普惠式新型现代化。比如，中国主导建立的亚洲基础设施投资银行、"金砖国家"新开发银行等金融机构，已成为中国参与全球金融治理规则制定、调整，并使之发挥重要作用的新平台，弥补了现有体系的不足，并且正在改善全球民众的福祉。可以说，"新全球化"显得更加公正、合理、共赢、协调，也更注重生态文明。中国是当下全球治理机制的受益者，同时也是改革者、完善者。可以预见的是，中国将继续本着"共商、共建、共享"的理念，加强国际合作，助力构建更加公平、公正、合理的国际经济新秩序。

（二）历史上的发展引领

根据世界银行对国家收入的分类，1987 年，共有 49 个低收入国家，其中 26 个国家在 2015 年仍是低收入国家。而中国、赤道几内亚、圭亚那和马尔代夫 4 个国家变为上中等收入国家。19 个国家（孟加拉国、不丹、柬埔寨、加纳、印度、印度尼西亚、肯尼亚、老挝、莱索托、毛里塔尼亚、缅甸、尼日利亚、巴基斯坦、圣多美与普林西比共和国、所罗门群岛、斯里兰卡、苏丹、越南、赞比亚）在 2015 年晋升为下中等收入国家。这些国家大多与中国相毗邻，属于亚非交界处的国家。2015 年，低收入国家主要位于非洲和亚洲南部。下文对实现晋升国家或地区与 26 个仍为低收入国家的贸易情况进行对比，主要关注两类国家与中国贸易情况。

图 1 – 15 和图 1 – 16 根据 UNCOMTRADE 收集的各国进出口贸易数据

整理得来。将从低收入国家晋升为上中等收入的国家对中国进出口贸易总额占该国家整体贸易总额的比重作图如图1-15至图1-17所示。2013年可获得数据国家与中国进出口贸易平均占比为15.12%。苏丹与中国贸易占比最高，2015年这个比重达到36.20%。对比始终处于低收入的国家贸易情况，平均来看，2015年这个类别的国家与中国进出口贸易平均占12%，占比最高的埃塞俄比亚这一比值为24.46%，而最低的中非共和国比重仅为6.67%，总体来看，低于实现从低收入国家晋升至下中等收入国家的比重。与中国贸易关系紧密的国家，在中国经济高速发展的带动下，也实现了收入的提升。相对而言，贸易往来较少的国家则相对低迷，仍处于低收入国家。

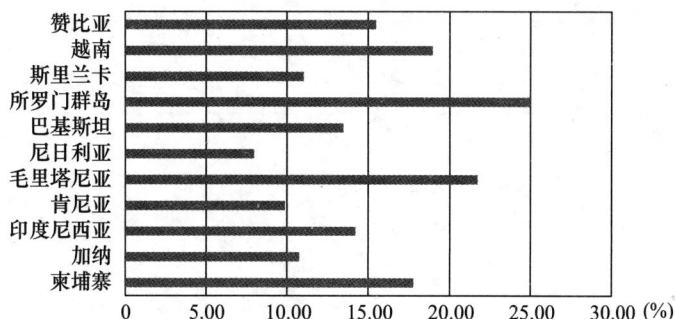

图 1-15　晋升至下中等收入国家对中国贸易情况（2013年）

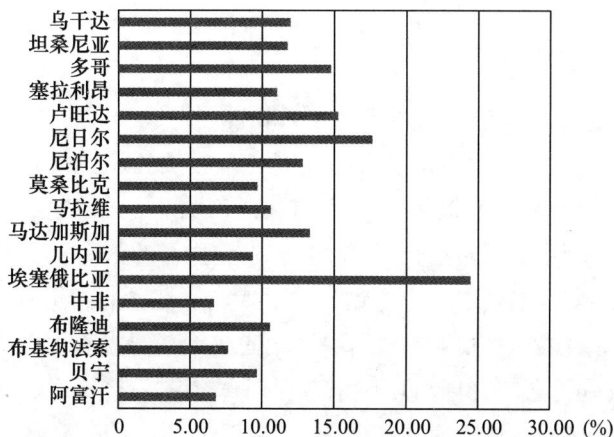

图 1-16　未晋升国家与中国贸易情况（2013年）

图 1-17 列出了晋升为上中等收入国家的马尔代夫和圭亚那的贸易情况。从 1999 年起，两国与中国的贸易占比逐年提升。马尔代夫在 2010 年实现了上中等收入国家的晋升，自 2011 年后与中国贸易占比有所下降。而圭亚那则是在 2015 年实现跨入上中等收入国家，2015 年与中国贸易占比下降。在两国实现从低收入向下中等收入晋升过程中，与中国贸易占比逐步提升，可以看出在这一过程中，与中国的贸易活动给两国国内经济发展持续注入了活力，带领贸易合作国家经济健康高速发展。当这些国家跨入上中等收入阶段时，中国的带动作用就有所减弱。

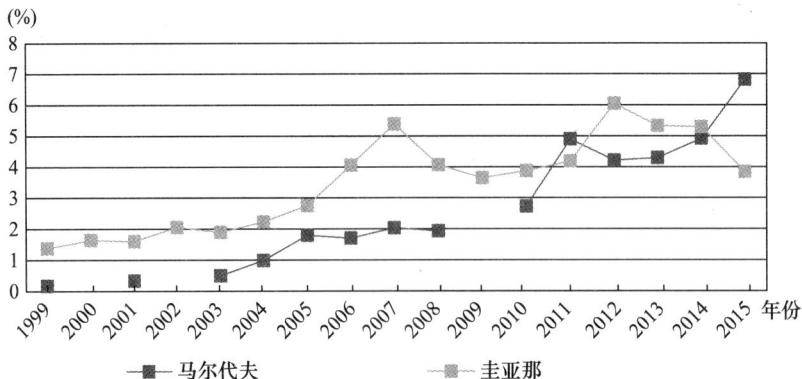

图 1-17 晋升为上中等收入国家对中国贸易情况

五 对全球治理体系的反思

（一）后 2015 全球经济治理的机遇和挑战

2015 年是联合国千年发展目标落实接近尾声之际。回顾过去 15 年的努力，全球发展在各个地区和国家的共同努力下，取得了长足的进步，数百万人的生活和境遇在诸多方面得到了显著的改善。其中，1990—2015 年，全球极端贫困率（每天低于 1.25 美元生活标准）下降了 33%，5 岁以下儿童死亡率下降超过一半。[①] 这些成绩在很大程度上归功于第二次世界大战后建立的全球治理体系，即以联合国为核心，以国际货币基

———————

① 联合国：《2015 年千年发展目标报告》，2015 年，纽约。

金组织（IMF）和世界贸易组织（WTO）为主体的制度安排。

任何国际体系的建立都有其鲜明的历史背景。自 19 世纪 70 年代以来，世界经历了两次全球化浪潮。[1] 以 20 世纪 90 年代为分界，在信息和通信技术的推动下，全球贸易由最终品交易为主体，逐步转变为中间品的贸易。这主要得益于生产成本降低，使产品生产的不同环节可在世界各地重新配置，资本、技术和人员等关键生产要素在全球范围内更自由地流动，最终促成全球价值链的形成。

全球价值链的形成使各国家和地区比以往联系得更加紧密和相互依存。自 1980 年以来，世界贸易量增加了 5 倍。世界出口相对于产量从 1995 年的 20% 增加到 2008 年的 30%。国际货币基金组织 2016 年"外溢"分析[2]再次证明了国家间相互联动的重要性。分析指出，如果世界五大经济体共同努力，采取更严格、全面和兼容的政策，将促进全球 GDP 增长约 3%。

在此窗口机遇期，许多发展中经济体根据自身资源禀赋和比较优势，通过参与全球产业链、价值链和供应链，抓住经济全球化的机遇，实现了经济的腾飞。第二次世界大战之后至 2008 年国际金融危机前，包括韩国、日本、新加坡、中国台湾及中国香港等在内的 13 个经济体通过此途径，成功地步入了高收入经济体。[3] 中国经济在 1978 年改革开放后 30 多年间创造的奇迹很大程度上也得益于与世界经济的深度融合。

中国仅是新兴市场国家的代表之一。经济全球化的浪潮也同时见证了诸多发展经济体的崛起，例如，"金砖国家"（即中国、巴西、印度、俄罗斯和南非）人口占世界的 42.6%，领土面积占世界的 26.5%，分别拥有世界银行和国际货币基金组织的 13.3% 和 14.9% 的话语权，并在过去十年贡献全球经济增长超过 50%。当今，"金砖国家"占全球国内生产总值的 23%，世界贸易额的 13%。在推动世界经济增长方面，国际货币基金组织数据显示，2005—2016 年，"金砖国家"实际国内生产总值增长率一直保持在 7%—11.5%，比世界增长率高 2%—5%。贸易和投资是

---

[1] "一带一路"跨国金融合作研究，2016 年，清华大学中国与世界经济研究中心，"金砖国家"经济智库。

[2] 国际货币基金组织，2016 年，"跨国报告溢出效应"，国际货币基金组织国家报告第 16 - 212 号。

[3] 林毅夫：《新结构经济学在"一带一路"中发挥重要作用》，2017 年。

"金砖国家"的主要增长引擎，占世界进出口总额比重由 1990 年的 5.2% 提高至 2013 年的 16.4%，其中中国由 1990 年的 1.1% 大幅增加至 2013 年的 10.1%。① 作为新兴市场的"领头羊"，"金砖国家"在国际上已有不可取代的影响力。

然而，过去 30 多年新自由主义的全球扩张是一把"双刃剑"。经济的蓬勃发展，并不能够掩盖金融监管等方面的严重缺失。2008 年国际金融危机的爆发便是最好的例证，其给世界经济造成的重创对现有全球治理体系的规则提出了很大的质疑。自金融危机之后，全球经济增长放缓，需求显著下降，导致全球贸易量严重萎缩。世界贸易组织预测，2016 年全球贸易增速仅为 1.7%，意味着 15 年来第一次贸易增速低于经济增速②。与此同时，全球直接投资（Global Foreign Direct Investment，GFDI）预期在 2016 年下降 10—15 个百分点。从中期来看，虽然 GFDI 在 2017 年和 2018 年会重拾增长的态势，但仍不会达到国际金融危机前的投资水平。③

此外，现有的全球治理体系对于收入分配也产生了深远影响。根据乐施会的研究，2016 年，占全球总人数 1% 的富人群体所拥有的财富可能超过其余 99% 人口财富的总和。因此，如何才能让世界各国人民同享经济增长带来的利益成为亟待解决的难题。

（二）《2030 年可持续发展议程》

《2030 年可持续发展议程》的提出与采纳适时地响应了当今国际社会寻求包容及可持续的全球治理体系的诉求。其确定了未来 15 年世界发展的基调和主题，即以实现 17 项可持续发展目标和 169 项具体目标为首要任务，实现经济、社会和环境三大领域的可持续发展，以期创建一个没有贫困、没有饥饿、安全及充满活力的世界。《2030 年可持续发展议程》的制定经过与 100 多个国家的商讨，是一个高度民主、包容和协作的过

---

① Rebalancing Global Economic Governance：Opportunities for China and the G20 beyond 2015，2014. United Nations Development Program，China Center for International Economic Exchanges，and Shanghai Institute for International Studies.

② Why is world trade growth slowing？ *The Economist*，2016.

③ Global Investment Prospects Assessment 2016 – 2018，2016. UNCTAD. Available at：http：// unctad. org/en/Publications Library/webdiaeia2016d3_ en. pdf.

程。它的一个突出特点是采用系统的方法，捕捉人类发展的各个相关方面及内在联系，并旨在提供全球公共物品。

在联合国千年发展目标落实过程中吸取的经验教训的基础上，可持续发展目标提出了三个基本原则。首先，目标具有普遍性。它适用于世界所有国家，不论是高收入国家、低收入国家还是中等收入国家。但目标在执行过程中又具有灵活性，留出足够的空间，允许各国根据本国国情，因地制宜，采取适应的措施来履行共同责任。其次，目标采用综合的视角，权衡目标之间的协同效应及可能存在的相互制约，以确保跨部门合作政策的一致性，而不是简单追逐实现单个的目标。最后，目标强调不落下任何一个人。这意味着，发展的成果要惠及每一个人，包括妇女、儿童、老人及其他脆弱性群体。

要全面落实《2030 年可持续发展议程》和真正实现可持续发展目标，必须依靠世界各国的力量，在强有力的国家领导力下，采纳有效的措施和具体行动。这里尤其需要加强广泛的国际合作，包括全球和区域合作，调动政府、私营部门和民间社会等一切可以利用的资源，填补发展融资日益增长的巨大需求。与此同时，《2030 年可持续发展议程》的落实需要各国政府结合自身情况，将议程切实纳入国家和地方经济社会发展计划及预算系统。知识技术及发展经验的分享和交流，尤其是南南合作，将发挥关键作用。

（三）"一带一路"倡议与《2030 年可持续发展议程》

"一带一路"倡议受到国际社会的高度关注。倡议提出重点建设 5 个领域的互联互通，包括政策沟通、设施联通、贸易畅通、资金融通和民心相通，以实现区域经济的共同繁荣和发展。

作为推动区域经济发展的一个政策框架，"一带一路"倡议主要依靠市场的规则和国际法律规范操作，鼓励私营部门的比较优势产业参与国际分工。需要得指出的是，"一带一路"的成功取决于它对人类发展各方面的贡献。在这一点上，"一带一路"倡议具有很大的潜力成为推动可持续经济发展、强化区域合作及加速落实可持续发展目标的一个广泛平台。它为利用市场手段提供公共产品，产生积极的社会和环境溢出效应，传递发展福祉，提供了历史的机遇。①

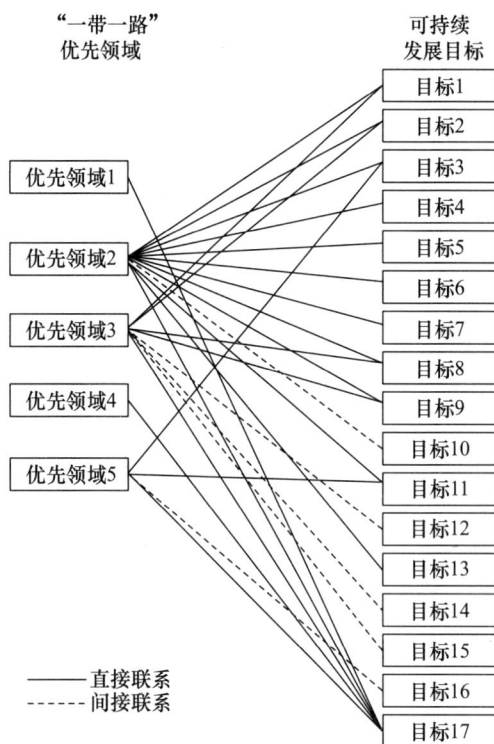

图1-18 "一带一路"倡议与可持续发展目标的关系

资料来源：国际货币基金组织，2016年，"跨国报告溢出效应"，国际货币基金组织国家报告第16/1212号。

"一带一路"倡议可为推动可持续发展目标的实现做出重要的贡献。"一带一路"倡议与《2030年可持续发展议程》虽然在性质和涵盖范围上有所不同，但是，两者都致力于推动包容发展和共同繁荣，实现共赢，在基本愿景和原则上是高度一致的。同时，"一带一路"倡议重点建设的

① Horvath, B., 2016, Identifying Development Dividends along the Belt and Road Initiative—Complementarities and Synergies between BRI and the SDGs. Scoping Paper for the 3rd High - level Policy Forumon Global Governance, Beijing, 10 - 11 November 2016.

"五通"领域对多个可持续发展目标的实现都至关重要。[1]

以设施联通为例，基础设施建设本身对目标 9（建造具备抵御灾害能力的基础设施）有直接贡献。此外，基础设施的完善有助于降低交易成本，提高整体劳动生产率，促进经济内生增长。因此，此举是实现目标 8（促进持久、包容和可持续经济增长）的必要条件。同时，基础设施联通可为贫困人口及妇女提供更多机会和时间参与经济效益回报更高的活动，提高收入，有更多的选择享有更好的教育和医疗服务。这些对实现目标 1（消除一切形式的贫困）、目标 5（实现性别平等）等都可做出一定的贡献。此外，基础设施的绿色低碳化，对目标 11（可持续城市和人类居住）和目标 13（应对气候变化）也有一定程度的作用。

再以贸易畅通和资金融通为例。贸易畅通，包括改善投资和贸易便利化，消除投资和贸易壁垒，确保执行世界贸易组织的"贸易便利化协定"。它还包括对可再生能源、信息技术、生物技术、新材料和其他新兴产业等领域的相互投资。资金融通，包括亚洲基础设施投资银行和"金砖国家"开发银行的运营，充分发挥丝路基金的作用，鼓励商业股权投资基金和私人基金参与"一带一路"重点项目建设。这几方面与目标 17（加强执行手段，重振可持续发展全球伙伴关系）高度一致，具体表现在目标 17 提倡加强有关科学、技术和创新的南北、南南和三角区域的国际合作，以及促进在世界贸易组织下建立一个普遍的，以规则为基础、开放、非歧视和公平的多边贸易体系，显著增加发展中国家的出口。

最后，民心相通和政策沟通，包括文化、人才和科技等领域的广泛交流，政策的协调和一致性，为实现目标 16（创建和平、包容社会）提供了有效的途径。

作为《2030 年可持续发展议程》的重要组成部分，"亚的斯亚贝巴行动议程"（AAAA）也对基础设施，包括交通、能源等方面的投资首肯，强调调动一切可能的国内和国际资源来实现对发展融资的巨大需求。其中，除了传统的国际援助，多边开发性金融机构在撬动和筹集资本上将发挥重要的作用。

总之，国内层面，中国在经历了市场经济改革，创造了广泛而快速

---

[1] Hong, P. F., 2016, Jointly Building the "Belt and Road" towards the Sustainable Development Goals. UN Department of Economic and Social Affairs.

的经济发展过程之后积累了较为丰富的发展经验。工业化层面上，中国工业从无到有逐步发展为"世界工厂"，2014 年第三产业增加值首次超过了第二产业；城镇化方面，中国高等教育人才培养与城镇化推进齐头并进，以点带面的城镇体系逐步确立。国际层面，中国贯彻落实对外开放政策，积极推进招商引资，进出口总额居世界第一；信息化领域，中国在计算机、通信、互联网金融等领域发展迅猛。但同时，中国在区域经济发展的协调性、结构转型和人口红利方面还存在一定的问题和不足。

在后金融危机时代，全球经济形势的新特点有：全球化趋势的停滞；世界主要发达经济体长期低迷，政策刺激收效甚微；广大发展中国家经济深受影响；任何国家都无法单独摆脱低迷。雁阵模式解体后，产生了构建亚欧大陆新型经济合作模式的诉求。在全球经济不景气背景下，中国及周边国家较高的经济增速显示了中国对周边国家的带动作用。而中国产业结构的特点是体量庞大，门类齐全，可以承上启下，与"一带一路"沿线国家找到很多互补性。

"一带一路"构想的提出，意在汇聚中国的发展经验，结合沿线国家的产业和资源优势，创造区域经济的和谐共赢发展。这不仅有利于沿线国家紧密团结、增进互信、共谋发展，而且有助于加强沿线各国的风险抵抗能力，建立稳固的增长原动力。为了配合和协助"一带一路"倡议的发展，中国发起成立了"亚洲基础设施投资银行"。通过为"一带一路"提供金融支撑，搭建国际金融合作平台以及促进完整融资链的形成。最终，"一带一路"倡议的建设秉承共商、共建、共享原则，它不是封闭的，而是开放包容的；它不是中国一家的独奏，而是沿线国家的合唱。"一带一路"建设不是要替代现有地区合作机制和倡议，而是要在已有基础上，推动沿线国家实现发展战略相互对接、优势互补。

第二章 "一带一路"：全球价值双环流范式研究

全球化发展经历了快速发展、缓慢增长、爆发式增长和增长滞缓四个阶段。一方面，发达国家贸易额在世界总贸易额中占比近年来逐步下降，发展中国家扮演了越来越重要的角色。另一方面，典型中等收入陷阱国家阿根廷、巴西、智利等纷纷陷入比较优势陷阱。同时，在当前的国际产业和贸易体系中，后起国家面临许多问题，处于劣势地位，始终处于产业链相对低端的位置且长期面临产业天花板的限制。世界经济结构逐渐由以发达国家为核心的"中心—外围"单循环模式转变为更为复杂的双环流模式。在双环流模式下，全球发达国家和发展中国家在全球价值链上的分工与参与度都有较大差别，从中间品和最终品看，发达国家进行的生产主要集中于附加值较高的生产部分，而发展中国家一方面参与度不足，另一方面生产较多集中于资源消耗的生产部分。基于全球价值链展现出双环流模式特点而提出的"一带一路"能够将沿线产业结构高度各不相同的国家相互拉动、形成互补，实现价值链双环流上的产业协同。

一 全球经济合作发展历程

（一）产业贸易与全球化进程

经济发展和全球化都不必然是单向度的进程。中国经济的逆风飞扬和欧美经济的跌宕起伏，是当今世界变革潮流中的两股巨浪。追溯到源头，它们皆由全球化而起，也皆因全球化而兴。全球化是当代经济发展中一个显著的特点。然而，全球化从最初发展至今天并非始终处于快速上升的发展阶段。图2-1显示了1960—2014年世界进出口贸易总额占GDP比重变化情况。可以看出，全球化的发展经历了快速发展、缓慢增长、爆发式增长和增长滞缓四个阶段。尤其是 2008 年国际金融危机以来，全球化发展展现出停滞不前的趋势，这与世界各国的经济社会发展密切相关。

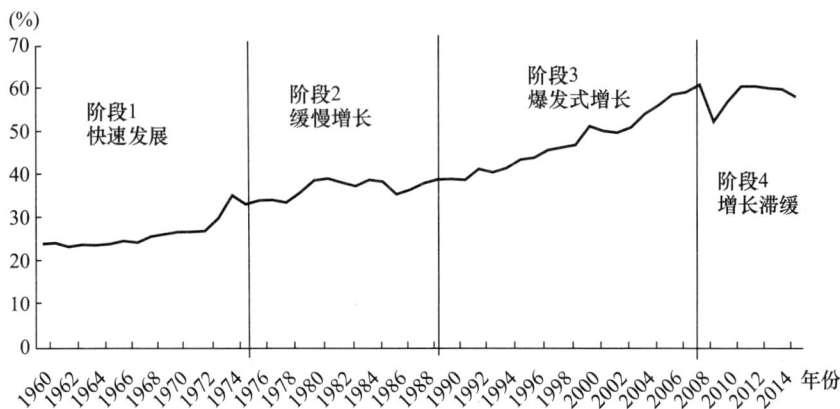

图 2－1　1960—2014 年世界进出口总额占 GDP 比重变化情况

资料来源：世界银行数据库。

具体分析世界各国贸易发展情况，可以看出，发达国家贸易额在世界总贸易中占比近年来逐步下降，而发展中国家则在世界贸易中扮演着越来越重要的角色。图 2－2 展示了发达国家与发展中国家出口贸易占世界总出口贸易比重变化情况，可以看出 20 世纪七八十年代起，发达国家出口在世界的贡献度就停滞不前，到了近年来尤其是 2008 年国际金融危

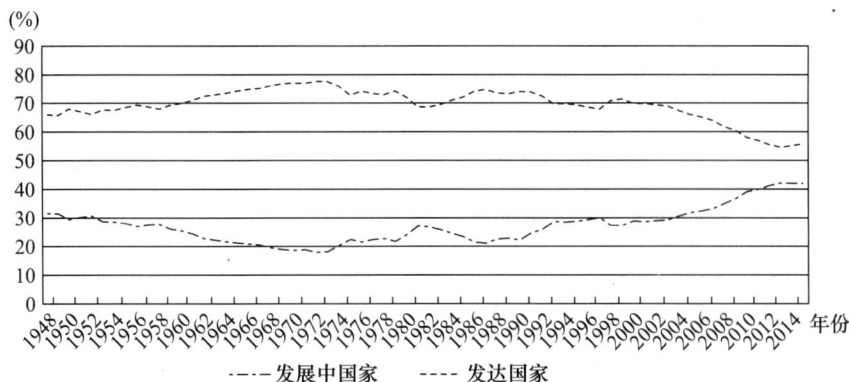

图 2－2　发达国家和发展中国家出口贸易占世界总出口贸易比重变化情况

资料来源：UNCTAD。

机之后，发达国家出口占比表现出了急剧下降的趋势。而发展中国家则恰恰相反，21 世纪以来，出口贸易繁荣发展，在世界贸易中占比逐年提升。

发达国家内部与发展中国家的贸易又表现出什么样的趋势？图 2 – 3 是部分主要发达国家和"金砖国家"出口额占世界总出口额变化趋势。可以看出，各发达国家出口在世界总出口中占比逐年下降，尤其是 2008 年国际金融危机后下降趋势更为明显。虽然危机过后各国都在缓慢恢复中，但除美国外，其出口仍表现为占比逐年下降。以日本为例，1990 年日本出口额占世界总出口比重为 8.23%，2015 年这一指标陡降至 3.78%。与此同时，"金砖国家"出口占比急剧上升，从 1990 年的 3.86% 上升至 2015 年的 19.06%。

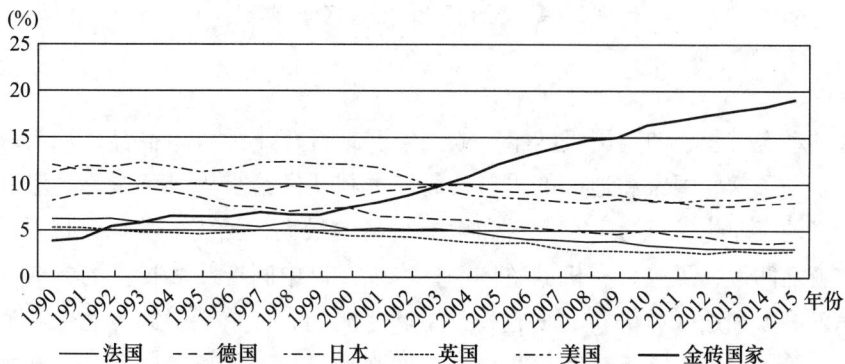

图 2 – 3　部分主要发达国家和"金砖国家"出口额占世界总出口额变化趋势
资料来源：UNCTAD。

具体来看，"金砖国家"各国贸易情况如图 2 – 4 所示。可以看出金砖各国除巴西外，出口在世界占比都保持着上升趋势，其中中国上升最为显著，从 20 世纪 90 年代出口占世界总出口额的 1.78% 上升至 2015 年的 13.74%。

发展中国家中以"金砖国家"为代表的新兴经济体，经济发展状况较好，与欧美国家形成反差，贸易表现出逐年增长的态势。

（二）全球化历史重要时期的世界格局

1. 雁阵理论时期（20 世纪 70—90 年代）

雁阵模式描述了 20 世纪 70—90 年代日本向东亚国家进行产业梯度转

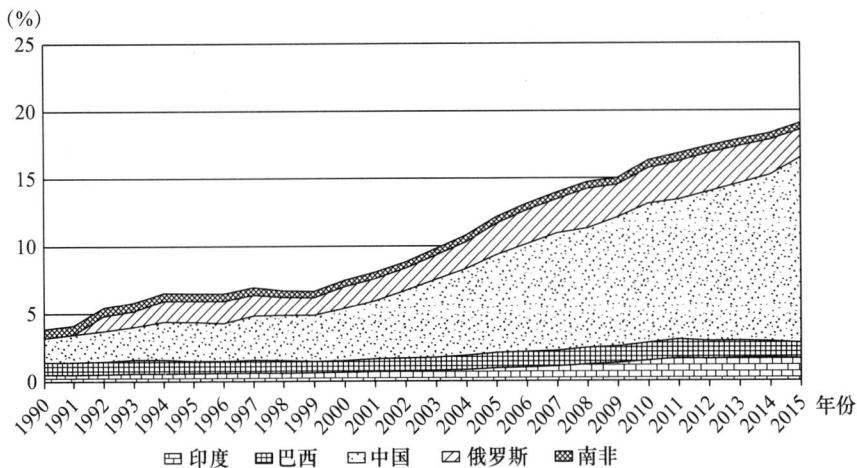

图 2-4 "金砖国家"贸易变化情况

资料来源：UNCTAD。

移的动态过程，即美国吸纳了东亚国家和地区输出的大量商品，从需求上带动了这些国家和地区的出口。而日本则从供给上支持了东亚国家和地区的工业化，成为生产资料和中间材料的最大供给者。美国—日本—东亚之间形成了一个有机的整体，日本以出口中间产品和投资的方式向东亚国家和地区提供新的垂直分工型产业的能力，东亚国家与地区则通过向美国出口最终产品获得盈余，从而弥补对日本的贸易赤字。日本则通过购买美国国债等方式，将贸易盈余又返还给美国，并扩大对东亚国家和地区海外直接投资和官方援助。日本作为雁阵的"雁头"，在引导东亚、东南亚经济发展过程中起到最为核心的作用。70 年代经济迅速发展的亚洲新兴工业化国家和地区主要包括亚洲"四小龙"即韩国、新加坡、中国台湾和中国香港，作为其"雁身"。雁阵"尾部"为中国和一些东盟国家（包括缅甸、柬埔寨、老挝、越南等）。

（1）经济格局

由表 2-1 可以看出，在雁阵模式中，作为"雁头"的日本在 GDP 方面具有绝对优势，在 1979 年，日本 GDP 占世界的 10.6%，是作为"雁身"的韩国、中国香港、新加坡 GDP 占比之和（即 1.03%）的 10 倍。但是，韩国、新加坡、中国香港的 GDP 和占比均呈现出上升趋势，这说明日本的发展对这些国家和地区的经济有一定拉动作用。

　　但是，雁阵模式典型国家和地区（本书是指日本、韩国、新加坡、中国香港[①]）的 GDP 占世界比重总和却远远低于美国。以 1984 年为例，日本、韩国、新加坡、中国香港 GDP 占世界 GDP 比重合计为 12.07%，美国 GDP 占世界 GDP 的 33.6%，约为 2.8 倍。因此，雁阵模式时期亚洲经济在世界经济格局中的份额仍然较低。

表 2 - 1　　　　　　　　各国和地区 GDP 及占其世界 GDP 比重

单位：亿美元现价、%

年份	日本		韩国		新加坡		中国香港		中国		美国	
	GDP	比重	GDP	比重	GDP	比重	GDP	比重	GDP	比重	GDP	比重
1965	910	4.7	30	0.15	10	0.05	24	0.13	704	3.6	7437	38.2
1966	1056	5.0	38	0.18	11	0.05	25	0.12	767	3.6	8150	38.6
1967	1238	5.5	47	0.21	12	0.05	27	0.12	729	3.2	8617	38.2
1968	1466	6.0	60	0.25	14	0.06	27	0.11	708	2.9	9425	38.8
1969	1722	6.4	75	0.28	17	0.06	32	0.13	797	3.0	10199	38.2
1970	2091	7.1	94	0.32	19	0.07	38	0.13	926	3.2	10759	36.6
1971	2362	7.3	104	0.32	23	0.07	45	0.14	998	3.1	11678	36.0
1972	3127	8.3	114	0.30	27	0.07	57	0.15	1137	3.0	12824	34.2
1973	4249	9.3	145	0.32	37	0.08	80	0.1	1385	3.0	14285	31.3
1974	4716	9.0	204	0.39	52	0.10	94	0.18	1442	2.7	15488	29.5
1975	5129	8.8	228	0.39	56	0.10	100	0.17	1634	2.8	16889	28.9
1976	5764	9.1	314	0.49	63	0.10	129	0.20	1539	2.4	18776	29.6
1977	7094	9.9	403	0.56	66	0.09	157	0.22	1749	2.4	20860	29.1
1978	9967	11.8	543	0.64	75	0.09	183	0.22	1495	1.8	23566	27.9
1979	10375	10.6	697	0.71	93	0.09	225	0.26	1783	1.8	26321	26.8
1980	10870	9.8	678	0.61	119	0.11	289	0.26	1912	1.7	28625	25.9
1981	12015	10.6	762	0.67	142	0.12	311	0.27	1959	1.7	32110	28.3
1982	11168	10.0	816	0.73	161	0.14	323	0.29	2051	1.8	33450	29.8
1983	12181	10.5	905	0.78	178	0.15	299	0.26	2307	2.0	36381	31.4
1984	12946	10.8	1000	0.83	197	0.16	335	0.28	2599	2.2	40407	33.6

资料来源：世界银行数据库。

---

　　① 在世界银行数据库中没有找到中国台湾的经济数据。

（2）进出口结构

由表2-2可知，1965—1984年，日本、韩国、新加坡、中国香港和中国的出口额占世界的比重呈上升趋势，从1965年的6.78%增长到1984年的13.97%。而同期美国的出口额占世界出口额的比重呈下降趋势，由1965年的16.5%下降到1984年的13.5%。因此，在雁阵模式时期，亚洲的经济发展主要表现为出口驱动型，日本作为雁头在出口额上具有绝对优势。1965年，中国的出口额（25.6亿美元）分别高于中国香港、新加坡和韩国，但是，到1984年，中国的出口额（247.7亿美元）低于中国香港、新加坡和韩国。说明作为"雁身"的中国香港、新加坡和韩国在日本的带动下实现了快速发展。

表2-2　　　　　　　　各国和地区出口额及其占世界出口额比重

单位：亿美元现价、%

年份	日本	中国	中国香港	新加坡	韩国	合计		美国	
						出口额	比重	出口额	比重
1965	95.7	25.6	16.8	12.0	2.5	152.6	6.78	371.0	16.5
1966	111.7	26.8	18.9	13.5	3.8	174.8	7.07	409.0	16.5
1967	119.5	23.9	21.7	14.2	5.2	184.4	7.03	435.0	16.6
1968	148.2	23.4	24.5	17.9	7.3	221.4	7.61	479.0	16.5
1969	181.8	24.3	30.3	21.9	9.7	268.0	8.16	519.0	15.8
1970	221.5	23.1	35.4	24.2	12.1	316.3	8.33	597.1	15.7
1971	271.1	27.8	40.0	27.0	14.7	380.8	8.95	629.6	14.8
1972	324.5	36.9	48.2	29.0	20.8	459.5	9.10	708.4	14.0
1973	418.0	58.8	68.6	43.7	39.3	628.4	9.10	952.7	13.8
1974	628.8	71.1	81.3	78.0	51.4	910.7	9.48	1266.5	13.2
1975	643.4	76.9	83.8	77.2	57.7	939.0	9.21	1387.1	13.6
1976	766.0	69.9	115.2	94.6	88.7	1133.9	9.96	1495.2	13.1
1977	910.7	75.2	131.0	107.7	115.2	1339.8	10.39	1593.5	12.4
1978	1086.5	68.1	156.7	124.4	145.3	1581.0	10.55	1868.9	12.5
1979	1176.4	92.0	201.9	171.7	174.3	1816.4	9.62	2301.3	12.2
1980	1459.0	113.0	256.7	240.3	204.7	2273.7	9.95	2807.7	12.3
1981	1730.0	145.9	282.8	280.9	244.9	2684.5	11.77	3052.4	13.4
1982	1586.1	227.0	277.4	298.1	253.2	2641.9	12.26	2832.1	13.1
1983	1660.6	222.8	286.8	296.8	278.7	2745.6	12.93	2770.0	13.0
1984	1905.7	247.7	357.1	309.0	311.0	3130.6	13.97	3023.8	13.5

资料来源：世界银行数据库。

由表 2 – 3 可知，1965—1984 年，日本、韩国、新加坡、中国香港和中国的进口额占世界的比重呈缓慢上升趋势，从 1965 年的 2.57% 增长到 1984 年的 5.19%。而同期美国的进口额占世界进口额的比重呈高位增长趋势，由 1965 年的 13.98% 上升到 1984 年的 17.53%。因此，在雁阵模式时期，亚洲的进口份额远低于美国。

表 2 – 3　　　　　　各国和地区进口额及其占世界进口额比重

单位：亿美元现价、%

年份	日本	中国	中国香港	韩国	新加坡	典型国家合计		美国	
						进口额	比重	进口额	比重
1965	83.1	22.5	17.6	4.8	13.1	58.0	2.57	315.0	13.98
1966	95.4	24.8	19.8	7.7	14.3	66.6	2.67	371.0	14.88
1967	117.0	21.7	20.5	10.3	15.1	67.5	2.52	399.0	14.92
1968	132.1	20.7	23.0	15.1	18.7	77.5	2.63	466.0	15.83
1969	154.6	19.2	27.5	18.8	23.5	88.9	2.68	505.0	15.21
1970	196.2	22.8	32.5	21.2	27.9	104.3	2.74	557.6	·14.66
1971	209.1	21.3	38.1	25.2	31.7	116.3	2.76	623.4	14.78
1972	254.9	28.5	43.7	26.0	33.3	131.4	2.64	742.2	14.90
1973	419.0	52.1	63.5	43.6	47.1	206.3	3.06	911.6	13.50
1974	666.6	77.9	76.8	72.9	85.9	313.5	3.26	1274.7	13.26
1975	644.5	79.3	78.2	76.0	82.5	315.9	3.10	1227.3	12.06
1976	724.4	66.6	101.4	94.6	99.0	361.6	3.15	1511.5	13.15
1977	800.8	71.5	120.8	118.4	108.7	419.3	3.18	1824.0	13.85
1978	921.2	76.2	154.9	164.4	127.2	522.6	3.44	2122.5	13.98
1979	1274.7	105.0	199.0	220.6	177.0	702.2	3.65	2526.0	13.15
1980	1562.2	124.5	258.2	255.1	248.5	886.3	3.80	2938.3	12.61
1981	1647.0	145.9	287.5	283.5	285.8	1002.7	4.28	3177.6	13.56
1982	1515.7	177.9	275.6	272.5	301.1	1027.0	4.60	3031.8	13.57
1983	1458.3	193.9	281.4	288.0	295.7	1058.9	4.83	3286.4	15.00
1984	1569.2	247.1	330.3	313.6	309.4	1200.4	5.19	4051.1	17.53

资料来源：世界银行数据库。

进一步地，雁阵中所有成员的出口均有充足的市场需求；其次是作为雁阵模式中"雁头"的日本，应当保持产业的不断升级，向亚洲"四小龙"和东盟提供机器设备和技术，并开展合作，使其产业竞争力不断提高。最后是在当时的东亚地区中，日本、亚洲"四小龙"和东盟处于经济发展的不同阶段。而具体到20世纪70—90年代的日本和东亚，则有以下的动因。

第一，从当时参与东亚雁阵式发展的国家和地区来看，面积较小，人口也较少，不足以支撑其建立起完备的产业结构，因此不存在国内产业转移的可能性。当产业优势不存在时，便只能向外转移，从而带动相关国家和地区先后发展。这些国家和地区的地理位置接近，交通便利，容易通过直接投资、国际贸易和技术转移等实现产业结构的梯度转移。并且这些国家经济发展水平有高有低，可以形成互补，便于构造垂直分工体系和产业梯度转移。

第二，东亚当时的产业转移和经济发展虽然是以日本为主导的，但也有美国的影响。日本对美国的扶持和援助是日本成为"雁头"的重要原因，东亚雁阵模式是在"美国统治下的和平"环境下实现的。并且在东亚雁阵中进行转移的产业包括技术、知识等也是由美国传递给日本再传递到东亚其他国家和地区的。除此之外，美国为东亚各国和地区提供了巨大的市场容量，从而使东亚雁阵的发展可以循环往复。

第三，对于"雁头"日本而言，有进行产业转移的必要性。首先，日本面临着国内劳动成本上升和污染严重的压力。纤维、电器组装等典型的劳动密集型产业开始向拥有廉价劳动力的亚洲各国转移。而对于石油、化工、钢铁和有色金属冶炼产业来说，由于污染严重，造成了水俣病、痛痛病、光化学烟雾等公害病。其次，日本对美国的出口受到反倾销的影响，日本开始向周围发展中国家出资建厂，设立"迂回生产基地"，利用美国对于发展中国家的特惠关税，扩大在美国的市场占有率。最后，日元升值使日本国内企业的生产成本提高，特别是在《广场协议》以后，日元大幅度升值，引发了一波产业向外转移的浪潮。其中，汽车等高级消费品转移到欧美发达国家，而电子产品和工业元件等产业则转移到了亚洲新兴工业化国家和地区（ANIES）以及东南亚国家联盟（ASEAN）。

第四，对于"雁身"和"雁尾"的后发国家和地区来说，也有承接产业转移的可能性。从战后初期到20世纪六七十年代，东亚各国和地区（除中国香港外），都曾采取过进口替代或偏向于进口替代的发展战略。

这是因为，进口替代可以为欠发达国家提供国内制造业的发展基础，也为接受发达国家的产业转移提供了"重合产业"。而当进口替代的边际效率下降以后，东亚发展中国家和地区则开始转向出口导向。通过贸易自由化一系列吸引外资的优惠措施，吸引发达国家对其进行产业转移。在发达国家（地区）自身动力与后进国家（地区）拉力的双重作用下，通过以外商直接投资（FDI）为核心的动态产业梯次传递（包括技术转移），东亚各国、各地区之间形成了一种资金流与物流的良性循环，带动了产业结构升级与工业化水平的提高，并最终实现经济起飞和连锁型的经济高速增长。

（3）雁阵模式的终结

进入20世纪90年代以后，随着"泡沫经济"的破灭，日本经济陷入以通货紧缩为主要特征并伴随阶段性衰退的长期停滞阶段。日本经历了1996年、1997年和1998年三年连续的负增长，即便1999年恢复了正常的经济增长，此时的国内生产总值与之前的水平比还是下降了。伴随经济长时间停滞，日本对外贸易增长也有所减缓。由于作为"雁头"的日本经济萎靡不振，日本与东亚各国贸易额，特别是对经济有拉动作用的进口增长速度有减慢的趋势，对中国香港和中国台湾的进口额甚至出现了不同程度的减少。

雁行发展模式存在的基础是各国产业梯度差的存在，动力来自"雁头"日本经济的持续增长。由于各国经济的发展和日本经济不景气的影响，这种产业梯度差正在逐步缩小，直接导致雁行发展模式的逐渐终结。日本作为雁阵的"雁头"，在20世纪90年代经历了持续十余年的萧条，日本的"雁头"地位也开始动摇。此外，由于东亚各国工业化过程的快速进行，雁阵形成的基础条件产业梯度也逐渐变得越来越不明显，产业转移的条件也越来越不具备。从而导致雁阵模式进入后雁阵时代。

2. 新自由主义全球化时期

新自由主义认为，以国家干预为策略的凯恩斯主义虽然缓解了资本主义生产过剩的经济危机，但同时也限制了资本主义自由发展，所以它极力反对任何形式的国家干预。新自由主义奉行的全球化是以资本主义为主导的、具有鲜明意识形态性的全球化，它带来的是强化资本对劳动的支配、强国对弱国的统治，实质上是为推行资本主义全球化扫清障碍。资本的全球扩张要求新自由主义从西方走向全球，使之成为全球化的隐性逻辑。因此，在这一阶段，形成"中心—外围"的格局，富者越富，穷者越穷，全球化造成的两极分化严重。

（1）经济格局

1985—2008 年，世界经济经历了一波雁阵之后的新自由主义全球化浪潮。从世界 GDP 构成来看，美国一直保持着世界经济的"龙头"，但是，GDP 占世界比重有所下降。从表 2 - 4 可知，从 34.38% 下降到 23.31%，日本的经济则在震荡中前进，从 1985 年的 10.95% 上升到 1995 年的 17.36%，又下降到 2008 年的 7.68%。中国经济占世界 GDP 比重随着改革开放的进一步深化而逐渐提升，从 1985 年的 2.45% 上涨到了 2008 年的 7.28%，已经初步呈现出赶超日本的态势。

表 2 - 4　　　　　　　　新自由主义时期的 GDP 构成 单位：百万美元现价、%

年份	中国		美国		日本		欧盟	
	GDP	占世界比重	GDP	占世界比重	GDP	占世界比重	GDP	占世界比重
1985	309486	2.45	4.346734	34.38	138532	10.95	3162057	25.01
1986	300759	2.01	4.590155	30.67	2051061	13.70	4336364	28.97
1987	272973	1.60	4.870217	28.60	2485236	14.59	5365622	31.50
1988	312354	1.64	5.252629	27.55	3015394	15.825	5984972	31.39
1989	347767	1.74	5.657693	28.27	3017052	15.08	6110947	30.54
1990	360859	1.60	5.979589	26.56	3103698	13.78	7578343	33.66
1991	383373	1.61	6.174043	25.88	3536801	14.83	7864846	32.97
1992	426915	1.68	6.539299	25.80	3852794	15.20	8570210	33.82
1993	444731	1.72	6.878718	26.68	4414963	17.12	7814538	30.31
1994	564325	2.04	7.308755	26.39	4850348	17.51	8298364	29.97
1995	734548	2.39	7.664060	24.94	5333926	17.36	9610436	31.27
1996	863746	2.75	8.100201	25.80	4706187	14.99	9824634	31.29
1997	961603	3.07	8.608515	27.48	4324278	13.81	9273327	29.61
1998	1029043	3.30	9.089168	29.13	3914575	12.55	9589851	30.74
1999	1093998	3.38	9.660624	29.86	4432599	13.70	9576747	29.60
2000	1211346	3.63	10284779	30.80	4731199	14.17	8899099	26.65
2001	1339395	4.03	10621824	31.99	4159860	12.53	9000493	27.11
2002	1470550	4.26	10977514	31.83	3980820	11.54	9810781	28.45
2003	1660288	4.29	11510670	29.72	4302939	11.11	11945411	30.84

续表

年份	中国		美国		日本		欧盟	
	GDP	占世界比重	GDP	占世界比重	GDP	占世界比重	GDP	占世界比重
2004	1955347	4.48	12274928	28.14	4655803	10.67	13795083	31.63
2005	2285966	4.84	13093726	27.74	4.571867	9.68	14426313	30.56
2006	2752132	5.38	13855888	27.10	4356750	8.52	15388308	30.09
2007	3552183	6.17	14477635	25.14	4356348	7.56	17780816	30.87
2008	4598205	7.28	14718582	23.31	4849185	7.68	19116323	30.27

资料来源：世界银行数据库。

在新自由主义全球化期间，中等收入国家的人均 GDP 年涨幅明显高于中低等收入国家，而中低等收入国家的人均 GDP 涨幅也超过低收入国家（见表 2－5），进一步印证了这一时期的两极分化的趋势。1985 年，美国的人均 GDP 达 18269 美元，到 2008 年已经接近 5 万美元。同时，中国改革开放的深化等因素也使中国的人均 GDP 有大幅提升，从 1985 年的 294 美元上涨至 2008 年的 3471 美元。与此相对应的是低收入国家的情况，低收入国家的人均 GDP 在 1985 年开始的近 20 年的时间里并没有明显的涨幅，甚至在 20 世纪 90 年代初期产生了较大幅度的下降。到 2008 年金融危机前，低收入国家的人均 GDP 仅为 483 美元。

表 2－5　　　　　　　　　　　各国人均 GDP　　　　　　　单位：美元现价、%

年份	中国		美国		中高等收入国家		中低等收入国家		低收入国家	
	人均GDP	增长率	人均GDP	增长率	人均GDP	增长率	人均GDP	增长率	人均GDP	增长率
1985	294	—	18269	—	982	—	408	—	—	—
1986	282	-4.25	19115	4.63	1011	2.93	414	1.71	—	—
1987	252	-10.68	20101	5.16	993	-1.74	446	7.58	—	—
1988	284	12.60	21483	6.88	1074	8.14	450	0.93	294	—
1989	311	9.64	22922	6.70	1149	7.02	441	-1.90	282	-4.08
1990	318	2.25	23954	4.50	1296	12.74	467	5.72	293	3.86
1991	333	4.80	24405	1.88	1412	9.00	439	-6.03	292	-0.07

续表

年份	中国		美国		中高等收入国家		中低等收入国家		低收入国家	
	人均GDP	增长率	人均GDP	增长率	人均GDP	增长率	人均GDP	增长率	人均GDP	增长率
1992	366	10.00	25493	4.46	1358	-3.85	458	4.35	251	-14.31
1993	377	2.98	26465	3.81	1457	7.30	455	-0.53	233	-6.88
1994	473	25.47	27777	4.96	1569	7.67	486	6.80	203	-13.10
1995	610	28.76	28782	3.62	1731	10.32	536	10.15	227	12.13
1996	709	16.36	30068	4.47	1861	7.54	576	7.59	247	8.48
1997	782	10.20	31573	5.00	1962	5.40	584	1.39	248	0.64
1998	829	5.99	32949	4.36	1913	-2.47	519	-11.19	244	-1.56
1999	873	5.40	34621	5.07	1793	-6.29	554	6.76	238	-2.54
2000	959	9.86	36450	5.28	1956	9.12	575	3.77	268	12.37
2001	1053	9.77	37274	2.26	1963	0.31	570	-0.77	235	-12.13
2002	1149	9.06	38166	2.39	1952	-0.52	601	5.38	247	5.08
2003	1289	12.20	39677	3.96	2180	11.64	678	12.82	264	6.73
2004	1509	17.07	41922	5.66	2597	19.17	761	12.29	293	11.01
2005	1753	16.22	44308	5.69	3105	19.56	861	13.02	329	12.38
2006	2099	19.72	46437	4.81	3669	18.16	1003	16.57	355	7.95
2007	2695	28.40	48062	3.50	4534	23.57	1199	19.50	412	16.05
2008	3471	28.79	48401	0.71	5511	21.54	1320	10.08	483	17.21

资料来源：世界银行数据库。

（2）进出口结构

从表2-6中的数据可知，在1985—2008年的20多年间，发达国家的进出口占世界比重基本上在60%—70%，尤其在20世纪90年代初期曾连续多年占比超过70%。而与之相对应的发展中国家的进出口贸易情况虽然随着经济全球化有所增加，但其占世界总进出口的比重仅保持在30%左右。

表 2 - 6　　　　　　　　发展中国家和发达国家的进出口结构

单位：百万美元现价、%

年份	发展中国家				发达国家			
	进口数额	进口占世界比重	出口数额	出口占世界比重	进口数额	进口占世界比重	出口数额	出口占世界比重
1985	574786	25	579483	25	1691248	73	1666175	72
1986	560792	22	537582	21	1918609	75	1930267	76
1987	644113	21	667269	22	2281538	76	2266160	75
1988	756628	22	767937	22	2586364	75	2581088	75
1989	844082	23	860705	23	2787075	75	2758706	74
1990	951617	22	988655	23	3189561	75	3158981	74
1991	1074589	24	1041483	24	3216584	73	3233853	74
1992	1205391	25	1156507	24	3425689	72	3484161	73
1993	1317377	28	1246512	26	3276531	70	3394040	72
1994	1468973	28	1421979	27	3671931	70	3786940	71
1995	1771977	28	1712274	27	4348726	70	4492073	71
1996	1915926	29	1878154	28	4550618	69	4669504	70
1997	2028655	30	2009313	29	4660571	68	4800698	69
1998	1842614	27	1869172	27	4796611	71	4854561	71
1999	1919665	27	2011087	28	5073871	71	4984942	70
2000	2285911	29	2440573	31	5540883	70	5328325	67
2001	2185449	28	2307284	30	5391863	70	5202239	68
2002	2302138	29	2475211	31	5534490	69	5357054	67
2003	2672840	29	2918893	31	6408。728	69	6201410	66
2004	3387438	30	3687547	32	7626506	68	7362283	65
2005	3989778	31	4475022	35	8487896	66	8047179	62
2006	4656113	32	5316981	36	9574456	66	9057739	61
2007	5531336	33	6259703	36	10878032	64	10462188	60
2008	6676603	34	7381516	37	12151070	62	11637225	59

资料来源：联合国贸易和发展会议（UNCTAD）数据库。

（3）FDI 流入

从表 2 - 7 中的数据可知，发展中国家的 FDI 流入存量占世界比重在

1985—2008 年有所下降，但是，在 FDI 流入流量占世界比重却有所上升，这从一定程度上说明了 FDI 在发展中国家呈现出供不应求的状态，与发达国家的 FDI 流量及存量呈现出的供过于求的状态形成鲜明对比。

表 2－7　　　　　　　发展中国家和发达国家的 FDI 流入 单位：万美元现价、%

年份	发展中国家				发达国家			
	FDI 流入存量	存量占世界比重	FDI 流入流量	流量占世界比重	FDI 流入存量	存量占世界比重	FDI 流入流量	流量占世界比重
1985	370369	37.54	14070	25.20	616241	6246	41744	74.77
1986	386715	34.09	15.832	18.26	747693	65.91	70897	81.78
1987	414046	31.03	21763	15.90	920469	68.97	115108	84.10
1988	437166	28.67	30558	18.61	1086151	71.23	133641	81.38
1989	467400	25.51	30388	15.43	1363181	74.40	166543	84.57
1990	509470	23.19	34657	16.91	1685876	76.74	170195	83.06
1991	547372	22.14	39318	25.53	1922379	77.77	114480	74.35
1992	604753	24.24	53458	32.81	1889391	75.74	107868	66.21
1993	681577	25.25	75691	34.39	2015828	74.67	141404	64.24
1994	757251	25.54	102383	40.16	2200912	74.24	150599	59.08
1995	843341	23.65	117761	34.48	2711006	76.04	219764	64.35
1996	982029	23.75	147078	37.83	3136646	75.86	236343	60.79
1997	1089641	23.07	185401	38.50	3605801	76.36	286294	59.46
1998	1197495	20.23	176632	25.51	4690698	79.25	508532	73.45
1999	1540158	21.72	216290	20.09	5509553	77.71	852939	79.24
2000	1644215	21.96	232390	17.10	5791254	77.34	1120508	82.46
2001	1735815	23.79	215794	31.56	5481062	75.12	459715	67.23
2002	1672700	22.72	166739	28.27	5583664	75.85	413025	70.03
2003	1929613	21.05	195584	35.52	7097819	77.41	337172	61.24
2004	2252606	21.29	263718	38.32	8145333	76.99	395518	57.47
2005	2635508	23.00	331752	34.92	8565673	74.76	587710	61.86
2006	3267898	23.10	402983	28.74	10513463	74.32	940318	67.06
2007	4353591	24.33	525525	27.63	12915495	72.17	1289494	67.79
2008	4006097	26.14	578482	38.62	10929902	71.32	801909	53.54

资料来源：联合国贸易和发展会议（UNCTAD）数据库。

3. 2008 年金融危机后世界经济格局

2008 年以后，世界经济格局发生了重大变化，国际金融危机的源头美国经济遭受重创，金融系统的危机迅速传导到实体经济，从表 2 - 8 中可以看出，在 2008 年和 2009 年美国人均 GDP 出现了负增长，并在之后的五年进入了艰难的调整期，受美国经济的拖累，以发达国家为主的中高等收入国家的人均 GDP 增长率持续下跌。而中国经济受美国次贷危机的影响较小，在 2008—2011 年仍保持高速增长态势，受经济结构的影响，中国人均 GDP 增长率逐步放缓，经济发展逐渐进入"新常态"，开始了以"供给侧结构性改革"为主的结构性调整时期。而中低等收入国家的经济增长较为平稳，但是，增长率相较于中国等新兴经济体一直处于较低的水平，经济增长缺乏活力，低收入国家更是出现了人均 GDP 增长率逐年下降的趋势。

表 2 - 8　　　　按购买力平价计算的部分国家人均 GDP 及其增长率

单位：国际元、%

国家	年份	2008	2009	2010	2011	2012	2013	2014	2015
中国	人均 GDP	7635.07	8374.43	9333.12	10384.37	11351.06	12367.97	13439.91	14450.17
	人均 GDP 增长率	9.09	8.86	10.10	9.01	7.33	7.23	6.76	6.37
美国	人均 GDP	48401.43	47001.56	48374.09	49781.80	51433.05	52749.91	54539.67	56115.72
	人均 GDP 增长率	-1.23	-3.62	1.68	0.83	1.45	0.93	1.57	1.79
中高等收入国家	人均 GDP	10749.72	11052.39	11971.41	13035.11	13827.81	14489.36	15321.66	15883.88
	人均 GDP 增长率	5.17	0.83	6.78	5.34	3.98	3.91	3.09	2.42
中低等收入国家	人均 GDP	4370.44	4563.77	4890.44	5182.18	5468.97	5785.05	6130.18	6441.46
	人均 GDP 增长率	3.18	3.41	5.79	3.82	3.63	4.06	4.02	3.79
低收入国家	人均 GDP	1230.97	1273.43	1336.88	1404.59	1446.16	1514.23	1591.41	1635.94
	人均 GDP 增长率	4.32	1.04	6.14	4.60	3.51	3.58	2.95	2.38

资料来源：世界银行。

总的来说，自 2008 年国际金融危机以后，中高等收入国家与低收入国家的人均 GDP 的差距越拉越大，世界经济的贫富差距问题日趋严重。而发达国家经济下行通过贸易、投资、跨国公司等途径波及全球，其对发展中国家的经济带动能力大幅下降，一方面发达国家整体的市场需求下降，另一方面大部分发展中国家落后的工业体系所生产的产品也无法满足发达经济体的需求。这也就推动世界经济格局向全球价值双环流架构转变，下环流国家的产品更多地流向以中国为主的新兴经济体，并借助新兴经济体较为完善的工业体系，实现品质升级后，流向以发达国家为主的上环流，从而实现经济运行的闭环。在整个双环流的架构中，新兴经济体的作用更为重要，必须不断寻求与其他国家的产业互补，完善自己的工业体系和产业结构，从而能够更好地起到承上启下、推动全球经济稳健发展的作用。

从表2-9可以看出，受国际金融危机的影响，2008年之后发达国家的进出口贸易额占世界进出口贸易额的比例在逐年下降，相应的发展中国家的进出口贸易额占世界进出口贸易额的比重有逐年微弱上升的趋势。但整体上看，相较于发展中国家，发达国家的进出口贸易额所占比重较高，为净进口国家，而发展中国家为净出口国家。

表2-9　　　　　　发达国家与发展中国家进出口对比　　单位：亿美元、%

	年份	2008	2009	2010	2011	2012	2013	2014	2015
发展中国家	进口数额	57520.33	46477.97	60201.23	73423.41	76802.64	79629.36	79780.79	69717.29
	进口占世界比重	34.93	36.63	39.04	39.87	41.24	42.11	42.00	41.98
	出口数额	63026.58	50061.61	64384.34	78994.70	82289.92	84240.55	84762.12	74110.99
	出口占世界比重	39.03	39.87	42.08	43.07	44.49	44.48	44.62	44.78
发达国家	进口数额	101631.37	76717.19	89469.24	104862.15	103302.21	103296.99	104667.32	92539.15
	进口占世界比重	61.72	60.46	58.02	56.94	55.46	54.63	55.10	55.72
	出口数额	91217.10	70828.19	82545.60	96288.60	94458.39	97072.59	97548.73	86145.41
	出口占世界比重	56.49	56.41	53.94	52.50	51.07	51.25	51.35	52.05

资料来源：联合国贸易和发展会议（UNCTAD）数据库。

由表2-10可知，无论是发展中国家还是发达国家，其进出口内部贸易比例均高于外部贸易比例，且发达国家进出口内部贸易比例与外部贸易比例的差值相较于发展中国家更大，这说明发达国家的贸易结构更偏向于发达国家内部之间的贸易。自2008年开始，发展中国家的进出口内部贸易比例有上升的趋势，说明其在国际金融危机后贸易方向转向了发展中国家内部。

表 2 – 10 　　　　　　　发展中国家与发达国家贸易结构　　　　　　单位：%

年份			2008	2009	2010	2011	2012	2013	2014	2015
发展 中国家	内部贸 易比例	出口	50.62	53.39	54.75	55.55	56.83	58.41	58.21	57.95
		进口	56.30	55.90	57.24	58.04	58.73	58.71	59.38	59.13
	外部贸 易比例	出口	49.38	46.61	45.25	44.45	43.17	41.59	41.79	42.05
		进口	43.70	44.10	42.76	41.96	41.27	41.29	40.62	40.87
发达 国家	内部贸 易比例	出口	72.14	70.98	68.57	68.12	66.54	66.02	67.18	67.29
		进口	62.47	63.03	60.40	59.63	58.46	59.64	59.93	60.24
	外部贸 易比例	出口	27.86	29.02	31.43	31.88	33.46	33.98	32.82	32.71
		进口	37.53	36.97	39.60	40.37	41.54	40.36	40.07	39.76

资料来源：联合国贸易和发展会议（UNCTAD）数据库。

从表 2 – 11 可以看出，2008 年国际金融危机之后，发展中国家 FDI 流入无论是存量还是流量占世界的比重都具有逐年上升的趋势，这说明具有资源价格和劳动力成本优势的发展中国家仍然是世界资本的主要流向地，但是，从 FDI 流出量来看，发达国家 FDI 流出存量和流量是逐年下降的，这反映出世界经济 FDI 流动中的结构性问题，2008—2014 年，发达国家处于经济调整期，其经济的衰退通过 FDI 流动传导到发展中国家的经济体系中，在一定程度上影响了发展中国家的经济发展。在过去国际分工体系中，世界经济发展主要依靠处于工业价值链顶端的发达国家的带动，而从 FDI 的流动角度来看，目前发达国家的这一作用已经逐渐弱化。

表 2 – 11 　　　　发达国家 FDI 流出量与发展中国家 FDI 流入量对比

单位：亿美元、%

年份		2008	2009	2010	2011	2012	2013	2014	2015
发 展 中 国 家	FDI 流入 存量	40060.97	48578.78	60425.38	63549.96	72078.07	76573.42	81720.34	83744.28
	存量占 世界比重	26.14	26.69	29.93	30.41	31.84	31.21	32.54	33.52
	FDI 流入 流量	5784.82	4653.07	6253.30	6701.49	6587.74	6624.06	6984.94	7646.70
	流量占 世界比重	38.62	39.39	45.03	42.77	43.60	46.41	54.70	43.39

续表

年份		2008	2009	2010	2011	2012	2013	2014	2015
发达国家	FDI 流出存量	134736.67	161363.16	174244.9	174930.13	183583.6	198171.73	194364.79	194408.05
	存量占世界比重	84.74	84.93	83.76	82.27	80.87	80.35	78.34	77.62
	FDI 流出流量	13694.63	8203.81	9834.05	11280.47	9177.83	8259.48	8007.27	10651.92
	流量占世界比重	80.38	74.66	70.65	72.42	70.12	63.02	60.73	72.25

资料来源：联合国贸易和发展会议（UNCTAD）数据库。

（三）世界贫富差距两极化与贸易保护主义

从上述分析中，可以明显看出，全球化发展到今天，未来趋势在不同类型国家之间发生了很大变化。美国等发达国家普遍感到敏感和不安，曾经的自由贸易倡导者纷纷走上向内的道路，从强调释放市场力量的新自由主义范式向主张社会保护转变。英国脱欧暴露出欧盟增长缓慢、复苏乏力、就业低迷、难民危机的多重困境；美国不断废除美国贸易协定、取消《跨太平洋伙伴关系协定》（TPP）等保护主义言论，表明了世界第一大经济体对经济全球化的复杂态度，给世界经济运行带来巨大的不确定性。

具体来说，这些现象存在着深层次的原因主要有以下三个方面：

首先，全球贫富差距在逐步增大。在经济全球化过程中，各国内部利益分配不均衡，贫富差距悬殊，底层群众和弱势群体获得利益少，大企业和精英阶层获得利益多，出现财富鸿沟。同时，发达国家和发展中国家之间也存在着收入差距越来越大的现象。

图 2-5[①]反映了发达国家（以 G7 为代表）内部收入分配两极分化程度加剧，表现在基尼系数近 30 年整体呈现上升趋势。根据 WIID 的数据，G7 国家中，近 30 年来，美国的基尼系数最高，从 1983 年的 33.6 上升到 2010 年的 38，加拿大的基尼系数从 1983 年的 29.9 上升到 2010 年的 32

---

① https：//www. wider. unu. edu/project/wiid – world – income – inequality – database.

（绝对不公平的收入分配基尼系数是 100）。

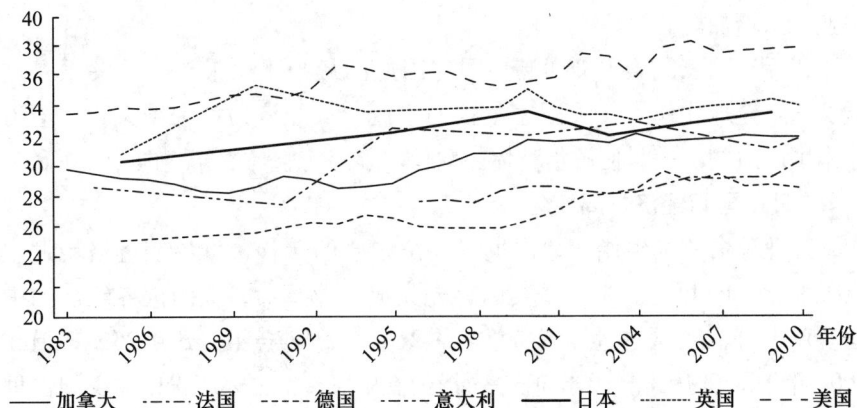

图 2-5 G7 国家基尼系数

资料来源：WIID。

图 2-6 反映了高收入与中低收入国家之间的两极化加深，根据世界银行按 PPP 统计的人均 GDP 数据，高收入国家的人均 GDP 从 1990—2014年增长了 26780 国际元，低收入国家相应的增长仅有 896 国际元。1990年高收入国家人均 GDP 是低收入国家的 24.5 倍，到 2015 年，这一差距扩大到 27.4 倍。

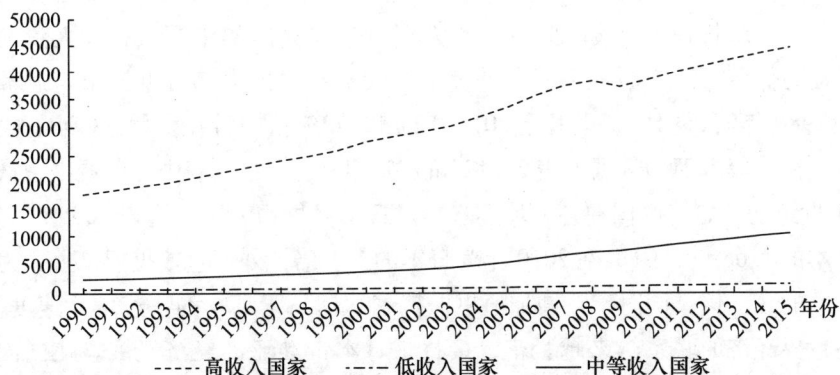

图 2-6 按 PPP 计算的人均 GDP（现价国际元）

资料来源：世界银行。

其次，各国失业问题凸显。由于全球价值链的分工布局，劳动密集型制造业主要分布在广大发展中国家，导致欧美发达国家制造业部门的失业工人增加。

最后，国家民族主义回潮。国与国之间最根本、最核心的关系是利益关系，全球化作为一种国家主权的让渡，从经济角度去国家化，会引起本国政府的不满，使政治整体趋向保守、经济整体趋于内向。

（四）国际经济格局变化

工业革命的发生伴随数次世界经济中心的转移，世界经济格局发生巨大变化。19 世纪上半叶，英国首先完成工业革命，成为世界经济的中心。1830 年，英国占世界贸易总额的 21.5%，1870 年上升到 25%，但在 1900 年下降到 19%，1938 年进一步下降为 14%。上述年份中，美国占世界贸易总额的比例分别为 5.4%、7.5%、10.4%、10.7%，远在英国之下。但美国抓住了第二次工业革命主导部门的发展机会，在 1894 年实现工业产值占世界第一。此后经过半个多世纪的发展，1953 年美国占世界贸易总额比例上升至 16%，而此时英国只占 10%，美国在世界贸易领域也超过了英国。20 世纪 50—70 年代，日本大力推动出口政策，加上当时日本年轻劳动力资源丰富（1953 年，日本人口为 8750 万，韩国人口为 2100 万，中国台湾人口为 880 万，泰国人口为 2120 万），成为美国进口的主要来源国之一。美国国内市场的可观规模，推动了日本劳动生产率的快速提高。日本出口贸易从 1948 年占全球总额的 0.44%，快速增加到 1993 年的 9.9%。但在 20 世纪 90 年代中期，日本青年劳动力数量逐步减少，经济增长趋势放缓。此时，作为人口第一大国的中国，凭借大量的劳动力储备源源不断地吸引着外商直接投资。中国出口占世界出口总额从 1980 年的 0.91%，上升至 2015 年的 13.72%。中日在贸易、GDP、投资、人口等方面的数据如表 2 - 12 和表 2 - 13 所示，从表中可以看出，从 21 世纪初开始，中国在各领域逐步超过日本，货物和服务进口 2005 年为日本的 1.08 倍，GDP 在 2010 年为日本的 1.1 倍，外商直接投资已上升为日本的几十倍，同时工业增加值也保持着远远高于日本的快速增长速度，与世界经济的联系越来越紧密，接替了日本带动亚洲经济发展。在国内改革和外资、出口的带动下，中国实现了长期的高速增长。

表 2 - 12   中日主要经济数据对比

货物和服务进口（BoP，亿美元）		
年份	中国	日本	中国/日本（%）
1996	1541.27	4421.39	34.86
2005	6487.12	6030.31	107.58
2010	13809.20	7917.93	174.40
2015	20446.52	8035.74	254.44
GDP（亿美元）		
年份	中国	日本	中国/日本（%）
1982	2035.50	11168.41	18.23
1996	8608.44	47061.87	18.29
2005	22685.99	45718.67	49.62
2010	60396.59	54987.18	109.84
2015	108664.44	41232.58	263.54
外国直接投资净流入（BoP，亿美元）		
年份	中国	日本	中国/日本（%）
1982	4.30	4.40	0.98
1996	401.80	2.08	193.51
2005	1041.09	54.60	19.07
2010	2437.03	74.41	32.75
2015	2498.59	-0.42	-5965.23

资料来源：世界银行。

表 2 - 13   中国和日本工业增加率年对比（1982—2014）   单位：%

年份	中国	日本
1982	5.51	0.54
1996	12.11	2.75
2005	12.07	1.80
2008	9.80	-0.46
2014	7.30	1.49

资料来源：世界银行。

表 2−14 反映了历次全球产业转移主要引领国家的人均 GDP 水平。从表中可以看出，1850—1900 年，英国人均 GDP 占美国比重持续上升，此后开始下降，这表明这个阶段英国人均 GDP 增长速度较快，引领着欧洲经济发展。而美国人均 GDP 相较于日本，从 1960 年开始逐步下降，增长速度慢于日本。日本人均 GDP 与中国相比，从 2000 年开始下降。这再次验证了前文全球经济中心转移的历史事实。

表 2−14　　　　　　　　主要国家人均 GDP 历史数据　单位：1990 年国际元、%

年份	英国		美国		日本		中国
	人均 GDP	占美国人均 GDP 比重	人均 GDP	占日本人均 GDP 比重	人均 GDP	占中国人均 GDP 比重	人均 GDP
1850	2330	1.29	1806	2.66	679	1.13	600
1870	3190	1.31	2445	3.32	737	1.39	530
1900	4492	1.10	4091	3.47	1180	2.16	545
1913	4921	0.93	5301	3.82	1387	2.51	552
1930	5441	0.88	6213	3.36	1850	3.26	568
1938	6266	1.02	6126	2.50	2449	4.36	562
1950	6939	0.73	9561	4.98	1921	4.29	448
1960	8645	0.76	11328	2.84	3986	6.02	662
1970	10767	0.72	15030	1.55	9714	12.48	778
1980	12931	0.70	18577	1.38	13428	12.66	1061
1990	16430	0.71	23201	1.23	18789	10.04	1871
2000	20353	0.71	28467	1.37	20738	6.06	3421
2008	23742	0.76	31178	1.37	22816	3.39	6725

资料来源：Maddison 经济历史数据库。

图 2−7 是从 1700—2012 年世界 GDP 占比情况。从图中可以看出，19 世纪上半期作为世界经济中心的英国，带领着欧洲经济从占世界 30% 左右的水平发展至 1913 年占世界总量的 47%。其后，美国带动了美洲经济从大约占世界 20% 的水平发展至 1950 年的约 40%。亚洲经济在日本的带动下从 20% 左右的水平发展到了 1990 年的 30% 左右。此后，中国快速发展的过程中，亚洲经济增长到了 40% 左右。

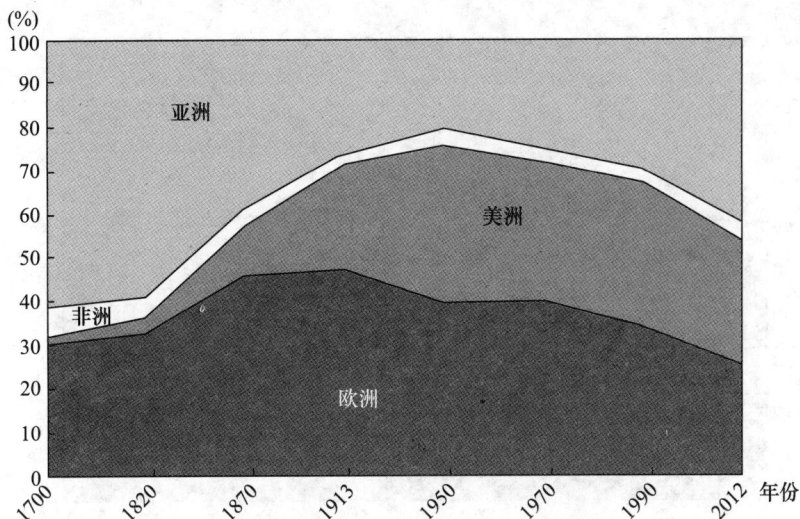

图 2 – 7 1700—2012 年世界 GDP 占比情况

资料来源：《21 世纪资本论》，Piketty，T. （2014）*Capital in the Twenty – First Century*，Publisher：The Belknap Press. 由于数据来源不同，此处结果与前部分使用世界银行数据得出的结论有所差异。

自 20 世纪 50 年代以来，欧美经济占世界份额逐年下降，亚洲经济总量快速增长，这与世界各大洲人口的发展表现出相似的发展规律。图 2 – 8 反映了 1700—2012 年世界人口分布，从图中可以看到，欧美占世界人口比重 2012 年已降至 10%。经济的发展离不开劳动力的支撑，欧美经济体中虽然大多数都是发达国家，但未来由于人口增长乏力，劳动力会越来越稀缺，不利于其长期发展。亚洲虽然一直是人口最多的大洲，但其占世界人口的比重仍在缓慢上升。作为人口第一大国的中国，虽然人口红利逐步减少，但在世界范围内来看，仍是劳动力资源相对丰富的国家。与人口第二大国印度相比，中国劳动力素质更高。2015 年，印度成人识字率仅为 72.22%，而中国则已达到 96.36%。同时，中国国内潜在的巨大市场需求、持续改革带来不断的经济增长新红利，都将为中国带动亚洲经济发展提供持续的动力。

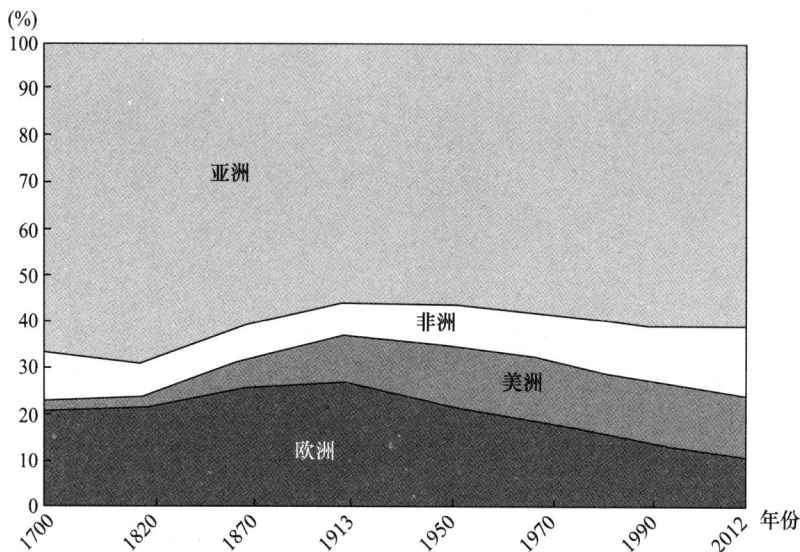

图 2 - 8　1700—2012 年世界人口分布

资料来源：《21 世纪资本论》。

　　自 1978 年改革开放以来，中国依靠对外开放政策以及廉价的劳动力成本，承接了大量的国际生产外包订单，充当了"世界工厂"的角色，获得了贸易和经济的快速增长，也从一个工业化部门完备的国家发展成为一个制造业大国。根据联合国工业发展组织《世界制造业发展报告》（见表 2 - 15），测算 2015 年全球制造业增加值的增长速度在 1%，而中国尽管增长速度有所放缓，但预计仍能达到 7. 4% 的增长率，仍然为全球制造业增长的重要动力。同时，按照 2010 年不变价计算，中国制造业增加值占世界比重已从 2005 年的 11. 75% 上升到 2015 年的 23. 84%，在世界上排名第一。

表 2 - 15　　2005 年、2010 年与 2015 年制造业增加值占世界比重　　　单位：%

国家	2005 年	2010 年	2015 年
中国	11. 75	18. 69	23. 84
美国	20. 43	17. 77	16. 54
日本	11. 14	10. 43	8. 93
德国	7. 29	6. 55	6. 37
韩国	2. 54	2. 95	3. 09
印度	1. 74	2. 36	2. 45

国家	2005 年	2010 年	2015 年
意大利	3.7	2.94	2.42
法国	3.13	2.61	2.34
巴西	3.08	2.89	2.26
印度尼西亚	1.65	1.7	1.93
英国	2.66	2.15	1.93
俄罗斯	2.15	1.9	1.77
墨西哥	1.91	1.69	1.7
加拿大	2.2	1.57	1.45
西班牙	2.18	1.69	1.44

资料来源：联合国工业发展组织：《世界制造业发展报告》。

表 2 - 16 列出了中国与上中等收入国家及世界平均水平在制造业相关指标上的变化情况。可以看出中国制造业增加值的增长速度趋于平稳，且人均制造业增加值已接近世界平均水平，且达到上中等收入国家水平。

表 2 - 16 中国制造业与上中等收入国家及世界平均水平的对比情况

指标	时间	中国	上中等收入国家	世界
制造业增加值年均增长速率（%）	2005—2010 年	11.10	5.85	2.03
	2010—2014 年	7.89	4.43	2.24
人均制造业增加值（美元）	2005 年	914.36	884.8	1201.63
	2014 年	1218.99	1066.46	1276.66

资料来源：联合国工业发展组织：《世界制造业发展报告》。

二　国际分工理论进程与发展中国家贸易

当前的国际分工与贸易体系是依据以李嘉图的比较优势理论为基础的当代国际分工理论建立的，虽然国际贸易与分工理论经历了现代一系列的拓展，但其核心依然是李嘉图模型的比较优势原理和 H—O 模型的要素禀赋原理。

李嘉图在《政治经济学及赋税原理》中解释了通过国际分工和交换获得"交换所得"和"贸易所得"两部分净福利增加的情况，从而得出了一切国家都可以从国际分工和贸易中获得福利增长的结论。赫克歇尔—俄林模型（H—O模型）中"各国发挥比较优势能够从分工与贸易中获得福利"的思想，由于其普适性与易操作性，成为当今许多国家，尤其是从发展中国家制定对外贸易战略与政策的出发点，H—O模型为中国改革开放以来的经济发展做出了突出贡献。

然而，从当前国际贸易过程看，当前的国际分工与贸易体系存在着明显的问题。实际上，国际价格的制定决定了分工和贸易产生的福利增加的最终归属。由于当前的发展中国家数量众多且要素禀赋相近，加上力量相对分散和薄弱，因此在国际市场上议价能力很弱，面临的贸易条件很差，参与国际贸易的收益被压缩，在发展中一直处于不利位置并难有改观。部分起步较晚、竞争力较弱的后起国家甚至被当今的国际贸易体系边缘化，一直深陷贫困之中。因此，当前的体系在促进了部分国家经济发展和福利增加的同时，也造成国家间越来越显著的发展差异，对许多发展中国家有负面影响。

另外，从分工过程看，当前的国际分工与贸易体系也存在着明显的问题。李嘉图模型和H—O模型没有讨论生产率和要素禀赋的变化情况，但事实上从动态来看，发展中国家的发展与国际贸易分工体系存在内在矛盾：发展初期的突出优势禀赋一般为充足的廉价劳动力或某项自然资源，相对稀缺要素为资本和技术。但经济发展的过程本就是人均收入和GDP提高、资本积累和技术进步的过程，因此，不断实现经济发展的过程也是不断消耗和弱化自身优势禀赋的过程。一味参照优势禀赋发展国际分工和贸易，会使后起国家始终处于分工中的中低层地位。由此形成的国际分工也会阻碍国家内部的技术进步甚至工业发展。

早在李嘉图的国际分工与贸易学说提出20多年后，以李斯特为代表的德国历史学派就形成了一系列的贸易保护思想。之所以要提到历史学派的贸易保护主义，是因为在当时的历史条件下，德国相对英国也属于后起国家，其工业体系的建立受到英国廉价工业品的严重冲击。历史学派提倡落后国家采用高关税等保护性政策扶植国内产业发展的论调，也阐释了当今一批国家和民众反对自由贸易的原因：为了培育国内产业发展，福利上的暂时牺牲是可以容忍的。而顾及眼前收益参与国际分工，对国家长期发展和人民生活水平的提高都有不利的影响。按照这种理论建立的贸易保护主义和孤立主义，在历次危机之后都有抬头的趋势，然而将国际产业和贸易体系割裂开，无疑会对危机后的经济发展态势雪上加霜，因此，如何能够用更加公平的新规则修正当前国际秩序中的问题，使各个国家能够从国际产业分工和贸易中获得切实好处，以降低孤立主义的离心力。

这些理论上的问题在当今国际分工与贸易体系运行的过程中造成了一系列的问题，使这一体系的运转在 2008 年金融危机后处于日渐艰难的境地，也使国际产业分工和贸易中许多发展中国家，尤其是被这一体系边缘化的国家身处困境，力图改变。

与被当前国际分工与贸易体系边缘化的国家不同，以拉美和东南亚为代表的一批发展中国家抓住机会进入了这一体系并获得了经济的初步发展，然而当前许多国家又陷入了长期停滞的问题之中，即中等收入陷阱的困扰。包括马来西亚、泰国、菲律宾等国家也在亚洲金融危机之后陷入长期的经济停滞状态。曾经在起步阶段高速发展的这批国家在人均收入突破 3000—4000 美元之后纷纷陷入长达几十年的经济停滞期。事实上，无论是初期的高速发展还是后期的停滞都与当前的国际分工贸易体系相关。高速发展是自身禀赋与世界市场的差异带来的红利，而经济的停滞与其在国际分工与贸易过程中深陷"比较优势陷阱"密切相关。

首先，发展中国家在经济发展初期，自然资源禀赋和劳动力禀赋相比资本具有优势，然而基于这一基础实现的经济发展在要素层面就是不断将资源和劳动力转化为资本的过程。因此随着经济的发展，三者的要素密集度会逐渐变化：GDP 总量增长的过程也是资源减少的过程，人均GDP 增长的过程也是资本增加、劳动力相对稀缺带来的工资上升的过程。因此后起国家利用比较优势参与国际贸易获得总福利增加时具有内在矛盾性和不可持续性，最终可能会陷入不可逆转的经济停滞状态。这就是比较优势陷阱分类中"初级产品比较优势陷阱"提到的生产规模扩大带来贸易条件恶化和贫困化增长问题的背后成因。

其次，当某一国家积极开发和发挥某一方面的比较优势参与国际贸易时，会导致密集使用该要素的行业成本降低，规模扩张，从而使其他要素和行业的国内价格相对上升，挤占其他行业的发展空间。典型案例如"荷兰病"等"资源诅咒"现象。扩展到其他要素也存在类似的现象，包括劳动力密集型行业的快速发展和规模经济带来的规模效益影响产业升级和更替速度及科研创新发展等。这也就是定义分类中"制成品比较优势陷阱"提到的科研创新能力不足问题的背后成因。

由于后起国家在经济理论和国际地位上的弱势地位，至今少有适合后起国家发展路径的国际贸易理论和路径。发展经济学中关于赶超行为的理论也少有成功的范例。因此，发展中国家一般仍采取比较优势战略参与国际分工和贸易，而如何转变才能避免比较优势转化为陷阱是至今少有能够试验成功的普遍难题。

关于如何测度一个国家是否陷入比较优势陷阱和当今哪些国家已经陷入比较优势陷阱问题，当前研究并未给出具体结论。理论上说，一国陷入比较优势陷阱应当体现为产业结构调整升级的放缓，因为根据产品生命周期理论和当代国际产业更替理论，一个国家应该会在 20 年之内由于优势要素的转变和产业自身的兴衰而出现产业的更替。又由于一国参与国际贸易的出口产品和产业往往代表本国当前的比较优势，因此产业更替尤其表现为出口部门的产业种类和比例的变化。如果一国出口部门的产业种类和比例在较长时间内保持固定的状态时，该国有很大可能性陷入比较优势陷阱中。

同时，当发展中国家在发挥比较优势参与国际贸易时，由于前文提到的内部矛盾其比较优势会越来越小，获利也越来越少，贸易能够带来的经济动力也就越来越小。因此，如果是一个对外开放程度和对外依存程度高的国家，比较优势的动态变化会减弱经济体的发展动力，在陷入比较优势陷阱时陷入经济波动和停滞。

由此可见，在当前的国际产业和贸易体系中，后起国家面临许多问题。整体而言，后起国家在国际市场上处于劣势地位，始终处于产业链相对低端的位置且长期面临产业天花板的限制。具体来看，尚未取得发展的国家由于无法加入国际分工和贸易体系而陷入贫穷，进一步拉大与发达国家的差距；已经取得一定发展的后起国家面临产业结构升级停滞、贸易条件恶化导致经济长期停滞的风险。从产业转移的角度看，这一情况与之前日本带领的"东亚雁阵"正相反，由于金融危机和经济不景气，发达国家产业升级和更替速度放缓，从而形成了对后起国家的"产业天花板"。由于后起国家在资本和科技等要素上处于比较劣势的状态，在产业结构上处于低端位置，无法轻易实现赶超，往往随之陷入停滞，进一步阻碍了之后的国家产业升级的进程。由此可见，当今的国际分工和贸易体系能带动后起国家发展建立在发达国家本身的稳定发展基础上，而在发达国家经济不景气乃至陷入危机时，后起国家在这一体系中处于更加不利于发展的地位。

由于资本和技术的客观差距以及当前的政治经济格局，在当前的国际体系下很难通过市场手段扭转后起国家的劣势。因此，许多国家采取产业政策扶植等一系列非市场手段实现产业升级和经济发展。根据钱学锋等的研究，特惠贸易安排等区域贸易协定同样可以发展区域内的工业，因此，在各国各自发展的基础上，成立区域贸易协定也是一项有利于本国产业发展的措施。

战后北北贸易和产业内贸易的迅速发展说明除简单的要素禀赋外，还有更为复杂的因素在深刻影响着国际贸易情况。从生产角度来看，产品生命周期理论是一种影响深远的解释。即一种产品在研发阶段、成熟阶段和标准化阶段会由于对研发成本、运输成本、劳动力成本而在不同国家生产。一般是由技术先进的国家转移到市场规模较大的国家再到劳动力成本低廉的国家。中国由于劳动力成本低廉而在近几十年成为"世界工厂"，随着经济的发展，中国庞大的市场也成为决定其工厂地位的一个要素。从当前的数据和发展情况来看，未来中国在相当长的时间里，会进一步在收入和技术上靠拢技术先进国家，并凭借市场规模优势成为产品生产周期中的中间一环。因此，在产业转移过程中，中国还将处于衔接技术先进国家和廉价劳动力国家的中间一环。从需求角度来看，偏好相似理论提出了收入水平影响消费者偏好的观点，认为收入水平接近的消费者对某一类商品会有类似的质量标准和偏好。从当前的贸易数据来看，中国制造的价格和对应的质量更有利于后起国家的市场的消费。另外，中国东南地区的生产和消费水平已经逐步对接发达国家。由于中国制造业巨大的产能，在需求满足层面也成为沟通发达国家和后起国家的枢纽。

三 发展中国家参与全球价值链

经济全球化是大潮流、大趋势。离开了国家之间的经济交流和合作，世界经济仍然无法摆脱增长乏力的命运。伴随经济全球化的发展，生产活动越来越集中。过去 30 年里面经济全球化最大的一个现象是生产方式发生了变化，东亚地区内部贸易 70% 是供应链的贸易，日本、韩国、中国台湾提供高端零部件，运送到中国进行组装，然后再销售出去。这是一个非常突出的现象，供应链贸易是过去 30 年里国际贸易中增长最快的部分。供应链贸易与全球价值链理论密不可分。

　　全球价值链（Global Value Chain，GVC）理论根源于 20 世纪 80 年代国际商业研究者提出和发展起来的价值链理论。其理论主要包含全球价值链条的驱动力、治理、全球价值链下的产业集群及升级等三个方面的内容。具体来说，全球价值链条的驱动力基本来自生产者和采购者两方面。生产者驱动，是指由生产者投资来推动市场需求，形成全球生产供应链的垂直分工体系，投资者可以是拥有技术优势、谋求市场扩张的跨国公司，也可以是力图推动地方经济发展、建立自主工业体系的本国政府。采购者驱动，指拥有强大品牌优势和国内销售渠道的经济体通过全球采购和 OEM 等生产组织起来的跨国商品流通网络，形成强大的市场需求，拉动那些奉行出口导向战略的发展中地区的工业化。其治理模式主要分为市场、模块型、关系型、领导型和等级制五种。五种治理模式中市场和等级制分别处于价值链中行为体之间协调能力的最低和最高端。在现实世界全球价值链的治理中，五种模式的选择基本上是在动态平衡外部采购和纵向一体化之间的利益和风险中得出的，因而现实世界中这五种治理模式不但总是相互交错存在的，而且之间存在着一个动态的转换机制。全球价值链中各个价值环节在形式上虽然可以看作是一个连续的过程，不过在全球化过程中这一完整连续的价值链条实际上是被一段段分开的（片断化），在空间上一般离散性地分布各地，其地理分布特征为"大区域离散、小地域集聚"。全球价值链下的产业升级主要包括工艺流程升级、产品升级、产业功能升级和价值链的升级四个具体方面。工艺流程升级是通过提升价值链条中某环节的生产加工工艺流程的效益，由此达到超越竞争对手的目的。产品升级是通过提升引进新产品或改进已有产品的效率来达到超越竞争对手的目的。产业功能升级是通过重新组合价值链中的环节来获取竞争优势的一种升级方式。价值链的升级是从一条产业链转换到另外一条产业链的升级方式。

　　20 世纪 80 年代以来，经济全球化进程促使国际分工发生巨大的变化，以产品为界限的传统国际分工发展到一定阶段，就演变为同一产品内某个环节或某道工序的专业化分工，即全球价值链分工。全球价值链囊括从产品概念到最终使用的全过程，包括国内外企业参与制造、销售的所有活动（UNCTAD，2013）。全球价值链有时也被称作全球供应链（Global Supply Chain），包括持续的投资、技术、专家、组装货物和商务服务的流动。在全球制造模式中，产品不再是"德国制造""美国制造"，甚至也非"中国制造"，而实际上是"世界制造"。目前，全世界50%的制成品进口、70%的服务进口是中间品，绝大多数产品和服务实际都是"世界制造"（UNCTAD，2013）。

目前，从世界范围内来看，大多数发展中国家已经越来越多地参与到全球价值链中。发展中国家在全球增加值贸易中所占份额从1990年的20%增加到2000年的30%，到2012年已经超过了40%。一国进入全球价值链的好处是巨大的，特别是对于发展中国家而言。如图2-9所示，平均来看，截至2013年，增加值贸易对各发展中国家和经济体GDP的贡献率约为30%，而对于发达国家，这一比例为18%。参与全球价值链与人均GDP增长率呈正相关。在全球价值链参与程度增长最快的经济体，人均GDP增速要高出平均水平约两个百分点。此外，参与全球价值链往往可促使发展中国家创造就业机会和实现更高的就业率增长。

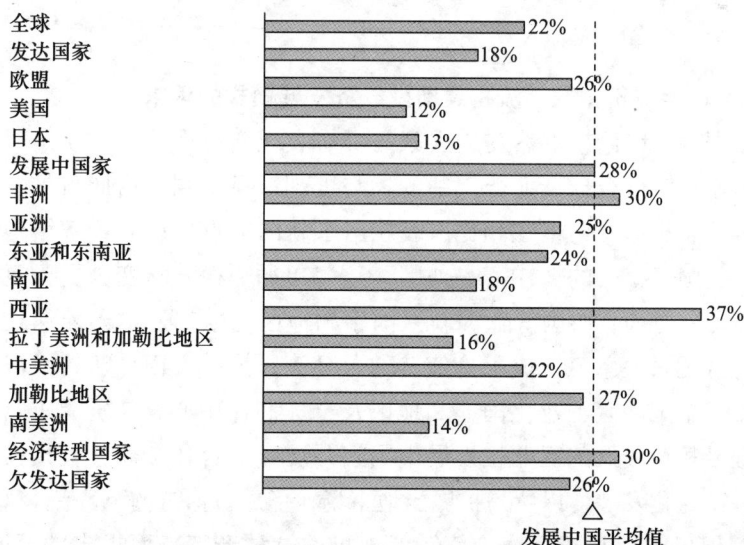

图2-9 增加值贸易对各发展中国家和经济体GDP的贡献率

资料来源：UNCTAD - Eora GVC Database。

21 世纪以来，尤其是全球金融危机以来，美国经济由于产业空心化和长期过度举债、过度消费，持续处于低迷状态。欧盟经济由于成本居高不下、福利制度的拖累等原因也酿成了欧债危机，日本则陷入十余年无法摆脱的经济停滞。与此同时，中国等新兴大国迅速崛起。

联合国贸易和发展会议（UNCTAD）《世界投资报告：投资与贸易发展》显示，亚洲国家高度参与全球价值链。全球 GVC 参与度平均为57%，年均增长 4.5%。发达经济体为 59%，年均增长 3.7%，美国、日本 GVC 参与度分别为 45% 和 51%，年均增长 4.0% 和 1.9%。发展中国家迅速融入全球价值链，GVC 参与度为 52%，年均增长 6.1%，其中，东亚和东南亚参与度最高达 56%，年均增长 5.1%；最不发达国家和南亚增长最快，分别增长 9.6% 和 9.5%，但参与 GVC 起点较低为 45% 和37%；转型经济体 GVC 参与度为 52%，年均增长 8.0%。印度、巴西、阿根廷、土耳其等发展中大国参与 GVC 相对较低。中国 GVC 参与度为59%，在全球前 25 出口经济体中排名第 11 位，排除欧盟成员和转口国，仅在马来西亚和韩国之后居世界第三，是大国中参与度最高的。

四　基于全球价值链理论的全球价值双环流

（一）全球价值双环流构建新型经济发展模式的诉求

根据前文结论，虽然发达国家的贸易表现出发展停滞的状况，但发展中国家在整体全球产业分工中的参与度却未见加强。由此可见，全球价值链的表现形式与以往相比，表现出了新的特点，世界经济结构逐渐由以发达国家核心的"中心—外围"这一单循环模式转变为更为复杂的双环流。一方面，中国等亚洲新兴国家和地区与欧美发达国家保持着传统的经济往来关系，形成了价值链的上环流；另一方面，随着经济的高速发展，中国新兴工业化国家和地区及全球制造中心，与资源丰富、工业化程度相对较低的亚非拉发展中国家开展经济合作，通过直接投资带动各国工业化发展，以贸易扩展当地市场，形成价值链的下环流。"一带一路"倡议正是基于全球价值链展现出的这种新特点而提出的。但是，"一带一路"倡议更加强调开放、包容的各国经济、社会发展合作关系。

从欧盟、北美和东亚三大经济体的贸易角度来看，2002 年，中国对欧盟进出口总额为 1185.473 亿美元，第一次超过日本对欧盟进出口总额（1107.711 亿美元）。之后，中国与日本和欧盟的贸易差距进一步拉大，截至 2014 年，中国对欧盟进出口贸易总额是日本的 4.3 倍。1991 年，中国对北美（美国和加拿大）进出口总额仅为日本的 18.7%，但 2003 年中国对北美（美国和加拿大）进出口总额达 2083.917 亿美元，第一次超过日本对北美（美国和加拿大）进出口总额（1890.308 亿美元）。之后，中国与日本与北美的贸易差距进一步拉大，截至 2015 年，对北美进出口贸易总额是日本的 3.2 倍。2000 年，中国对东南亚七国（越南、柬埔寨、菲律宾、泰国、马来西亚、新加坡和印度尼西亚）进出口总额仅为日本的 27.9%，2007 年中国对东南亚七国（越南、柬埔寨、菲律宾、泰国、马来西亚、新加坡和印度尼西亚）进出口总额达到 1721.821 亿美元，第一次超过日本对东南亚七国进出口总额（1721.179 亿美元）。之后，中国与日本与东南亚七国的贸易差距进一步拉大，截至 2014 年，中国对东南亚七国进出口贸易总额是日本的 1.6 倍。

近年来，国家之间的贸易越来越表现为全球价值链上的贸易，因而从投入产出角度分析各国在全球价值链上所承担的角色便可看出当今世界所表现出的全球价值双环流。后文通过对 EORA 投入产出表整理得出的各国中间品进口、出口的比例情况，选取全球 188 个国家作为样本进行研究测算。

中国是全球贸易大国，在全球价值链中占据举足轻重的地位，因此，处于全球价值双环流体系的中心。从各国最终消费品和中间品的进出口情况来看，中国是发达国家和发展中国家最终消费品、中间品进出口的重要对手方，中国巨大的贸易体量和网络布局奠定了其在全球价值双环流体系中的地位。

1. 全球各国最终消费品进出口情况

（1）全球各国最终消费品出口情况

从各国最终消费品出口情况来看，中国是多数国家最终消费品出口的主要目标出口国。图 2-10 直观地表现了各国向中国出口最终消费品的比例及中国在各国最终消费品出口结构中所处的名次，从图 2-10 可知，在统计的 188 个国家中，178 个国家向中国出口最终消费品的比例为 0.00%—15.00%，中国在 121 个国家最终消费品出口结构中所处的名次为 0—15，虽然多数国家向中国出口最终消费品的比例在 15.00% 以下，但是，中国在其最终消费品出口结构中占据重要地位，其排名多在20以下，由此可见，中国是全球多数国家最终消费品出口的主要目标国。

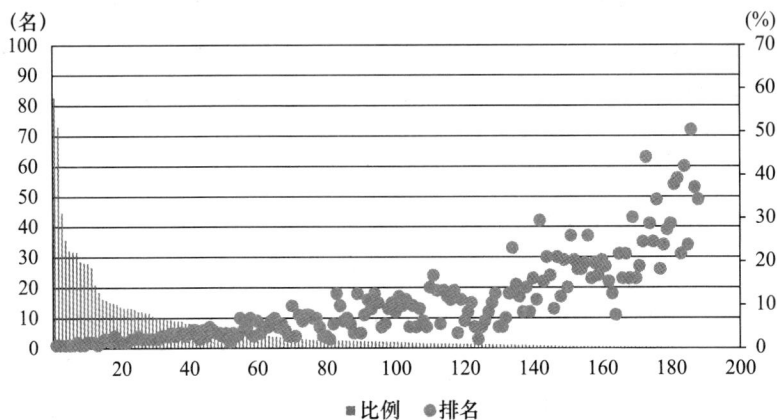

图2-10 各国最终消费品向中国出口比例及排名情况

为了简便起见，下面将与中国有贸易关系的全球各贸易国家和地区使用其英文缩写，各个国家和地区的名称及其英文缩写对照如表2-17所示。

表2-17　　　　　　　　全球各贸易国和地区及其英文缩写对照

英文缩写	国家和地区
MAC	澳门
KWT	科威特
USA	美国
AUT	奥地利
CAN	加拿大
FIN	芬兰
NZL	新西兰
CYP	塞浦路斯
PRL	波多黎各
POL	波兰
AGO	安哥拉
USR	苏联
SSD	南苏丹
CHL	智利
ARG	阿根廷

续表

英文缩写	国家和地区
VEN	委内瑞拉
IRN	伊朗
BWA	博茨瓦纳
CRI	哥斯达黎加
COL	哥伦比亚
ECU	厄瓜多尔
BIH	波黑
PRY	巴拉圭
BTN	不丹
CPV	佛得角
VNM	越南
NIC	尼加拉瓜
ZMB	赞比亚
VUT	瓦努阿图
LSO	莱索托
NPL	尼泊尔
MLI	马里
RWA	卢旺达
MWI	马拉维
COD	刚果
AGO	安哥拉
SSD	南苏丹
BRN	巴林
CHE	瑞士
SAU	沙特
DNK	丹麦
CAN	加拿大
OMN	阿曼
GBR	英国
ISR	以色列
SVN	斯洛文尼亚
LTU	立陶宛
USR	苏联
POL	波兰
CHL	智利

续表

英文缩写	国家和地区
CUB	古巴
GAB	加蓬
MEX	墨西哥
BRB	巴巴多斯
THA	泰国
TKM	土库曼斯坦
COL	哥伦比亚
MNG	蒙古
EGY	埃及
UKR	乌克兰
BLZ	伯利兹
MAR	摩洛哥
PHL	菲律宾
WSM	萨摩亚
UZB	乌兹别克斯坦
PAK	巴基斯坦
ZMB	赞比亚
CIV	科特迪瓦
CMR	喀麦隆
SEN	塞内加尔
BEN	贝宁
HTI	海地
MDG	马达加斯加

　　表2-18列示了向中国出口最终消费品的比例在该国所有出口国中排名前五的国家的情况。出口给中国的最终消费品比例在该国所有出口国中排名第一的国家9个，排名第二的国家11个，排名第三的国家13个，排名第四的国家15个，排名第五的国家12个，合计60个，占188个样本国家的比重接近1/3。中国是多数国家重要的最终消费品出口国。

表2-18　　　　中国在该国最终消费品出口国中排名前五位的
国家和地区情况（中国作为进口方）

排名	个数	国家和地区（出口比例,%）
第一	9	AGO(57.86)、MNG(51.15)、GAB(31.25)、MMR(25.01)、PRK(22.56)、CUB(22.26)、KOR(19.97)、HKG(19.65)、FIN(12.92)

续表

排名	个数	国家和地区（出口比例,%）
第二	11	COG(22.15)、YEM(19.62)、OMN(18.66)、JPN(14.66)、LAO(11.46)、AUS(10.53)、KAZ(9.63)、CMR(9.29)、ISL(9.29)、NZL(9.19)、CAN(3.99)
第三	13	MYS(11.08)、MRT(10.66)、SGP(9.06)、CHE(8.50)、RUS(8.23)、VNM(8.15)、PAK(7.45)、SWE(7.20)、DEU(6.76)、THA(6.62)、URY(5.06)、LIE(1.76)、USR(0.79)
第四	15	IRQ(10.25)、IDN(8.46)、MAC(6.61)、PHL(6.54)、USA(6.33)、GRL(6.26)、PER(5.59)、TWN(4.70)、PNG(4.35)、ISR(3.29)、SDS(2.86)、MCO(2.11)、SMR(1.97)、ERI(1.85)、STP(1.84)
第五	12	IRN(6.31)、NOR(5.78)、ITA(5.71)、AUT(5.47)、LUX(4.62)、GBR(4.37)、LBR(4.31)、QAT(3.72)、RWA(2.74)、SRB(1.62)、DJI(1.59)、TJK(0.94)

（2）全球各国最终消费品进口情况

从各国最终消费品进口情况来看，中国是多数国家最终消费品进口的主要目标进口国。图2-11直观地表现了各国向中国进口最终消费品的比例及中国在各国最终消费品进口结构中所处的名次，从图2-11可知，在统计的188个国家中，168个国家向中国出口最终消费品的比例为0.00%—15.00%，中国在182个国家最终消费品出口结构中所处的名次为0—15，中国在所有国家最终消费品出口结构中所处的名次在25及以下。

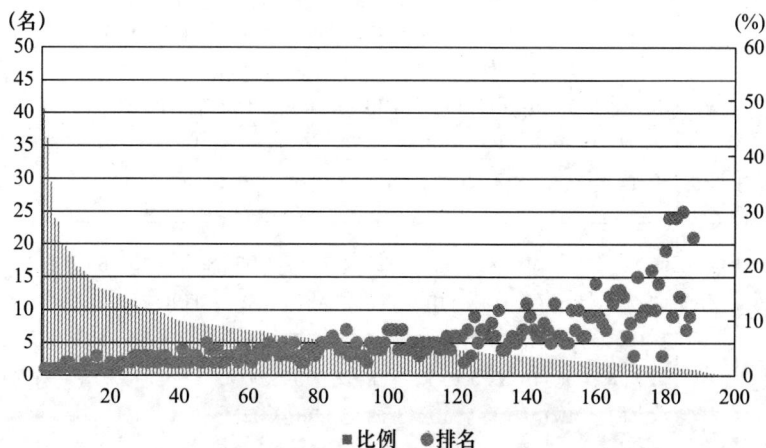

图2-11 各国最终消费品向中国进口比例及排名情况

表2-19列示了向中国进口最终消费品的比例在该国所有进口国中排名前五的国家情况。向中国进口最终消费品的比例在该国所有进口国中排名第一的国家共17个，排名第二的国家共29个，排名第三的国家共26个，排名第四的国家共26个，排名第五的国家共25个，合计123个，占188个样本国家的比重接近2/3。中国是多数国家重要的最终消费品的主要进口国。

表2-19　　　中国在该国最终消费品进口国中占据前五位的
国家和地区情况（中国作为出口方）

排名	个数	国家和地区（进口比例,%）
第一	17	HKG（48.74）、MAC（43.37）、PRK（35.34）、MNG（28.72）、JPN（28.00）、PAK（23.93）、YEM（21.65）、KOR（19.82）、KHM（19.80）、NPL（18.99）、USA（17.49）、LSO（16.64）、JOR（15.81）、THA（15.51）、SYR（15.41）、NGA（14.91）、EGY（14.88）
第二	29	MDG（23.52）、BGD（22.58）、DJI（18.40）、IRQ（15.11）、AUS（14.63）、CUB（13.94）、GHA（13.91）、ARE（13.55）、PER（12.15）、SGP（11.96）、LBN（11.50）、IDN（11.34）、CAN（10.22）、IND（9.97）、LAO（9.86）、CIV（9.82）、SLE（9.53）、ZAF（9.49）、TTO（9.33）、COL（9.32）、SEN（9.03）、BEN（8.66）、NER（8.61）、CMR（8.31）、DEU（8.08）、MEX（6.67）、JAM（6.66）、ZWE（5.43）、MMR（4.15）
第三	26	PSE（15.86）、PRY（12.48）、ETH（12.40）、SUR（12.05）、VNM（11.71）、CHL（10.69）、SAU（10.60）、ARG（9.49）、NZL（9.40）、PYF（8.54）、MLI（8.37）、GIN（8.32）、RUS（8.13）、GMB（7.78）、IRN（7.30）、POL（7.21）、NLD（6.97）、URY（6.70）、ROU（6.48）、PNG（5.62）、KAZ（5.52）、CRI（5.45）、HTI（4.85）、AUT（4.00）、NAM（1.56）、BWA（1.03）
第四	26	DZA（9.62）、MYS（9.03）、TZA（8.97）、MUS（8.16）、MAR（8.14）、KGZ（7.73）、GBR（7.41）、PHL（7.26）、AZE（7.22）、TUR（7.06）、ESP（6.56）、TGO（6.52）、SLV（6.29）、COD（5.75）、FIN（5.68）、CZE（5.58）、FJI（5.33）、BRB（5.26）、HUN（5.07）、SVK（5.00）、DOM（4.96）、VUT（4.81）、ERI（4.66）、MWI（4.63）、MOZ（3.53）、LBR（3.42）

排名	个数	国家和地区（进口比例,%）
第五	25	BOL(9.15)、QAT(7.29)、KWT(7.07)、CYP(6.90)、UKR(6.27)、BRA(6.26)、ECU(6.18)、ITA(5.75)、LTU(5.52)、NOR(5.42)、GUY(5.33)、BGR(5.23)、TUN(4.95)、GRC(4.95)、KEN(4.84)、MLT(4.77)、BDI(4.73)、TWN(4.70)、ALB(4.64)、ABW(3.89)、ZMB(3.37)、BLZ(3.14)、MDA(2.66)、USR(2.56)、LIE(2.51)

（3）全球各国向中国进出口最终消费品情况对比

比较全球各国对中国出口和向中国进口的情况可知，中国在全球各国最终消费品进出口结构中占据重要地位，但是，中国的出口商角色更为突出，即全球各国将中国视为本国最终消费品进口的主要目标国。由表2-17和表2-18可知，向中国进口最终消费品的比例在该国所有进口国中排名前五的国家共123个，出口给中国的最终消费品比例在该国所有出口国中排名前五的国家共60个，中国对各国的出口商优势更明显，这与中国当前的贸易顺差的进出口结构相匹配。

2. 全球各国中间品进出口情况

（1）全球各国中间商品出口情况

从各国中间品出口情况来看，中国是各国中间品出口的主要对手方，图2-12直观地展示了各国中间品的出口情况，188个样本国家中，有177个国家对中国出口中间品占该国中间品出口总额的比例在15%以下，出口比例最高的是安哥拉，为50.86%。从各国对中国中间品出口比例在该国所有出口商中的排名来看，排名在15以内的国家共148个。全球化格局下，各国贸易对手方日益增加，贸易对象趋于多元化，但中国仍是各国重要的中间品出口国。

表2-20列示了向中国出口中间品的比例在该国所有出口国中排名前五的国家的情况。从表2-20可知，中国在74个国家中是排名前五的中间品出口方，其中，在9个国家是排名第一的中间品出口国，在19个国家是排名第二的中间品出口国，在13个国家是排名第三的中间品出口国，在19个国家是排名第四的中间品出口国，在14个国家是排名第五的中间品出口国。

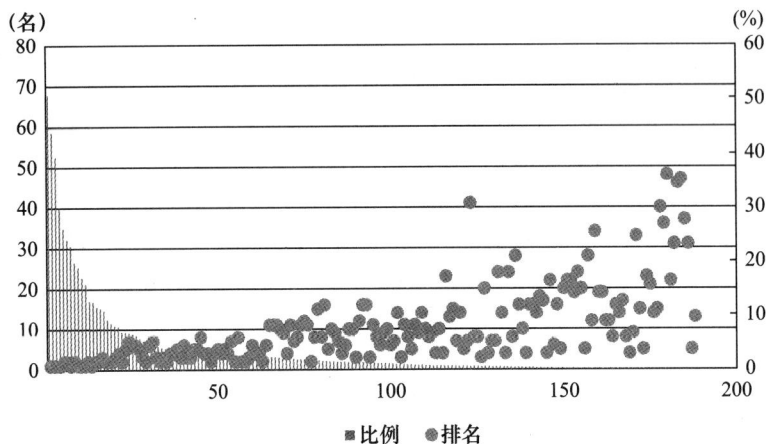

图 2 - 12 各国中间品向中国出口比例及排名情况

表 2 - 20 　　　　中国在该国中间品出口国中排名前五位的
国家情况（中国作为进口方）

排名	个数	国家和地区（出口比例,%）
第一	9	AGO（50.86）、COG（43.90）、YEM（39.46）、VNM（30.07）、ZMB（22.90）、SGP（19.04）、KHM（17.07）、RWA（15.98）、RUS（12.61）
第二	19	GAB（26.15）、HUN（24.09）、AUS（19.96）、BRA（12.75）、PAN（11.67）、MAR（11.44）、ZAF（9.28）、SDS（8.68）、OMN（8.18）、BOL（6.95）、CAN（4.77）、JOR（3.93）、TTO（3.51）、IRQ（2.91）、GHA（2.50）、CYP（2.39）、PNG（2.39）、POL（2.33）、MDG（1.61）
第三	13	CHL（11.06）、MDV（8.05）、AUT（4.90）、SMR（4.04）、FJI（3.89）、KEN（3.28）、STP（3.25）、LVA（3.22）、NER（2.38）、NPL（1.23）、IDN（1.16）、MKD（0.84）、THA（0.49）
第四	19	CMR（7.02）、SYR（3.43）、IRN（3.30）、SRB（3.14）、CPV（3.10）、SOM（2.78）、LAO（2.66）、CHE（2.55）、PER（2.35）、MDA（2.33）、BLR（1.95）、BTN（1.35）、USA（0.67）、URY（0.65）、COD（0.45）、NAM（0.41）、SLV（0.27）、MOZ（0.21）、LTU（0.08）
第五	14	EST（6.82）、PRT（5.36）、GMB（3.29）、ARG（3.21）、BRN（3.18）、MRT（2.72）、WSM（2.61）、JAM（1.43）、GRC（0.76）、MCO（0.58）、ANT（0.19）、MNE（0.14）、GEO（0.07）、SUR（0.01）

（2）全球各国中间商品进口情况

图 2－13 列示了各国向中国进口中间品占该国中间品进口总额的比例，以及该比例在所有中间品进口商中的名次。由图 2－13 可知，183 个国家向中国进口中间品的比例在 15% 以下，179 个国家向中国进口中间品的比例在该国所有进口商中排名在 15 名以内。中国是各国重要的中间品进口国。

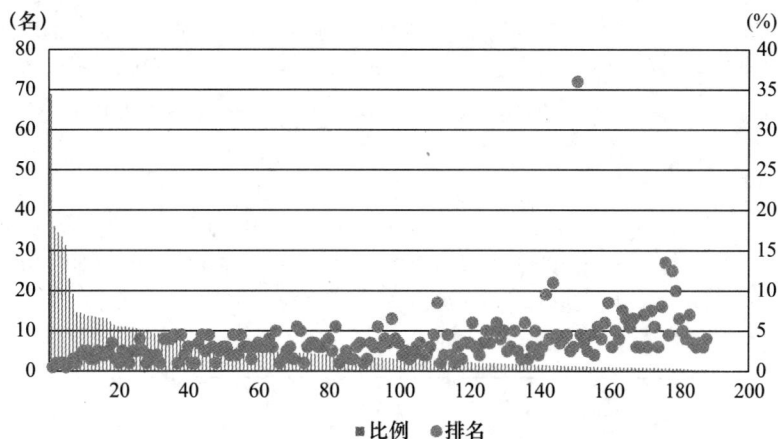

图 2－13　各国中间品向中国进口比例及排名情况

表 2－21 列示了向中国进口最终消费品的比例在该国所有进口国中排名前五的国家的情况。由表 2－21 可知，中国是 73 个国家排名前五的中间品进口国，超过 1/3。其中在两个国家是排名第一的进口国，在 19 个国家是排名第二的进口国，在 17 个国家是排名第三的进口国，在 17 个国家是排名第四的进口国，在 18 个国家是排名第五的进口国。中国作为中间品出口国的地位十分突出。

表 2－21　中国在该国中间品进口国中排名前五位的国家情况（中国作为出口方）

排名	个数	国家和地区（进口比例,%）
第一	2	HKG（34.48）、YEM（15.63）
第二	19	BGD（17.99）、VNM（17.23）、KHM（16.76）、AUS（11.56）、CAN（7.27）、BEN（5.53）、MAC（5.38）、MNG（4.82）、LSO（4.58）、ZWE（3.93）、THA（3.70）、KOR（3.68）、BDI（3.24）、NPL（2.32）、JPN（2.13）、PRK（1.79）、IRQ（1.65）、IND（1.15）、PAK（1.03）

续表

排名	个数	国家和地区（进口比例,%）
第三	17	SGP(9.59)、SAU(6.82)、COL(6.74)、GMB(5.53)、SEN(5.43)、SLE(4.66)、MDG(2.55)、MEX(2.26)、JOR(2.19)、IDN(1.78)、DJI(1.72)、CUB(1.72)、ARE(1.64)、GHA(1.31)、USA(1.00)、CIV(0.74)、LAO(0.74)
第四	17	ZAF(7.26)、ARG(6.60)、BRA(6.57)、MUS(4.69)、MYS(4.64)、BTN(3.75)、PSE(2.89)、NGA(2.83)、SUR(1.34)、POL(1.30)、EGY(1.27)、SYR(1.24)、NZL(1.13)、IRN(1.03)、PRY(0.94)、MLI(0.65)、KAZ(0.46)
第五	18	ETH(7.04)、DZA(6.86)、BOL(6.64)、CHL(6.15)、RUS(5.52)、CMR(5.36)、PYF(5.11)、ROU(4.91)、CRI(3.31)、HUN(3.14)、LBN(2.25)、KGZ(1.84)、DEU(1.75)、GIN(1.33)、URY(0.80)、FJI(0.76)、MWI(0.54)、PNG(0.48)

3. 各国向中国进出口最终消费品、中间品进出口情况对比

综合来看，中国无论是作为中间品进口国、中间品出口国、最终消费品进口国还是作为最终消费品出口国，其在各国贸易结构中的地位都十分突出。作为世界贸易大国，中国庞大的贸易体量和广泛的网络布局是其处于全球价值双环流体系中心地位的坚实基础（见表2-22）。

表2-22 中国作为各国中间品、最终消费品进出口对手方排名情况　单位：个

排名	中国作为			
	中间品进口方	中间品出口方	最终消费品进口方	最终消费品出口方
第一	9	2	9	17
第二	19	19	11	29
第三	13	17	13	26
第四	19	17	15	26
第五	14	18	12	25
合计	74	73	60	123

（二）"全球价值链双环流模型"实证数据验证

在这一部分，本书的数据来源为世界银行数据库（WDI）以及 EORA 多区域投入产出表（MRIO）。根据贸易物资的用途，将国际贸易活动中的物质分为中间品和最终消费品。中间产品是指为了再加工或者转卖用于供产品生产使用的物品和劳资，如原材料、燃料等。而最终消费品是一定时期内生产而在同期内不再加工、可供最终消费和使用的产品。

从国家的视角来看，又可以将指标具体分为中国进口/出口的中间品、中国进口/出口的最终消费品、出口/进口到中国的中间品、出口/进口到中国的最终消费品。

1. 验证的思路

全球价值链的表现形式与以往相比，表现出了新的特点，世界经济结构逐渐由以发达国家核心的"中心—外围"这一单循环模式转变为更为复杂的双环流。一方面，中国等亚洲新兴国家与欧美发达国家保持着传统的经济往来关系，形成了价值链的上环流；另一方面，随着经济的高速发展，中国等成为新兴工业化地区和全球制造中心，与资源丰富、工业化程度相对较低的亚非拉发展中国家开展经济合作，通过直接投资带动各国工业化发展，以贸易扩展当地市场，形成价值链的下环流。

为了通过数据对双环流模型进行验证，本书从两个视角分别对双环流模型进行数据层面的验证，两个角度可作为互相验证。具体内容依据视角的不同，可以进行两个角度的阐述。

（1）双环流模型 I

从中国的角度来看，世界贸易流动的方向为：中国向发展中国家进口中间品并出口最终消费品，而相似的循环也发生在中国与发达国家之间。具体如图 2 - 14 所示，在此过程中，中国起到了国际贸易流动关键节点的作用。

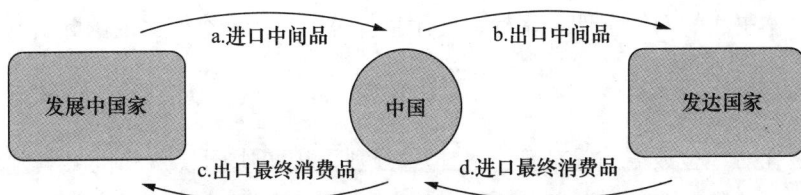

图 2 - 14　基于中国视角的双环流模型示意

（2）双环流模型 Ⅱ

从世界其他国家的角度来看，贸易流动体现的特点为：发展中国家向中国净出口中间品而净进口最终消费品，相似地，中国与发达国家之间也存在类似的贸易方向环流（见图 2 - 15）。同样，中国在这一过程中起到了国际贸易流动关键节点的作用。

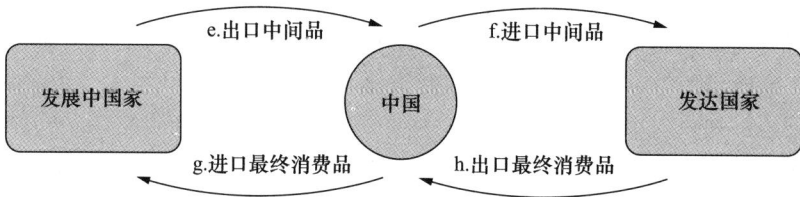

图 2 - 15　基于其他国家视角的双环流模型示意

下面将对上述两种基于不同视角而构建的双环流模型中资源的流向（a—h）逐个进行数据分析和验证工作。

2. 比率的说明

本书构建了四个指标对双环流模型进行了数据层面上的验证，四个指标分别如下：

（1）以中国视角构建了两个比率，分别为 C_1、C_2：

$$C_1 = \frac{\text{中国进口的中间品}}{\text{中国出口的中间品}}$$

$$C_2 = \frac{\text{中国进口的最终消费品}}{\text{中国出口的最终消费品}}$$

（2）以世界其他国家为视角构建了两个比率，分别为 W_1、W_2：

$$W_1 = \frac{\text{出口到中国的中间品}}{\text{出口到中国的最终消费品}}$$

$$W_2 = \frac{\text{进口自中国的中间品}}{\text{进口自中国的最终消费品}}$$

本书将针对以上四个指标，使用世界范围内 189 个国家的国际贸易数据，进行基于经验数据的验证工作。

3. 验证过程

在对经验数据的验证部分，本章分别采用了中国视角和世界其他国家视角的数据对全球价值链双环流模型进行了数据验证。两种方法内在思想相似，计量角度不同，在此可作为相互印证。

（1）以中国为视角

这一节在中国视角下，对国际贸易数据进行了统计。首先，本书分析了中国相对于外国的"进出口中间品"贸易情况。为了更好地刻画中国相对于每一个国家"进出口中间品"的净流量方向，本章构建了 C_1 指标进行衡量。若其大于1，则代表中国净进口该国中间品；若其小于1，则代表中国向该国净出口中间品。图2-16为 C_1 指标的计算结果。横轴国家顺序依照世界银行数据库（WDI）2013年人均GDP由高到低排列分析，因此横轴左边为较发达国家，而右侧则大多为发展中国家。图2-17、图2-18和图2-19的横轴均按此排列，不再赘述。

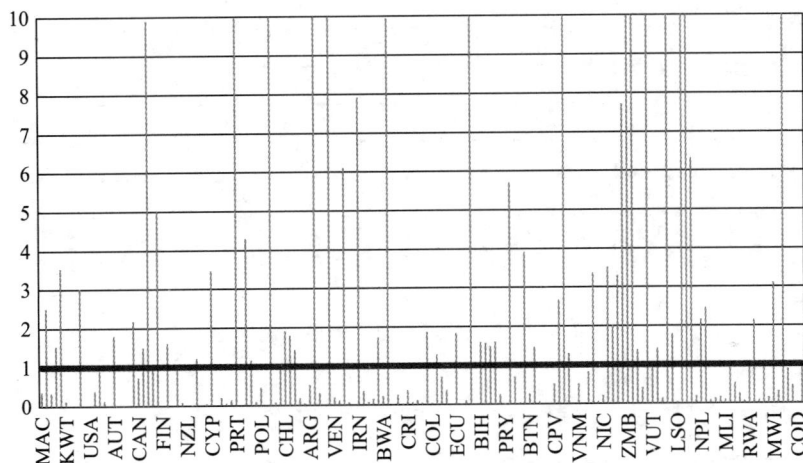

图2-16 中国进口/出口的中间品

从图2-16中大致可以看出两方面的直观规律。首先，从超过 $y = 1$ 这一条标准线来看，横轴方向右端相比于左端，有更多的国家样本比值大于1。因此可以认为，对于发展中国家（横轴右侧）而言，中国净进口该国的中间品。因此验证了图2-14的箭头a，也就是说，发展中国家与中国的中间品贸易，表现为对中国的净流入。

其次，也可以发现横轴方向左端相比于右端，有更多的国家样本比值小于1。因此对于发达国家而言（横轴左侧），中国向该国净出口中间品。因此验证了图2-14的箭头b，也就是说，中国与发达国家之间的中间品贸易，表现为对发达国家的净流入。

接下来，本书分析了中国相对于外国的"最终消费品"贸易情况。同样，为了刻画最终消费品的净流向，本章构建了 C_2 这一指标进行衡量。若其大于 1，则代表中国净进口该国最终消费品；若其小于 1，则代表中国向该国净出口最终消费品，图 2-17 为 C_2 指标的计算结果。

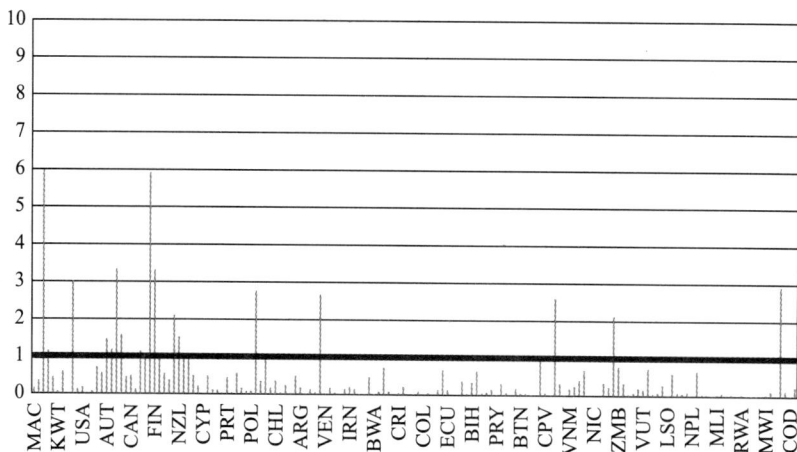

图 2-17 中国进口/出口的最终消费品

同样，从图 2-17 也可以发现两个直观规律。首先，从超过 y=1 这一条标准线来看，横轴方向左端相比于右端，有更多的国家样本比值大于 1。因此可以认为，对于发达国家（横轴左侧）而言，中国净进口该国的最终消费品。因此验证了图 2-14 的箭头 d，也就是说，发达国家与中国的最终消费品贸易，表现为对中国的净流入。

其次，也可以发现横轴方向右端相比于左端，有更多的国家样本比值小于 1。因此，对于发展中国家而言（横轴右侧），中国向该国净出口最终消费品。因此验证了图 2-14 的箭头 c，也就是说，中国与发展中国家之间的最终消费品，表现为对发展中国家的净流入。

因此，通过以上两张条形图，四个方面的讨论，逐一验证了图 2-14 中箭头（a—d）的合理性，表明从中国视角上来看的"全球价值链双环流模型"是符合实际数据规律的。

（2）以世界其他国家为视角

与上一节对应，本节在世界其他国家视角下，对国际贸易数据进行了统计。首先，本书分析了"出口到中国的中间品"与"出口到中国的最终消费品"的比例关系。为了更好地估计"中间品"或"最终消费品"的净流动方向和关系，本章构建了 W_1 这一指标来进行刻画。若其大于1，则代表该国向中国净出口中间品；若其小于1，则代表该国向中国净出口最终消费品。图2-18则为 W_1 这一指标的统计图。

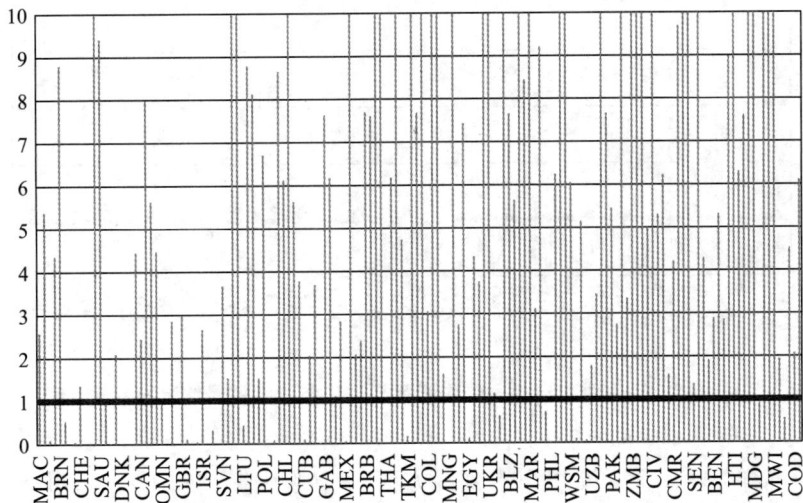

图2-18　出口到中国的中间品与出口到中国的最终消费品比例

从图2-18中大体可以看到两方面的直观规律。首先，从超过 $y=1$ 这条标准衡量水准看，横轴方向右端相比于左端，有更多的国家样本比值大于1。因此可以认为，对于发展中国家（横轴右侧）而言，有更多国家向中国净出口中间品。因此验证了图2-15的箭头 e，也就是说，发展中国家与中国的中间品贸易，表现为发展中国家的净流出。

其次，也可以发现横轴方向左端相比于右端，有更多的国家样本比值小于1。因此，对于发达国家而言（横轴左侧），向中国净出口最终消费品。因此验证了图2-15的箭头 h，也就是说，发达国家与中国的最终消费品贸易，表现为发达国家的净流出。

接下来，本书分析了"进口自中国的中间品"与"进口自中国的最终消费品"的比例关系。为了更好地估计"中间品"或"最终消费品"的净流动方向和关系，本章构建了 W_2 这一指标来进行刻画。若其大于 1，则代表该国进口自该国的中间品表现为净流入；若小于 1，则代表该国进口自中国的最终消费品表现为净流入。图 2 – 19 为 W_2 的计算结果图。

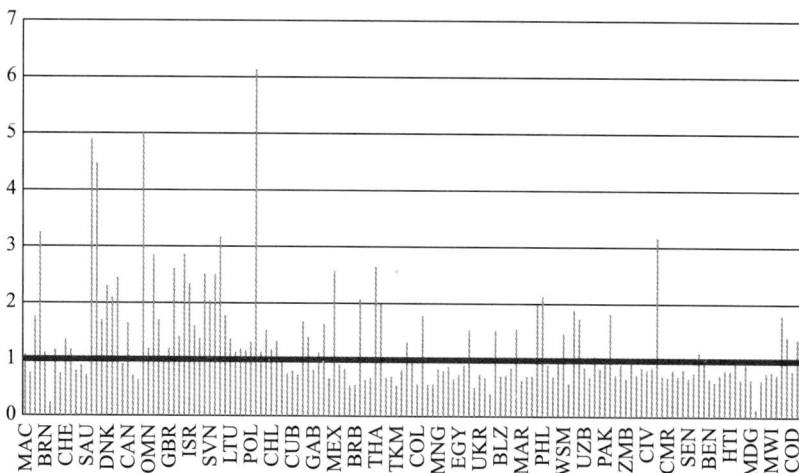

图 2 – 19　进口自中国的中间品与进口自中国的最终消费品

同样，从图 2 – 19 可以看到两方面的直观规律。首先，从超过 y = 1 这一条标准线来看，横轴方向左端相比于右端，有更多的国家样本比值大于 1。因此可以认为，对于发达国家（横轴左侧）而言，进口自中国的中间品表现为净流入。因此验证了图 2 – 15 的箭头 f，也就是说，对这些发达国家而言，与中国的贸易往来表现为中间品的净流入。

其次，容易发现横轴方向右端相比于左端，有更多的国家样本比值小于 1。因此对于发展中国家而言（横轴右侧），进口自中国的最终商品表现为净流入。因此验证了图 2 – 15 的箭头 g，也就是说对于这些发展中国家而言，与中国的贸易往来表现为最终消费品的净流入。

因此，与上节以中国为视角的讨论类似，本节以世界其他国家为视角的讨论，通过以上两张条形统计图，四个方面的逐一讨论，验证了图 2 – 15 中的箭头（e—h）的合理性。表明从世界其他国家的视角来看，"全球价值链双环流模型"是符合实际数据规律的。

本章以实证数据验证了"全球价值链双环流模型"。通过两个视角，四个指标，八种贸易方向，逐一讨论了双环流模型在实际数据中的适用性。实证数据结果直观地支持了双环流模型对于中国处在全球贸易体系中关键节点地位的论断。

4. 全球价值双环流

在原有全球治理体系下，根据全球价值链理论，发展中国家在参与全球价值链时，很多是以代工方式加入的，这被视为发展中国家实现工业化道路的有效战略。然而，借助这种基于全球价值链代工体系的发展道路，仅仅有助于发展中国家实现初级阶段的工业化进程，到了工业化后期，发展中国家广泛地表现出"被俘获"的现象（Schmitz，2004）。即发展中国家在参与全球价值链后，可以实现工艺流程和产品的升级，但产业功能及链的升级发展则会受到发达国家来自购买方或者大跨国公司供应方的严重阻力，从而难以继续实现升级发展，局限于低附加值价值链低端的生产制造环节。

联合国贸易发展会议（UNCTAD）《世界投资报告：投资与贸易发展》显示，相较于发展中国家，发达经济体在全球价值链中获益更为明显。根据 UNCTAD 数据，就相对增值贸易比重看（一国的全球增值贸易份额与全球出口份额的比值），俄罗斯（1.25）、印度（1.23）、美国（1.22）、澳大利亚（1.20）、巴西（1.20）、沙特（1.18）、日本（1.13）、意大利（1.00）等大于1；而中国相对增值贸易比重则为0.98。同时，大国国内增值率（国内增值/GDP，衡量一国贸易对经济增长的贡献）较高，但中国等较为例外。扣除出口中的外国增值部分，全球国内增值率为72%。发达经济国内增值较高，美国为89%，日本为82%。一般来说，大国经济国内价值链较长，依赖外国投入较少，国内增值率往往较高，但中国、德国和英国较为例外。中国既有不断延长的国内供应链，也存在大量加工贸易，国内增值率仅为70%。

在发展中经济体，全球价值链增加值的很大一部分是由跨国公司的子公司创造的，这可能会导致"价值捕获"相对较低。从长期来看，全球价值链可以成为发展中国家建设生产能力的一个重要途径，包括通过技术转播和技能培养，为产业升级开创机会。不过，全球价值链的潜在长期发展收益不是自动获得的。当前的国际分工体系在一定程度上导致了参与全球价值链的发展中国家过度依赖于狭窄的技术基础和加入发达经济体跨国公司协调下的价值链，因此，仅能获得有限的附加值，产业结构迟迟难以升级。

由上可以明显看出，在当前的全球价值链分工中，大多数的发展中经济体主要处于价值链生产的中下游，许多较贫困的发展中国家仍然处于自然资源出口的底端全球价值链上。发展中国家主要通过出口各国的资源、原材料及中间产品加入全球化。大多数的发展中国家由于历史原因或者各自的资源禀赋的不同缺乏完善的工业基础，难以在当前的国际分工体系下顺利实现产业的升级，进入全球价值链的上游，从而加速实现自己国内的经济增长。因此，如何通过建立一个更为合理的国际分工体系，让世界上处于各发展阶段的国家都能公平、合理地获益，促进各国经济的均衡协调发展就成为摆在世界人民面前的一道难题。

在全球化进程的"瓶颈"期，以中国为代表的新兴发展中国家异军突起，世界经济的循环从传统的"中心—外围"的单一循环变为以中国为枢纽点的"双环流"体系，其中一个环流位于中国与发达国家或地区之间，另一个环流存在于中国与亚非拉等发展中经济体或地区之间。一方面，中国与发达国家之间形成了以产业分工、贸易、投资、资本间接流动为载体的循环体系；另一方面，中国又与亚非拉发展中国家之间形成了以贸易、直接投资为载体的循环体系。

从全球价值链角度来看，如前文分析，发展中经济体的生产始终处于价值链生产低端环节，由于发达国家高速的技术进步，一些发展中经济体由于提供的中间产品技术环节达不到整体产业中片段化生产的需求，导致在价值链曲线 C 上的直接参与度降低（见图 2-20），产业升级空间缩小，生产出口创造的附加值无法提高，社会整体福利下降。而双环流体系下，世界经济循环的两个部分将可能分别形成内部的价值链分工，即上环流价值链曲线 A 与下环流曲线 B。发展中国家尤其是处于最低端的欠发达国家可以通过下环流内部的分工，重新参与到一定的片段化生产，通过在曲线 B 上的产业升级逐步在全球化进程中获得更大的福利和附加值。中国作为世界特别是东亚地区最大的发展中国家，其产业结构既是国际分工体系中的组成部分，又保持着相对独立性和完整性。中国各地自然资源和人力资源条件不尽相同，因此，各区域的生产力发展存在不平衡性，而生产的不平衡性又决定了中国的产业结构的多样化。与此同时，中国在参与国际分工的过程中，全方位吸纳来自全世界的技术资本，进而全面地提升自身的产业结构，正成为东亚地区产业结构最齐全的国家。齐全的产业结构使中国不但拥有处于垂直分工体系下的劳动密集型和资本密集型的产业，也拥有处于水平分工体系下的现代技术产业，因此，在发展过程中，国家既可以发展垂直分工关系，也可以发展水平分工关系。因此，中国在两个循环中的参与程度都相对较高，即同时高度参与价值链曲线 A 和曲线 B 上的生产环节。在上环流内部，中国的工业化生产程度达到参与技术和知识密集型的产业分工，在曲线 A 上为发达国家高附加值行业提供附加值较高的中间产品及服务。处于价值链曲线 B 的下环流国家通过中国间接参与到上环流曲线 A 的生产，从而重新回到全球价值链 C 的国家分工体系。

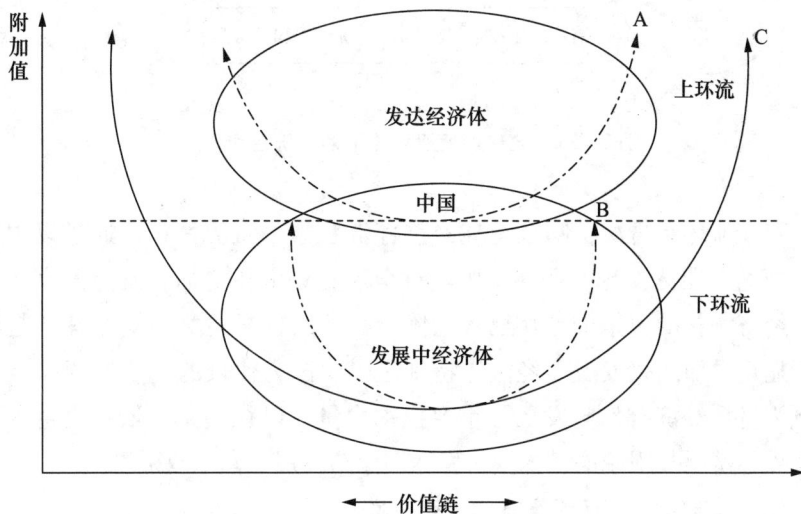

图 2 - 20　全球价值双环流与价值链曲线

从经济合作的角度来看，在上环流，发达国家通过资本、技术等生产要素输出，将大部分加工制造、生产服务等转移到以中国为代表的新兴发展中国家，新兴发展中国家则向发达国家输出高端中间品制成品和和生产性服务，以此来带动本国经济发展，并将贸易盈余和资本流入带来的外汇储备以债务和间接投资形式回流至发达国家。下环流是在发展中国家之间展开的经济环流。中国等经济发展迅速、制造业较为发达的发展中国家通过到资源丰富的其他发展中国家直接投资，开发并进口所需的资源和初级产品，输出制成品，形成资源与制成品的贸易流；同时，将本国的一些产业转移到亚非拉等发展中国家，形成投资等生产要素的流动和产业转移。中国等新兴国家，一方面通过资源进口、产品和资本输出与产业转移，带动了当代的工业化和经济发展；另一方面也一定程度上解决了自身所面临的难题（见图2-21）。

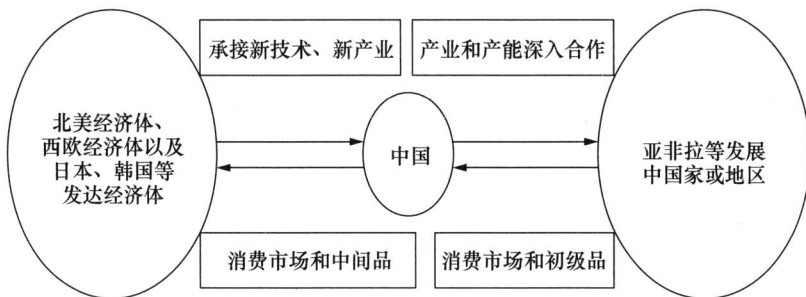

图 2-21 全球价值双环流下的经济合作模式

双环流体系再次将陷入全球经济停滞状态的世界两极，通过以中国为"枢纽"带入全球产业梯度中。自全球金融危机之后，发达国家作为世界经济增长的引擎的作用已大大降低，贸易保护主义与逆全球化趋势逐渐显现，而新兴发展中经济体特别是以中国为代表的"金砖国家"日益成为世界经济合作与发展的重要推动力量。以往的单一依赖发达国家为世界经济增长引擎的模式变为发达国家与发展中国家双引擎。

（三）全球价值双环流与"一带一路"

全球价值双环流架构下，"一带一路"沿线国家产业梯度各不相同，需要中国充分去挖掘与"一带一路"沿线国家经济的互补性，建立"双赢"、合理的国际分工体系，打造欧亚区域经济一体化新格局，而这也正是"一带一路"倡议提出的主旨。

工业化进程实际上就是现代化进程，在这个现代化进程当中，工业起到了核心的作用，特别是产业结构不断的转化，从劳动密集型、资源密集型，到资本密集型、技术密集型和知识密集型，整个转化过程推动了经济的发展。

在雁行模式解体之后，各国均在思考如何整合本地区的资源，通过双边或多边区域建构新的分工模式。随着中国的对外开放，在原来的雁阵中突然挤入了一个拥有 14 亿人口的经济增长势头迅猛的发展中大国，加之日本 20 世纪 90 年代以来经济发展的持续失速，使原本的雁阵无以为继。失去了"雁行模式"的亚洲经济处在歧路彷徨的重要转折点。中国依靠在国际分工中的独特地位，成为全世界最重要的制造业生产基地，全面而直接地融入全球化进程中，这时中国的发展状况早已经在整个亚洲乃至世界产业分工体系中脱离原来的雁行模式。中国的出口增长首先是由于其出口结构向机电产品升级，尤其是电脑、电信和辅助产品的出口大幅度增加。2001 年上半年中国出口最多的产品是显示器和手机，超过了传统的出口强项如玩具和鞋子。中国国内的家电企业在激烈的竞争中质量不断提高，而价格大幅度下调，基本上打垮了原本在东南亚组装的日本家用电器，并在 1998 年之后开始大量出口。作为发展中国家中引进外资最多的国家，中国的崛起对东亚其他发展中国家吸引外资带来了巨大的竞争压力。这些新的变化都冲击了原有的雁行模式。

"一带一路"倡议的核心是整体经济生产网络的形成，需要根据各国的发展阶段进行产业整合。"一带一路"沿线国家处于不同的工业化阶段，有着不同的经济发展水平，并形成了不同的优势产业类型。而这些产业也形成了三种不同的梯度，即技术密集与高附加值产业（工业化后期国家）、资本密集型产业（工业化中期国家）和劳动密集型产业（工业化初期国家）。

随着中国廉价劳动力时代的终结，劳动密集型产业（如纺织品、玩具等）有望向以东南亚部分国家为代表的工业化初期国家转移，资源密集型产业（如能源产品、化工产品、金属制品）可以向以中东欧部分国家为代表的油气丰裕国家及以中亚部分国家为代表的矿产资源丰裕国家转移，而中国可以扩大对这些国家资本、技术及高附加值产品的出口。

部分技术密集和高附加值产业（如机电产品、部分装备制造产品）则向以中东欧部分国家为代表的工业化后期国家转移，实现技术的互通有无。

如此一来，第一产业梯度国家的产业升级会带动第二产业梯度国家的相应升级，第二产业梯度国家的产业升级也势必会带动第三产业梯度国家的相应升级，进而实现"一带一路"沿线国家产业链的有效转移和分工明确的生产网络的构建，形成下环流分工和合作模式。

（四）双环流架构下的产业高度比较分析

1. 各国产业发展高度

中国作为一个大国，在新中国成立之初就建立了较为完善的工业体系，根据我们的研究，"一带一路"沿线国家中一些国家的工业化程度不高，总体上仍处于工业化进程中。因此，中国既可以利用自己在拥有较为完善的产业结构的基础上，通过与其余发展程度更低的国家在发挥制造业水平逐步提升的优势，在全球产业分工体系中与产业结构高的国家的差距逐渐缩小，输出更富附加价值的工业加工品；也可以在低环流中输出自身技术和知识，以及工业化进程的经验，并获取快速发展所需的资源和能源。

中国与"一带一路"沿线国家的发展有很多内在的一致性，尤其是向下环流的东南亚、南亚及中亚等国（见表 2－23）工业产业不发达，产业结构继续调整和升级，这种内在的一致性决定了中国和这些国家的发展具有互补和相互拉动的作用。中国在推动沿线各国发挥地缘优势的过程中同时也可以实现自身的产业升级与调整。中国在向高环流的国家提供产品时，通过贸易拉动产业结构较低的国家出口产品，并进而推进自身城市化与工业化生产。通过梳理各国工业化程度，我们可以发现，"一带一路"倡议能够将沿线产业结构高度各不相同的国家相互拉动、互补起来，实现价值链双环流上的产业协同。

表 2－23　　　　　　　　各国产业结构高度（按收入）

收入水平	国家	2010 年	2014 年	收入水平	国家	2010 年	2014 年
高收入国家	科威特	5.293	6.484	中低收入国家	阿尔巴尼亚	0.186	0.193
	卡塔尔	5.203	6.454		埃及	0.117	0.189
	新加坡	3.078	3.972		斯里兰卡	0.101	0.185
	阿联酋	2.906	2.907		格鲁吉亚	0.085	0.178
	巴林	2.04	2.637		乌克兰	0.125	0.137
	捷克	1.62	1.648		菲律宾	0.061	0.117
	沙特阿拉伯	1.149	1.381		乌兹别克斯坦	0	0.056
	斯洛伐克	1.112	1.36		摩尔多瓦	0.009	0.041
	波兰	1.831	2.115		老挝	－0.008	0.02
	爱沙尼亚	0.888	1.27		巴基斯坦	－0.027	－0.005
	匈牙利	0.837	0.941		吉尔吉斯斯坦	－0.036	－0.006
	阿曼	0.915	0.898		叙利亚	－0.133	－0.123

续表

收入水平	国家	2010 年	2014 年	收入水平	国家	2010 年	2014 年
高收入国家	克罗地亚	0.785	0.76	中低收入国家	塔吉克斯坦	−0.074	n/a
	保加利亚	0.355	0.424	低收入国家	柬埔寨	−0.034	−0.019
中高收入国家	俄罗斯	1.31	1.742		孟加拉国	−0.039	−0.02
	哈萨克斯坦	0.798	1.036		阿富汗	−0.043	−0.04
	立陶宛	0.606	0.851		尼泊尔	−0.122	−0.107
	罗马尼亚	0.576	0.668				
	白俄罗斯	0.45	0.666				
	中国	0.351	0.657				
	拉脱维亚	0.379	0.595				
	土耳其	0.655	0.542				
	黑山	0.471	0.502				
	黎巴嫩	0.525	0.497				
	土库曼斯坦	0.199	0.459				
	塞尔维亚	0.34	0.389				
	马尔代夫	0.29	0.381				
	马来西亚	0.288	0.374				
	伊朗	0.491	0.373				
	亚美尼亚	0.268	0.352				
	蒙古国	0.125	0.28				
	约旦	0.197	0.248				
	波黑	0.202	0.223				
	泰国	0.253	—				

注：根据 2014 年计算值排序。

资料来源：根据世界银行数据库计算。

　　若从各大板块来看"一带一路"沿线国家工业化水平的特征，可以发现南亚国家处于工业化初期尾部位置，处于工业化后期的则为西亚地区资源密集型国家和部分欧洲国家。东南亚国家大部分处于工业化初期。而中东欧、西亚的国家大部分处于工业化后期阶段（见表2－24）。

表 2 - 24　　　　　　　　　各国产业结构高度（按区域）

地区	国家	2010 年	2014 年	地区	国家	2010 年	2014 年
东南亚	中国	0.351	0.657	高加索地区	亚美尼亚	0.268	0.352
	新加坡	3.078	3.972		格鲁吉亚	0.085	0.178
	马来西亚	0.288	0.374	中东欧	捷克	1.62	1.648
	泰国	0.253			斯洛伐克	1.112	1.36
	菲律宾	0.061	0.117		波兰	1.831	2.115
	老挝	- 0.008	0.02		爱沙尼亚	0.888	1.27
	柬埔寨	- 0.034	- 0.019		匈牙利	0.837	0.941
	马尔代夫	0.29	0.381		立陶宛	0.606	0.851
南亚	斯里兰卡	0.101	0.185		罗马尼亚	0.576	0.668
	巴基斯坦	- 0.027	- 0.005		波兰	0.351	0.657
	孟加拉国	- 0.039	- 0.02		拉脱维亚	0.379	0.595
	阿富汗	- 0.043	- 0.04		俄罗斯	1.31	1.742
	尼泊尔	- 0.122	- 0.107		白俄罗斯	0.45	0.666
	印度	0.0002	0.0142		摩尔多瓦	0.009	0.041
中亚	哈萨克斯坦	0.798	1.036	南欧	克罗地亚	0.785	0.76
	土库曼斯坦	0.199	0.459		保加利亚	0.355	0.424
	乌兹别克斯坦	0	0.056		黑山	0.471	0.502
	吉尔吉斯斯坦	- 0.036	- 0.006		塞尔维亚	0.34	0.389
	塔吉克斯坦	- 0.074			波黑	0.202	0.223
西亚北非	科威特	5.293	6.484		阿尔巴尼亚	0.186	0.193
	卡塔尔	5.203	6.454		塞浦路斯	1.156	0.651
	阿联酋	2.906	2.907		希腊	0.955	0.760
	巴林	2.04	2.637				
	沙特阿拉伯	1.149	1.381				
	阿曼	0.915	0.898				
	土耳其	0.655	0.542				
	黎巴嫩	0.525	0.497				
	伊朗	0.491	0.373				
	约旦	0.197	0.248				
	埃及	0.117	0.189				

注：根据 2014 年计算值排序。

资料来源：根据世界银行数据库计算。

2. 中国产业发展与沿线国家的互补性分析

中国的产业结构自20世纪90年代以后发生了巨大变迁。通过直接从发达国家获得投资和技术，中国直接跨越了雁阵模式中从"劳动密集型到资本密集型再到技术密集型"的梯度产业转移过程，短时间内，不仅在劳动密集型行业依然存在一定优势，而且在技术密集型产业领域也已经积累了一定经验。

一方面，中国工业体量庞大，增长迅猛，产能过剩与产能不足并存；另一方面，中国的产业结构既是国际分工体系中的组成部分，又保持着一定的独立性和完整性。由于中国各地资源禀赋不尽相同，区域生产力发展不平衡，产业结构多样化。齐全的产业结构，使中国拥有垂直分工体系下的劳动密集型和资本密集型产业，也拥有水平分工体系下的现代技术产业，因而在国际产业链中处于承上启下的位置。

从表2-25中可以看出，2010年与2015年相比，中国处于工业化加速阶段，整体产业结构提升将近30个百分点。中国的产业高度在"一带一路"沿线各国中，基本上处于中游偏上的位置。按照全球价值链双环流体系，中国在衔接沿线各国经济发展中起着重要的枢纽作用。因此，中国可以借助制造业水平不断提升的优势，一方面不断缩小在全球产业分工体系中与高产业结构国家的差距，提升工业品附加值；另一方面则可以向低产业高度国家输出资本与技术，并获取经济发展所需资源。

表2-25 "一带一路"沿线各国产业结构高度（按人均收入排序）

收入水平	国家	2010年	2015年	国内	2010年	2015年
	科威特	5.293	6.484	广东	5.087	7.242
	卡塔尔	5.203	6.454	江苏	4.804	7.119
	新加坡	3.078	3.972	山东	4.679	6.533
高收入国家	阿联酋	2.906	2.907	浙江	3.109	4.328
	巴林	2.04	2.713	河南	2.856	3.919
	捷克	1.62	1.386	河北	2.293	3.119
	沙特阿拉伯	1.149	1.381	湖北	1.643	2.938
	斯洛伐克	1.112	1.148	四川	1.842	2.881

续表

收入水平	国家	2010 年	2015 年	国内	2010 年	2015 年
高收入国家	波兰	1.831	0.866	辽宁	2.129	2.825
	爱沙尼亚	0.888	0.977	福建	1.578	2.824
	匈牙利	0.837	0.941	湖南	1.554	2.783
	阿曼	0.915	0.898	安徽	1.330	2.348
	克罗地亚	0.785	0.613	内蒙古	1.318	1.945
	保加利亚	0.355	0.356	陕西	1.104	1.925
中高收入国家	俄罗斯	1.31	0.585	江西	1.027	1.773
	哈萨克斯坦	0.798	0.713	上海	1.526	1.720
	立陶宛	0.606	0.000	山西	1.043	1.066
	罗马尼亚	0.576	0.480	黑龙江	1.014	1.000
	白俄罗斯	0.45	0.420	广西	0.906	1.627
	中国	0.351	0.644	天津	0.967	1.623
	拉脱维亚	0.379	0.000	重庆	0.851	1.487
	土耳其	0.655	0.477	吉林	0.893	1.454
	黑山	0.471	0.243	云南	0.618	1.124
	黎巴嫩	0.525	0.323	北京	0.707	0.975
	土库曼斯坦	0.199	0.000	贵州	0.310	0.842
	塞尔维亚	0.34	0.273	新疆	0.467	0.714
	马尔代夫	0.29	0.000	甘肃	0.328	0.470
	马来西亚	0.288	0.765	宁夏	0.065	0.192
	伊朗	0.491	0.000	青海	0.030	0.146
	亚美尼亚	0.268	0.155	海南	0.060	0.138
	蒙古国	0.125	0.226			
	约旦	0.197	0.257			
	波黑	0.202	0.188			
	泰国	0.253	—			
中低收入国家	阿尔巴尼亚	0.186	0.167	西藏	− 0.045	− 0.008
	埃及	0.117	0.282			
	斯里兰卡	0.101	0.198			
	格鲁吉亚	0.085	0.150			
	乌克兰	0.125	0.574			

续表

收入水平	国家	2010 年	2015 年	国内	2010 年	2015 年
中低收入国家	阿尔巴尼亚					
	菲律宾	0.061	0.125			
	乌兹别克斯坦	0	0.826			
	摩尔多瓦	0.009	0.296			
	老挝	−0.008	0.575			
	巴基斯坦	−0.027	0.134			
	吉尔吉斯斯坦	−0.036	−0.731			
	叙利亚	−0.133	−0.123			
	塔吉克斯坦	−0.074	—			
低收入国家	柬埔寨	−0.034	0.317			
	孟加拉国	−0.039	−0.02			
	阿富汗	−0.043	−0.267			
	尼泊尔	−0.122	−0.136			

注：按 2015 年计算值排序。

资料来源：根据世界银行数据库计算。

　　根据国际贸易的比较优势理论，中国劳动力密集型行业和资本密集型行业可以向周边的工业化程度较低的国家转移，化解自身某些行业存在的过剩产能，带动这些国家的产业升级。同时，可以吸收各发达国家的技术密集型行业，优化和提升中国自身的产业结构。同时，后金融危机时代，西方发达国家对广大发展中国家的原材料、初级产品的吸收能力下降，导致很多发展中国家转向中国寻求市场。因此，中国逐渐成为对接发达国家与发展中国家的重要枢纽。

　　"一带一路"沿线国家处于不同的工业化阶段，有着不同的经济发展水平，并形成了不同的优势产业类型。而这些产业也形成了三种不同的梯度，即技术密集与高附加值产业（工业化后期国家）、资本密集型产业（工业化中期国家）和劳动密集型产业（工业化初期国家）。不同国家的产业梯度各不相同，与中国各省份发展水平形成联合匹配。可以看出，中国各省份产业结构高度呈现出明显的梯度特征，这正好与沿线各国表现出发展阶段各不相同可以良好匹配。寻找比沿线各国产业结构高度稍高的省份进行对接，将国内省份在相似发展阶段时处理特定经济发展困境与问题时的具体做法推广至相应国家，同时国内省份也可以在沿线国家进行针对性的投资、合作。在匹配后的定向合作中，由于发展阶段相似，因而经济合作的推行将更为顺利，同时能够帮助沿线国家解决其发展中遇到的"瓶颈"，带动沿线国家实现经济增长和产业升级。

总之，"一带一路"倡议的提出是站在时代节点的眺望。在20世纪七八十年代新自由主义全球化浪潮下，全球经济发展不均衡越来越严重，发展中经济体越来越边缘化，发达经济体国内两极分化加剧之后，中国在新的时代节点倡导在"团结互信、平等互利、包容互鉴、合作共赢，不同种族、不同信仰、不同文化背景的国家可以共享和平，共同发展"的丝路精神指引下，依托"五通"（政策沟通、设施联通、贸易畅通、资金融通和民心相通）和"三同"（利益共同体、命运共同体和责任共同体）构建一个更加包容、公正、和平和互惠共赢的全球化新格局。

世界经济经历几次大的变革和转移后，通过对世界经济历史数据的回顾和分析，当前全球经济正处于重大转换的关键节点。从大航海时代到工业革命以来，亚洲越来越远离世界经济中心，而第二次世界大战之后，随着日本的快速崛起，特别是日本经过20世纪50—70年代的高速增长，又把亚洲带回了全球经济中心，按2005年不变价格计算，亚洲1970年占全球GDP的16.53%。随着中国改革开放的不断深入，特别是2001年加入世界贸易组织以来，中国经济实现了持续30多年的高速增长，中国在全球经济地位的快速提升，也将亚洲重新推升到了世界经济第一的位置，截至2013年，亚洲占全球GDP的30.69%，超过欧洲成为全球经济第一大洲。此外，随着全球和发达经济体内部两极分化的加重，曾经的自由贸易倡导者纷纷走上向内的道路，从强调释放市场力量的新自由主义范式向主张社会保护转变。英国脱欧暴露出欧盟增长缓慢、复苏乏力、就业低迷、难民危机的多重困境；美国不断"废除美国贸易协定"，取消《跨太平洋伙伴关系协定》（TPP）等保护主义言论，表明了世界第一大经济体对经济全球化的复杂态度，给世界经济运行带来巨大不确定性。

根据世界银行对国家收入的分类，1987年，共有49个低收入国家，其中26个国家在2015年仍是低收入国家。而中国、赤道几内亚、圭亚那和马尔代夫四个国家变为上中等收入国家。19个国家在2015年晋升为下中等收入国家。这些国家大多与中国相毗邻，属于亚非交界处的国家。

2015 年，低收入国家仍主要位于非洲和亚洲南部。中国作为一个大国在工业化、城镇化、国际化和信息化等方面的发展经验对其他国家的发展具有参考和借鉴性。从当前的国际产业和贸易体系分工来看，后起国家整体在国际市场上处于劣势地位，始终处于产业链相对低端的位置且长期面临产业天花板的限制。特别是那些尚未取得发展的国家由于无法加入国际分工和贸易体系而陷入贫穷，进一步拉大与发达国家的差距；已经取得一定发展的后起国家面临产业结构升级停滞、贸易条件恶化导致经济长期停滞的风险。由于后起国家在资本和科技等要素上处于比较劣势的状态，在产业结构上处于低端位置，无法轻易实现赶超，往往随之陷入停滞，进一步阻碍了之后的国家产业升级的进程。由此可见，当今的国际分工和贸易体系在发达国家本身的稳定发展基础上能带动后起国家发展，而在发达国家经济不景气乃至陷入危机时，后起国家在这一体系中处于更加不利于发展的地位。

从全球价值链的角度来看，全球经济表现出一个明显的价值上的双环流。发达国家在中间品、最终品的进出口贸易表现都较为活跃，而发展中国家则仅仅在若干行业中表现出较高的中间品和最终品的高进出口行为，但是发展中国家与中国之间则存在较为活跃的价值链上的贸易往来。总的来看，在上环流，发达国家通过资本、技术等生产要素输出，将大部分加工制造、生产服务等转移到以中国为代表的新兴发展中国家，新兴发展中国家则向发达国家输出高端中间品制成品和生产性服务，以此来带动本国经济发展，并将贸易盈余和资本流入带来的外汇储备以债务和间接投资形式回流至发达国家。下环流是在发展中国家之间展开的经济环流。中国等经济发展迅速、制造业较为发达的发展中国家通过到资源丰富的其他发展中国家直接投资，开发并进口所需的资源和初级产品，输出制成品，形成资源与制成品的贸易流；同时，将本国的一些产业转移到亚非拉等发展中国家，形成投资等生产要素的流动和产业转移。中国等新兴国家一方面通过资源进口、产品和资本输出与产业转移，带动了当地的工业化和经济发展；另一方面也一定程度上解决了自身所面临的难题。

在当前全球化进程的"瓶颈"期，发达国家对于全球化迟疑不定之时，中国适时发出"一带一路"倡议，就是希望借助于全球价值双环流的体系，试图构建一个全球经济能够共享发展成果的更加开放和包容的全球治理机制。目前，不管是从经济发展阶段还是产业结构来看，中国都处于发达国家与发展中国家的中间水平，这决定了中国将在这个体系中起到上下承接的作用，承接来自北美、西欧的新技术、新产业，同时与亚非拉等发展中国家进行产能合作，实现全球价值链的双环流（"8"字模式）。在"一带一路"倡议的体系中，一方面中国与发达国家之间形成了以产业分工、贸易、投资、资本间接流动为载体的循环体系，另一方面中国又与亚非拉发展中国家之间形成了以贸易、直接投资为载体的体系。从目前"一带一路"沿线66个国家或地区的发展阶段和分工关系来看，其内部本身也有着一个类似全球价值双环流的小环流或小"8"字循环体系。通过"一带一路"建设，可以加速全球经济的上下循环（全球价值双"8"字环流模式），将更多国家纳入全球价值链分工体系，实现更大区域内的经济协作共赢与共同繁荣。

第二篇

经济分析：总体经济、贸易
互补性与中国投资

第三章 "一带一路"沿线国家的总体经济

"一带一路"倡议自提出以来,广受各方关注。本报告聚焦了包括中国在内的 67 个国家和地区,既包括已经加入"一带一路"倡议的正式参与国,也覆盖未非正式参与但被认为与该倡议有关的国家和地区。

随着"一带一路"倡议不断扩大,参与的相关国家和地区的数量势必发生持续变化(见表 3 - 1)。本报告参考的有关数据和信息,截至 2017 年 4 月报告起草日。

表 3 – 1   "一带一路"参与的相关国家和地区情况

地区	国家
东南亚	文莱、柬埔寨、印度尼西亚、老挝、马来西亚、缅甸、菲律宾、新加坡、泰国、东帝汶、越南
南亚	阿富汗、孟加拉国、不丹、印度、马尔代夫、尼泊尔、巴基斯坦、斯里兰卡
东亚	蒙古国
中亚	哈萨克斯坦、吉尔吉斯斯坦、塔吉克斯坦、土库曼斯坦、乌兹别克斯坦
西亚	亚美尼亚、阿塞拜疆、巴林、格鲁吉亚、伊朗、伊拉克、以色列、约旦、黎巴嫩、科威特、阿曼、卡塔尔、沙特阿拉伯、巴勒斯坦、叙利亚、土耳其、阿拉伯联合酋长国、也门
非洲	埃及
欧洲	阿尔巴尼亚、波斯尼亚和黑塞哥维那、克罗地亚、白俄罗斯、保加利亚、塞浦路斯、捷克共和国、爱沙尼亚、希腊、匈牙利、拉脱维亚、立陶宛、马其顿、摩尔多瓦、黑山、波兰、罗马尼亚、俄罗斯、塞尔维亚、斯洛文尼亚、斯洛伐克、乌克兰

注:本报告中使用的"巴勒斯坦"是指巴勒斯坦领土。

为便于参考,本报告将表 3 – 1 中所列国家统称为"'一带一路'沿线国家",但不表明所列国家均已经与中国签署了协议正式加入"一带一路"倡议,也不表示"一带一路"沿线国家仅包含所列国家。"一带一路"倡议是开放的,加入倡议的国家是动态变化的。相关表述以中国政府部门的表述为准。

从 GDP 总量看，中国在"一带一路"倡议中占有重要比重。2015年，"一带一路"沿线国家 GDP 占世界 GDP 比重为 30.6%。剔除中国后，"一带一路"沿线国家 GDP 占世界比重为 15.7%。2016年"一带一路"国家 GDP 占世界 GDP 比重约为 30.68%，超过美国（18.58 万亿美元）、欧盟（18.966 万亿美元）和日本（4.9 万亿美元）。剔除中国后，占世界比重为 15.88%。

从人均 GDP 看，2016年，"一带一路"沿线国家人均 GDP 已经进入中等偏上收入国家行列。但剔除中国后，处于中等偏下收入国家水平，低于世界平均水平。

从分地区经济情况来看，2015年，东南亚十一国占"一带一路"沿线国家比重为 10.8%，人均 GDP 水平略低于"一带一路"沿线国家均值，属于中等收入偏下国家。南亚八国、西亚北非十五国、中亚五国、中东欧十三国、南欧九国、高加索三国、蒙古国 GDP 占"一带一路"沿线国家比重分别为 11.9%、13.6%、1.3%、12.0%、1.9%、1.0% 和 0.05%，其中，南亚八国属于中等偏下收入地区，西亚北非十五国属于中等偏上收入地区，中亚五国属于中等偏上收入地区，中东欧十三国属于中等偏上收入地区，南欧九国属于中等偏上收入地区，高加索三国属于高收入国家，蒙古国属于中等偏下收入国家。2016年，东南亚十一国占"一带一路"沿线国家的 12%，人均 GDP 水平略低于"一带一路"沿线国家均值，仍属于中等收入偏下国家。南亚八国、西亚北非十五国、中亚五国、中东欧十三国、南欧九国、高加索三国和蒙古国 GDP 占"一带一路"沿线国家比重分别为 10.9%、13.1%、1.1%、12.0%、1.9%、0.2% 和 0.05%。

"一带一路"倡议自 2013 年被首次提出以来，经过三年多的发展，已经得到国际社会的广泛关注和相关国家的积极响应。据不完全统计，截至 2016 年，除中国作为倡议国外，有意加入"一带一路"沿线国家共有 66个，且未来这一数量还会持续增加。按照地理位置划分，除中国作为倡议国外，"一带一路"沿线国家可以分为东南亚十一国、南亚八国、西亚北非十六国、中亚五国、中东欧十三国、南欧九国、高加索三国和蒙古国。截至 2015 年，"一带一路"沿线国家国土面积占世界总面积的 38.5%，人口占世界总人口的 62.3%、GDP 占世界的 30.6%，能源矿藏资源丰富，地缘政治地位突出，在国际政治经济体系和全球治理格局中扮演着重要角色。

经济领域合作是"一带一路"倡议中的重要议题。从总体目标来看，促进共同发展、实现共同繁荣的合作共赢之路有赖于"一带一路"沿线国家经济融合、产业协同的维系。从合作重点来看，贸易畅通是"一带一路"建设的重点内容，资金融通是"一带一路"建设的重要支撑。为此，有必要对"一带一路"沿线国家的总体经济进行深入分析，从而为"一带一路"经济领域的深入合作提供思路。

一 "一带一路"沿线国家总体经济情况

从总体经济情况来看，"一带一路"沿线国家经济总量较大，其中中国发挥引领作用，近年来，GDP增速受国际大环境影响有所下滑；经济发展水平相对滞后，地区发展不平衡现象突出；产业结构上呈现"三二一"特征，农业比重相对较高；对外贸易上出口大于进口，占世界较大比重，其中能源出口地位突出，2015年受国际经济形势影响呈低迷态势；通货膨胀压力凸显；收入分配处于合理区间。

从GDP总量来看，2015年"一带一路"沿线国家GDP约为22.6万亿美元，占世界GDP的30.6%（见图3-1），超过美国（18万亿美元）、欧盟（16.3万亿美元）和日本（4.1万亿美元）。剔除中国后，"一带一

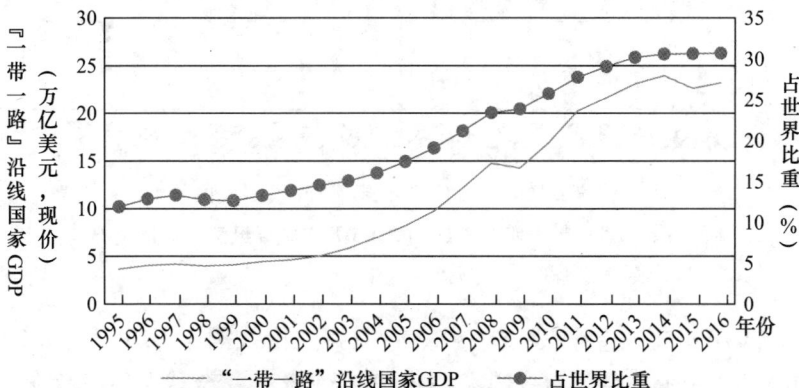

图3-1 "一带一路"沿线国家GDP整体情况

注：部分国家的部分年份的数据略有缺失，但不影响主要结论，以下同。

资料来源：世界银行数据库。

路”沿线国家 GDP 约为 11.6 万亿美元，占世界比重为 15.7%（见图 3 - 2）。2016 年，"一带一路"沿线国家 GDP 约为 23.21 万亿美元，占世界 GDP 比重约为 30.68%，超过美国（18.58 万亿美元）、欧盟（18.966 万亿美元）和日本（4.9 万亿美元）。剔除中国后，"一带一路"沿线国家 GDP 约为 12 万亿美元，占世界比重为 15.88%。

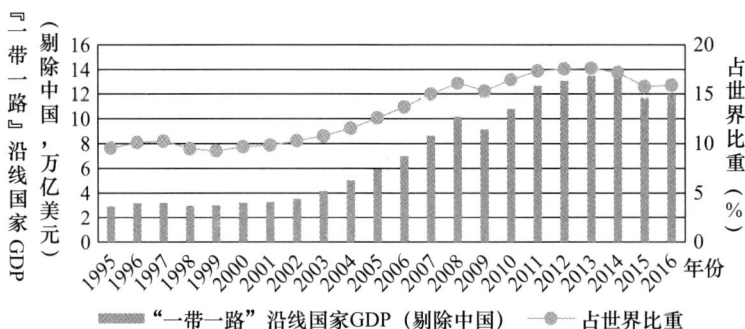

图 3 - 2 "一带一路"沿线国家（剔除中国）GDP 整体情况

资料来源：世界银行数据库。

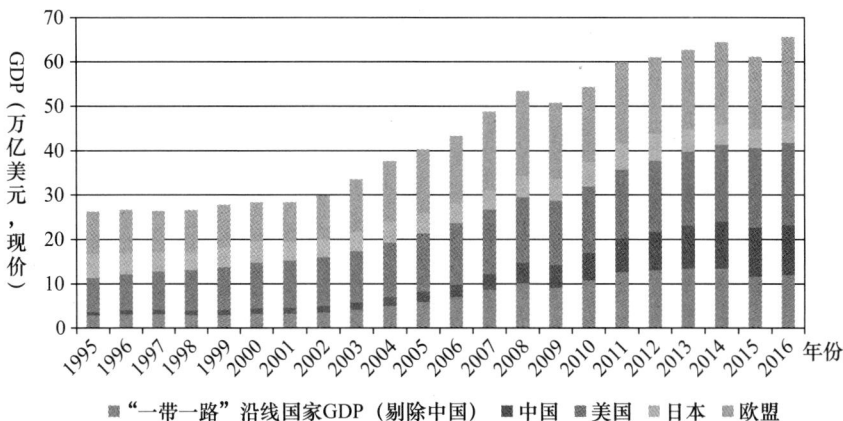

图 3 - 3 "一带一路"沿线国家 GDP 与主要经济体对比情况

资料来源：世界银行数据库。

从 GDP 增速来看，2015 年"一带一路"沿线国家 GDP 为 - 2.3%，2016 年，"一带一路"沿线国家 GDP 为 - 3.6%，受全球大环境影响，经济处于负增长状态。从分国家来看，乌克兰、俄罗斯、白俄罗斯、也门、希腊、文莱等国处于负增长状态。

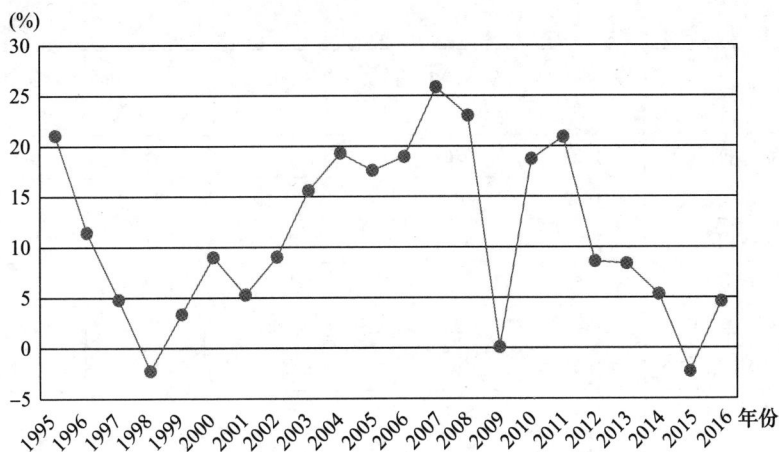

图 3-4 "一带一路"沿线国家 GDP 增速

注：根据总量数据直接计算，未考虑 CPI 平减，可能与表 3-1 的分国家 GDP 增速略有出入。

资料来源：世界银行数据库。

表 3-2　　　　2015 年"一带一路"沿线国家 GDP 总量及增速

国家	GDP（亿美元，现价）	GDP 增长率（%）	国家	GDP（亿美元，现价）	GDP 增长率（%）
中国	110077	6.9	乌克兰	906	-9.9
印度	20954	7.6	斯洛伐克	873	3.8
俄罗斯联邦	13312	-3.7	斯里兰卡	823	4.8
印度尼西亚	8619	4.8	阿曼	698	5.7
土耳其	7179	4.0	乌兹别克斯坦	667	8.0
沙特阿拉伯	6460	3.5	缅甸	626	7.3
波兰	4771	3.9	白俄罗斯	546	-3.9
泰国	3952	2.8	阿塞拜疆	530	1.1
阿联酋	3703	3.8	保加利亚	502	3.6
埃及	3308	4.2	克罗地亚	487	1.6
以色列	2994	2.5	黎巴嫩	471	1.3
马来西亚	2963	5.0	斯洛文尼亚	428	2.3
新加坡	2927	2.0	立陶宛	412	1.6
菲律宾	2925	5.9	也门	377	-28.1
巴基斯坦	2710	4.7	约旦	375	2.4

续表

国家	GDP（亿美元，现价）	GDP 增长率（%）	国家	GDP（亿美元，现价）	GDP 增长率（%）
孟加拉国	1951	6.6	塞尔维亚	372	0.8
希腊	1949	−0.2	土库曼斯坦	359	6.5
越南	1936	6.7	巴林	311	2.9
捷克	1852	4.5	拉脱维亚	270	2.7
哈萨克斯坦	1844	1.2	爱沙尼亚	225	1.4
伊拉克	1801	3.0	尼泊尔	212	2.7
罗马尼亚	1780	3.7	塞浦路斯	196	1.7
卡塔尔	1646	3.6	阿富汗	193	0.8
匈牙利	1217	3.1	柬埔寨	180	7.0
科威特	1140	1.8	波斯尼亚和黑塞哥维那	162	3.0
			格鲁吉亚	140	2.8
			文莱	129	−0.6
			老挝	124	7.4
			蒙古国	117	2.4
			阿尔巴尼亚	114	2.8
			亚美尼亚	105	3.0
			马其顿	101	3.7

表 3-3　2016 年"一带一路"沿线国家 GDP 总量及增速

国家	GDP（亿美元，现价）	GDP 增长率（%）	国家	GDP（亿美元，现价）	GDP 增长率（%）
中国	111999	6.7	乌克兰	932	2.4
印度	22640	6.7	斯洛伐克	895	2.55
俄罗斯联邦	12830	−6.4	斯里兰卡	813	0.87
印度尼西亚	9322	7.6	阿曼	662	−5.33
土耳其	8575	−0.19	乌兹别克斯坦	672	0.47
沙特阿拉伯	6464	−1.21	缅甸	674	7.16
波兰	469.5	−1.66	白俄罗斯	474	−19
泰国	4068	1.8	阿塞拜疆	378	−40

续表

国家	GDP（亿美元，现价）	GDP增长率（%）	国家	GDP（亿美元，现价）	GDP增长率（%）
阿联酋	3487	-2.64	保加利亚	524	4.2
埃及	3362	9.13	克罗地亚	504	3.4
以色列	3187	6	黎巴嫩	475	0.95
马来西亚	2963	0.02	斯洛文尼亚	440	2.75
新加坡	2969	0.04	立陶宛	427	1.6
菲律宾	3049	3.97	也门	273	-38.1
巴基斯坦	2836	4.44	约旦	386	2.94
孟加拉国	2214	11.9	塞尔维亚	377	1.5
希腊	1945	-0.15	土库曼斯坦	361	1.5
越南	2026	4.62	巴林	318	2.3
捷克	1929	4.02	拉脱维亚	276	2.35
哈萨克斯坦	1336	-37.95	爱沙尼亚	231	2.9
伊拉克	1714	-4.75	尼泊尔	211	-0.8
罗马尼亚	1869	4.9	塞浦路斯	198	1.22
卡塔尔	1524	-7.98	阿富汗	195	-1.2
匈牙利	1243	2.11	柬埔寨	201	9.8
科威特			波斯尼亚和黑塞哥维那	165	2.33
			格鲁吉亚	143	2.36
			文莱	129	-0.6
			老挝	159	9.5
			蒙古国	111	-5.2
			阿尔巴尼亚	119	4.5
			亚美尼亚	105	0.17
			马其顿	101	7.77

从人均GDP来看，2015年，"一带一路"沿线国家人均GDP约为5055美元，2016年，"一带一路"沿线国家人均GDP约为5931美元，依据世界银行的划分标准，已经进入中等偏上收入国家（4126—12735美

元）行列。但剔除中国后，2015 年平均水平约为 3743 美元，处于中等偏下收入水平（1045—4125 美元），低于世界平均水平（10058 美元），也远低于美国（56116 美元）、欧盟（32005 美元）、日本（32477 美元）等发达经济体，发展水平仍较为滞后。2016 年，平均水平为 3640 美元，仍然处于中等偏下收入水平。从地区分布来看，高收入国家共 17 个，主要分布在欧洲和中东石油输出国；中等收入偏低国家 22 个，主要分布在东南亚、南亚、中亚等地区；中等收入偏高国家 22 个，主要分布在中东欧、南欧和东亚、东南亚等地区；低收入国家包括阿富汗、尼泊尔、塔吉克斯坦三国。

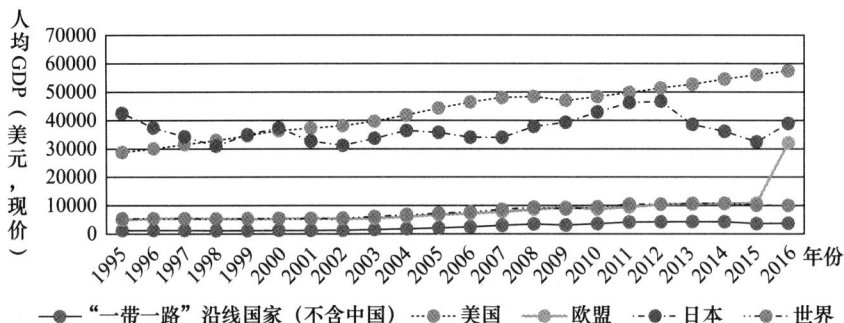

图 3 - 5 "一带一路"沿线国家人均 GDP

注：按各国人口加权计算。

资料来源：世界银行数据库。

从通货膨胀率来看，2015 年，"一带一路"沿线国家 CPI 平均水平为 3.46%，但因为受到乌克兰异常值（48.72）的影响，整体会有高估。剔除乌克兰外，剩余国家平均水平为 2.66%，但仍高于世界平均水平（1.44%），与美国（0.12%）、日本（0.79%）、欧盟（-0.06%）等发达经济体同期水平相比处于较高水平。2016 年，"一带一路"沿线国家 CPI 平均水平为 4.57%，剔除乌克兰外，剩余国家平均水平为 4.1%。

从产业结构来看，2015 年，"一带一路"沿线国家三次产业比重平均水平为 10∶32∶58，与 1995 年 19.5∶32.4∶47.9 相比，农业在国民经济中的地位持续走低，工业比重保持稳定，服务业占比逐渐提升。但与世界同期水平（3.9∶27.7∶68.4）相比，"一带一路"沿线国家农业比重相对较高，服务业比重仍有较大上升空间。

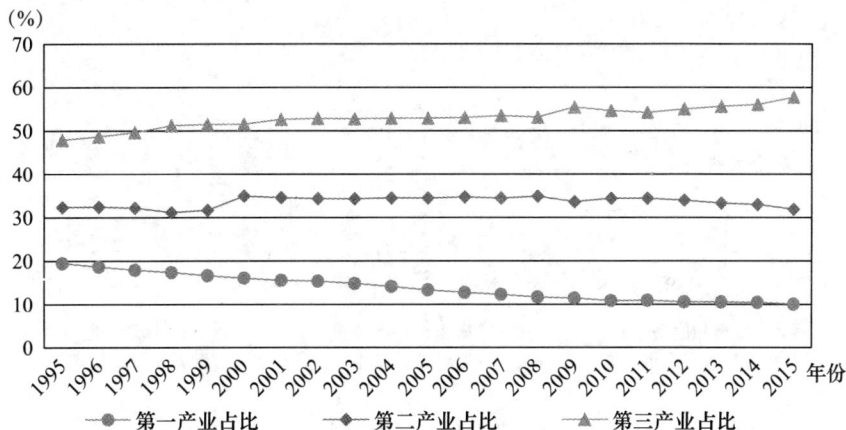

图 3 – 6 "一带一路"沿线国家三次产业结构

注：按各个国家数据平均化处理。

资料来源：世界银行数据库。

从进出口情况来看，2015 年，"一带一路"沿线国家货物和服务进口额约为 6.53 万亿美元，出口额约为 7.12 万亿美元，出口大于进口。2016 年，"一带一路"沿线国家货物和服务进口额为 5.17 万亿美元，出口额约为 5.69 万亿美元，出口大于进口。2002—2008 年进出口增速较快，2009 年受国际金融危机冲击大幅下降，2010—2014 年有所复苏，2015 年受国际经济形势影响又呈低迷态势。从内部经济来看，2015 年"一带一路"沿线国家进出口总额占 GDP 的 40.6%，其中进口占 GDP 的 19.4%，出口占 21.2%。从国际比较看，2015 年，"一带一路"沿线国家进出口总额约占世界的 33.7%，其中，进口占 31.5%，出口为 33.5%。2016 年，"一带一路"沿线国家进出口总额占 GDP 的 46.8%，其中，进口占 GDP 的 22.3%，出口占 GDP 的 24.53%。从国际比较来看，2016 年"一带一路"沿线国家进口总额占世界的 32.8%，出口占 36.8%（见图 3 – 7）。

从收入分配角度来看，2015 年，"一带一路"沿线国家基尼系数平均值为 0.33，低于 0.4 的警戒线水平，也低于美国 0.41 的水平，处于相对合理区间。值得注意的是，菲律宾、中国和土耳其三国的基尼系数相对较高，应予以关注。

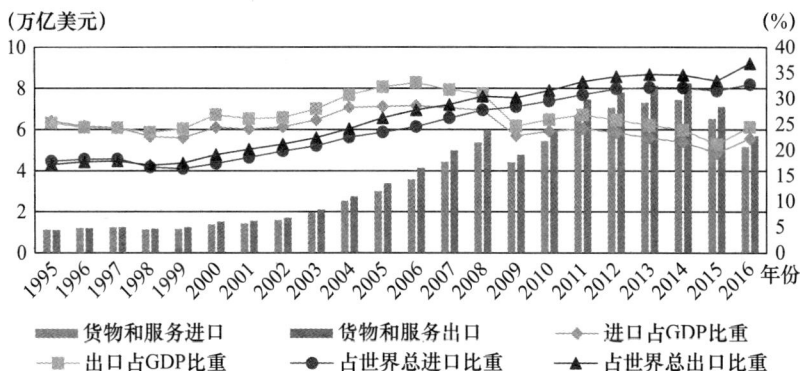

图3-7　"一带一路"沿线国家进出口情况

资料来源：世界银行数据库。

从能源储量来看，"一带一路"沿线国家由于覆盖中东石油输出国、俄罗斯、中国等能源大国，因此，能源矿藏储量丰富，生产量大。2015年，"一带一路"沿线国家原油可探明储量占世界的58%，原油生产占56.9%；天然气储量占世界的78.9%，生产量占世界53.2%；煤炭储量占世界的52.9%，生产量占世界的73.9%。2016年，"一带一路"沿线国家原油可探明储量占世界的59.8%，原油生产占世界的60%；天然气储量占世界的81.77%，生产量占世界的53.16%；煤炭储量占世界的52.5%，生产量占世界的71.2%。其中，中东地区的油气资源、俄罗斯的天然气资源、中国的煤炭资源均在世界能源构成中发挥重要作用。

表3-4　　　　　"一带一路"沿线国家能源储量和生产情况

名称	单位	项目	1995年	2005年	2015年	2016年
原油	原油储量（十亿桶）	"一带一路"沿线国家探明储量	823.1	916.8	985.2	1020.5
		世界总探明储量	1126.2	1374.4	1697.6	1706.7
		占比（%）	73.1	66.7	58.0	59.8
	原油生产（千桶/日）	"一带一路"沿线国家生产量	34839.9	44917.1	52176.6	55346
		世界总生产量	67995.0	81896.4	91670.3	92150
		占比（%）	51.2	54.8	56.9	60

续表

名称	单位	项目	1995年	2005年	2015年	2016年
天然气	天然气储量（万亿立方米）	"一带一路"沿线国家探明储量	86.1	123.1	147.4	152.6
		世界总探明储量	119.9	157.3	186.9	186.6
		占比（%）	71.8	78.2	78.9	81.77
	天然气生产（十亿立方米）	"一带一路"沿线国家生产量	987.2	1428.9	1882.8	1888
		世界总产量	2109.8	2790.9	3538.6	3551.6
		占比（%）	46.8	51.2	53.2	53.16
煤炭	煤炭储量（百万吨）	"一带一路"沿线国家探明储量	—	—	471446	597982
		世界总储量	—	—	891531	1139331
		占比（%）			52.9	52.5
	煤炭生产（百万吨油当量）	"一带一路"沿线国家产量	2639.8	3899.3	5807.4	2602.4
		世界总产量	4640.9	6103.4	7861.1	3656.4
		占比（%）	56.9	63.9	73.9	71.2

资料来源：BP：《世界能源统计年鉴（2016）》，"一带一路"沿线部分国家数据缺失，会导致占比相对低估，但不影响主要结论。

二　分地区经济情况概述

（一）东南亚

东南亚位于亚洲东南部，包括中南半岛和马来群岛两大部分，地处亚洲与大洋洲、太平洋与印度洋的"十字路口"，马六甲海峡是这个路口的"咽喉"。东南亚十一国包括印度尼西亚、柬埔寨、老挝、缅甸、马来西亚、文莱、菲律宾、新加坡、泰国、东帝汶和越南。老挝是东南亚唯一的内陆国家。截至2015年，东南亚十一国国土面积约450万平方公里，人口约6.3亿，其中印度尼西亚和菲律宾人口均突破1亿。东南亚人口稠密，有90多个民族，以黄色人种为主，是世界上外籍华人和华侨最集中的地区之一。东南亚的热带景观和历史古迹吸引着世界各地的旅游者，旅游业已成为新加坡、泰国、马来西亚等国的重要产业。

从总体经济情况来看，东南亚十一国经济总量在"一带一路"沿线国家中相对较大（见图3-9），GDP增速较快，人均GDP略低于"一带一路"沿线国家均值；人口众多，国内消费市场广阔；外贸依存度高，

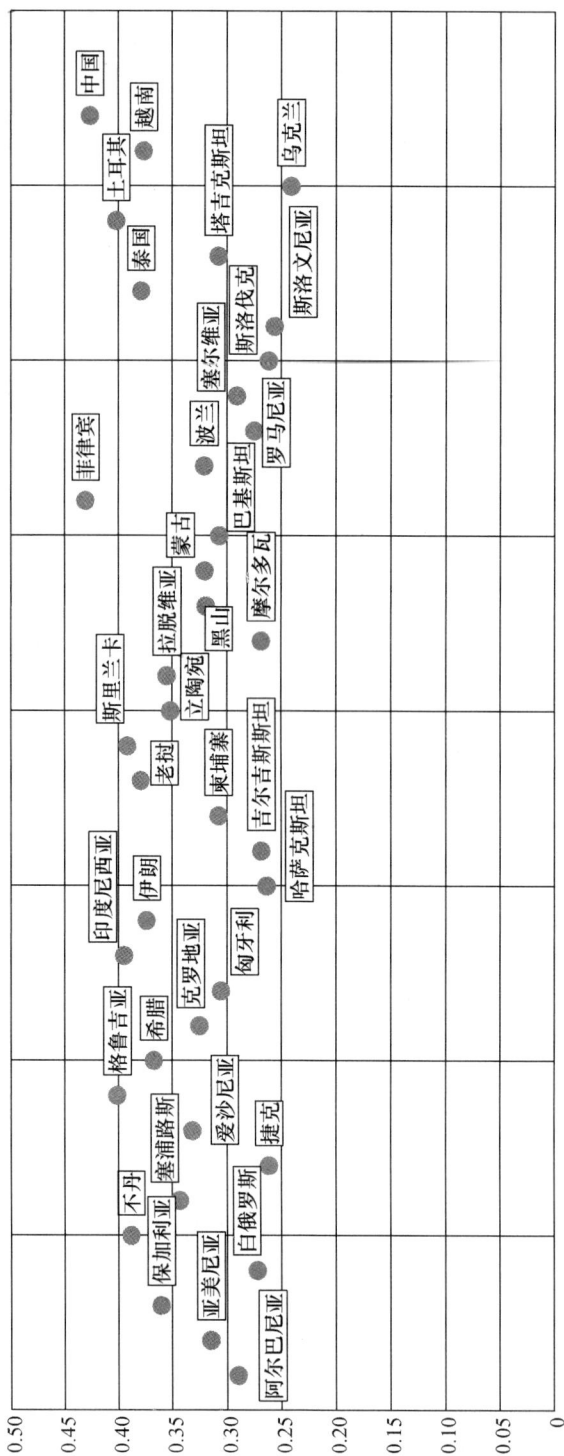

图 3 - 8　"一带一路"沿线国家基尼系数

注：资料来源：世界银行数据库。

进出口占据重要地位；国内经济的稳定和发展存在较大不确定性。

从 GDP 总量来看，2015 年，东南亚 11 国 GDP 共约 2.4 万亿美元，占"一带一路"沿线国家的 10.8%，占世界的 3.3%，2000—2016 年 GDP 平均增速为 7.43%。2016 年，东南亚 11 国 GDP 约 2.8 万亿元，占"一带一路"沿线国家的 12%，占世界的 3.8%。2015 年，人均 GDP 水平略低于"一带一路"沿线国家均值，2015 年约 4120 美元，2016 年约 4375 美元，属于中等收入偏下国家。

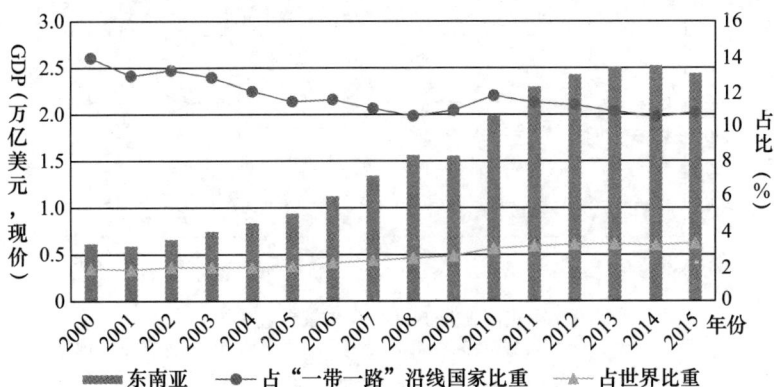

图 3 - 9　东南亚国家 GDP 总量情况

资料来源：世界银行。

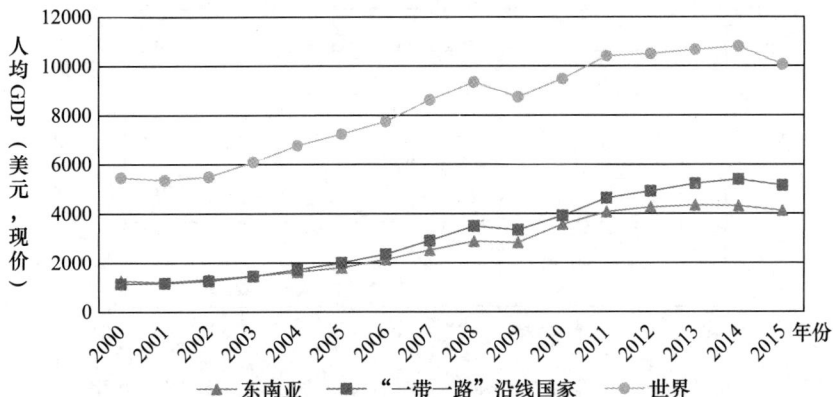

图 3 - 10　东南亚国家人均 GDP 情况

资料来源：世界银行。

2015 年，东南亚十一国出口额为 14731 亿美元，占"一带一路"沿线国家总出口额的 20.7%；进口额为 13465 亿美元，占"一带一路"沿线国家总进口额的 20.6%（见图 3 - 11）。贸易存在顺差但较小，2006—2015 年，贸易竞争力指数在 0.03—0.06 之间（见图 3 - 12）。东南亚国家外贸依存度高，且由于美国、日本的干预以及内部缺少核心的经济力量和协调机制，各成员国国内经济的稳定和发展存在较大不确定性。

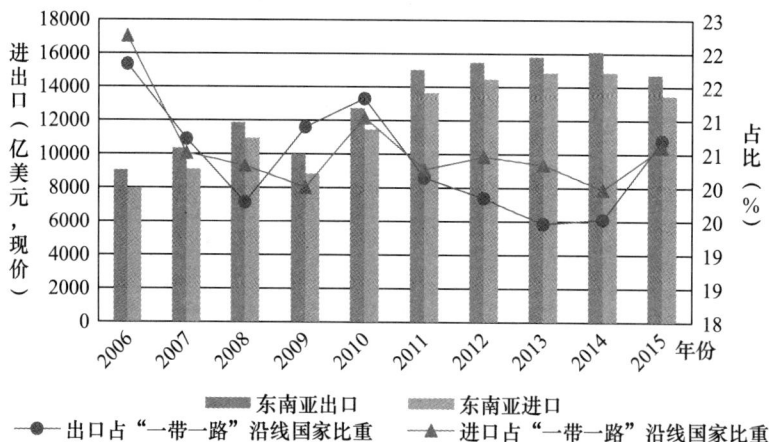

图 3 - 11　东南亚国家进出口情况

资料来源：世界银行数据库。

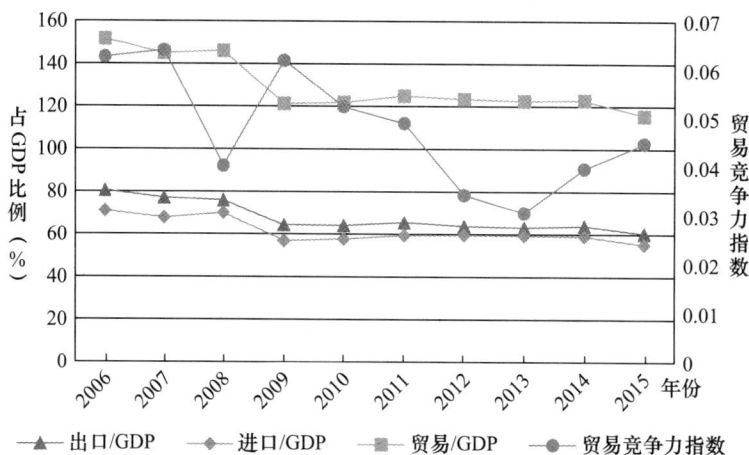

图 3 - 12　东南亚国家进出口指标

资料来源：世界银行数据库。

东南亚十一国除东帝汶外，其他国家均为东盟成员国。1997 年 12 月，中国和东盟发表了《中国—东盟首脑会议联合声明》，确定了中国—

东盟面向 21 世纪睦邻互信伙伴关系的方向和指导原则。2010 年 1 月 1 日，中国—东盟自贸区正式全面启动，东盟和中国的贸易占世界贸易的 13%，成为一个涵盖 11 个国家、人口 19 亿、GDP 达 6 万亿美元的巨大经济体，是目前世界人口最多的自贸区，也是发展中国家间最大的自贸区。

（二）南亚

南亚位于亚洲南部的喜马拉雅山脉中、西段以南及印度洋之间，东濒孟加拉湾，西濒阿拉伯海。南亚八国包括阿富汗、孟加拉国、不丹、印度、斯里兰卡、马尔代夫、尼泊尔、巴基斯坦。截至 2015 年，八国国土面积共计 514 万平方公里，人口约 17.5 亿，占"一带一路"沿线国家的 38.33%，其中印度人口为 13.11 亿，巴基斯坦和孟加拉国人口突破 1 亿。

从总体经济情况来看，南亚八国经济总量较大，其中印度发挥引领作用，近年来，GDP 增速较快；人均 GDP 略高于"一带一路"沿线国家平均值，属于中等偏上收入地区；贸易依存度适中，长期存在贸易逆差。

从 GDP 总量来看，2015 年南亚八国 GDP 共约 2.7 万亿美元，占"一带一路"沿线国家的 11.9%，占世界比重为 3.6%。2016 年，南亚八国 GDP 共约 2.543 万亿美元，占"一带一路"沿线国家的 10.9%，占世界的 3.4%。2000—2016 年，GDP 平均增速为 8.4%。人均 GDP 水平低于"一带一路"沿线国家均值，2015 年约为 1543 美元，2016 年约为 1453 美元，属于中等偏下收入地区。在南亚八国中，印度是经济体量最大的国家，2015 年 GDP 总量占八国总量的 77.9%，2016 年比重为 78.1%。2000—2015 年 GDP 平均增速为 8.49%。

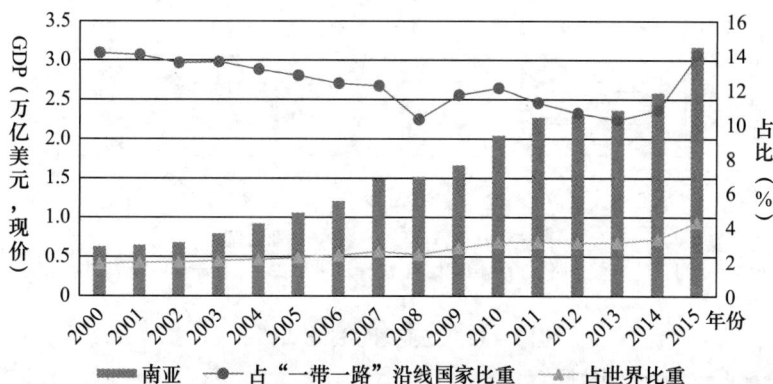

图 3-13 南亚国家 GDP 总量情况

资料来源：世界银行数据库。

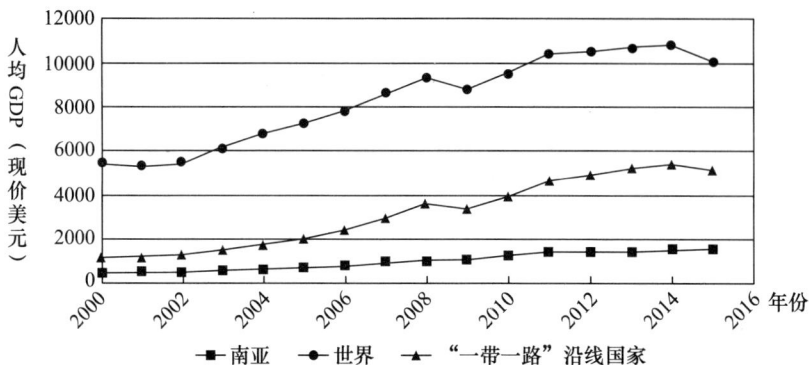

图 3-14　南亚国家人均 GDP 情况

资料来源：世界银行数据库。

2015 年，南亚八国出口额为 5049 亿美元，占 GDP 的 19%，占"一带一路"沿线国家总出口额的 7%；进口额为 6108 亿美元，占 GDP 的 23%，占"一带一路"沿线国家总进口额的 9%；总贸易额占 GDP 的 41%，贸易依存度适中。长期存在贸易逆差，2006—2015 年，贸易竞争力指数在 -0.08——0.14。南亚八国中，印度出口占总量的 83%，进口占总量的 77%，占贸易总量的 80%。

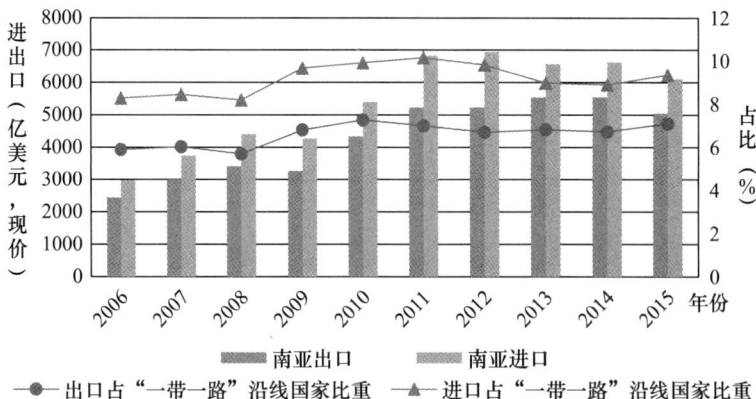

图 3-15　南亚国家进出口情况

资料来源：世界银行数据库。

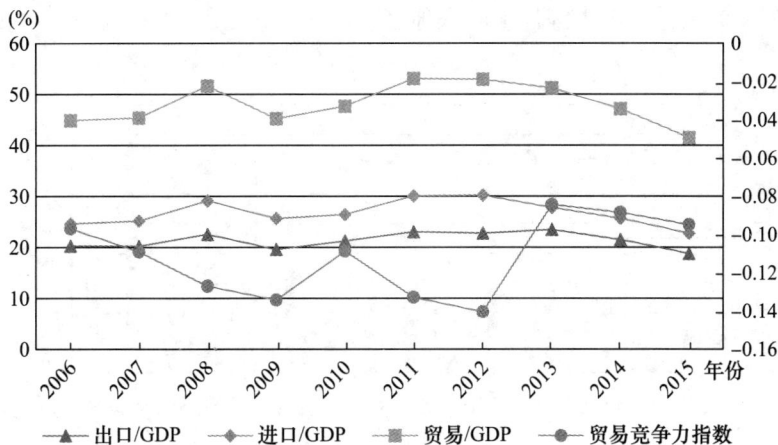

图3-16 南亚国家进出口指标

资料来源：世界银行数据库。

（三）西亚北非

西亚北非处于三洲两洋的交通要冲，石油资源丰富，经济支柱为石油加工出口。战乱不断，局势动荡。西亚北非十五国包括阿拉伯联合酋长国、巴林、埃及、伊朗、伊拉克、以色列、约旦、叙利亚、黎巴嫩、巴勒斯坦、科威特、阿曼、卡塔尔、沙特阿拉伯、土耳其。截至2015年，十五国国土面积共计734万平方公里，人口约4.2亿，占"一带一路"沿线国家的9%，各国人口均未超过1亿。居民以阿拉伯人为主，主要信奉伊斯兰教。

从经济总体情况来看，西亚北非GDP总量相对较大，其中，石油、天然气出口在世界能源出口中占据重要地位；由于油气产业的发达，西亚北非的人均GDP显著高于"一带一路"沿线国家均值，属于中等偏上收入地区；贸易依存度适中，长期存在贸易顺差。

从GDP总量来看，2015年，西亚北非15国GDP共约3.1万亿美元，占"一带一路"沿线国家的13.6%，占世界的4.2%。2016年，西亚北非十五国GDP约3.04万亿美元，占"一带一路"沿线国家的13.1%，占世界的4.02%。2000—2016年，GDP平均增速为4.6%。作为世界主要的石油出口地区之一，西亚北非地区人均GDP水平显著高于"一带一路"沿线国家均值，而接近世界均值，2015年约7382美元，2016年约为 7238 美元，属于中等偏上收入地区。

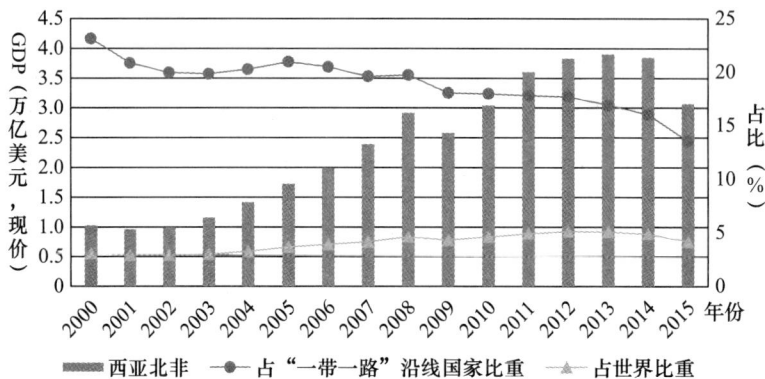

图 3-17 西亚北非国家 GDP 总量情况

资料来源：世界银行数据库。

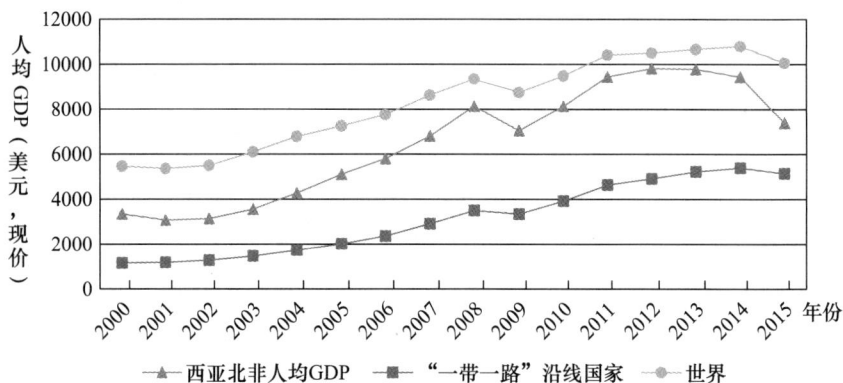

图 3-18 西亚北非国家人均 GDP 情况

资料来源：世界银行数据库。

2015 年，西亚北非十五国出口额为 12183 亿美元，占 GDP 的 39%，占 "一带一路" 沿线国家总出口额的 18%；进口额为 11922 亿美元，占 GDP 的 39%，占 "一带一路" 沿线国家总进口额的 18%；总贸易额占 GDP 的 78%，贸易依存度适中。长期存在贸易顺差，2006—2015 年，贸易竞争力指数在 0.01—0.15。

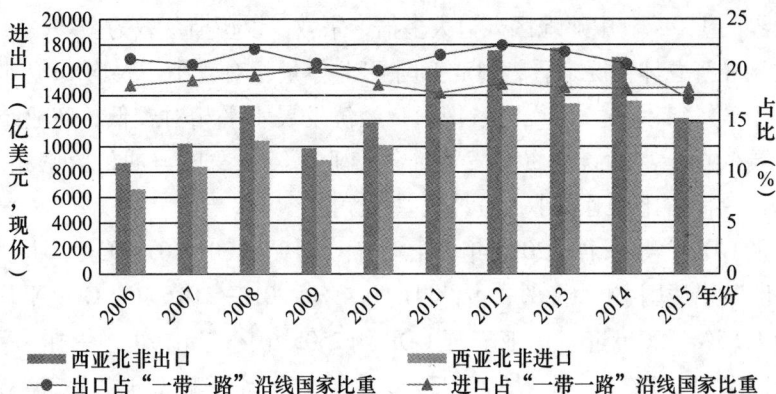

图 3 – 19 西亚北非国家进出口情况

资料来源：世界银行数据库。

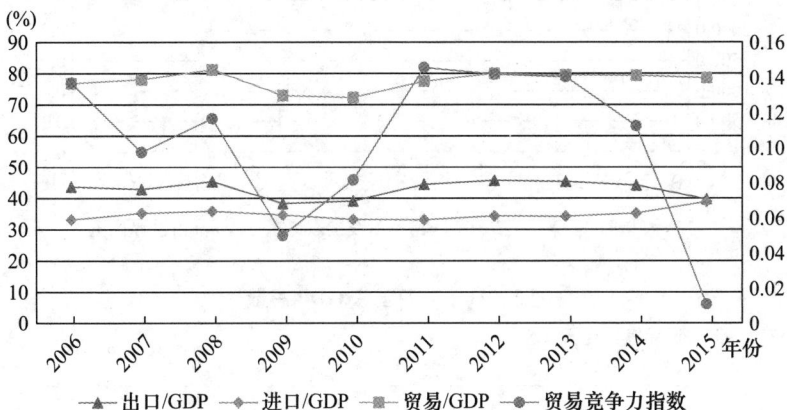

图 3 – 20 西亚北非国家进出口指标

资料来源：世界银行数据库。

（四）中亚

中亚即亚洲中部地区，深居内陆，中亚五国包括土库曼斯坦、吉尔吉斯斯坦、乌兹别克斯坦、塔吉克斯坦、哈萨克斯坦，大都是在苏联解体后成为独立国家的。国土面积为 400 万平方公里，占"一带一路"沿线国家的 7.7%，占世界的 3.0%。国土中有大部分是沙漠，气候干旱。2015 年，中亚五国总人口为 0.7 亿，占"一带一路"沿线国家的 1.5%，占世界的 1.0%。中亚地区人口大多信奉宗教，以伊斯兰教为主。

从经济总体情况来看，中亚五国 GDP 体量相对较小，人均 GDP 水平略低于"一带一路"沿线国家均值，经济发展水平相对较低；产业结构上主要依托丰富的自然资源发展油气产业，经济发展与油价紧密相关；进出口总额占比相对较小，贸易顺差较大。

从 GDP 总量来看，2015 年，中亚五国 GDP 约 3014.0 亿美元，占"一带一路"沿线国家的 1.3%，占世界的 0.4%。2010—2016 年，GDP 平均增速为 12.5%。2016 年，中亚五国 GDP 约 2505.6 亿美元，占"一带一路"沿线国家的 1.1%，占世界的 0.33%，人均 GDP 水平略低于"一带一路"沿线国家均值，2015 年约 4390 美元，2016 年约 3572 美元。

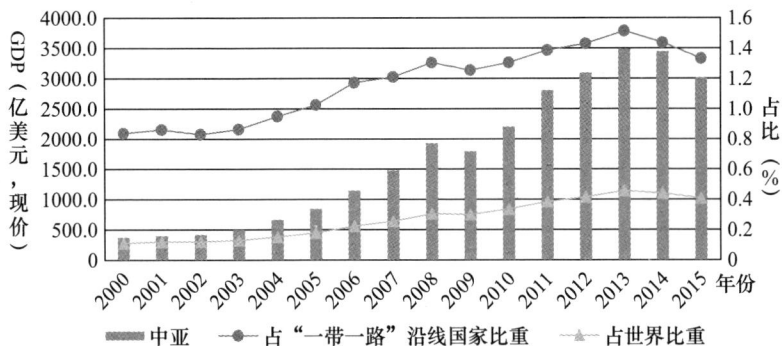

图 3 – 21 中亚国家 GDP 总量

资料来源：世界银行数据库。

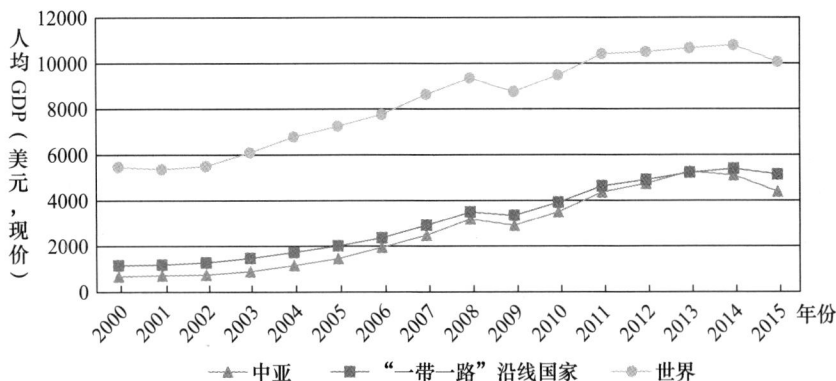

图 3 – 22 中亚国家人均 GDP 情况

资料来源：世界银行数据库。

　　2015 年，中亚五国出口额为 695 亿美元，占 GDP 的 23%，占"一带一路"沿线国家总出口额的 1.0%；进口额为 320 亿美元，占 GDP 的 11%，占"一带一路"沿线国家总进口额的 0.5%；总贸易额占 GDP 的 34%。贸易顺差较大，2006—2015 年，贸易竞争力指数在 0.37—0.64。

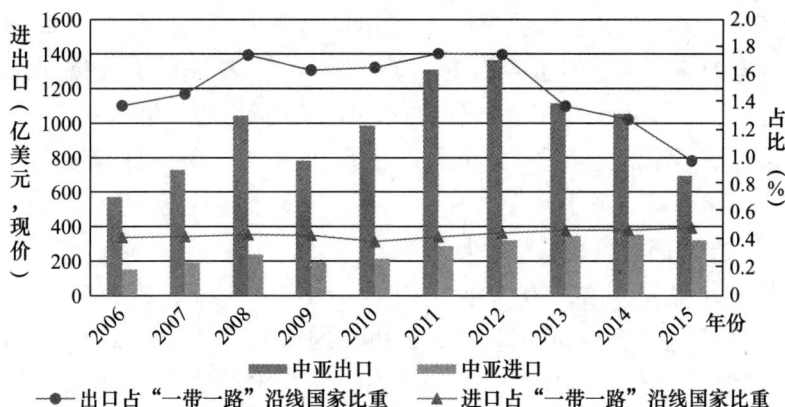

图 3 - 23　中亚国家进出口情况

资料来源：世界银行数据库。

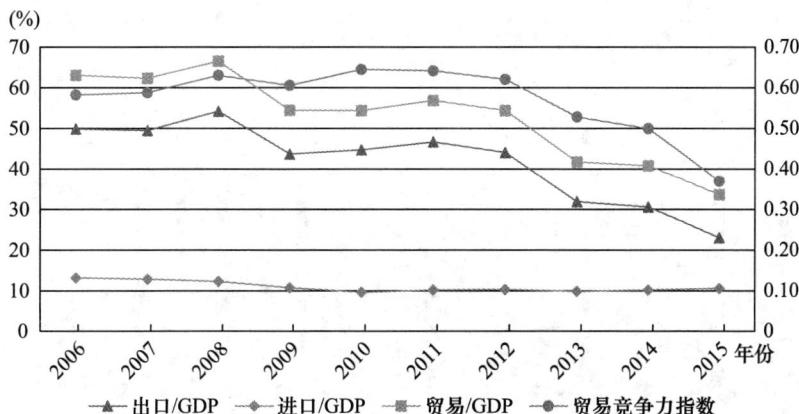

图 3 - 24　中亚国家进出口情况

资料来源：世界银行数据库。

（五）中东欧

中东欧泛指欧洲大陆地区受苏联控制的前社会主义国家、"冷战"时期的东欧国家，再加上波罗的海三国（立陶宛、拉脱维亚、爱沙尼亚）以及乌克兰、白俄罗斯、摩尔多瓦等除俄罗斯外苏联的欧洲部分成员国，中东欧 13 国包括阿尔巴尼亚、白俄罗斯、捷克共和国、爱沙尼亚、匈牙利、立陶宛、拉脱维亚、摩尔多瓦、波兰、罗马尼亚、俄罗斯联邦、斯洛伐克共和国和乌克兰。国土面积为 1892 万平方公里，占"一带一路"沿线国家的 36.6%，占世界的 14.1%。2015 年，中东欧 13 国总人口为3.0 亿，占"一带一路"沿线国家的 6.5%，占世界的 4.0%。

从经济总体情况来看，中东欧 13 国 GDP 占"一带一路"沿线国家相对较大，GDP 增速适中；人均 GDP 水平较高，属于中等偏上收入地区；贸易依存度较高。贸易顺差较大。

从 GDP 总量来看，2015 年中东欧十三国 GDP 约 2.7 万亿美元，占"一带一路"沿线国家的 12.0%，占世界的 3.7%。2010—2016 年 GDP平均增速为 5.5%。2016 年，中东欧 13 国 GDP 约 2.59 万亿美元，占"一带一路"沿线国家的 11.1%，占世界的 3.4%。人均 GDP 水平高于"一带一路"沿线国家均值，2007 年起均超过世界均值（除 2015 年外），2015 年约 9174 美元，2016 年约 8633 美元，属于中等偏上收入地区。

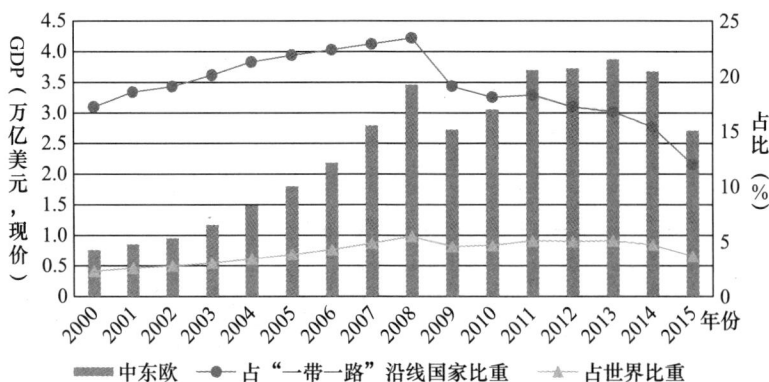

图 3 - 25 中东欧国家 GDP 总量情况

资料来源：世界银行数据库。

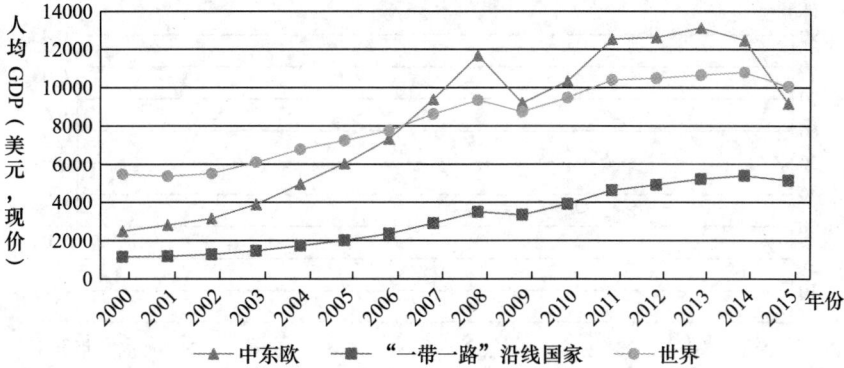

图 3-26 中东欧国家人均 GDP 情况

资料来源：世界银行数据库。

2015 年，中东欧十三国出口额为 1.2 万亿美元，占 GDP 的 44%，占 "一带一路"沿线国家总出口额的 16%；进口额为 1.1 万亿美元，占 GDP 的 39%，占 "一带一路"沿线国家总进口额的 17%；总贸易额占 GDP 的 83%，贸易依存度较高。贸易顺差较大，2006—2015 年，贸易竞争力指数在 0.02—0.06。

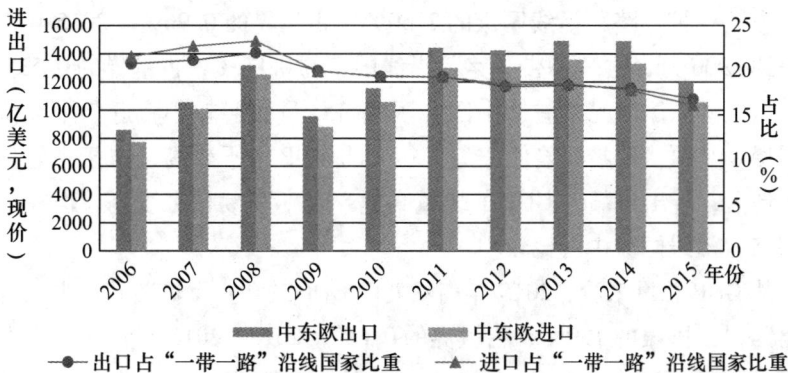

图 3-27 中东欧国家进出口情况

资料来源：世界银行数据库。

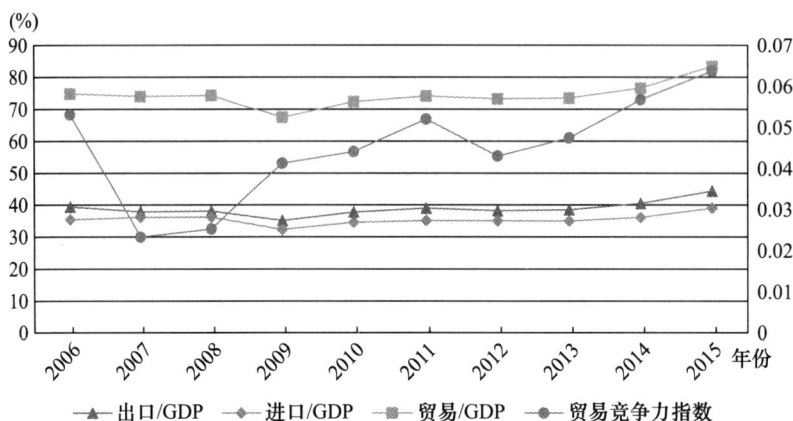

图 3-28　中东欧国家进出口指标

资料来源：世界银行数据库。

（六）南欧

南欧范围包括伊比利亚半岛、亚平宁半岛及巴尔干半岛南部，由于靠近地中海，也称地中海欧洲。南欧孕育了古希腊、古罗马文化，确立了早期的基督教社会，为西方的思想及知识体系奠定了基础。南欧九国包括保加利亚、波斯尼亚和黑塞哥维那、塞浦路斯、希腊、克罗地亚、马其顿王国、黑山、塞尔维亚、斯洛文尼亚。总国土面积 130 万平方公里，占"一带一路"沿线国家的 2.50%，占世界的 0.96%。2015 年，总人口约 3906 万，占"一带一路"沿线国家的 0.85%，占世界的 0.53%。

从经济总体情况来看，南欧九国经济体量相对较小，近年来经济增速缓慢。其中，希腊深陷债务危机；人均 GDP 水平较高，属于中等偏上收入地区；进出口额占 GDP 的比重高达 89%，贸易依存度高，但在"一带一路"沿线国家中占比较小。

从 GDP 总量来看，2015 年南欧九国 GDP 约 0.4 万亿美元，占"一带一路"沿线国家的 1.9%，占世界的 0.6%。2010—2016 年，GDP 平均增速为 1.13%。2016 年，南欧九国 GDP 约 0.442 万亿美元，占"一带一路"沿线国家的 1.9%，占世界的 0.6%。人均 GDP 水平高于"一带一路"沿线国家均值，且高于世界平均水平，2015 年约 10842 美元，2016 年约为 11315 美元，属于中等偏上收入地区。

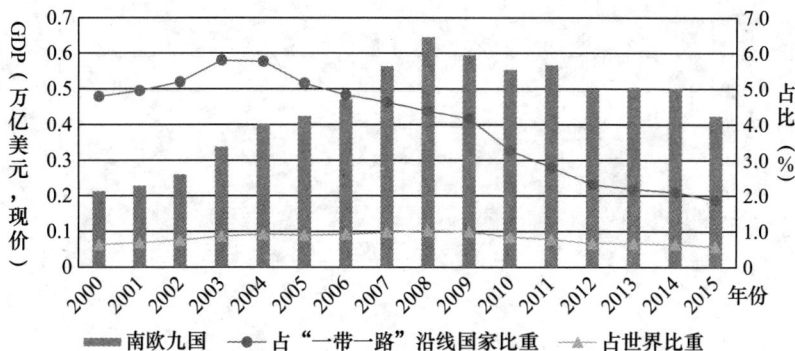

图 3 – 29 南欧九国 GDP 总量情况

资料来源：世界银行数据库。

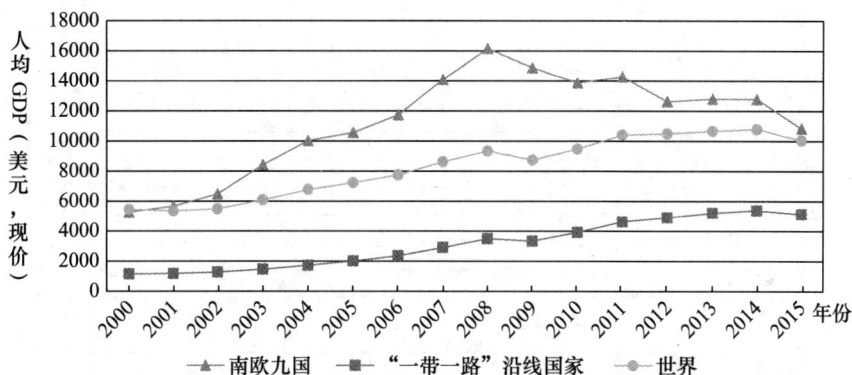

图 3 – 30 南欧九国人均 GDP 情况

资料来源：世界银行数据库。

2015 年，南欧九国出口额为 1877 亿美元，占 GDP 的 44%，占"一带一路"沿线国家总出口额的 3.0%；进口额为 1880 亿美元，占 GDP 的 44%，占"一带一路"沿线国家总进口额的 3.0%；总贸易额占 GDP 的 89%。长期存在贸易逆差，2006—2015 年，贸易竞争力指数在 −0.17—0。

（七）高加索

高加索三国是指高加索山脉以南的格鲁吉亚、亚美尼亚、阿塞拜疆三国，位于欧亚大陆腹地东南，北邻俄罗斯联邦，石油和天然气资源丰

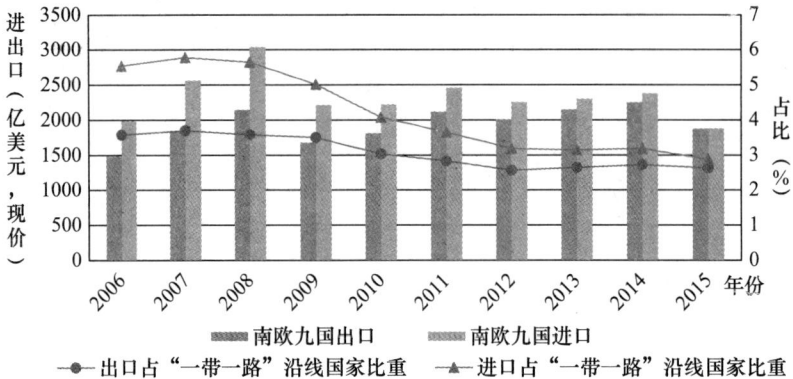

图 3-31 南欧九国进出口情况

资料来源：世界银行数据库。

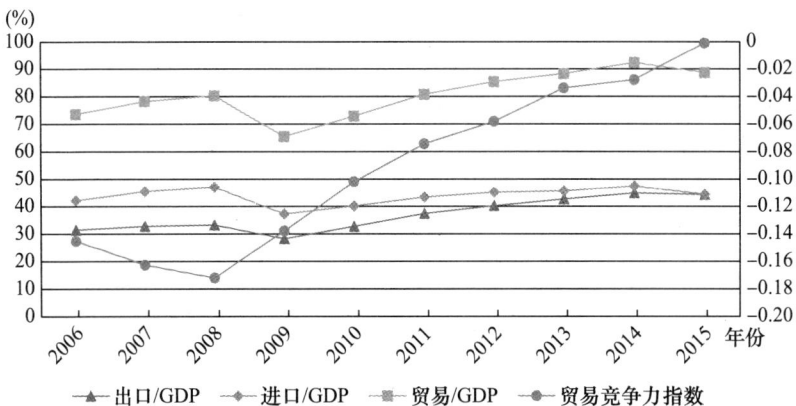

图 3-32 南欧九国进出口指标

资料来源：世界银行数据库。

富。总国土面积 186040 平方公里，占"一带一路"沿线国家的 0.36%，占世界的 0.14%。2015 年总人口约 1635 万，占"一带一路"沿线国家的 0.36%，占世界的 0.22%。

从经济总体情况来看，高加索三国 GDP 总量相对较小，占"一带一路"沿线国家比重较低；GDP 增速较快，与其油气产业的发展密不可分；人均 GDP 水平较高，已经进入高收入国家行列；对外贸易上，进口略大于出口，占"一带一路"沿线国家的比重相对较低。

从 GDP 总量来看,2015 年高加索三国 GDP 共约 775.97 亿美元,占"一带一路"沿线国家的 0.3%,占世界的 0.1%,经济体量较小。2016年,高加索三国 GDP 约 627.2 亿美元,占"一带一路"沿线国家的 0.2%,占世界的 0.1%,经济体量较小。从 GDP 增速来看,2010—2016年 GDP 平均增速为 7.19%。从人均 GDP 来看,其水平显著高于"一带一路"沿线国家均值,2014 年、2015 年甚至超过了世界均值,2015 年约13241 美元,属于高收入国家(高于 12736 美元)行列。从主导产业来看,油气资源丰富使石油工业成为高加索三国的支柱产业。

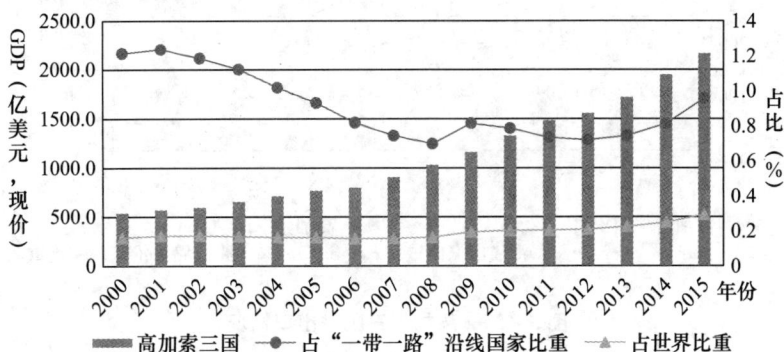

图 3-33 高加索三国 GDP 总量情况

资料来源:世界银行数据库。

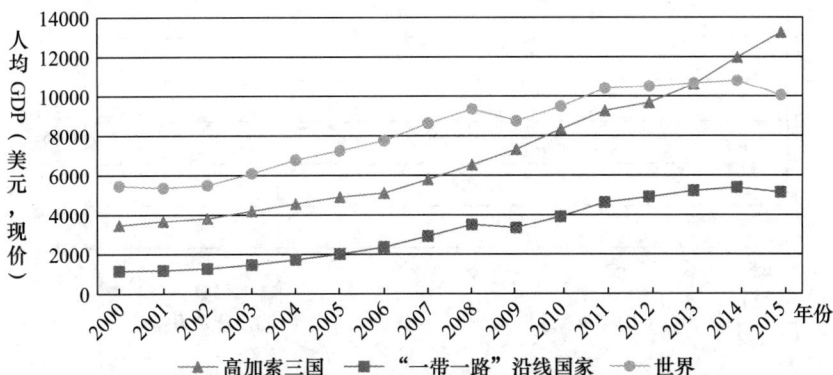

图 3-34 高加索三国人均 GDP

资料来源:世界银行数据库。

2015 年，高加索三国出口额为 295 亿美元，占 GDP 的 14%，占"一带一路"沿线国家总出口额的 0.4%；进口额为 320 亿美元，占 GDP 的 15%，占"一带一路"沿线国家总进口额的 0.5%；总贸易额占 GDP 的 28%。2006—2015 年，除 2015 年的贸易竞争力指数为 -0.04 之外，其余九年均为正，在 0.1—0.25。

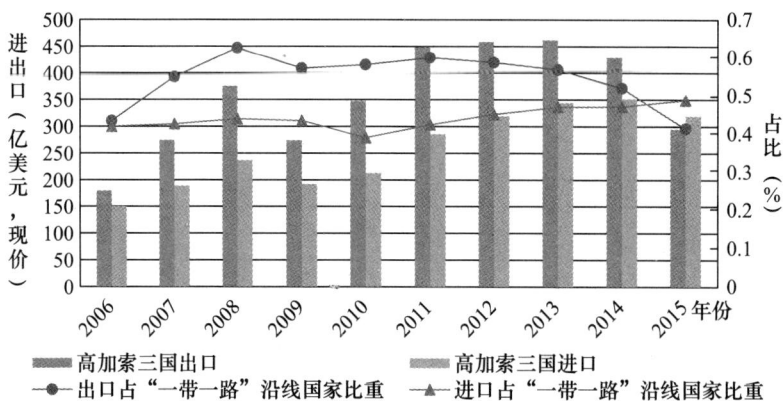

图 3 - 35　高加索三国进出口情况

资料来源：世界银行数据库。

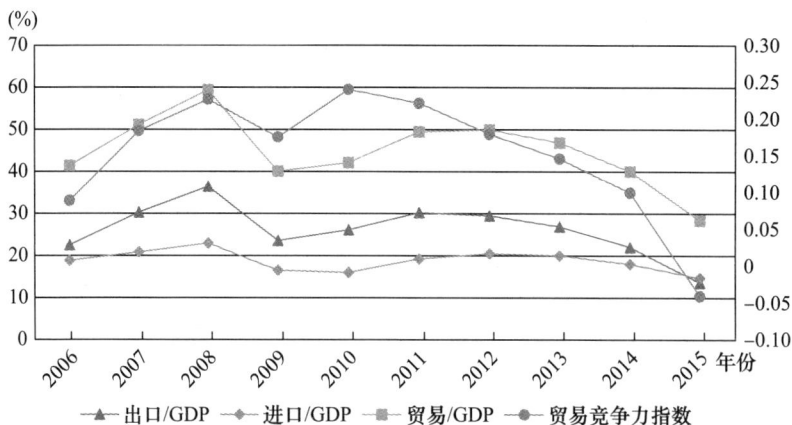

图 3 - 36　高加索三国进出口指标

资料来源：世界银行数据库。

（八）蒙古国

蒙古国位于中国和俄罗斯之间，是被两国包围的一个内陆国家，国土面积 1564120 平方公里，占"一带一路"沿线国家的 3.02%，占世界的 1.16%。2015 年，总人口为 2959134，占"一带一路"沿线国家的 0.06%，占世界的 0.04%。

从经济总体情况来看，蒙古国 GDP 总量相对较小，产业结构主要以传统畜牧业为主及矿产资源出口，农业比重相对较高，服务业比重仍有较大上升空间；近年来经济增速较快，2016 年，受国际能源价格影响，经济增速下滑；对外依存度较高，出口主要为矿产品、纺织品和畜产品等，进口主要有矿产品、机器设备、食品等。

从 GDP 总量来看，2015 年蒙古国 GDP 约为 117.4 亿美元，占"一带一路"沿线国家的 0.05%，占世界的 0.02%，经济体量相对较小。2010—2016 年 GDP 平均增速为 14.7%。2016 年，蒙古国 GDP 约为 116 亿美元，占"一带一路"沿线国家的 0.05%，占世界的 0.02%；人均 GDP 水平低于"一带一路"沿线国家均值，2015 年约 3968 美元，2016 年约为 3920 美元，属于中等偏下收入国家（1045—4125 美元）行列。

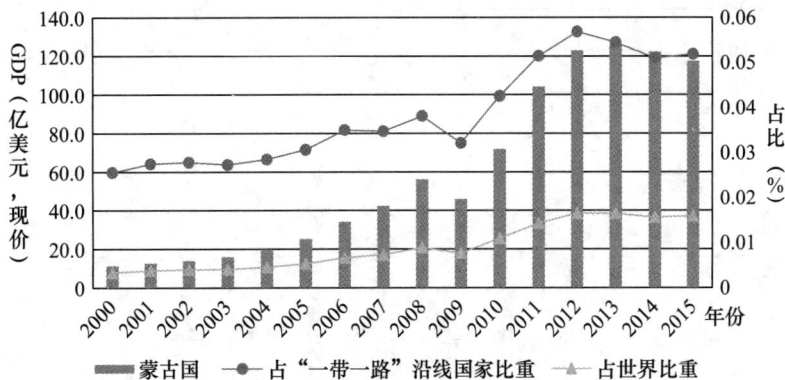

图 3-37 蒙古国 GDP 总量情况

资料来源：世界银行数据库。

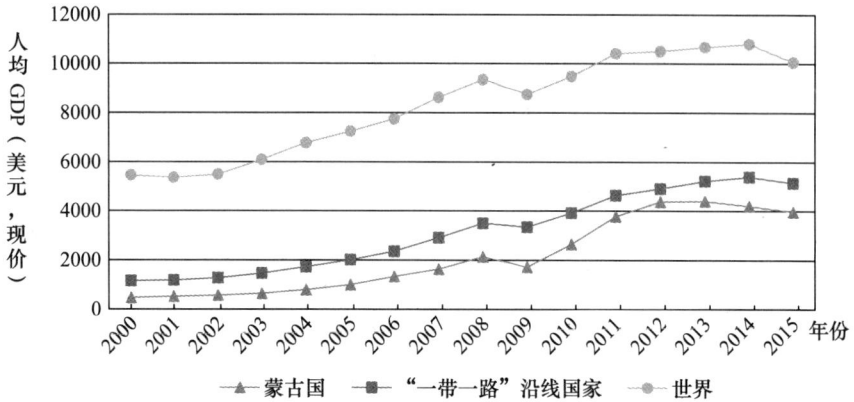

图 3 - 38 蒙古国人均 GDP 情况

资料来源：世界银行数据库。

从进出口贸易来看，2015 年，蒙古国出口额为 54 亿美元，占 GDP 的 46%，占"一带一路"沿线国家总出口额的 0.08%；进口额为 52 亿美元，占 GDP 的 45%，占"一带一路"沿线国家总进口额的 0.08%；总贸易额占 GDP 的 90%。2006—2015 年，除 2006 年、2007 年和 2015 年外，其余七年的贸易竞争力指数均为负。

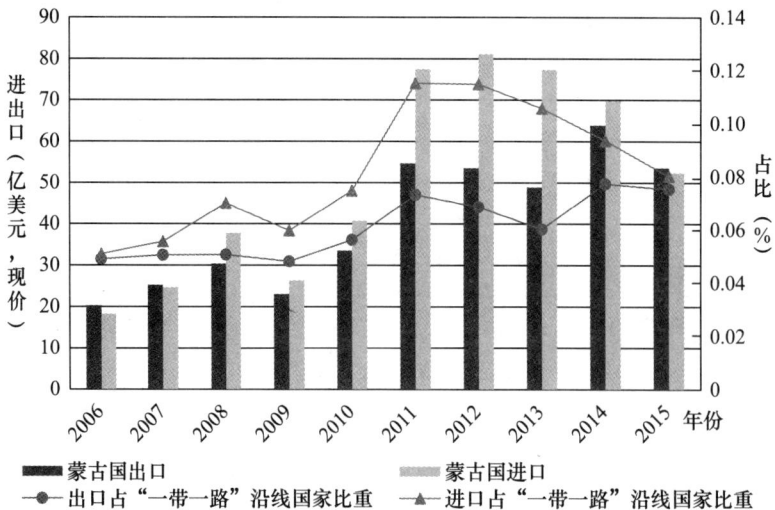

图 3 - 39 蒙古国进出口情况

资料来源：世界银行数据库。

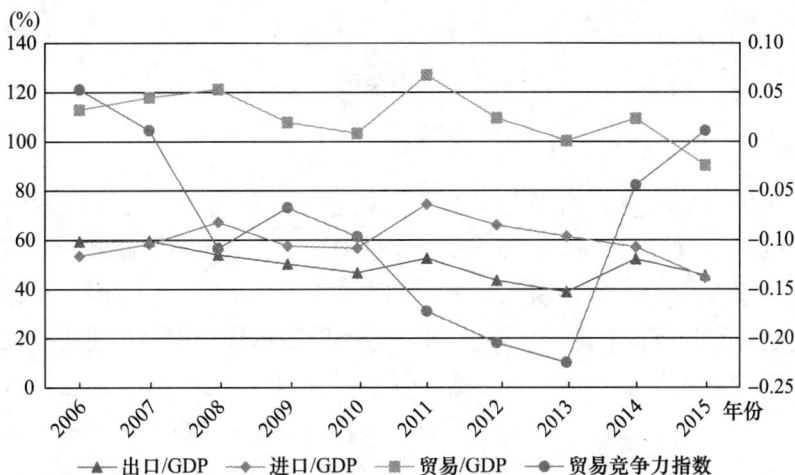

图 3-40 蒙古国进出口指标

资料来源：世界银行数据库。

　　从产业结构来看，2015 年，蒙古国三次产业比重平均水平约为 14∶
34∶52，与 1995 年 41∶25∶34 相比，农业在国民经济中的地位持续走低，
工业比重有所上升，服务业比重稳步提升。但与世界同期水平（3.9∶
27.7∶68.4）相比，蒙古国农业比重相对较高，服务业比重仍有较大上升
空间。

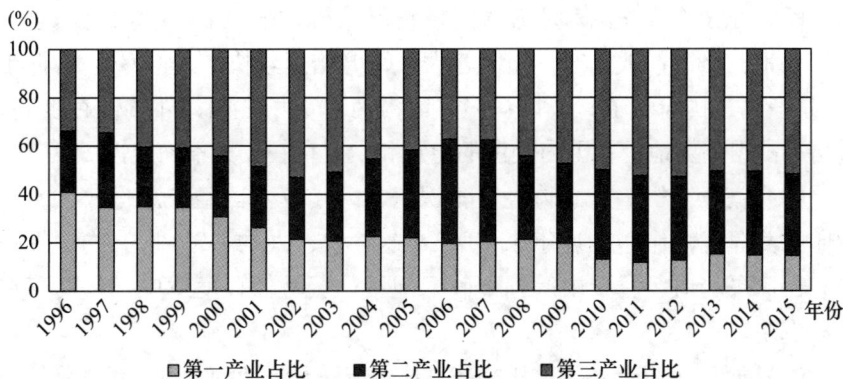

图 3-41 蒙古国产业结构

资料来源：世界银行数据库。

三　小结

2016 年，全球经济整体低迷，英国脱欧、特朗普当选美国总统等"黑天鹅"事件时有发生，经济不确定性增强；石油价格暴跌和大宗商品疲软，新兴经济体增速探底；逆全球化迹象日益显现，多边经贸合作体制遭遇多重挑战。在这一背景下，"一带一路"沿线国家经济也受到国际大环境影响，增长势头放缓，矛盾和问题积累，但也不乏亮点。对于"一带一路"倡议而言，经济下行这一大环境既是面临的严峻挑战，也是重要的发展机遇。在全球经济低潮期，共建"一带一路"对于推动经济全球化、拉动各国经济增长显得更为必要，也必将发挥重大的作用。

从总体经济发展情况来看，"一带一路"沿线国家经济总量较大，其中，中国发挥引领作用，近年来 GDP 增速受国际大环境影响有所下滑；经济发展水平相对滞后，地区发展不平衡现象突出；产业结构上呈现"三二一"特征，农业比重相对较高；对外贸易上出口大于进口，占世界较大比重，其中能源出口地位突出，2015 年受国际经济形势影响呈低迷态势；通货膨胀压力凸显；收入分配处于合理区间。

从分地区经济发展情况来看，"一带一路"沿线国家在表现出总体趋势的同时，其八个地区又表现为不同的特点，具体如下：

（1）东南亚十一国。从总体经济情况来看，东南亚十一国经济总量在"一带一路"沿线国家中相对较大，GDP 增速较快，人均 GDP 略低于"一带一路"国家均值；人口众多，国内消费市场广阔；外贸依存度高，进出口占据重要地位；国内经济的稳定和发展存在较大不确定性。

（2）南亚八国。从总体经济情况来看，南亚八国经济总量较大，其中印度发挥引领作用，近年来 GDP 增速较快；人均 GDP 低于"一带一路"国家平均值，属于中等偏下收入地区；贸易依存度适中，长期存在贸易逆差。

（3）西亚北非十五国。从经济总体情况来看，西亚北非 GDP 总量相对较大，其中石油、天然气出口在世界能源出口中占据重要地位；由于油气产业的发达，西亚北非的人均 GDP 显著高于"一带一路"国家均值，属于中等偏上收入地区；贸易依存度适中，长期存在贸易顺差。

（4）中亚五国。从经济总体情况来看，中亚五国 GDP 体量相对较小，人均 GDP 水平略低于"一带一路"国家均值，经济发展水平相对较低；产业结构上主要依托丰富的自然资源发展油气产业，经济发展与油价紧密相关；进出口总额占比相对较小，贸易顺差较大。

（5）中东欧十三国。从经济总体情况来看，中东欧十三国 GDP 占"一带一路"沿线国家比重相对较大，GDP 增速适中；人均 GDP 水平较高，属于中等偏上收入地区；贸易依存度较高。贸易顺差较大。

（6）南欧九国。从经济总体情况看，南欧九国经济体量相对较小，近年来经济增速缓慢，其中希腊深陷债务危机；人均 GDP 水平较高，属于中等偏上收入地区；进出口额占 GDP 比重高达 89%，贸易依存度高，但在"一带一路"沿线国家中占比较小。

（7）高加索三国。从经济总体情况看，高加索三国 GDP 总量相对较小，占"一带一路"沿线国家比重较低；GDP 增速较快，与其油气产业的发展密不可分；人均 GDP 水平较高，已经进入高收入国家行列；对外贸易上，进口略大于出口，占"一带一路"沿线国家比重相对较低。

（8）蒙古国。从经济总体情况来看，蒙古国 GDP 总量相对较小，产业结构主要以传统畜牧业为主及矿产资源出口，农业比重相对较高，服务业比重仍有较大上升空间；近年来经济增速较快，2016 年受国际能源价格影响，经济增速下滑；对外依存度较高，出口主要为矿产品、纺织品和畜产品等，进口主要有矿产品、机器设备、食品等。

第四章 "一带一路"总体贸易及与中国贸易互补性

总体来看,"一带一路"沿线国家对中国的进出口贸易基本处于逆差,对中国工业产品出口依赖较大。"一带一路"沿线东南亚、中亚、南亚、西亚北非、高加索地区对中国进出口占其全部进出口比率较高,与中国的贸易紧密度更强,中东欧和南欧地区与中国的贸易紧密度相对较弱。

从贸易竞争力来看,"一带一路"沿线国家在初级产品上的贸易竞争力较强,在工业制成品上的贸易竞争力比较弱。中国在"一带一路"区域具有一定的工业竞争力,在初级产品上的贸易竞争力相对较弱。

从贸易互补性来看,中国与"一带一路"沿线国家均具有较强的贸易互补性。主要表现在初级产品进口贸易的贸易互补性和工业制成品出口方面的互补性。

一 "一带一路"沿线国家贸易形势分析

在国际市场不景气、世界贸易深度下滑的背景下,截至2015年,中国仍是世界第一大货物贸易进出口国。中国与"一带一路"沿线国家贸易总额占中国贸易总额比例从2001年的16.5%增长到2015年的25.1%。沿线国家与中国的贸易联系已经变得越来越紧密(见表4-1)。中国的产业齐全与出口商品的多样性,满足大多数国家的消费和生产需求。

表 4 - 1　　　　　　"一带一路"沿线国家国际贸易收支变化　　　单位：亿美元

地区	国家	年份	与中国	与世界	地区	国家	年份	与中国	与世界
东南亚	印度尼西亚	2005	8.19	279.59	中东欧	波兰	2005	-49.06	-121.61
		2010	-47.32	221.16			2010	-148.87	-170.63
		2014	-130.18	-21.43			2015	-203.63	47.65
	泰国	2005	-20.24	-80.54		罗马尼亚	2005	-14.26	-127.33
		2010	-27.66	129.18			2010	-29.71	-125.93
		2015	-176.08	88.64			2015	-26.23	-92.53
	马来西亚	2005	-38.89	273.34		捷克共和国	2005	-36.26	16.81
		2010	43.77	342.04			2010	-141.17	64.50
		2015	-71.80	240.36			2015	-165.89	181.92
	新加坡	2005	-7.59	296.02		斯洛伐克	2005	-9.87	-23.74
		2010	26.85	410.76			2010	-27.15	-3.83
		2015	55.73	498.93			2015	-50.89	21.10
	菲律宾	2005	9.43	-82.33		匈牙利	2005	-31.86	-36.48
		2010	7.70	-69.70			2010	-46.44	73.17
		2015	-50.85	-115.05			2015	-34.06	97.92
	柬埔寨	2005	-4.10	4.67		拉脱维亚	2005	-1.20	-34.68
		2010	-11.21	6.88			2010	-2.53	-22.92
		2015	-35.21	-21.26			2015	-3.41	-23.88
南亚	印度	2005	-29.83	-405.09		立陶宛	2005	-3.67	-36.34
		2010	-238.09	-1296.21			2010	-5.33	-25.64
		2015	-520.28	-1263.64			2015	-6.93	-26.74
	巴基斯坦	2005	-19.14	-90.46		爱沙尼亚	2005	-5.79	-27.70
		2010	-38.12	-161.24			2010	-7.66	-3.85
		2015	-90.84	-219.01			2015	-10.89	-17.53
	斯里兰卡	2005	-6.02	-21.47		克罗地亚	2005	-8.64	-97.88
		2010	-11.52	-40.50			2010	-14.03	-82.56
		2015	-34.23	-85.28			2015	-5.01	-77.37
	马尔代夫	2005	-0.16	-5.91		乌克兰	2005	-10.99	-18.94
		2010	-0.31	-10.21			2010	-33.84	-93.07
		2015	-1.40	-17.70			2015	-13.72	6.11
	阿富汗	2005	-4.27	-24.80		白俄罗斯	2005	1.47	-7.22
		2010	-6.92	-47.66			2010	-12.08	-96.01
		2015	-10.34	-71.51			2015	-12.82	-31.83

续表

贸易顺逆差									
地区	国家	年份	与中国	与世界	地区	国家	年份	与中国	与世界
中亚	哈萨克斯坦	2005	11.71	105.13	中东欧	摩尔多瓦	2005	-0.73	-12.01
		2010	61.58	332.20			2010	-3.18	-23.14
		2015	4.01	224.14			2015	-3.58	-20.20
	吉尔吉斯斯坦	2005	-0.76	-4.36		俄罗斯	2005	57.83	1427.44
		2010	-6.38	-17.34			2010	-191.78	1681.56
		2015	-9.93	-26.27			2015	-68.64	1611.26
西亚北非	沙特阿拉伯	2005	64.06	1212.27	南欧	阿尔巴尼亚	2005	-1.70	-19.56
		2010	-124.25	1442.80			2010	-2.06	-30.53
		2015	-183.61	376.71			2015	-3.17	-23.91
	阿联酋	2005	-65.87	346.39		塞尔维亚	2005	-5.06	-59.80
		2010	-129.70	176.36			2010	-11.95	-69.40
		2014	-421.23	817.28			2015	-15.20	-48.51
	阿曼	2005	48.56	97.22		马其顿	2005	-1.05	-11.87
		2010	83.94	168.25			2010	-2.00	-21.23
		2015	126.14	29.19			2015	-2.48	-19.10
	土耳其	2005	-63.36	-432.98		波黑	2005	-2.40	-46.65
		2010	-149.21	-715.62			2010	-4.39	-44.20
		2015	-224.59	-633.56			2015	-6.03	-38.95
	以色列	2005	-11.40	-22.62		黑山	2006	-0.72	-12.85
		2010	-26.90	-7.81			2010	-1.17	-17.45
		2015	-25.17	19.94			2015	-2.02	-16.97
	埃及	2005	-8.05	-91.66		斯洛文尼亚	2005	-5.43	-17.30
		2010	-44.70	-266.72			2010	-13.56	-21.57
		2014	-77.28	-445.26			2015	-15.03	8.52
	卡塔尔	2005	-1.43	157.02		保加利亚	2005	-6.32	-64.23
		2010	1.21	517.25			2010	-4.03	-47.52
		2015	14.73	453.61			2015	-4.60	-34.86

续表

			贸易顺逆差						
地区	国家	年份	与中国	与世界	地区	国家	年份	与中国	与世界
西亚北非	约旦	2006	-11.58	-62.80	南欧	希腊	2005	-20.20	-374.59
		2010	-15.43	-82.39			2010	-33.77	-388.67
		2015	-24.25	-126.42			2015	-25.78	-189.75
	黎巴嫩	2005	-7.08	-74.48		塞浦路斯	2005	-2.29	-48.36
		2010	-15.88	-137.16			2010	-4.34	-71.38
		2014	-24.71	-171.75			2015	-2.24	-37.35
	巴林	2005	-3.41	8.99	高加索地区	格鲁吉亚	2005	-0.41	-16.24
		2010	-10.05	0.58			2010	-3.09	-35.12
		2015	-15.28	-25.32			2015	-4.61	-55.23
	也门共和国	2005	16.41	2.08		阿塞拜疆	2005	-0.75	1.36
		2010	6.98	-28.18			2010	-2.49	146.82
		2014	-5.06	-96.25			2014	-6.33	125.73
						亚美尼亚	2005	-0.17	-7.55
							2010	-3.71	-27.70
							2015	-1.50	-17.74

资料来源：联合国商品贸易数据库。

整体来看，"一带一路"沿线国家对中国的进出口贸易基本处于逆差，对中国工业产品出口依赖较大。中国市场巨大的生产能力，保证了大部分发展中国家工业发展所需的产品。而由于逆差过大造成的贸易国净出口缺口，则可以通过"一带一路"沿线国家未来的产业转移和产能合作，将其需要大量进口的产品生产线转移到该国，大大提高效率。东南亚地区，新加坡依靠电子、机械、塑料及其制成品、矿物燃料等产品对中国的出口保持与中国进出口贸易的顺差，西亚北非地区的阿曼和中亚的哈萨克斯坦两国则以能源出口为导向保持对中国进出口贸易的顺差。

二 中国与"一带一路"沿线国家贸易紧密度分析

表4-2 "一带一路"沿线国家对中国进出口占该国总进出口比重 单位:%

地区	国家	年份	进口比重	出口比重	地区	国家	年份	进口比重	出口比重
东南亚	印度尼西亚	2005	10.13	7.78	高加索地区	格鲁吉亚	2005	1.86	0.65
		2010	15.06	9.95			2010	6.55	1.53
		2014	17.19	10.00			2015	7.60	5.71
	泰国	2005	9.44	8.30		阿塞拜疆	2005	4.13	2.28
		2010	13.29	10.99			2010	8.91	1.59
		2015	20.26	11.05			2014	7.59	0.29
	马来西亚	2005	11.53	6.56		亚美尼亚	2005	1.55	0.99
		2010	12.56	12.60			2010	10.63	3.05
		2015	18.87	13.02			2015	9.69	11.14
	越南	2005	16.05	8.83	中东欧	波兰	2005	5.41	0.66
		2010	23.81	9.13			2010	9.48	1.04
		2014	29.52	10.10			2015	11.80	1.04
	新加坡	2005	10.26	8.60		罗马尼亚	2005	4.04	0.75
		2010	10.83	10.33			2010	5.45	0.83
		2015	14.20	13.76			2015	4.59	0.96
	菲律宾	2005	6.33	9.88		捷克	2005	5.13	0.38
		2010	8.47	11.12			2010	12.20	0.92
		2015	16.36	10.90			2015	13.40	1.18
	柬埔寨	2005	16.62	0.47		斯洛伐克	2005	3.26	0.40
		2010	24.20	1.16			2010	6.22	2.01
		2015	36.80	4.75			2015	8.50	1.50
	文莱	2006	7.86	2.32		匈牙利	2005	5.44	0.65
		2012	11.38	2.68			2010	7.06	1.61
		2015	10.43	1.52			2015	5.76	1.79

续表

地区	国家	年份	进口比重	出口比重	地区	国家	年份	进口比重	出口比重
南亚	印度	2005	7.22	7.16	中东欧	拉脱维亚	2005	1.51	0.24
		2010	11.78	7.91			2010	2.57	0.37
		2015	15.77	3.62			2015	3.32	1.04
	巴基斯坦	2005	9.36	2.71		立陶宛	2005	2.43	0.13
		2010	13.98	6.71			2010	2.44	0.18
		2015	25.05	8.76			2015	2.86	0.44
	孟加拉国	2005	15.85	0.70		爱沙尼亚	2005	5.65	0.53
		2011	8.76	1.57			2010	6.99	1.21
	斯里兰卡	2005	7.59	0.46			2015	8.02	1.23
		2010	10.05	1.07		乌克兰	2005	5.01	2.08
		2015	19.65	2.92			2010	7.74	2.56
	阿富汗	2008	14.21	0.36			2015	10.05	6.29
		2010	13.66	3.01		白俄罗斯	2005	1.70	2.70
		2015	13.52	1.78			2010	4.83	1.88
	尼泊尔	2003	8.38	3.44			2015	6.91	2.94
		2010	10.97	1.56		俄罗斯	2005	7.36	5.40
		2015	13.91	1.74			2010	17.02	4.98
	马尔代夫	2005	2.15	0.09			2015	19.26	8.24
		2010	2.88	0.40		摩尔多瓦	2005	3.22	0.06
		2015	7.33	0.03			2010	8.31	0.15
	不丹	2005	1.07	0.00			2015	9.19	0.43
		2008	3.60	0.06	南欧	保加利亚	2005	3.87	0.61
		2012	2.51	0.01			2010	2.57	1.21
西亚北非	沙特阿拉伯	2005	7.41	5.98			2015	3.66	2.37
		2010	11.63	—		斯洛文尼亚	2005	3.00	0.25
		2015	14.63	2.78			2010	5.55	0.49
	阿联酋	2005	8.53	0.26			2015	6.47	0.62
		2010	7.52	0.31		克罗地亚	2005	4.71	0.10
		2014	15.07	0.76			2010	7.18	0.32
	阿曼	2005	2.37	27.12			2015	2.81	0.60
		2010	4.84	25.55		阿尔巴尼亚	2005	6.61	0.49
		2015	5.02	44.07			2010	6.32	5.50
	伊朗	2005	6.11	0.82			2015	8.55	2.70
		2011	10.31	4.05		塞尔维亚	2005	4.86	0.05
	土耳其	2005	5.90	0.75			2010	7.19	0.07
		2010	9.26	1.98			2015	8.46	0.15
		2015	12.00	1.68		马其顿	2005	3.56	0.49

续表

地区	国家	年份	进口比重	出口比重	地区	国家	年份	进口比重	出口比重
西亚北非	以色列	2005	4.19	1.75	南欧	马其顿	2010	5.28	2.66
		2010	8.00	3.50			2015	6.10	3.18
		2015	9.29	5.08		波黑	2005	3.41	0.05
	埃及	2005	4.62	1.03			2010	4.81	0.10
		2010	9.25	1.64			2015	6.89	0.31
		2014	11.30	1.23		黑山	2007	4.85	0.01
	科威特	2006	9.25	0.21			2010	5.36	0.05
		2013	13.53	0.91			2015	10.30	2.49
		2015	15.97	1.46		希腊	2005	3.86	0.58
	卡塔尔	2005	5.17	1.46			2010	5.71	1.52
		2010	9.05	2.97			2015	5.99	0.89
		2015	11.55	6.72		塞浦路斯	2005	3.82	0.97
	约旦	2004	8.40	1.00			2010	5.26	1.38
		2010	10.85	1.61			2015	4.71	2.23
		2015	12.90	2.75	中亚	哈萨克斯坦	2005	7.22	8.70
	黎巴嫩	2005	7.87	1.39			2010	16.50	17.68
		2010	9.12	1.17			2015	26.15	13.10
		2014	12.12	0.37		吉尔吉斯斯坦	2005	9.29	3.95
	巴林	2005	4.06	0.37			2010	20.68	1.90
		2010	7.36	1.08			2015	25.30	2.49
		2015	9.59	0.32		蒙古国	2005	24.95	48.14
	也门	2005	6.20	35.24			2010	28.09	86.68
		2010	7.91	22.21			2015	35.84	83.47
		2014	11.35	35.62					
	叙利亚	2005	8.05	0.25					
		2010	8.80	0.72					
	巴勒斯坦	2007	4.58	0.02					
		2010	4.58	0.00					
		2014	4.96	0.00					

资料来源：联合国商品贸易数据库。

通过近十年对中国进出口占该国总进出口比重的数据来看，"一带一路"沿线东南亚、中亚、南亚、西亚北非、高加索地区对中国进出口占其全部进出口比重较高，与中国的贸易紧密度更强，中东欧和南欧地区与中国的贸易紧密度相对较弱,中国应加强与这一地区国家的贸易往来。东南亚地区对中国进出口结构较为相似,由于地缘邻近和贸易历史悠久等原因,双边贸易互补性较大。南亚地区主要以进口中国产品为主,但进口比重较东南亚地区偏低。

具体国家层面,从表4-2看,蒙古国表现出对中国进出口贸易的高度依赖(2015年为83.47%),除此之外,2015年出口比重前十位的国家分别是:阿曼(44.07%)、也门(2014年,35.62%)、新加坡(13.76%)、哈萨克斯坦(13.10%)、马来西亚(13.02%)、亚美尼亚(11.14%)、泰国(11.05%)、菲律宾(10.90%)、越南(2014年,10.10%)、印度尼西亚(10.00%);2015年,进口比重前十位的国家分别是:柬埔寨(36.80%)、越南(2014年,29.52%)、哈萨克斯坦(26.15%)、吉尔吉斯斯坦(25.30%)、巴基斯坦(25.05%)、泰国(20.26%)、斯里兰卡(19.65%)、俄罗斯(19.26%)、马来西亚(18.87%)、印度尼西亚(2014年17.19%)。2015年,出口比重后十位的国家分别是:巴勒斯坦(0.00%)、不丹(2012年0.01%)、马尔代夫(0.03%)、塞尔维亚(0.15%)、阿塞拜疆(2014年0.29%)、波黑(0.31%)、巴林(0.32%)、黎巴嫩(2014年0.37%)、摩尔多瓦(0.43%)、立陶宛(0.44%);2015年,进口比重后十位国家分别是:不丹(2012年2.51%)、克罗地亚(2.81%)、立陶宛(2.86%)、保加利亚(3.66%)、罗马尼亚(4.59%)、塞浦路斯(4.71%)、巴勒斯坦(2014年4.96%)、阿曼(5.02%)、马其顿(6.10%)、斯洛文尼亚(6.47%),中国应加强与进出口比重低的国家的贸易交往。

也门和阿曼两个中东国家对中国出口占该国出口比重1/3以上,中国对其石油等资源的进口随着中国经济持续发展而增加。尼泊尔出口商品以原料类产品为主,出口比例最大的是劳动密集型的纺织品及原料。工业化初期的越南和印度,除机电产品和运输设备外,其所涉及的主要贸易商品也基本为原料类产品。乌克兰有着丰富的矿产等自然资源,矿产品对中国出口的比例为最高。

埃及是21世纪海上丝绸之路经济带通向欧洲的中转站,其进口商品以资源和资本密集型为主,其中技术含量较高的机电产品进口很大比重来自中国。埃及石油、天然气等储备丰富,其出口商品以资源和劳动密集型产品为主,其中矿产品出口占总出口的24.87%,化工产品出口占11.66%。

随着中国经济的持续发展，对矿产品资源和油气资源的需求量大幅增加，而中乌、中哈矿产品贸易，中哈、中埃油气资源合作所体现出的强大互补性，为互相之间经贸关系的增强奠定了坚实的基础。同时，能源领域的合作牵涉面广，还包括基础设施建设、环境等，中国与这些国家要重点加强能源基础设施建设方面的合作，共同维护油气运输通道安全，推进输电设施建设等，以实现各个能源领域的互联互通。

贸易结合度（紧密度）指数（TI）是由经济学家布朗（A. J. Brown，1947）提出，后经过小岛清（1958）等完善，并明确了其统计学和经济学上的意义。贸易结合度计算公式为：

$$TI_{ij} = \frac{X_{ij}/X_i}{M_j/M_w}$$

其中，j 国在本章中仅代表中国，X_{ij} 为 i 国对 j 国的出口，X_i 代表 i 国的出口总额，而 X_{ij}/X_i 表示 i 国对 j 国的出口占 i 国的出口总额的比率；M_j 为 j 国的进口总额，M_w 为世界进口总额，M_j/M_w 表示 j 国的进口总额占世界进口总额的比率，它实际代表 j 国的进口能力。

贸易结合度是一个比较综合性的指标，用来衡量两国在贸易方面的相互依存度。贸易结合度是指一国对某一贸易伙伴国的出口占该国出口总额的比重，与该贸易伙伴国进口总额占世界进口总额的比重之比。如果 $TI_{ij} \geq 1$，说明 i 国和 j 国在贸易上存在密切的关系；如果 $TI_{ij} < 1$，则说明 i 国和 j 国在贸易上关系较为疏远；其数值越大，表明两国在贸易方面的联系越紧密。"一带一路"沿线国家贸易结合度指数如表 4-3 所示。

三 "一带一路"贸易竞争力分析

（一）贸易竞争力指数分析

贸易竞争力是对国际竞争力进行分析时的测度指标之一，该指标剔除了经济膨胀、通货膨胀等宏观因素的波动影响，衡量贸易总额的相对值。其值在 -1—1，越接近 1 表示贸易竞争力越强，越接近 -1 则表示竞争力弱。通过此指标可以分析一国的产业在世界范围内的竞争力。"一带一路"沿线国家贸易竞争力比较如表 4-4 所示。

表 4 - 3　　　　　　　　　　贸易结合度

国家	年份	贸易结合度	国家	年份	贸易结合度	国家	年份	贸易结合度
印度尼西亚	2005	1.28	沙特阿拉伯	2005	0.99	波兰	2005	0.11
	2010	1.11		2010	—		2010	0.12
	2014	0.98		2015	0.28		2015	0.10
泰国	2005	1.37	阿联酋	2005	0.04	罗马尼亚	2005	0.12
	2010	1.22		2010	0.03		2010	0.09
	2015	1.10		2014	0.07		2015	0.10
马来西亚	2005	1.08	阿曼	2005	4.47	捷克	2005	0.06
	2010	1.40		2010	2.84		2010	0.10
	2015	1.29		2015	4.38		2015	0.12
越南	2005	1.45	伊朗	2005	0.14	斯洛伐克	2005	0.07
	2010	1.01		2011	0.43		2010	0.22
	2014	0.99	土耳其	2005	0.12		2015	0.15
新加坡	2005	1.42		2010	0.22S	保加利亚	2005	0.10
	2010	1.15		2015	0.17		2010	0.13
	2015	1.37	以色列	2005	0.29		2015	0.24
菲律宾	2005	1.63		2010	0.39	匈牙利	2005	0.11
	2010	1.24		2015	0.50		2010	0.18
	2015	1.08	埃及	2005	0.17		2015	0.18
柬埔寨	2005	0.08		2010	0.18	拉脱维亚	2005	0.04
	2010	0.13		2014	0.12		2010	0.04
	2015	0.47	科威特	2006	0.03		2015	0.10
文莱	2006	0.36		2013	0.09	立陶宛	2005	0.02
	2012	0.28		2015	0.15		2010	0.02
	2015	0.15	卡塔尔	2005	0.24		2015	0.04
印度	2005	1.18		2010	0.33	斯洛文尼亚	2005	0.04
	2010	0.88		2015	0.67		2010	0.05
	2015	0.36	约旦	2004	0.17		2015	0.06
巴基斯坦	2005	0.45		2010	0.18	爱沙尼亚	2005	0.09
	2010	0.75		2015	0.27		2010	0.13

续表

国家	年份	贸易结合度	国家	年份	贸易结合度	国家	年份	贸易结合度
巴基斯坦	2015	0.87		2005	0.23	爱沙尼亚	2015	0.12
孟加拉国	2005	0.12	黎巴嫩	2010	0.13		2005	0.02
	2011	0.17		2014	0.04	克罗地亚	2010	0.04
	2005	0.08		2005	0.06		2015	0.06
斯里兰卡	2010	0.12	巴林	2010	0.12		2005	0.08
	2015	0.29		2015	0.03	阿尔巴尼亚	2010	0.61
	2008	0.05		2005	5.80		2015	0.27
阿富汗	2010	0.33	也门	2010	2.47		2005	0.01
	2015	0.18		2014	3.48	塞尔维亚	2010	0.01
	2003	0.65		2005	0.04		2015	0.02
尼泊尔	2010	0.17	叙利亚	2010	0.08		2005	0.08
	2015	0.17		2007	0.00	马其顿	2010	0.30
	2005	0.01	巴勒斯坦	2010	0.00		2015	0.32
马尔代夫	2010	0.04		2014	0.00		2005	0.01
	2015	0.00		2005	0.11	波黑	2010	0.01
	2005	0.00	格鲁吉亚	2010	0.17		2015	0.03
不丹	2008	0.01		2015	0.57		2007	0.00
	2012	0.00		2005	0.38	黑山	2010	0.01
	2005	1.43	阿塞拜疆	2010	0.18		2015	0.25
哈萨克斯坦	2010	1.96		2014	0.03		2005	0.34
	2015	1.30		2005	0.16	乌克兰	2010	0.28
	2005	0.65	亚美尼亚	2010	0.34		2015	0.63
吉尔吉斯斯坦	2010	0.21		2015	1.11		2005	0.44
	2015	0.25		2005	7.93	白俄罗斯	2010	0.21
			蒙古国	2013	8.45		2015	0.29
				2015	8.30		2005	0.89
						俄罗斯	2010	0.55
							2015	0.82
							2005	0.01
						摩尔多瓦	2010	0.02
							2015	0.04

表 4 - 4 总体贸易竞争力比较

地区	国家	年份	贸易竞争力指数	地区	国家	年份	贸易竞争力指数
发起国	中国	2005	0.072	高加索地区	格鲁吉亚	2005	- 0.484
		2010	0.061			2010	- 0.526
		2015	0.151			2015	- 0.556
东南亚	印度尼西亚*	2005	0.195		阿塞拜疆*	2005	0.016
		2010	0.075			2010	0.527
		2014	- 0.006			2014	0.406
	泰国	2005	- 0.035		亚美尼亚	2005	- 0.287
		2010	0.034			2010	- 0.578
		2015	0.021			2015	- 0.374
	马来西亚	2005	0.107	中东欧	波兰	2005	- 0.064
		2010	0.094			2010	- 0.052
		2015	0.064			2015	0.012
	新加坡	2005	0.069		罗马尼亚	2005	- 0.187
		2010	0.062			2010	- 0.113
		2015	0.078			2015	- 0.071
	菲律宾	2005	- 0.091		捷克共和国	2005	0.011
		2010	- 0.063			2010	0.025
		2015	- 0.089			2015	0.062
南亚	柬埔寨	2005	0.084		斯洛伐克	2005	- 0.036
		2010	0.066			2010	- 0.003
		2015	- 0.111			2015	0.014
	印度	2005	- 0.168		保加利亚	2005	- 0.215
		2010	- 0.227			2010	- 0.103
		2015	- 0.193			2015	- 0.063
	巴基斯坦	2005	- 0.220		匈牙利	2005	- 0.028
		2010	- 0.274			2010	0.040
		2015	- 0.331			2015	0.051
	斯里兰卡	2005	- 0.148		拉脱维亚	2005	- 0.246
		2010	- 0.196			2010	- 0.115
		2015	- 0.290			2015	- 0.094
	马尔代夫	2005	- 0.657		立陶宛	2005	- 0.131
		2010	- 0.873			2010	- 0.058
		2015	- 0.860			2015	- 0.050
	阿富汗	2005	- 0.697		斯洛文尼亚	2005	- 0.046
		2010	- 0.860			2010	- 0.042
		2015	- 0.862			2015	0.016

续表

地区	国家	年份	贸易竞争力指数	地区	国家	年份	贸易竞争力指数
中亚	哈萨克斯坦	2005	0.233	中东欧	爱沙尼亚	2005	− 0.144
		2010	0.409			2010	− 0.015
		2015	0.366			2015	− 0.059
	吉尔吉斯斯坦	2005	− 0.245		克罗地亚	2005	− 0.358
		2010	− 0.368			2010	− 0.259
		2015	− 0.477			2015	− 0.231
西亚北非	沙特阿拉伯	2005	0.505		阿尔巴尼亚	2005	− 0.598
		2010	0.403			2010	− 0.496
		2015	0.103			2015	− 0.382
	阿联酋*	2005	0.176		塞尔维亚	2005	− 0.400
		2010	0.047			2010	− 0.262
		2014	0.120			2015	− 0.154
	阿曼	2005	0.351		马其顿	2005	− 0.225
		2010	0.298			2010	− 0.241
		2015	0.048			2015	− 0.175
	土耳其	2005	− 0.228		波黑	2005	− 0.494
		2010	− 0.239			2010	− 0.315
		2015	− 0.180			2015	− 0.276
	以色列	2005	− 0.026		黑山*	2006	− 0.536
		2010	− 0.007			2010	− 0.667
		2015	0.016			2015	− 0.706
	埃及*	2005	− 0.301	独联体	乌克兰	2005	− 0.027
		2010	− 0.336			2010	− 0.083
		2014	− 0.454			2015	0.008
	卡塔尔	2005	0.438		白俄罗斯	2005	− 0.022
		2010	0.527			2010	− 0.160
		2015	0.410			2015	− 0.056
	约旦*	2006	− 0.378		摩尔多瓦	2005	− 0.355
		2010	− 0.370			2010	− 0.429
		2015	− 0.447			2015	− 0.339
	黎巴嫩*	2005	− 0.665		俄罗斯	2005	0.420
		2010	− 0.617			2010	0.269
		2014	− 0.722			2015	0.306
	巴林	2005	0.046				
		2010	0.002				
		2015	− 0.084				
	也门共和国*	2005	0.019				
		2010	− 0.180				
		2014	− 0.666				

注：*由于该国在比较数据选取年份缺失，故选择接近年份可用数据。

资料来源：联合国商品贸易数据库。

表4-4表明，除哈萨克斯坦、沙特阿拉伯、卡塔尔、俄罗斯等资源型国家外，"一带一路"沿线国家的贸易竞争力整体较弱，其中，东南亚地区的贸易竞争力强于其他地区，中国在"一带一路"国家中整体贸易竞争力有微弱优势，且呈逐渐上升的趋势。

从产业层面细分各产业贸易竞争力，根据联合国商品贸易分类，0类至4类贸易产品属于初级生产产业，分别为0类食物和动物、1类烟草和饮料、2类非燃料和非食用原材料、3类矿物原材料、润滑剂等相关产品，以及4类动植物油等。产业结构依赖农业、畜牧业国家或资源出口型国家，初级产品应具备相对较高的竞争力。在工业制成品方面，5类至9类产品分别统计为5类化学及相关产品、6类根据生产材料分类的工业成品、7类机械及运输设备、8类混合制品和9类涵盖所有其他未分类的产品。第二产业占产业结构比重较大的国家在工业制成品贸易方面应具备较高竞争力。

表4-5显示，在初级产品贸易竞争力方面，中国在除0类农业产品以外的初级产品上竞争力较低，东南亚、南亚等沿线国家与中国较为类似，其中泰国由于其独特的地理和气候条件，在除3类矿物原材料和润滑剂等相关产品外的初级产品上都有一定的竞争力，菲律宾在1类和4类初级产品上具有竞争力，特别是在4类动植物油相关初级产品上的竞争力较强，同样在动植物油产品上具有较强竞争力的东南亚国家还有马来西亚。印度作为南亚地区最大的国家，在0类农业产品上具有较强竞争力，阿富汗在2类非燃料和非食用原材料上竞争力较强。除此之外，南亚国家在初级产品上的整体竞争力均很低。

西亚北非、中亚、中东欧、南欧以及高加索地区等国由于依赖于本国某一独特的资源禀赋，在相应的初级产品上大都具备较强的贸易竞争力，而其余产品的竞争力指数构成则大相径庭。例如，沙特阿拉伯、阿曼、哈萨克斯坦、俄罗斯、卡塔尔等石油产品生产国在3类能源类产品上的竞争力表现最为明显。上述地区在0类产品上贸易竞争力相对较强的国家有土耳其、匈牙利、塞尔维亚、乌克兰、波兰、立陶宛，在1类产品上贸易竞争力较强的国家有乌克兰、摩尔多瓦、波兰、罗马尼亚，在2类产品上贸易竞争力较强的国家有哈萨克斯坦、亚美尼亚、乌克兰、克罗地亚、爱沙尼亚、拉脱维亚，在4类产品上贸易竞争力较强的国家有塞尔维亚、乌克兰、摩尔多瓦、爱沙尼亚。

表4－5　　"一带一路"沿线国家初级产品贸易竞争力指数比较

地区	国家	STICRev. 3 0类 2010 年	0类 2015 年	1类 2010 年	1类 2015 年	2类 2010 年	2类 2015 年	3类 2010 年	3类 2015 年	4类 2010 年	4类 2015 年
发起国	中国	0.31	0.07	-0.12	-0.27	-0.90	-0.88	-0.75	-0.75	-0.92	-0.84
东南亚	泰国	0.54	0.43	0.29	0.48	0.33	0.24	-0.53	-0.57	0.20	0.02
	菲律宾	-0.47	-0.42	0.25	0.13	-0.21	0.45	-0.81	-0.83	0.74	0.31
	新加坡	-0.26	-0.15	0.03	0.03	-0.03	0.03	-0.18	-0.19	-0.19	-0.62
	马来西亚	-0.25	-0.25	0.09	0.01	-0.01	-0.03	0.32	0.20	0.77	0.73
	柬埔寨	-0.52	-0.10	-0.83	-0.86	0.13	-0.15	-1.00	-1.00	0.35	0.03
南亚	印度	0.48	0.48	0.68	-0.40	-0.04	-0.40	-0.49	-0.54	-0.79	-0.82
	巴基斯坦	0.17	0.22	0.18	-0.23	-0.63	-0.70	-0.81	-0.95	-0.91	-0.93
	尼泊尔	-0.47	-0.69	-0.27	-0.57	-0.63	-0.85	-1.00	-1.00	-0.97	-0.99
	斯里兰卡	0.11	0.05	0.14	-0.10	0.20	-0.28	-0.99	-0.87	-0.81	-0.19
	阿富汗	-0.58	-0.61	-1.00	-1.00	0.88	0.91	-1.00	-0.98	-1.00	-1.00
西亚北非	沙特阿拉伯	-0.69	-0.72	-0.62	-0.50	-0.80	-0.50	1.00	0.98	-0.59	-0.51
	阿曼	-0.47	-0.44	-0.34	-0.38	-0.40	-0.27	0.89	0.71	-0.05	-0.04
	巴林	-0.56	-0.68	-0.77	-0.32	-0.31	-0.42	0.31	0.10	-0.99	-0.96
	以色列	-0.33	-0.43	-0.84	-0.82	-0.08	-0.20	-0.91	-0.87	-0.76	-0.65
	约旦	-0.37	-0.41	-0.22	-0.29	0.28	0.27	-0.96	-0.99	-0.82	-0.91
	卡塔尔	-1.00	-0.90	-1.00	-0.99	-0.61	-0.50	0.99	0.99	-0.98	-0.96
	土耳其	0.40	0.38	0.33	-0.54	-0.64	-0.54	-0.72	-0.54	-0.50	-0.38
中亚	哈萨克斯坦	-0.03	0.11	-0.58	-0.22	0.81	0.53	0.89	0.97	-0.45	0.12
	吉尔吉斯坦	-0.44	-0.58	-0.48	-0.53	-0.02	-0.01	-0.76	-0.82	-1.00	-0.99
中东欧	捷克	-0.19	-0.09	0.08	0.18	0.09	0.06	-0.42	-0.33	0.02	0.16
	爱沙尼亚	-0.08	-0.04	-0.23	-0.27	0.46	0.35	-0.04	-0.15	0.37	0.28
	匈牙利	0.26	0.26	-0.11	-0.13	0.12	0.00	-0.57	-0.52	0.09	0.47
	拉脱维亚	-0.11	0.01	0.20	0.06	0.57	0.50	-0.56	-0.38	-0.49	-0.49
	立陶宛	0.13	0.13	0.01	0.06	0.09	0.07	-0.21	-0.16	-0.54	-0.25
	摩尔多瓦	-0.03	0.06	0.20	0.26	0.25	0.37	-0.98	-0.96	0.69	0.78
	波兰	0.12	0.21	0.31	0.39	-0.19	-0.17	-0.49	-0.38	-0.32	-0.14
	罗马尼亚	-0.22	-0.12	0.23	0.12	0.26	0.12	-0.41	-0.24	-0.21	0.08
	俄罗斯	-0.62	-0.22	-0.70	0.27	0.43	0.27	0.98	0.97	-0.45	0.24
	斯洛伐克	-0.18	-0.16	-0.66	-0.09	-0.15	-0.09	-0.45	-0.36	-0.33	-0.16
	乌克兰	0.13	0.59	-0.08	0.60	0.41	0.60	-0.69	-0.91	0.73	0.90

续表

地区	STICRev. 3	0 类		1 类		2 类		3 类		4 类	
地区	国家	2010 年	2015 年	2010 年	2015 年	2010 年	2015 年	2010 年	2015 年	2010 年	2015 年
南欧	阿尔巴尼亚	-0.81	-0.65	-0.94	-0.93	0.13	0.29	-0.39	-0.42	-0.96	-1.00
	波黑	-0.64	-0.58	-0.79	-0.74	0.31	0.36	-0.42	-0.55	-0.23	-0.13
	保加利亚	0.06	0.10	0.16	0.07	-0.09	-0.19	-0.34	-0.25	0.07	0.45
	白俄罗斯	0.16	0.00	-0.73	-0.29	-0.34	-0.14	-0.26	-0.08	-0.50	-0.09
	克罗地亚	-0.28	-0.27	0.16	-0.11	0.40	0.45	-0.44	-0.38	-0.47	-0.54
	黑山	-0.86	-0.87	-0.50	-0.43	-0.22	0.17	-0.73	-0.62	-0.81	-0.91
	塞尔维亚	0.39	0.32	0.33	-0.23	-0.16	-0.23	-0.71	-0.69	0.56	0.52
	斯洛文尼亚	-0.37	-0.32	-0.39	-0.19	-0.26	-0.19	-0.54	-0.31	-0.70	-0.50
	马其顿	-0.26	-0.29	0.56	0.02	-0.05	0.02	-0.58	-0.86	-0.64	-0.47
高加索地区	亚美尼亚	-0.85	-0.65	-0.06	0.36	0.64	0.66	-0.88	-0.76	-1.00	-1.00
	格鲁吉亚	-0.63	-0.43	0.04	0.19	0.34	-0.02	-0.86	-0.80	-0.95	-0.74

注：STICRev. 3 表示按照国际贸易分类标准前三位分组。下同。

资料来源：联合国商品贸易数据。

表4-6显示，在工业制成品贸易竞争力方面，中国总体而言具有竞争优势。沿线上资源型国家以及特色农牧产品生产国的贸易产业结构，都与中国具有较强互补性。其他部分各国在工业制成品上依赖某个传统生产工艺而具备一定竞争力，但总体较弱，这与中国在工业产品方面仍然有合作共赢的空间。

具体来看，受历史因素影响，中东欧地区整体的工业制成品产品贸易竞争力要强于其他地区。而东南亚的新加坡、南亚的印度和巴基斯坦、西亚北非的以色列、中东欧的捷克、南欧的斯洛文尼亚在本地区国家中具有较强的工业制成品产品贸易竞争力。从不同的产品类型上来看，以色列、沙特阿拉伯、新加坡在5类产品上贸易竞争力相对较强，巴基斯坦、巴林、乌克兰、哈萨克斯坦、以色列在6类产品上贸易竞争力相对较强，斯洛伐克、匈牙利、捷克、新加坡、泰国在7类产品上贸易竞争力相对较强，柬埔寨、斯里兰卡、巴基斯坦、印度在8类产品上贸易竞争力相对较强，波黑、卡塔尔、吉尔吉斯斯坦、埃及、菲律宾在9类产品上贸易竞争力相对较强。

表4-6　　　　　　中国与"一带一路"沿线国家工业制成品
产品贸易竞争力指数比较

地区	STICRev. 3 国家	5类		6类		7类		8类		9类	
		2010年	2015年	2010年	2015年	2010年	2015年	2010年	2015年	2010年	2015年
发起国	中国	-0.26	-0.14	0.31	0.49	0.17	0.22	0.54	0.63	-0.85	-0.95
东南亚	泰国	-0.08	-0.03	-0.16	-0.13	0.12	0.11	0.24	0.13	-0.09	-0.31
	菲律宾	-0.56	-0.62	-0.17	-0.20	-0.09	0.05	0.09	0.24	0.94	0.33
	新加坡	0.31	0.36	-0.17	-0.18	0.11	0.11	0.06	0.08	0.40	0.47
	马来西亚	-0.08	-0.10	-0.08	-0.09	0.03	0.05	0.31	0.25	-0.37	-0.56
	柬埔寨	-0.91	-0.82	-0.97	-0.87	-0.58	-0.56	0.87	0.77	-0.96	-0.89
南亚	印度	-0.19	-0.13	0.07	0.10	-0.33	-0.30	0.45	0.45	-0.82	-0.71
	巴基斯坦	-0.76	-0.79	0.40	0.23	-0.86	-0.94	0.66	0.59	-0.98	-0.86
	尼泊尔	-0.87	-0.92	-0.41	-0.66	-0.97	-0.99	-0.39	-0.54	-1.00	-1.00
	斯里兰卡	-0.87	-0.86	-0.49	-0.58	-0.71	-0.77	0.76	0.68	0.20	-1.00
	阿富汗	-1.00	-1.00	-0.70	-0.74	-1.00	-1.00	-1.00	-1.00	-0.91	-0.94
西亚北非	沙特阿拉伯	0.34	0.29	-0.64	-0.66	-0.81	-0.82	-0.76	-0.87	-0.74	-0.87
	阿曼	0.18	-0.05	-0.46	-0.39	-0.83	-0.79	-0.57	-0.84	0.87	-0.05
	巴林	-0.72	-0.36	0.23	0.29	-0.74	-0.38	-0.54	0.11	0.60	-0.52
	以色列	0.40	0.34	0.16	0.22	-0.07	-0.05	-0.04	-0.10	-0.42	0.13
	约旦	0.16	0.02	-0.54	-0.64	-0.65	-0.73	0.08	0.12	-0.10	-0.91
	卡塔尔	-0.12	-0.45	-0.98	-0.76	-1.00	-0.76	-0.98	-0.88	0.83	0.94
	土耳其	-0.61	-0.55	0.02	0.01	-0.26	-0.25	0.26	0.32	-0.61	-0.50
	巴勒斯坦	-0.75	-0.83	-0.57	-0.49	-0.89	-0.92	-0.30	-0.17	-0.29	-1.00
	埃及	-0.28	-0.50	-0.33	-0.51	-0.84	-0.08	-0.09	-0.23	0.91	0.54
中亚	哈萨克斯坦	-0.07	-0.04	0.26	0.23	-0.93	-0.90	-0.95	-0.91	0.96	0.03
	吉尔吉斯坦	-0.95	-0.93	-0.80	-0.84	-0.78	-0.62	-0.32	-0.65	0.95	0.72
中东欧	捷克	-0.21	-0.25	0.02	0.02	0.14	0.16	0.07	0.11	-0.11	0.11
	爱沙尼亚	-0.33	-0.36	-0.05	-0.05	-0.03	-0.08	0.19	0.20	-0.10	-0.19
	匈牙利	-0.03	0.00	-0.10	-0.09	0.15	0.14	0.17	0.12	-0.23	-0.28
	拉脱维亚	-0.33	-0.29	0.07	0.02	-0.20	-0.21	-0.08	-0.10	-0.48	-0.22
	立陶宛	-0.08	-0.06	-0.12	-0.13	-0.10	-0.19	0.33	0.28	-0.25	-0.31
	摩尔多瓦	-0.74	-0.65	-0.73	-0.71	-0.61	-0.45	0.00	0.08	-0.70	-1.00

续表

STICRev. 3		5类		6类		7类		8类		9类	
地区	国家	2010年	2015年	2010年	2015年	2010年	2015年	2010年	2015年	2010年	2015年
中东欧	波兰	-0.30	-0.21	0.01	0.06	0.04	0.04	0.06	0.13	-0.95	-0.79
	罗马尼亚	-0.48	-0.53	-0.22	-0.18	-0.02	0.03	0.18	0.16	-0.29	-0.12
	俄罗斯	-0.29	-0.16	-0.24	0.32	-0.78	-0.61	-0.83	-0.58	0.39	0.85
	斯洛伐克	-0.29	-0.30	0.11	0.07	0.12	0.13	-0.03	-0.12	-0.17	-0.11
	乌克兰	-0.43	-0.56	0.37	0.36	-0.14	-0.27	-0.34	-0.13	-0.24	-0.23
南欧	阿尔巴尼亚	-0.97	-0.95	-0.53	-0.50	-0.86	-0.87	0.05	0.15	0.24	-0.17
	波黑	-0.64	-0.53	-0.21	-0.27	-0.51	-0.43	0.07	0.20	0.88	0.88
	保加利亚	-0.29	-0.23	0.06	0.09	-0.24	-0.16	0.25	0.25	-0.13	-0.16
	白俄罗斯	0.02	0.18	-0.17	-0.05	-0.22	-0.28	0.07	-0.06	-0.28	-0.11
	克罗地亚	-0.36	-0.31	-0.37	-0.30	-0.16	-0.23	-0.21	-0.15	0.20	0.84
	黑山	-0.85	-0.88	-0.26	-0.49	-0.85	-0.86	-0.92	-0.90		-1.00
	塞尔维亚	-0.41	-0.41	-0.03	-0.08	-0.31	-0.44	0.00	0.14	-0.90	-0.76
	斯洛文尼亚	0.05	0.09	0.03	0.07	0.08	0.10	0.00	0.06	-0.40	0.06
	马其顿	-0.27	0.15	-0.17	-0.48	-0.70	-0.80	0.30	0.29	-0.52	-0.60
高加索地区	亚美尼亚	-0.93	-0.89	-0.26	-0.30	-0.93	-0.91	-0.80	-0.35	-0.61	0.65
	格鲁吉亚	-0.61	-0.60	-0.40	-0.56	-0.57	-0.73	-0.83	-0.69	0.66	0.23
	阿塞拜疆	-0.64	-0.63	-0.79	-0.86	-0.85	-0.97	-0.89	-0.91	-0.55	-0.43
	蒙古国		-0.98		-0.73		-0.88		-0.78		1.00

资料来源：联合国商品贸易数据库。

（二）基于显示性比较优势指数的贸易竞争力研究

显示性比较优势指数（Revealed Comparative Advantage Index，RCA）由美国经济学家巴拉萨提出，是衡量一国产品或产业在国际市场竞争力的指标。它旨在定量地描述一个国家内各个产业（产品组）相对出口的表现。RCA 指数可以判定一国的哪些产业更具出口竞争力，从而揭示一国在国际贸易中的比较优势，通过测算一个国家某种商品出口额占其出口总值的份额与世界出口总额中该类商品出口额所占份额的比率，用公式表示为：

$$RCA_{xik} = \left(\frac{X_{ik}}{X_i}\right) \Big/ \left(\frac{W_k}{W}\right)$$

其中，X_{ik} 表示国家 i 出口产品 k 的出口值，X_i 表示国家 i 的总出口值；W_k 表示世界出口产品 k 的出口值，W 表示世界总出口值。RCA 是一国平均水平和世界平均水平的比较。当 RCA 接近 1 时，表示该国在这种商品生产出口上无相对优势或劣势；当 RCA 大于 1 时，该国在这类商品出口的比重大于世界平均水平，其生产和消费具备相对国际竞争力；反之亦然。

根据前述内容，中国仅在 0 类产品的贸易竞争力指数大于 1，为 0 类产品的净出口国，具有竞争优势。典型的能源资源型国家以及农业大国在这部分指数表现出较大的优势。表 4-7 的计算结果显示，在初级产品方面，南亚和南欧地区除阿尔巴尼亚、斯洛文尼亚外在 0 类产品上显示性比较优势指数均大于 1。中亚、中东欧地区大多数国家均在 1 类或 2 类产品上显示性比较优势指数大于 1。在 3 类矿产及矿物资源产品上，西亚国家则具有较大的比较优势。从具体国家层面来看，阿富汗、斯里兰卡、摩尔多瓦、尼泊尔、塞尔维亚在 0 类产品上的显示性比较指数相对较大，亚美尼亚、格鲁吉亚、摩尔多瓦、乌克兰、黑山在 1 类产品上的显示性比较指数相对较大，亚美尼亚、格鲁吉亚、阿富汗、黑山、拉脱维亚在 2 类产品上的显示性比较指数相对较大，俄罗斯、阿曼、巴林、卡塔尔、哈萨克斯坦、沙特阿拉伯在 3 类产品上的显示性比较指数相对较大，菲律宾、马来西亚、摩尔多瓦、乌克兰在 4 类产品上表现出较大优势。

表 4-7　　　　中国与"一带一路"沿线部分国家初级产品的
显示性比较优势指数

地区	国家	0 类		1 类		2 类		3 类		4 类	
		2010 年	2015 年	2010 年	2015 年	2010 年	2015 年	2010 年	2015 年	2010 年	2015 年
发起国	中国	0.459	0.405	0.157	0.171	0.182	0.177	0.118	0.125	0.047	0.073
东南亚	泰国	2.158	2.008	0.446	0.831	1.411	1.239	0.344	0.401	0.364	0.389
	菲律宾	0.739	0.792	0.799	0.798	0.642	1.326	0.143	0.135	4.711	4.976
	新加坡	0.200	0.274	0.886	0.880	0.144	0.217	1.123	1.284	0.252	0.140
	马来西亚	0.501	0.557	0.574	0.695	0.739	0.792	1.104	1.679	16.139	16.234
	柬埔寨	0.165	0.677	0.365	0.398	0.605	0.645	0.000	0.000	0.338	0.377

续表

地区	国家	0类		1类		2类		3类		4类	
		2010年	2015年	2010年	2015年	2010年	2015年	2010年	2015年	2010年	2015年
南亚	印度	1.238	1.580	0.594	4.131	1.731	1.020	1.200	1.210	0.673	0.971
	巴基斯坦	2.794	3.048	0.197	0.071	0.814	0.888	0.390	0.122	0.752	0.691
	尼泊尔	2.953	3.941	3.945	2.205	1.298	0.937	0.000	0.000	0.703	0.310
	斯里兰卡	4.563	3.618	0.940	1.251	1.114	0.814	0.011	0.180	0.275	2.898
	阿富汗	5.936	6.934	0.000	0.049	4.294	5.980	0.000	0.352	0.000	0.000
西亚北非	沙特阿拉伯	0.190	0.256	0.103	0.632	0.033	0.156	5.970	7.739	0.138	0.299
	阿曼	0.353	0.570	0.373	0.634	0.155	0.514	4.716	6.321	0.729	1.541
	巴林	0.311	0.335	0.183	1.300	1.906	0.956	4.999	3.795	0.002	0.016
	以色列	0.521	0.419	0.070	0.088	0.456	0.374	0.060	0.081	0.082	0.139
	约旦	2.527	2.878	1.665	1.698	1.734	2.391	0.066	0.013	0.339	0.235
	卡塔尔	0.001	0.032	0.000	0.003	0.067	0.207	6.275	8.439	0.002	0.006
	土耳其	1.623	1.582	1.027	3.040	0.735	0.750	0.269	0.305	0.571	1.435
中亚	哈萨克斯坦	0.553	0.786	0.145	0.299	1.333	0.720	4.993	7.297	0.135	0.231
	吉尔吉斯斯坦	1.902	1.220	2.640	2.492	0.884	1.301	0.550	0.532	0.001	0.048
中东欧	捷克	0.515	0.578	0.833	1.014	0.716	0.640	0.256	0.303	0.321	0.771
	爱沙尼亚	1.352	1.312	1.931	1.538	1.971	2.070	1.098	1.126	0.853	0.786
	匈牙利	1.116	1.050	0.413	0.417	0.498	0.479	0.185	0.237	0.589	1.257
	拉脱维亚	2.089	1.956	4.862	4.712	4.150	3.900	0.370	0.630	0.533	0.527
	立陶宛	2.527	2.278	2.618	3.081	1.086	1.405	1.627	1.663	0.326	1.025
	摩尔多瓦	4.426	3.945	17.337	10.020	2.322	3.242	0.035	0.052	5.825	8.850
	波兰	1.613	1.699	1.724	1.942	0.557	0.631	0.289	0.337	0.389	0.668
	罗马尼亚	0.875	1.063	1.564	4.693	1.577	1.158	0.369	0.455	0.706	0.838
	俄罗斯	0.276	0.587	0.199	4.170	0.775	1.029	4.573	6.407	0.279	1.216
	斯洛伐克	0.630	0.518	0.197	2.117	0.678	0.522	0.336	0.380	0.300	0.481
	乌克兰	1.936	3.837	1.613	17.192	2.564	4.243	0.496	0.131	9.344	20.777
南欧	阿尔巴尼亚	0.715	0.867	0.495	0.214	3.370	2.418	1.251	0.898	0.127	0.001
	波黑	1.028	1.042	0.946	0.806	3.105	3.186	1.051	0.715	1.402	3.025
	保加利亚	1.833	1.658	2.879	2.154	2.132	1.884	0.926	1.082	1.238	2.519
	白俄罗斯	2.142	2.281	0.258	0.676	0.619	0.698	1.933	2.971	0.407	0.945
	克罗地亚	1.508	1.675	2.751	1.794	1.667	2.259	0.868	1.112	0.446	0.598

续表

地区	国家	0类		1类		2类		3类		4类	
		2010 年	2015 年	2010 年	2015 年	2010 年	2015 年	2010 年	2015 年	2010 年	2015 年
南欧	黑山	1.276	1.320	8.326	9.960	3.343	5.821	0.702	1.510	0.733	0.467
	塞尔维亚	3.179	2.475	3.084	3.944	1.172	0.974	0.356	0.290	2.817	2.880
	斯洛文尼亚	0.570	0.593	0.516	4.356	0.980	1.075	0.295	0.542	0.111	0.223
	马其顿	1.727	1.197	7.874	5.675	1.916	1.401	0.535	0.119	0.641	1.130
高加索地区	亚美尼亚	0.684	1.074	15.088	22.179	6.472	7.596	0.281	0.635	0.005	0.006
	格鲁吉亚	1.839	2.358	11.572	14.470	4.148	4.352	0.307	0.628	0.154	0.874

资料来源：联合国商品贸易数据库。

在工业制成品方面，表4-8显示，在涉及的国家中仅东南亚和东欧部分国家表现出与中国较为相似的结构，有超过两项工业制成品显示出比较优势，中国与此类国家的产业内贸易也相对较多。中国在6类和8类各项制成品，以及7类生产设备上都具备明显比较优势。能源资源型国家及农业国在工业制成品的贸易中没有明显比较优势，这类产业刚好与中国等国形成契合。从"一带一路"沿线国家内部来看，约旦、以色列、斯洛文尼亚、白俄罗斯、埃及、立陶宛在5类产品具有比较优势，巴基斯坦、尼泊尔、以色列、黑山等国在6类产品具有比较优势，除柬埔寨以外的东南亚国家和捷克、匈牙利、斯洛伐克在7类产品具有比较优势，柬埔寨、斯里兰卡、阿尔巴尼亚在8类产品具有比较优势，阿富汗、阿曼、吉尔吉斯斯坦在9类产品的比较优势较为突出。

表4-8　　　　中国与"一带一路"沿线部分国家工业制成品的
显示性比较优势指数

地区	国家	5类		6类		7类		8类		9类	
		2010 年	2015 年	2010 年	2015 年	2010 年	2015 年	2010 年	2015 年	2010 年	2015 年
发起国	中国	0.501	0.495	1.218	1.363	1.440	1.243	2.172	2.032	0.018	0.019
东南亚	泰国	0.783	0.844	0.940	0.995	1.227	1.192	0.925	0.740	0.641	0.375
	菲律宾	0.273	0.245	0.503	0.672	1.288	1.716	0.410	0.770	5.714	0.161
	新加坡	1.020	1.184	0.294	0.323	1.485	1.361	0.635	0.691	1.579	1.277
	马来西亚	0.576	0.627	0.680	0.761	1.278	1.113	0.863	0.852	0.131	0.108
	柬埔寨	0.024	0.074	0.054	0.323	0.140	0.206	8.211	6.329	0.013	0.080

续表

地区	国家	5类		6类		7类		8类		9类	
		2010年	2015年	2010年	2015年	2010年	2015年	2010年	2015年	2010年	2015年
南亚	印度	0.966	1.184	2.185	2.055	0.421	0.435	1.121	1.184	0.399	0.603
	巴基斯坦	0.336	0.348	3.312	3.395	0.077	0.040	2.309	2.194	0.001	0.005
	尼泊尔	0.427	0.456	4.139	3.733	0.054	0.023	1.305	1.312	0.000	0.007
	斯里兰卡	0.106	0.140	1.122	0.999	0.154	0.170	4.175	3.937	0.307	0.000
	阿富汗	0.000	0.001	1.514	1.248	0.000	0.000	0.001	0.005	5.631	3.421
西亚北非	沙特阿拉伯	0.786	1.287	0.133	0.208	0.055	0.095	0.043	0.043	0.029	0.036
	阿曼	0.619	0.732	0.252	0.549	0.064	0.060	0.076	0.051	3.048	2.762
	巴林	0.062	3.326	1.016	1.769	0.098	0.410	0.122	0.935	0.010	0.152
	以色列	2.433	2.085	2.615	2.605	0.730	0.764	0.734	0.667	0.046	0.217
	约旦	3.049	2.524	0.848	0.698	0.304	0.252	1.639	1.893	0.576	0.155
	卡塔尔	0.172	0.107	0.005	0.074	0.001	0.069	0.003	0.028	1.465	2.341
	土耳其	0.484	0.500	2.248	1.952	0.812	0.725	1.565	1.479	0.620	1.378
	巴勒斯坦	0.722	0.461	2.548	2.671	0.160	0.090	1.790	1.842	0.076	0.000
	埃及	1.211	1.267	1.590	1.598	0.125	0.134	0.697	0.814	0.806	0.803
中亚	哈萨克斯坦	0.397	0.488	1.001	1.083	0.018	0.028	0.009	0.020	0.293	0.012
	吉尔吉斯斯坦	0.051	0.095	0.265	0.408	0.169	0.345	0.864	0.471	10.843	11.556
中东欧	捷克	0.563	0.522	1.298	1.259	1.553	1.480	0.972	0.960	0.483	0.054
	爱沙尼亚	0.487	0.448	1.168	1.072	0.805	0.834	1.324	1.200	0.750	1.393
	匈牙利	0.776	0.938	0.719	0.816	1.672	1.495	0.725	0.696	0.961	0.500
	拉脱维亚	0.747	0.680	1.723	1.441	0.535	0.611	0.873	0.774	0.655	1.055
	立陶宛	1.162	1.279	0.771	0.844	0.515	0.482	1.237	1.248	0.300	0.443
	摩尔多瓦	0.465	0.579	0.588	0.552	0.363	0.424	2.117	1.717	0.003	0.006
	波兰	0.773	0.770	1.548	1.483	1.210	1.038	1.144	1.190	0.013	0.037
	罗马尼亚	0.517	0.403	1.303	1.280	1.219	1.163	1.394	1.165	0.366	0.689
	俄罗斯	0.366	0.505	0.528	0.999	0.080	0.143	0.053	0.132	2.069	0.748
	斯洛伐克	0.422	0.405	1.471	1.318	1.589	1.585	0.899	0.760	0.052	0.060
	乌克兰	0.601	0.431	2.866	2.243	0.503	0.320	0.317	0.324	0.137	0.094
南欧	阿尔巴尼亚	0.043	0.049	1.698	1.178	0.120	0.073	3.362	2.848	0.057	4.815
	波黑	0.457	0.613	1.913	1.802	0.340	0.388	1.895	2.055	0.505	0.649
	保加利亚	0.706	0.845	1.771	1.731	0.479	0.543	1.311	1.077	0.604	0.826

续表

地区	国家	5 类		6 类		7 类		8 类		9 类	
		2010 年	2015 年	2010 年	2015 年	2010 年	2015 年	2010 年	2015 年	2010 年	2015 年
南欧	白俄罗斯	1.333	1.562	1.152	1.023	0.498	0.329	0.571	0.448	0.782	0.812
	克罗地亚	1.025	1.026	1.090	1.242	0.923	0.643	1.144	1.276	0.015	0.245
	黑山	0.353	0.353	3.669	2.405	0.238	0.249	0.246	0.342	0.000	0.000
	塞尔维亚	0.807	0.734	2.238	1.695	0.473	0.774	1.143	1.042	0.280	0.319
	斯洛文尼亚	1.483	1.508	1.699	1.659	1.126	0.995	0.978	0.834	0.038	0.086
	马其顿	1.029	1.981	2.281	1.406	0.173	1.182	1.947	1.358	0.014	0.006
高加索地区	亚美尼亚	0.111	0.131	3.227	1.754	0.094	0.047	0.295	0.706	0.917	1.590
	格鲁吉亚	0.725	1.252	1.672	1.149	0.613	0.356	0.270	0.469	1.084	0.646
	阿塞拜疆	0.055	0.146	0.062	0.125	0.030	0.012	0.009	0.018	0.011	0.394

资料来源：联合国商品贸易数据库。

在显示性比较优势指数基础上，将分子和分母的出口数据替换为进口数据，得到产品 k 的显示性比较劣势指数[①]：

$$RCA_{mjk} = \left(\frac{m_{jk}}{m_j}\right) \bigg/ \left(\frac{W_k}{W}\right)$$

其中，RCA_{mjk} 表示处于比较劣势的 j 国，m_{jk} 表示国家 j 出口产品 k 的进口值，m_j 表示国家 j 的总出口值，W 表示世界进口额。与该产品国际进口水平相比，指数越大，该国对某产品的生产劣势越明显，该国对此类产品的消费依赖于对外部世界的进口，对此类产品生产较弱。

从表 4-9 可以看出，中国在 2 类原材料及 3 类燃料、润滑剂等矿产初级产品指数上显示出比较劣势。而西亚、中亚等国家则在 0 类和 1 类农业生产初级产品方面比较劣势指数较大。中东欧地区则由于地缘限制，农业初级产品多样性生产不足，处于比较劣势。从"一带一路"沿线国家内部来看，各国在 0 类产品上的比较劣势并不明显，黑山、约旦、波黑、亚美尼亚的比较劣势略高于其他国家，柬埔寨、吉尔吉斯斯坦、亚美尼亚、黑山、波黑、阿尔巴尼亚在 1 类产品上的比较劣势较为突出，巴林、土耳其、巴基斯坦、保加利亚在 2 类产品上的比较劣势较大，印度、巴基斯坦、新加坡、巴林、白俄罗斯、乌克兰在 3 类产品上的比较劣势较大，印度和马来西亚、吉尔吉斯斯坦在 4 类产品上的比较劣势较为突出。

――――――――――

[①]　于津平：《中国与东亚主要国家和地区间的比较优势与贸易互补性》，《世界经济》2003 年第 5 期。

表 4-9　　中国与"一带一路"沿线部分国家初级产品的显示性比较劣势指数

地区	国家	0类		1类		2类		3类		4类	
		2010年	2015年	2010年	2015年	2010年	2015年	2010年	2015年	2010年	2015年
发起国	中国	0.276	0.489	0.228	0.411	3.379	3.171	0.879	1.031	1.250	0.927
东南亚	泰国	0.694	0.855	0.264	0.313	0.689	0.691	1.128	1.304	0.265	0.314
	菲律宾	1.816	1.661	0.428	0.527	0.776	0.366	1.101	1.032	0.647	1.774
	新加坡	0.391	0.444	0.948	1.280	0.156	0.208	1.696	1.899	0.432	0.568
	马来西亚	1.021	1.079	0.583	0.794	0.818	0.830	0.647	1.078	2.638	2.338
	柬埔寨	0.609	0.683	4.644	4.329	0.480	0.612	0.459	0.069	0.189	0.228
南亚	印度	0.277	0.384	0.071	0.138	1.074	1.401	2.057	2.337	3.672	5.303
	巴基斯坦	1.156	1.010	0.079	0.058	1.850	2.177	1.973	1.990	9.636	8.268
	尼泊尔	1.410	2.210	1.187	0.817	0.890	1.003	1.139	1.163	7.377	5.135
	斯里兰卡	2.476	1.848	0.478	0.862	0.453	0.692	1.086	1.221	1.837	1.865
	阿富汗	1.716	2.172	2.300	1.664	0.018	0.018	1.355	1.851	4.479	8.705
西亚北非	沙特阿拉伯	2.484	1.965	1.046	1.039	0.617	0.497	0.015	0.065	1.298	0.911
	阿曼	1.824	1.653	1.413	1.578	0.597	0.852	0.478	1.010	1.529	1.472
	巴林	1.126	1.544	1.403	2.172	3.304	1.743	2.469	2.234	0.359	0.554
	以色列	1.042	1.115	0.802	0.928	0.481	0.504	1.146	1.039	0.607	0.546
	约旦	2.535	2.729	1.215	1.198	0.404	0.454	1.433	1.506	1.617	1.548
	卡塔尔	1.298	1.444	1.199	1.036	0.801	1.296	0.058	0.102	0.551	0.545
	土耳其	0.433	0.511	0.317	0.439	1.846	1.536	0.935	0.607	1.092	1.778
中亚	哈萨克斯坦	1.422	1.398	1.316	1.028	0.294	0.418	0.644	0.212	0.873	0.311
	吉尔吉斯斯坦	2.261	1.650	3.499	2.924	0.386	0.412	1.722	1.669	2.901	2.600
中东欧	捷克	0.811	0.810	0.754	0.815	0.569	0.556	0.619	0.580	0.337	0.507
	爱沙尼亚	1.563	1.306	2.984	2.403	0.634	0.779	1.079	1.151	0.392	0.315
	匈牙利	0.726	0.699	0.560	0.612	0.381	0.459	0.691	0.717	0.548	0.407
	拉脱维亚	2.098	1.634	2.602	3.483	0.818	0.928	0.958	0.994	1.268	1.032
	立陶宛	1.772	1.647	2.285	2.519	0.723	0.954	2.082	1.758	0.997	1.244
	摩尔多瓦	1.897	1.758	4.626	2.981	0.499	0.633	1.333	1.003	0.440	0.437
	波兰	1.163	1.178	0.819	0.897	0.666	0.789	0.708	0.656	0.701	0.734
	罗马尼亚	1.110	1.192	0.780	1.054	0.660	0.689	0.651	0.556	0.882	0.493
	俄罗斯	2.073	1.788	1.966	1.897	0.485	0.958	0.079	0.143	1.328	1.119
	斯洛伐克	0.913	0.753	0.954	0.815	0.819	0.560	0.826	0.704	0.611	0.548
	乌克兰	1.269	1.038	1.596	2.036	0.812	0.939	2.097	2.531	1.271	0.882

续表

地区	国家	0 类		1 类		2 类		3 类		4 类	
		2010 年	2015 年	2010 年	2015 年	2010 年	2015 年	2010 年	2015 年	2010 年	2015 年
南欧	阿尔巴尼亚	2.262	1.877	5.361	2.523	0.786	0.515	0.897	0.837	2.245	1.631
	波黑	2.436	2.267	4.231	3.136	0.773	0.738	1.254	1.180	1.212	1.780
	保加利亚	1.340	1.214	1.715	1.669	1.864	2.136	1.440	1.359	0.894	0.674
	白俄罗斯	1.137	2.062	1.214	1.089	0.811	0.685	2.246	2.654	0.920	0.805
	克罗地亚	1.600	1.858	1.188	1.410	0.375	0.461	1.224	1.326	0.747	1.006
	黑山	3.483	3.358	5.044	4.333	0.945	0.617	0.823	0.944	1.472	1.431
	塞尔维亚	0.825	1.021	0.911	1.479	0.861	1.036	1.157	1.005	0.473	0.579
	斯洛文尼亚	1.154	1.212	1.090	1.030	1.390	1.400	0.837	0.929	0.602	0.549
	马其顿	1.821	1.554	1.376	1.244	1.176	0.823	1.147	0.949	1.833	1.770
高加索地区	亚美尼亚	2.292	2.376	4.575	4.869	0.341	0.619	1.137	1.805	1.859	1.715
	格鲁吉亚	2.586	1.728	3.353	2.860	0.578	1.125	1.186	1.404	2.034	1.341

资料来源：联合国商品贸易数据库。

　　在工业制成品比较劣势（见表 4-10）方面，中国除制造设备外，指数都较低，并且呈下降趋势，充分说明中国作为制造业大国，其工业制成品进口量远远低于进口同类产品国际的平均水平。由于中国已进入工业化进程后期，制造业升级，对工艺复杂的生产设备需求增加，中国在 7 类产品的比较劣势指标较高，说明对高端设备的进口量加大。其他"一带一路"沿线国家在 6 类中各种材料的制造业产品上均处于劣势，较为依赖对外部市场的进口。

表 4-10 中国与"一带一路"沿线部分国家工业制成品的显示性比较劣势指数

地区	国家	5 类		6 类		7 类		8 类		9 类	
		2010 年	2015 年	2010 年	2015 年	2010 年	2015 年	2010 年	2015 年	2010 年	2015 年
发起国	中国	0.935	0.862	0.747	0.676	1.147	1.095	0.753	0.657	0.325	1.189
东南亚	泰国	0.953	0.910	1.444	1.442	1.027	1.010	0.619	0.622	1.058	0.885
	菲律宾	0.834	0.860	0.636	0.903	1.371	1.310	0.306	0.418	0.197	0.080
	新加坡	0.582	0.641	0.486	0.580	1.349	1.272	0.650	0.728	0.972	0.640

续表

地区	国家	5类		6类		7类		8类		9类	
		2010年	2015年	2010年	2015年	2010年	2015年	2010年	2015年	2010年	2015年
东南亚	马来西亚	0.795	0.849	0.986	1.101	1.442	1.160	0.559	0.611	0.440	0.518
	柬埔寨	0.549	0.571	3.650	3.909	0.604	0.591	0.682	0.682	0.836	1.345
南亚	印度	0.859	1.016	1.234	1.207	0.530	0.551	0.274	0.320	3.312	2.913
	巴基斯坦	1.345	1.432	0.839	1.140	0.597	0.639	0.277	0.299	0.084	0.037
	尼泊尔	0.983	1.097	1.741	1.919	0.686	0.598	0.514	0.465	0.876	0.528
	斯里兰卡	0.977	0.981	2.261	2.190	0.624	0.726	0.396	0.438	0.176	0.062
	阿富汗	0.140	0.105	0.668	0.666	0.192	0.074	0.250	0.399	11.334	10.624
西亚北非	沙特阿拉伯	0.883	0.845	1.466	1.320	1.236	1.224	0.768	0.779	0.570	0.773
	阿曼	0.770	0.862	1.311	1.454	1.305	0.572	0.529	0.663	0.501	3.985
	巴林	0.373	0.583	0.664	0.874	0.654	0.769	0.415	0.664	0.003	0.479
	以色列	0.998	1.035	1.941	1.846	0.824	0.871	0.807	0.890	0.141	0.204
	约旦	0.986	0.898	1.363	1.305	0.670	0.615	0.651	0.600	0.416	1.519
	卡塔尔	0.679	0.652	1.554	1.401	1.380	1.217	0.933	1.087	0.556	0.203
	土耳其	1.180	1.174	1.362	1.406	0.846	0.845	0.575	0.556	2.014	3.413
中亚	哈萨克斯坦	1.041	1.103	1.436	1.556	1.172	1.153	0.836	0.967	0.017	0.029
	吉尔吉斯斯坦	0.873	0.933	1.129	1.810	0.628	0.524	0.785	0.833	0.170	0.800
中东欧	捷克	0.884	0.960	1.356	1.457	1.234	1.214	0.906	0.916	0.811	0.057
	爱沙尼亚	0.904	0.823	1.292	1.128	0.827	0.876	0.900	0.755	1.128	2.139
	匈牙利	0.859	1.009	0.986	1.146	1.339	1.260	0.564	0.636	2.107	1.172
	拉脱维亚	1.148	0.989	1.236	1.212	0.635	0.775	0.834	0.824	1.888	1.624
	立陶宛	1.170	1.265	0.891	1.049	0.566	0.645	0.570	0.672	0.569	0.909
	摩尔多瓦	1.179	1.332	1.521	1.707	0.610	0.554	0.855	0.761	0.009	1.656
	波兰	1.240	1.180	1.400	1.447	1.004	0.979	0.936	0.982	0.543	0.372
	罗马尼亚	1.126	1.119	1.681	1.712	1.003	0.962	0.788	0.772	0.677	0.912
	俄罗斯	1.116	1.273	0.944	1.034	1.135	1.118	1.022	0.981	2.005	0.140
	斯洛伐克	0.739	0.749	1.209	1.262	1.251	1.266	0.968	1.052	0.094	0.091
	乌克兰	1.241	1.507	1.142	1.137	0.569	0.571	0.555	0.450	0.244	0.181
南欧	阿尔巴尼亚	0.881	0.828	1.924	1.675	0.553	0.475	1.053	0.988	0.015	3.624
	波黑	1.052	1.111	1.557	1.901	0.541	0.550	0.873	0.811	0.022	0.029
	保加利亚	0.998	1.149	1.308	1.367	0.642	0.669	0.646	0.595	0.809	1.200

续表

地区	国家	5类		6类		7类		8类		9类	
		2010年	2015年	2010年	2015年	2010年	2015年	2010年	2015年	2010年	2015年
南欧	白俄罗斯	0.901	0.930	1.201	1.069	0.563	0.519	0.370	0.465	1.286	1.052
	克罗地亚	1.230	1.194	1.429	1.524	0.747	0.643	1.062	1.132	0.008	0.015
	黑山	0.860	0.891	1.276	1.294	0.600	0.594	1.154	1.138	#N/A	0.000
	塞尔维亚	1.089	1.270	1.441	1.524	0.521	0.747	0.676	0.607	4.172	2.059
	斯洛文尼亚	1.193	1.273	1.525	1.588	0.878	0.838	0.911	0.803	0.102	0.093
	马其顿	1.057	1.008	2.011	2.992	0.589	0.542	0.657	0.551	0.033	0.020
高加索地区	亚美尼亚	0.816	0.965	1.528	1.574	0.645	0.484	0.710	0.699	1.295	0.184
	格鲁吉亚	0.912	1.410	1.257	1.248	0.705	0.656	0.947	0.770	0.087	0.138

总的来说，"一带一路"沿线国家在初级产品上的贸易竞争力较强，尤其是2类非燃料和非食用原材料类产品的比较优势较为突出，在工业制成品上的贸易竞争力比较弱，各国之间竞争相对比较激烈，中国作为制造业大国，在"一带一路"沿线国家具有一定的工业竞争力，在初级产品上的贸易竞争力相对较弱。

（三）中国与"一带一路"沿线国家贸易互补性分析

显示性比较劣势可以用于结合显示性比较优势，进一步测算贸易双方的贸易互补性，衡量"一带一路"沿线国家通过贸易实现产业协同，改变产业结构单一造成的经济增长率下滑的局面的可能。具体而言，若i国在产品k上比较优势明显，而j国在产品k上依赖进口，则可推断产品k的贸易在i国和j国的呈互补性，互补性大小可用i国比较优势指数和j国的比较劣势指数相乘来衡量。其计算公式为：

$$C_{ij} = RCA_{xik} \times RCA_{mjk}$$

其中，RCA_{xik}表示具有比较优势的i国，RCA_{mjk}表示处于比较劣势的j国。

如前文中比较优势和比较劣势指数显示，中国在初级产品的比较优势相对较弱，选取中国为相对于沿线国家的初级产品进口国。

表4-11反映了所选取的"一带一路"沿线国家对中国出口初级产品的互补性。除东南亚地区国家外，互补性指数均偏高。中国对南亚、中亚、西亚北非以及中东欧国家的初级产品进口贸易显示出较强的互补

性。这些地区中分为两类国家:一类是资源型国家如阿曼、俄罗斯、沙特等国在3类产品上与中国互补性很强;另一类是特定农业(动植物材料)国家,如中东欧国家在2类与4类商品上与中国形成互补。从产品分类角度看,阿富汗、摩尔多瓦、尼泊尔、乌克兰、斯里兰卡在0类产品上与中国互补性较强,亚美尼亚、乌克兰、格鲁吉亚、摩尔多瓦、黑山在1类产品上与中国互补性较强,亚美尼亚、阿富汗、黑山、格鲁吉亚、乌克兰、拉脱维亚在2类产品上与中国互补性较强,卡塔尔、沙特阿拉伯、哈萨克斯坦、俄罗斯、阿曼在3类产品上与中国互补性较强,乌克兰、马来西亚、摩尔多瓦、菲律宾在4类产品上与中国互补性较强。

表4-11 "一带一路"沿线部分国家初级产品对中国出口的互补性

地区	国家	0类		1类		2类		3类		4类	
		2010年	2015年	2010年	2015年	2010年	2015年	2010年	2015年	2010年	2015年
东南亚	泰国	0.595	0.982	0.102	0.342	4.765	3.935	0.302	0.413	0.455	0.360
	菲律宾	0.204	0.387	0.182	0.328	2.166	4.210	0.126	0.139	5.888	4.611
	新加坡	0.055	0.134	0.202	0.362	0.485	0.690	0.988	1.323	0.315	0.130
	马来西亚	0.138	0.272	0.131	0.285	2.495	2.514	0.971	1.731	20.172	15.045
	柬埔寨	0.046	0.331	0.083	0.164	2.044	2.048	0.000	0.000	0.422	0.349
南亚	印度	0.341	0.772	0.135	1.697	5.846	3.237	1.055	1.248	0.841	0.900
	巴基斯坦	0.770	1.490	0.045	0.029	2.749	2.820	0.343	0.126	0.940	0.640
	尼泊尔	0.814	1.926	0.898	0.906	4.382	2.974	0.000	0.000	0.879	0.287
	斯里兰卡	1.258	1.769	0.214	0.514	3.763	2.586	0.010	0.186	0.344	2.685
	阿富汗	1.636	3.389	0.000	0.020	14.499	18.985	0.000	0.363	0.000	0.000
西亚北非	沙特阿拉伯	0.052	0.125	0.023	0.259	0.111	0.495	5.250	7.978	0.173	0.278
	阿曼	0.097	0.279	0.085	0.261	0.523	1.633	4.147	6.517	0.911	1.429
	巴林	0.086	0.164		0.534	6.435	3.036	4.396	3.913	0.002	0.015
	以色列	0.143	0.205	0.016	0.036	1.540	1.188	0.053	0.083	0.102	0.129
	约旦	0.697	1.407	0.379	0.698	5.854	7.592	0.058	0.014	0.424	0.218
	卡塔尔	0.000	0.016	0.000	0.001	0.228	0.656	5.518	8.701	0.002	0.006
	土耳其	0.447	0.773	0.234	1.249	2.482	2.383	0.237	0.314	0.714	1.330
中亚	哈萨克斯坦	0.152	0.384	0.033	0.123	4.502	2.285	4.391	7.524	0.168	0.214
	吉尔吉斯斯坦	0.524	0.596	0.601	1.024	2.984	4.131	0.483	0.549	0.002	0.045

续表

地区	国家	0 类		1 类		2 类		3 类		4 类	
		2010 年	2015 年	2010 年	2015 年	2010 年	2015 年	2010 年	2015 年	2010 年	2015 年
中东欧	捷克	0.142	0.282	0.190	0.417	2.417	2.033	0.225	0.312	0.402	0.714
	爱沙尼亚	0.373	0.641	0.439	0.632	6.655	6.574	0.965	1.161	1.066	0.729
	匈牙利	0.307	0.513	0.094	0.171	1.681	1.520	0.163	0.244	0.737	1.165
	拉脱维亚	0.576	0.956	1.107	1.936	14.013	12.384	0.325	0.650	0.666	0.488
	立陶宛	0.696	1.114	0.596	1.266	3.668	4.461	1.430	1.714	0.407	0.950
	摩尔多瓦	1.220	1.928	3.945	4.117	7.842	10.293	0.031	0.054	7.281	8.202
	波兰	0.445	0.831	0.392	0.798	1.881	2.003	0.255	0.348	0.486	0.620
	罗马尼亚	0.241	0.520	0.356	1.928	5.326	3.678	0.325	0.469	0.883	0.776
	俄罗斯	0.076	0.287	0.045	1.713	2.616	3.268	4.021	6.606	0.349	1.127
	斯洛伐克	0.174	0.253	0.045	0.870	2.289	1.659	0.296	0.391	0.375	0.446
	乌克兰	0.534	1.875	0.367	7.064	8.657	13.473	0.436	0.135	11.679	19.255
南欧	阿尔巴尼亚	0.197	0.424	0.113	0.088	11.380	7.676	1.100	0.926	0.159	0.001
	波黑	0.283	0.510	0.215	0.331	10.487	10.117	0.924	0.737	1.752	2.804
	保加利亚	0.505	0.810	0.655	0.885	7.199	5.983	0.814	1.116	1.547	2.335
	白俄罗斯	0.590	1.115	0.059	0.278	2.089	2.217	1.700	3.063	0.509	0.876
	克罗地亚	0.416	0.819	0.626	0.737	5.630	7.172	0.764	1.146	0.558	0.554
	黑山	0.352	0.645	1.895	4.093	11.290	18.482	0.617	1.557	0.916	0.432
	塞尔维亚	0.876	1.210	0.702	1.621	3.956	3.091	0.313	0.298	3.521	2.669
	斯洛文尼亚	0.157	0.290	0.118	1.790	3.311	3.414	0.259	0.559	0.139	0.207
	马其顿	0.476	0.585	1.792	2.332	6.470	4.447	0.470	0.123	0.801	1.047
高加索地区	亚美尼亚	0.189	0.525	3.434	9.113	21.855	24.118	0.247	0.655	0.007	0.006
	格鲁吉亚	0.507	1.152	2.634	5.946	14.008	13.817	0.270	0.648	0.192	0.810

资料来源：联合国商品贸易数据库。

根据显示性比较优劣势判断，中国在工业制成品方面具备较强优势，沿线国家向中国进口工业产品更具互补性。其中，"一带一路"沿线国家对6类和8类可直接消费的工业制造品进口较大，数值显著，并且大多呈上升趋势（见表4-12），"一带一路"沿线国家在这两类工业产品需求上与中国的互补性强。在7类设备生产产品方面，西亚等资源大国对中国出口贸易的互补性强，说明这类国家对资源初级加工的设备需求与中国机械制造形成互补性。从产品类别来看,"一带一路"沿线国家在5类产品上对中国进口的互补性较为相似且不是特别显著,柬埔寨、马其顿在6类产品上对中国进口的互补性最强,新加坡、菲律宾、斯洛伐克、匈牙利、沙特阿拉伯在7类产品上对中国进口的互补性较为明显,黑山、克罗地亚、卡塔尔、斯洛伐克、阿尔巴尼亚在8类产品上对中国进口的互补性较强,在9类产品上"一带一路"沿线国家对中国进口的互补性很弱。

表4-12   "一带一路"沿线部分国家工业制成品对中国进口的互补性

地区	国家	5类		6类		7类		8类		9类	
		2010年	2015年	2010年	2015年	2010年	2015年	2010年	2015年	2010年	2015年
东南亚	泰国	0.477	0.450	1.758	1.964	1.478	1.255	1.345	1.264	0.019	0.016
	菲律宾	0.418	0.425	0.775	1.230	1.973	1.628	0.665	0.849	0.004	0.001
	新加坡	0.292	0.317	0.591	0.790	1.941	1.581	1.411	1.478	0.017	0.012
	马来西亚	0.398	0.420	1.201	1.500	2.075	1.441	1.213	1.240	0.008	0.010
	柬埔寨	0.275	0.282	4.445	5.327	0.870	0.734	1.480	1.386	0.015	0.025
南亚	印度	0.431	0.503	1.503	1.644	0.764	0.684	0.596	0.649	0.059	0.054
	巴基斯坦	0.674	0.708	1.022	1.554	0.860	0.795	0.601	0.608	0.002	0.001
	尼泊尔	0.492	0.543	2.121	2.616	0.988	0.743	1.116	0.945	0.016	0.010
	斯里兰卡	0.489	0.485	2.754	2.984	0.903	0.861	0.890	0.903	0.003	0.001
	阿富汗	0.070	0.052	0.813	0.907	0.276	0.092	0.543	0.810	0.203	0.198
西亚北非	沙特阿拉伯	0.442	0.418	1.786	1.799	1.779	1.522	1.669	1.582	0.010	0.014
	阿曼	0.386	0.426	1.597	1.982	1.878	0.711	1.150	1.346	0.009	0.074
	巴林	0.187	0.288	0.809	1.191	0.942	0.956	0.901	1.350	0.000	0.009
	以色列	0.500	0.512	2.365	2.516	1.186	1.082	1.753	1.809	0.003	0.004
	约旦	0.494	0.444	1.660	1.778	0.964	0.764	1.415	1.218	0.007	0.028
	卡塔尔	0.340	0.322	1.893	1.909	1.986	1.512	2.027	2.209	0.010	0.004
	土耳其	0.591	0.581	1.659	1.916	1.217	1.050	1.249	1.129	0.036	0.064
中亚	哈萨克斯坦	0.522	0.546	1.749	2.120	1.688	1.432	1.816	1.965	0.000	0.001
	吉尔吉斯斯坦	0.438	0.461	1.375	2.467	0.903	0.651	1.706	1.692	0.003	0.015
中东欧	捷克	0.443	0.475	1.652	1.986	1.776	1.509	1.968	1.861	0.015	0.001
	爱沙尼亚	0.453	0.407	1.573	1.537	1.190	1.089	1.955	1.534	0.020	0.040
	匈牙利	0.431	0.499	1.201	1.562	1.927	1.566	1.225	1.292	0.038	0.022
	拉脱维亚	0.575	0.489	1.506	1.651	0.914	0.963	1.811	1.674	0.034	0.030

续表

地区	国家	5类		6类		7类		8类		9类	
		2010 年	2015 年	2010 年	2015 年	2010 年	2015 年	2010 年	2015 年	2010 年	2015 年
中东欧	立陶宛	0.586	0.625	1.086	1.429	0.815	0.802	1.238	1.365	0.010	0.017
	摩尔多瓦	0.591	0.659	1.852	2.326	0.878	0.688	1.857	1.547	0.000	0.031
	波兰	0.621	0.583	1.705	1.972	1.446	1.217	2.034	1.994	0.010	0.007
	罗马尼亚	0.564	0.553	2.048	2.332	1.443	1.196	1.711	1.569	0.012	0.017
	俄罗斯	0.559	0.630	1.149	1.409	1.634	1.389	2.220	1.992	0.036	0.003
	斯洛伐克	0.370	0.370	1.472	1.719	1.800	1.573	2.104	2.138	0.002	0.002
	乌克兰	0.622	0.745	1.391	1.550	0.819	0.709	1.205	0.915	0.004	0.003
南欧	阿尔巴尼亚	0.442	0.410	2.344	2.283	0.797	0.590	2.288	2.008	0.000	0.067
	波黑	0.527	0.550	1.897	2.591	0.778	0.683	1.895	1.647	0.000	0.001
	保加利亚	0.500	0.568	1.593	1.863	0.924	0.832	1.404	1.208	0.014	0.022
	白俄罗斯	0.452	0.460	1.463	1.456	0.811	0.645	0.804	0.944	0.023	0.020
	克罗地亚	0.616	0.590	1.741	2.076	1.076	0.799	2.306	2.299	0.000	0.000
	黑山	0.431	0.440	1.554	1.763	0.863	0.739	2.506	2.311	—	0.000
	塞尔维亚	0.546	0.628	1.756	2.076	0.750	0.928	1.467	1.233	0.075	0.038
	斯洛文尼亚	0.598	0.630	1.858	2.163	1.264	1.042	1.979	1.631	0.002	0.002
	马其顿	0.530	0.499	2.449	4.078	0.847	0.673	1.427	1.119	0.001	0.000
高加索地区	亚美尼亚	0.409	0.477	1.861	2.145	0.929	0.602	1.543	1.420	0.023	0.003
	格鲁吉亚	0.457	0.697	1.531	1.701	1.015	0.815	2.056	1.564	0.002	0.003

资料来源：联合国商品贸易数据库。

　　总的来说，中国与"一带一路"沿线国家均具有较强的贸易互补性。主要表现在初级产品进口贸易的贸易互补性和工业制成品出口方面的互补性。这意味着"一带一路"倡议所提出的产业协同在贸易为基础的条件下可以实现很好的对接。在依托中国全球制造大国的基础上，通过贸易互补，充分带动沿线国家三次产业的发展，将该区域与中国的三次产业融为一体。"一带一路"沿线国家在自身经济发展阶段的产业结构不同，中国作为双环流结构下的制造节点和贸易节点，了解各国间的互补性，驱动两国或者多国间产业对接。利用进出口贸易在 66 个国家甚至未来更多加入的国家中建立经济合作平台，发挥各国的产业优势，实现产业协作，为完成沿线各方各自的产业结构转型升级提供条件。

总之,中国作为世界上最大的发展中国家,在过去的几十年中实现了自身经济的快速发展,也越来越广泛地参与到国际经济体系的构建中,成为国际分工体系的重要组成部分,在未来的全球价值双环流架构中也将承担更为重要的作用,这也决定了中国在"一带一路"体系中的突出地位和作用。

从总的贸易形势来看,相比于"一带一路"沿线国家中的其他国家,中国的工业体系较为完善、门类较为齐全、贸易品种较为丰富,这就使目前除新加坡和以能源出口为导向的阿曼和哈萨克斯坦等国外,"一带一路"其他国家对中国都处于贸易逆差状态。但中国与"一带一路"沿线国家整体的贸易紧密度在逐步增强,国家与地区之间的贸易融合是未来发展的趋势,其中东南亚、中亚、南亚、西亚北非、高加索地区与中国的贸易紧密度更强,中东欧和南欧地区与中国的贸易紧密度相对较弱,中国应加强与这一地区国家的贸易往来。

"一带一路"沿线国家总的贸易竞争力较弱,而中国相较于其他国家初级产品的贸易竞争力较弱,工业制成品的贸易竞争力较强,整体的贸易竞争力具有微弱优势,且有上升的趋势。而由于资源禀赋、产业结构、经济发展阶段的差异性,"一带一路"沿线国家各有自己竞争力优势的贸易品类,如菲律宾的动植物油类,印度的食物和动物类,沙特阿拉伯、阿曼、哈萨克斯坦、俄罗斯、卡塔尔等国的能源类和中东欧国家的工业制成品类。

"一带一路"沿线国家贸易结构各有特点,而中国的经济发展潜力、齐全的产业体系以及巨大的消费市场与沿线各个国家都形成了一定的产业贸易互补性。除东南亚以外,中国与沿线各国的贸易互补性指数均偏高,其中中国对南亚、中亚、西亚北非以及中东欧国家的初级产品进口贸易显示出较强的互补性,而中国在工业制成品方面具备较强优势,沿线国家向中国进口工业产品更具互补性。

总的来说,中国与"一带一路"沿线国家的贸易互动日趋紧密,而各国国情的不同使各自的贸易结构各具特色和优势,各自具有优势的产品,中国与其贸易互补性较强,这些都表明了中国与沿线国家具有良好的产能合作基础和无限发展空间。

第五章 "一带一路"投资形势与中国对沿线投资

随着"一带一路""走出去"倡议的推进，中国对"一带一路"沿线国家直接投资规模不断增大，且占其吸引外商直接投资的比重在逐年增加，投资区域由紧邻中国的周边国家，不断向中亚、西亚扩展。在结构特征的区位分布上，中国对"一带一路"沿线国家直接投资分布是以新兴经济体和产能合作潜力较大的国家为主，对东南亚直接投资存量规模最大。产业分布上，以产能合作和基础设施建设为主，并日趋多元化。投资企业类型，依然以国有大中型企业为主，民间资本所起的作用也日益增大。此外，收购少数股权成为中国企业对外直接投资的主要模式。在总体形势向好的情况下，中国对"一带一路"沿线国家投资依然存在东道国政治环境风险、企业自身层面障碍和国内协调机制不明等亟待解决的问题。

一 中国对"一带一路"直接投资的总体情况

（一）中国对"一带一路"投资的规模及其增速

从图5-1中可以看出，中国对"一带一路"沿线国家直接投资规模不断增大，对沿线国家直接投资存量由2005年年末的33.9亿美元增长到2015年年末的1159.1亿美元，是2005年的34倍。对外直接投资存量一直保持20%以上的高增速。

如图5-2所示，中国对"一带一路"沿线国家直接投资流量由2005年年末的9.1亿美元增长到2015年年末的195.6亿美元，是2005年的21.5倍。对外直接投资流量的增速波动很大，2013年增速为 - 12.46%，2014年为5.27%，2015年为10.22%，说明2013年年末正式提出的"一带一路"倡议有效地拉动了对外直接投资的增长。

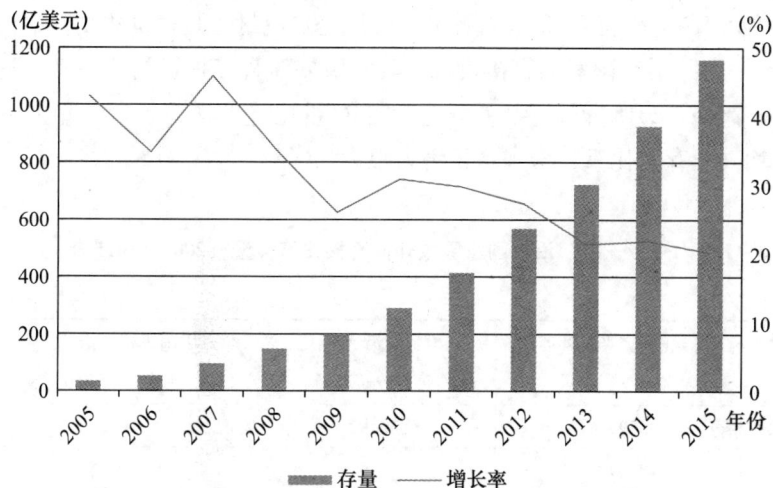

图 5 – 1 中国对"一带一路"沿线国家直接投资存量及增速

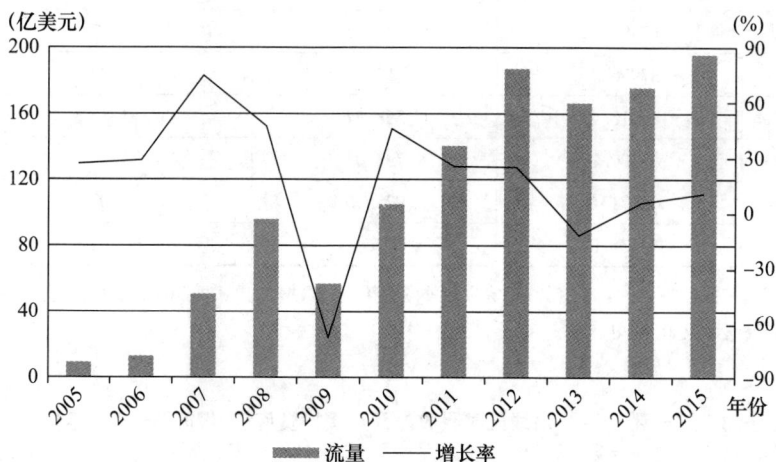

图 5 – 2 中国对"一带一路"沿线国家直接投资流量及增速

虽然中国对"一带一路"沿线国家直接投资增长较快,但是,与"一带一路"沿线国家吸收外资的总量相比,规模仍然较小。截至 2015 年年末,中国对"一带一路"沿线国家的直接投资存量占"一带一路"

沿线国家吸收 FDI 总量的 2.61%，直接投资流量占"一带一路"沿线国家当年吸收 FDI 的 6.62%，未来还有很大的发展空间。

由表 5-1 和表 5-2 可以看出，无论是从流量还是存量角度，中国对"一带一路"沿线国家的直接投资占其吸引外商直接投资的比重都在逐年增加，2005—2015 年流量比重增速高于存量比重增速，且每一年的流量比重均高于存量比重，未来增长潜力很大。

表 5-1 "一带一路"沿线国家吸收外商直接投资存量（2005—2015 年）

单位：亿美元、%

年份	沿线国家吸收外商 直接投资存量	中国对沿线国家 直接投资存量	中国投资占沿线国家 吸收外资的比重
2005	13794.69	33.92	0.25
2006	18709.85	51.99	0.28
2007	26766.73	96.10	0.36
2008	26361.77	148.47	0.56
2009	31903.89	200.71	0.63
2010	37493.52	290.32	0.77
2011	37936.25	413.30	1.09
2012	43018.43	568.57	1.32
2013	45400.77	723.05	1.59
2014	44671.44	925.16	2.07
2015	44338.07	1159.05	2.61

资料来源："一带一路"沿线国家吸收外商直接投资数据来自 UNCTADstat，中国对沿线国家直接投资数据来自 Wind。

表 5-2 "一带一路"沿线国家吸收外商直接投资流量（2005—2015 年）

单位：亿美元、%

年份	沿线国家吸收外商 直接投资流量	中国对沿线国家 直接投资流量	中国投资占沿线国家 吸收外资比重
2005	1900.50	9.12	0.48
2006	3060.47	12.78	0.42
2007	3746.31	50.71	1.35

续表

年份	沿线国家吸收外商 直接投资流量	中国对沿线国家 直接投资流量	中国投资占沿线国家 吸收外资比重
2008	4028.58	95.84	2.38
2009	2672.95	56.88	2.13
2010	3582.10	104.97	2.93
2011	3051.09	140.50	4.60
2012	3370.80	187.12	5.55
2013	3216.15	166.38	5.17
2014	3155.57	175.64	5.57
2015	2952.87	195.63	6.62

资料来源:"一带一路"沿线国家吸收外商直接投资数据来自 UNCTADstat,中国对"一带一路"沿线国家直接投资数据来自 Wind。

如图 5 - 3 和图 5 - 4 所示,在"一带一路"沿线国家中,2013—2015 年,中国对尼泊尔、沙特阿拉伯、东帝汶、科威特、马其顿、波黑、

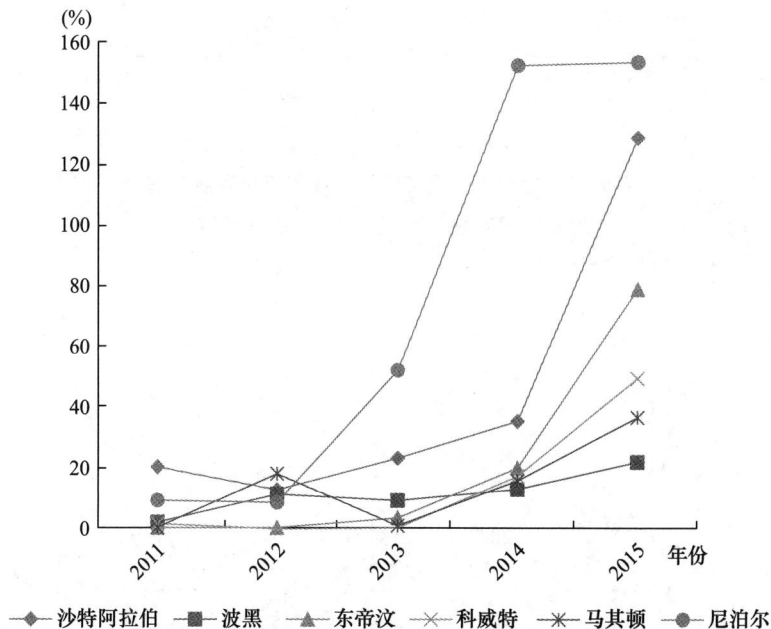

图 5 - 3 中国对外直接投资流量占该国当年吸收
外资比重增速较快的国家(2011—2015 年)

土耳其、以色列、捷克九个国家的直接投资流量占该国吸收外商直接投资流量的比重逐年增加且增速较快，2014年增幅最大的是尼泊尔，2015年增幅最大的是沙特阿拉伯和东帝汶。但是，如图5-5所示，老挝、缅甸和柬埔寨的比重却从2012—2015年逐年下降，其中老挝降幅最大。捷克地处欧洲心脏，地缘优势决定了其在欧亚大陆桥中占据着重要的战略通道地位，目前多条欧亚铁路经过或直达捷克。经济及地缘的多重因素决定了捷克可以在"一带一路"倡议中发挥推动中国和中东欧经贸合作的重要抓手作用。

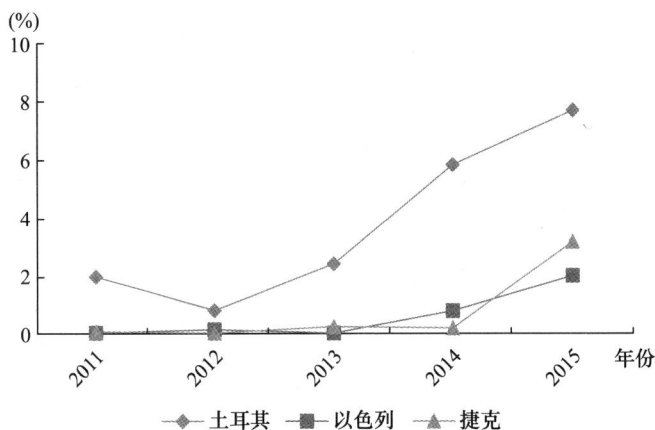

图5-4 中国对外投资流量占该国当年吸收外资
比重增速较快的国家（2011—2015年）

资料来源：UNCTAD Stat。

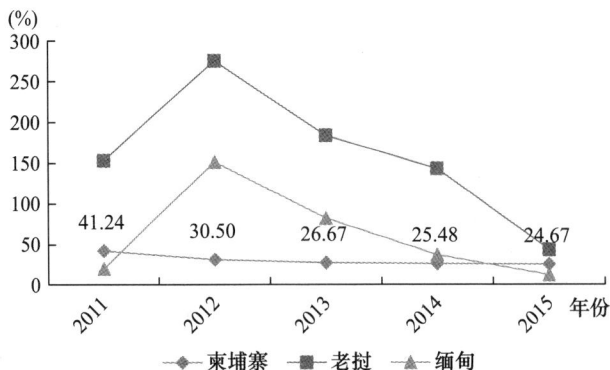

图5-5 中国对外投资流量占"一带一路"沿线国家当年吸收外资
比重持续下降的国家（2011—2015年）

　　如图 5 - 6 和图 5 - 7 所示，在"一带一路"沿线国家中，2013—2015年，中国对也门、尼泊尔、东帝汶、乌兹别克斯坦、斯里兰卡、阿联酋、科威特、白俄罗斯八个国家的直接投资存量占该国吸收外商直接投资存量的比重逐年增加且增速较快。其中，尼泊尔、东帝汶和科威特也是流量增速较快的国家。对伊拉克直接投资存量占伊拉克吸收外商直接投资存量的比重逐年下降，从 2011 年的 6.15% 下降至 2015 年的 1.46%。

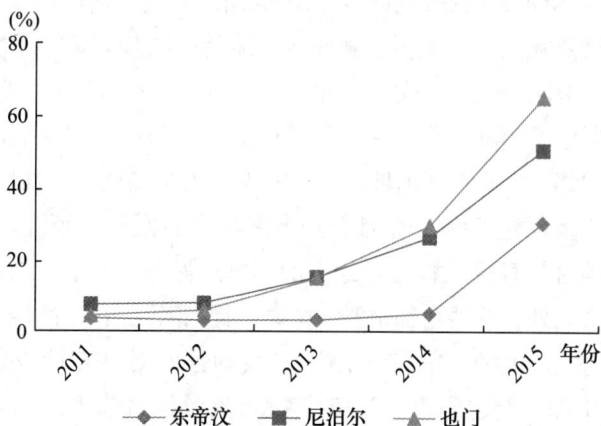

图 5 - 6　中国对外投资存量占"一带一路"沿线国家当年吸收
　　　　外资比重增速较快的国家（**2011—2015 年**）

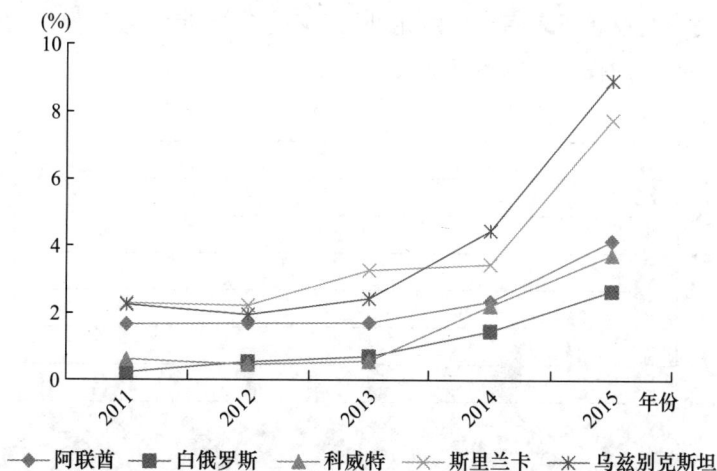

图 5 - 7　中国对外投资存量占"一带一路"沿线国家当年吸收
　　　　外资比重增速较快的国家（**2011—2015 年**）

综上所述，中国对外直接投资过去主要集中于邻近国家，自"一带一路"倡议实施以来，投资重点逐渐向西亚、中东欧等地区转移。

（二）中国对"一带一路"投资排名前十的国家及其特征

2015年，中国对"一带一路"沿线国家直接投资流量达1亿美元以上的国家共有24个，占66个国家的36.3%；存量达1亿美元以上的国家有44个，占66个国家的66.7%。

如图5-8所示，投资存量排名前十的国家分别是新加坡、俄罗斯、印度尼西亚、哈萨克斯坦、老挝、阿联酋、缅甸、巴基斯坦、印度和蒙古国（按流量从大到小排列）。在这十个国家中，俄罗斯、哈萨克斯坦、老挝、缅甸、巴基斯坦、印度、蒙古国都是中国的陆上邻国，印度尼西亚是与中国隔海相望的邻国，只有新加坡和阿联酋不与中国接壤。新加坡华人众多，占总人口的比重超过50%，而且新加坡海陆交通便利，经济发展水平高，因此成为中国对外直接投资存量最大的国家。另外，这十个国家除俄罗斯横跨欧亚两大洲外，其他全都是亚洲国家，且东南亚国家占据4席。

综上所述，中国在"一带一路"沿线国家的对外直接投资过去主要集中在紧邻中国的周边国家。2015年投资流量排名前十的国家分别是沙特阿拉伯、也门、俄罗斯、印度尼西亚、土耳其、印度、土库曼斯坦、乌兹别克斯坦、老挝、马来西亚（见图5-9）。其中，沙特阿拉伯、土耳其、也门属于西亚，土库曼斯坦、乌兹别克斯坦属于中亚，印度尼西亚、老挝、马来西亚属于东南亚。由此可见，随着"一带一路"倡议的推进，对中亚、西亚的投资力度逐渐加大。

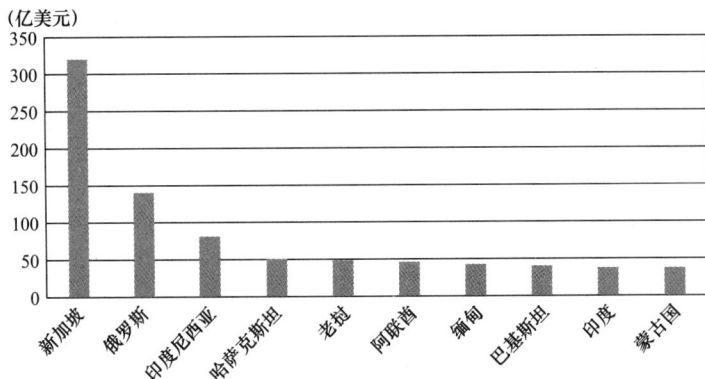

图5-8 2015年中国对"一带一路"沿线国家直接投资存量前十名

资料来源：Wind。

(亿美元)

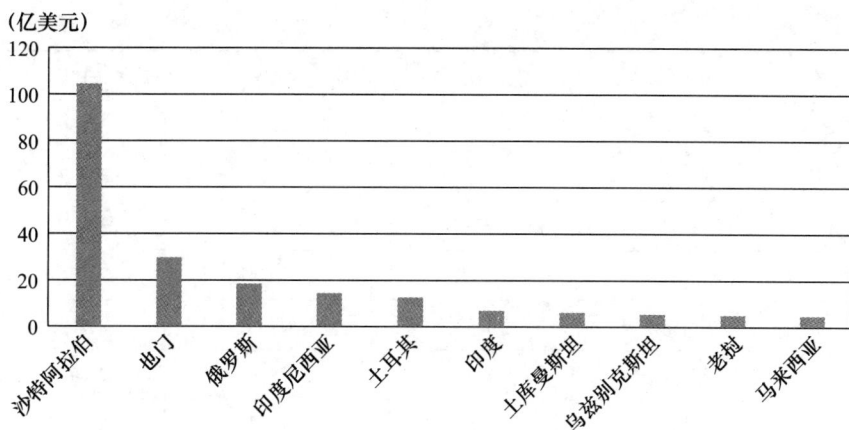

图5-9 2015年中国对"一带一路"沿线国家直接投资流量前十名

资料来源：Wind。

中国—中亚—西亚经济走廊从新疆出发，抵达波斯湾、地中海沿岸和阿拉伯半岛，主要涉及中亚五国（哈萨克斯坦、吉尔吉斯斯坦、塔吉克斯坦、乌兹别克斯坦和土库曼斯坦）以及西亚的伊朗、土耳其等国。尽管中亚、西亚地区自然资源丰富，但制约经济社会发展的影响因素很多，其中，基础设施建设落后、缺乏资金技术等问题较为突出。通过中国—中亚—西亚经济走廊建设，打通对外经贸合作和资金流动通道，对于促进相关国家经济社会发展无疑具有重要的促进作用。

表5-3　　　　　　　2015年中国对"一带一路"沿线国家
直接投资占该国FDI比重前十五名

名次	国家	存量占比（%）	国家	流量占比（%）
1	老挝	99.82	尼泊尔	153.35
2	也门	65.08	沙特阿拉伯	128.39
3	尼泊尔	50.39	塔吉克斯坦	117.76
4	塔吉克斯坦	43.04	东帝汶	78.64
5	东帝汶	30.18	乌兹别克斯坦	52.43
6	吉尔吉斯斯坦	27.54	科威特	49.21
7	柬埔寨	24.94	老挝	42.40

续表

名次	国家	存量占比（％）	国家	流量占比（％）
8	阿富汗	24.00	卡塔尔	37.80
9	蒙古国	22.44	吉尔吉斯斯坦	37.47
10	缅甸	20.80	巴基斯坦	37.09
11	巴基斯坦	12.77	马其顿	36.36
12	乌兹别克斯坦	8.92	柬埔寨	24.67
13	斯里兰卡	7.75	波黑	21.73
14	伊朗	6.54	爱沙尼亚	21.17
15	俄罗斯	5.43	俄罗斯	18.81

由表 5-3 可得，中国对外直接投资占该国 FDI 存量和流量比重均位居前列的国家有老挝、尼泊尔、塔吉克斯坦、东帝汶、吉尔吉斯斯坦、柬埔寨、巴基斯坦、乌兹别克斯坦、俄罗斯，这九个国家除俄罗斯外都是亚洲国家，包括 3 个东南亚国家、3 个中亚国家、2 个南亚国家。除此之外，存量占比较高的国家还有 2 个西亚国家（也门、伊朗）、2 个南亚国家（阿富汗、斯里兰卡）以及中国的两个邻国（蒙古国、缅甸）。流量占比排在前十五名的国家还包括 3 个西亚国家（沙特阿拉伯、科威特、卡塔尔）和 3 个中东欧国家（马其顿、波黑、爱沙尼亚），这意味着未来对西亚和中东欧国家的投资规模有望大幅提升。

在亚欧经济带中，中东欧处在连通最发达的欧盟一体化市场和最主要的能源产地间的结合部，其东联西通的地缘优势明显，是欧盟市场的重要接入口。对于西欧市场而言，它有成本低和新兴经济体增速快的优势；和俄罗斯中亚地区相比，它有市场发育更成熟、经济更发达、产品竞争力更强的相对优势。作为亚欧大陆经济带的重要组成部分，中东欧地区具有的产业及区位优势决定了其可在"一带一路"倡议中发挥重要的区域性支点作用。

（三）中国对"一带一路"沿线国家投资与中国对外投资整体情况比较

中国对外直接投资在 2006—2015 年持续增长。2006—2013 年，外商直接投资流量金额和对外直接投资流量金额的差距不断缩小，2014

年对外直接投资流量金额首次超过外商直接投资流量金额。2015 年，对外直接投资流量创下了 1456.7 亿美元的历史新高，占全球流量份额的 9.9%，同比增长 18.3%，金额仅次于美国（2999.6 亿美元），首次位列世界第二（第三位是日本 1286.5 亿美元），并超过同期中国实际使用外资（1356 亿美元），实现资本项下净输出。① 如图 5 - 10 所示。

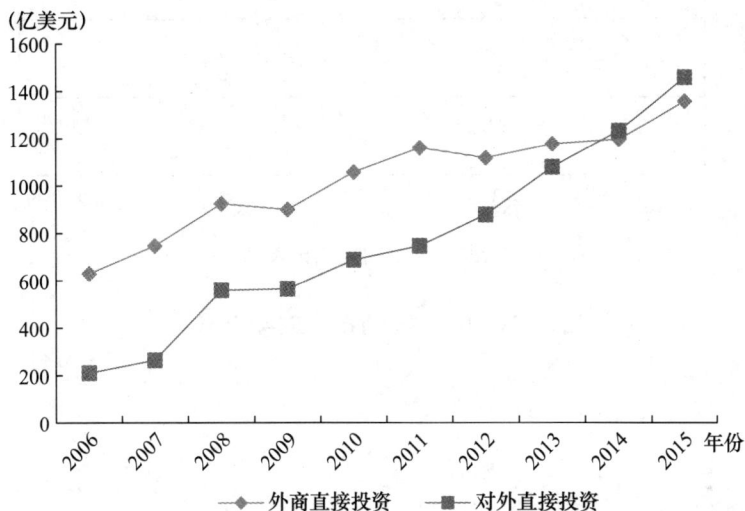

图 5 - 10　中国外商直接投资与对外直接投资

资料来源：Wind。

由图 5 - 11 可以看出，中国对"一带一路"沿线国家直接投资存量的增长率在 2011—2013 年和 2015 年均高于非沿线国家，2015 年增长率为 20.18%。

如图 5 - 12 所示，2012—2015 年，中国对沿线国家直接投资流量的增长率低于非沿线国家。这是由于中国对"一带一路"沿线多个国家的直接投资是负值，说明中国相对这些国家而言是资本净流入国，负值抵消了一部分资本净流出值，使对沿线国家直接投资流量数额的增长率较低；非沿线国家包含很多拉丁美洲国家和非洲国家，其中，大部分非洲

———————————

① 《2015 年度中国对外直接投资统计公报》。

国家相对于中国来说都是资本净流入国，即中国对非洲国家直接投资为正值。

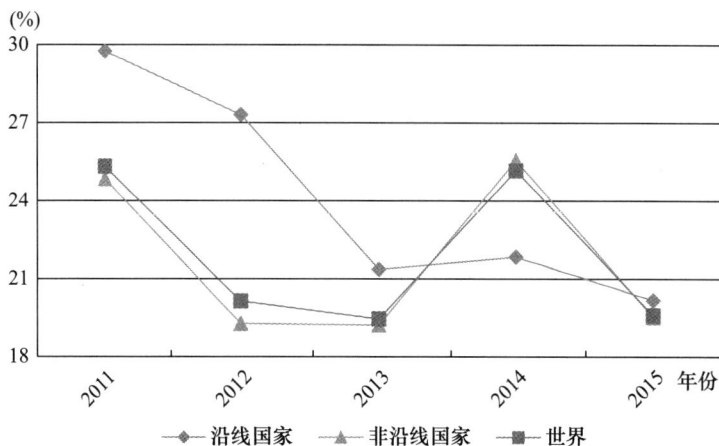

图 5 - 11 中国对外直接投资存量增长率

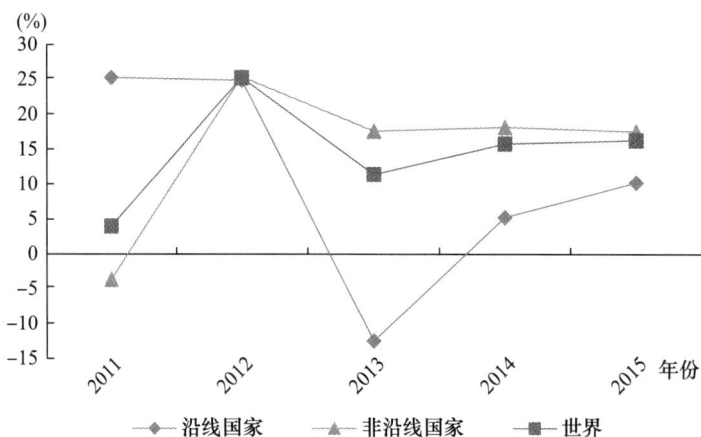

图 5 - 12 中国对外直接投资流量增长率

中国对"一带一路"沿线国家直接投资存量占中国对外投资存量的比重由 2005 年年末的 5.93% 提高到 2015 年年末的 10.56%，2012—2015 年基本保持 10.5% 的比重（见表 5 - 4）。

表 5 - 4   2005—2015 年中国对"一带一路"沿线国家直接投资存量和流量

单位：亿美元、%

年份	存量			流量		
	沿线国家	世界	占比	沿线国家	世界	占比
2005	33.92	572.06	5.93	9.12	47.59	19.16
2006	51.99	750.26	6.93	12.78	78.91	16.20
2007	96.10	1179.11	8.15	50.71	177.83	28.52
2008	148.47	1839.71	8.07	95.84	440.56	21.75
2009	200.71	2457.55	8.17	56.88	436.03	13.04
2010	290.32	3172.11	9.15	104.97	510.40	20.57
2011	413.30	4247.81	9.73	140.50	531.70	26.43
2012	568.57	5319.41	10.69	187.12	711.51	26.30
2013	723.05	6604.78	10.95	166.38	803.21	20.71
2014	925.16	8826.42	10.48	175.64	954.41	18.40
2015	1159.05	10978.65	10.56	195.63	1140.65	17.15

注："一带一路"沿线国家中缺少马尔代夫和不丹两国的数据（所有邻国中，不丹是唯一一个未与中国建交的国家）。

资料来源：Wind。

如图 5 - 13 所示，2011—2015 年，中国对外直接投资存量逐年增长，对"一带一路"沿线国家直接投资存量占对外直接投资总额的比重始终高于 9.5%，且总体呈平稳增长趋势，2015 年占 10.56%。

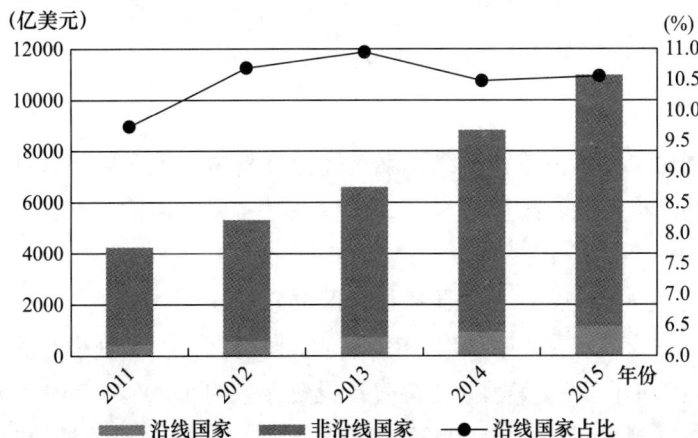

图 5 - 13   中国对外直接投资存量及其占对外直接投资总额的比重

2005—2015 年，中国对"一带一路"沿线国家直接投资流量占对外直接投资流量总额的比重略有下降，但占比依然较高，2015 年为 17.15%（见图 5－14）。

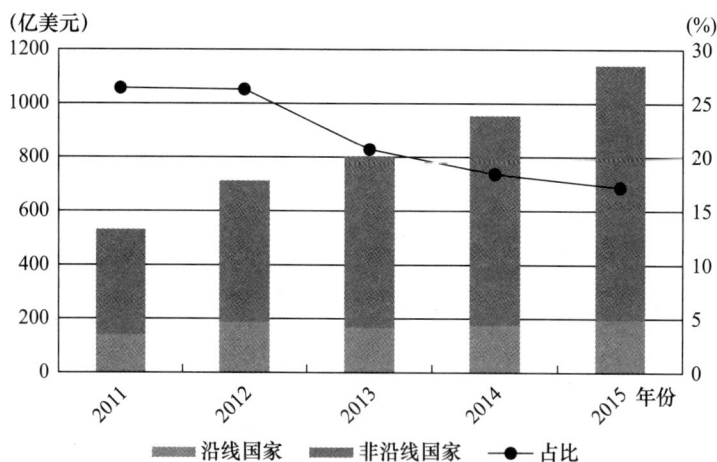

图 5－14　中国对外直接投资流量及其占对外直接投资流量的比重

资料来源：Wind。

二　中国对"一带一路"沿线国家
直接投资的结构特征

中国对"一带一路"沿线国家直接投资整体呈上升趋势，并具有较为明显的结构特征。截至 2014 年，中国对"一带一路"沿线国家直接投资存量达到 898.38 亿美元。

（一）"一带一路"沿线国家投资区位分布

从区位分布来看，中国对东南亚国家直接投资存量规模最大，直接投资存量为 476.53 亿美元，占总直接投资存量的 53.0%，其中，对新加坡直接投资规模最大，为 206.4 亿美元，占总直接投资存量的 22.3%，国际生产折中论（Dunning，1977）提到当某一东道国具有区位优势时，企业就具备了对外直接投资的充分条件，对外直接投资成为企业最佳的选择。新加坡政治稳定、社会和谐,文化氛围与中国相似,经济发展快,2015 年新加坡人均国内生产总值超 6 万美元,外资准入政策宽松,对外资企业实行无差别的国民待遇:外汇自由进出、监管一视同仁、享受扶持政策,2009 年,中新双方签订了《中新自由贸易协定》,双方经贸合作长足发展。

对西亚北非国家直接投资存量为 114.13 亿美元,占总直接投资存量的 12.7%。其中,伊朗、阿联酋和沙特阿拉伯是中国直接投资额最大的三个国家,投资额分别为 34.84 亿美元、23.33 亿美元、19.87 亿美元。伊朗天然气储量世界第一、石油储量世界第四,2013 年起,伊朗总统为务实改革派鲁哈尼,积极建设抵抗型经济,促进外国投资,放宽外资投资准入政策,随着伊朗核问题全面协议的达成,伊朗对外资的吸引力也逐步提升。阿联酋地处海湾地区的交通中心,政治稳定,经济发达,是世界最富裕国家之一,可再生能源、航天、核电、基础设施建设、通信、金融和教育领域等阿联酋经济新增长领域,是中国投资的主要方向,对推进中国产业转型有着关键作用。中国与沙特阿拉伯经贸关系紧密,签订了《投资促进与保护协定》《中华人民共和国政府和沙特阿拉伯王国政府关于石油、天然气、矿产领域开展合作的议定书》等多个双边经贸合作协定,且沙特阿拉伯政治稳定,经济增长迅速,具有较大的合作投资价值。总体上看,西亚北非地区国家具有丰富的石油、矿产资源、投资合作潜力大,中国投资集中在石油勘探开发、基础设施建设,但由于部分国家政局不稳,中国直接投资受到一定的限制。

中国对中东欧国家直接投资存量为 109.25 亿美元,占总直接投资存量的 12.2%,其中俄罗斯、土耳其直接投资规模最大,分别为 86.95 亿美元、8.82 亿美元,俄罗斯与中国毗邻,是世界上国土面积最大的国家,拥有丰富的能源、矿产、森林资源,俄罗斯经济发展水平高,财政赤字低,航天、核能、军工等领域技术先进、实力雄厚,中俄历来外交关系密切,投资领域主要集中在能源、矿产勘探与开发、林业、建筑和建材生产、轻纺、通信服务等领域。目前,中国对土耳其直接投资领域为通信、能源、采矿业、交通运输、纺织业等,投资企业有华为、中兴、中国通用技术集团、中国钢铁工业集团、中国机械设备工程有限公司、中国航空技术国际有限公司、中国铁道建筑、中国天成国际工程、中电电气、中国中车、中国国际航空、中国工商银行等公司。但土耳其第三产业是外国投资者的投资重点，2013 年土耳其制造业吸引外资仅为 20 亿美元，金融业吸引外资 37 亿美元，增长了 79%，房地产 30 亿美元，增长16%，土耳其是欧洲复兴开发银行最大的投资目的地国家，投资金额超过 10 亿欧元，中国对土耳其第三产业投资占比小，有巨大的投资合作潜力。总体而言，对欧盟国家投资，中国一直受到限制，但近年来中东欧国家在金融危机、欧债危机后鼓励非欧盟国家投资，在 2003—2013 年期间，中国对中东欧直接投资存量增长了 28 倍。①

对中亚地区国家直接投资存量为 100.94 亿美元，占总直接投资存量的 11.2%，其中，中国对哈萨克斯坦直接投资比重最大，是中国对外投资第三大目的地国家，直接投资存量为 75.41 亿美元，与中国经贸关系良好，2014 年两国签订了《双边本币结算与支付协议》，续签了《双边本币互换协议》，目前已有 2945 家中资企业在哈萨克斯坦注册，在中资对外投资企业数量中排名第三。哈萨克斯坦石油天然气储量丰富、开采潜力大，目前已探明石油储量为 80 亿吨，天然气储量超过 1 万亿立方米。石油勘探开发与加工、石油天然气工程建设是中国对哈萨克斯坦主要投资领域，两国主要经贸合作项目是由中石油公司、中石化公司、中信集团公司、北方工业振华石油等公司承担的石油天然气勘探、开采、加工等。

对南亚地区国家直接投资存量为 53.64 亿美元，占总直接投资存量的5.97%，建立了中巴经济走廊、孟中印缅经济走廊，其中，中国对巴基斯坦直接投资最大，为 37.37 亿美元，占南亚地区的 69.7%，巴基斯坦基础设施落后，中国投资领域主要涉及通信、电力水利、交通设施建设、资源开发等，在巴基斯坦设立首批中国境外经济贸易合作区——中巴经济走廊。南亚国家与中国相邻，人口众多，但经济较为落后，且受政治局势影响大，投资规模较小，投资领域集中在水电、矿产、能源、加工制造业和建筑业。中国对南欧八国直接投资较少，直接投资存量为 6.27亿美元，占 0.7%。蒙古国是中国直接投资的第七大国，对蒙古国直接投资存量为 37.62 亿美元，占总直接投资存量的 4.2%。2013 年，蒙古国废止了《战略领域外国投资协调法》，执行新《投资法》，对外商投资企业

①　郑蕾、刘志高：《中国对"一带一路"沿线直接投资空间格局》，《地理科学进展》2015年第 5 期。

实施统一待遇,简化注册程序,取消外商投资领域限制。

总体上看,中国对"一带一路"沿线国家直接投资分布是以新兴经济体和产能合作潜力较大的国家为主(见表5-5)。[①]

表5-5　　　　中国对"一带一路"沿线国家直接投资区位分布

单位:万美元、%

地区和国家	直接投资额	比重
东南亚(马来西亚、印度尼西亚、泰国、菲律宾、新加坡、文莱、东帝汶、越南、老挝、缅甸和柬埔寨)	4765330	53.04
南亚(印度、巴基斯坦、孟加拉国、斯里兰卡、尼泊尔、不丹、马尔代夫、阿富汗)	536381	5.97
中亚(土库曼斯坦、吉尔吉斯斯坦、乌兹别克斯坦、塔吉克斯坦、哈萨克斯坦)	1009400	11.24
西亚北非(伊朗、伊拉克、土耳其、叙利亚、约旦、黎巴嫩、以色列、巴勒斯坦、沙特阿拉伯、也门、阿曼、阿联酋、卡塔尔、科威特、巴林、埃及、利比亚)	1141272	12.70
中东欧(波兰、立陶宛、爱沙尼亚、拉脱维亚、捷克、斯洛伐克、匈牙利、斯洛文尼亚、克罗地亚、波黑、俄罗斯、乌克兰、白俄罗斯、格鲁吉亚、阿塞拜疆、亚美尼亚、摩尔多瓦)	1092452	12.16
南欧(黑山、马其顿、保加利亚、阿尔巴尼亚、罗马尼亚、塞尔维亚、希腊、塞浦路斯)	62785	0.70
蒙古国	376200	4.19

注:以上数据的原始数据来自《对外投资合作国别(地区)指南》。

东盟与中国经贸关系密切,是"一带一路"沿线国家中吸引中国直接投资最多的地区。许多东盟国家劳动力资源丰富,劳动力成本较低,且矿石资源储量较大,但是,电力基础设施薄弱,电力供应短缺现象较为普遍,中国对其投资主要集中在电力、矿业资源开发和制造业等行业。

---

① 上述数据的原始数据来自《对外投资合作国别(地区)指南》。

2015 年，中国对东盟直接投资流量首次突破百亿美元达到 146.04 亿美元，同比增长 87%，创历史最高值（见图 5-15）。

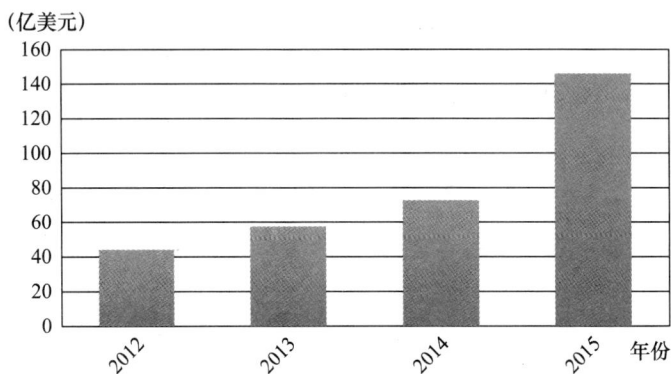

图 5-15 2012—2015 年中国对东盟投资情况

西亚、中亚是中国直接投资规模较大的两个地区，西亚地区资源丰富，是中国资源能源的主要供给地之一（见图 5-16）。中国对西亚的投资主要集中于能源、基础设施和制造业等行业，主要分布于伊朗、沙特、也门、阿联酋和土耳其等国。中亚地区油气资源丰富，而轻工业相对落后，中国对中亚投资集中在石油勘探与开采、交通及通信建设、化工、农副产品加工等领域。

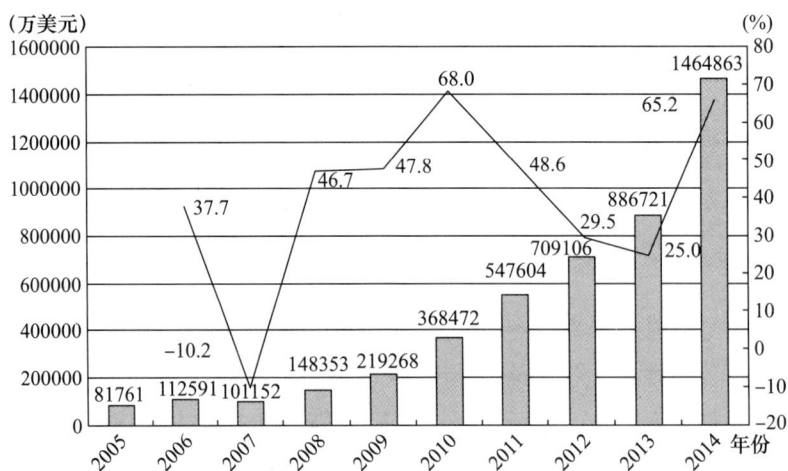

图 5-16 2005—2014 年中国对西亚国家的直接投资存量情况

蒙古国是中国的邻国，矿石资源丰富，是中国一个重要的对外投资目的地。2013 年，中国对蒙古国的投资存量为 28.3 亿美元，占中国对"一带一路"沿线国家投资额的 4.8%。中国对独联体和南亚的投资规模较低。2013 年，中国对独联体的投资存量为 54.8 亿美元，占"一带一路"沿线国家投资存量的 9.4%，主要分布在俄罗斯，重点配置于森林、能源开采和加工制造业。受国际地缘政治因素的影响，中国在南亚地区直接投资较为滞后。2013 年，中国在南亚的投资存量仅为 37.2 亿美元，占"一带一路"沿线国家投资规模的 6.4%。中国对南亚的投资主要分布于印度和巴基斯坦，投资集中在机械设备制造、纺织、能源开采、基础设施等行业。中国对中东欧的投资规模最低，2013 年的投资存量仅为 9.5亿美元，占中国对"一带一路"沿线国家投资额的 1.6%。

（二）"一带一路"沿线国家投资产业分布

从产业分布来看，截至 2015 年，中国对外直接投资按非金融行业统计，租赁和商务服务业比重最大，达到 29.9%，制造业、批发和零售业、采矿业、房地产业其次，分别为 16.5%、15.8%、9.3%、6.4%。中国对"一带一路"沿线国家直接投资涵括了能源类投资、运输类投资、矿产类投资、技术类投资、金融类投资、房地产投资等。对于中东地区，该地区国家有着丰富的石油和天然气资源、矿产资源，缺乏完善的通信、基础设施，因而中国对其能源类、矿产类、通信类、基础设施建设类投资较多。对于东南亚地区，主要以能源类、矿产类、基础设施建设为主，东南亚有着丰富的石油与天然气资源，有助于保障中国的能源安全，但同时约有 20% 的东南亚国家人口缺乏电力供应，而中国在水电、火电领域技术先进。截至 2013 年，中国对东南亚地区国家在电力热力生产供应业、矿产类的投资在其总投资中占 17% 和 15%。[①] 对于中东欧、东盟地区经济较为发达的国家，中国直接投资增长依托于金融危机、欧债危机背景，主要以房地产、技术类、金融类投资为主。目前，中国对"一带一路"沿线国家直接投资还是以产能合作和基础设施建设为主，但日趋多元化。

2005 年以来，中国对"一带一路"沿线国家大型项目投资的行业结

[①] 郑蕾、刘志高：《中国对"一带一路"沿线直接投资空间格局》，《地理科学进展》2015年第 5 期。

构呈现多元化态势，先由能源行业起步，逐步拓展至金属矿石、不动产、交通、高科技、农业、金融和化学等行业。如图 5 - 17 所示，2005 年，中国在"一带一路"的大型项目投资仅涉及能源行业，以石油为主，天然气和煤炭为辅。2006—2008 年，中国大型项目投资涵盖的行业延伸至金属矿石、不动产和交通等行业。金属矿石业先是以铝、铜为主，后以钢铁为主。交通业包括飞机、造船、汽车和火车，以造船业为主，近年来汽车业比重逐渐上升。不动产以财产和建筑为主。2009—2013 年，中国企业投资所涉及的行业进一步拓展至高科技、农业、金融和化学等行业。这反映了中国企业对"一带一路"沿线国家的投资能力经历了一个稳步提升的过程。

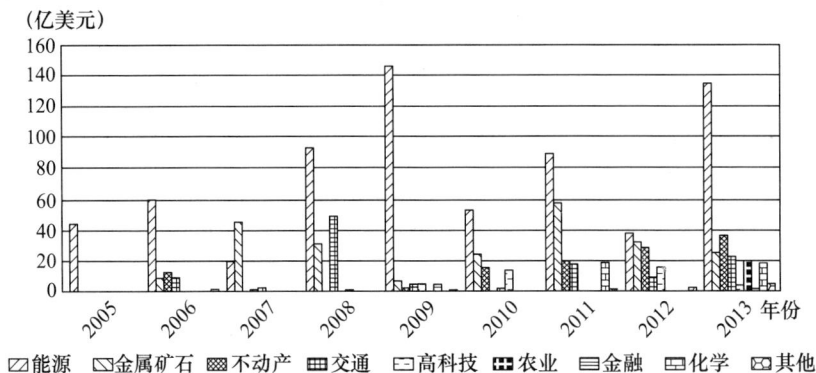

图 5 – 17　中国对"一带一路"沿线国家大型投资项目的行业结构

资料来源：根据王永中、李曦晨《中国对"一带一路"沿线国家投资的特征与风险》整理。

（三）对外投资企业特征

近年来，响应"走出去"战略的号召，对外投资的中国企业不断增加，截至 2015 年，中国境外企业达到 3 万余家，已覆盖 188 个国家（地区），覆盖率达到 80.3%，投资领域日益广泛，以批发零售业、制造业、租赁和商务服务业、建筑业、采矿业为核心，其他行业也均有涉及，大型投资项目不断涌现。[①] 对"一带一路"沿线国家，中国投资企业数量快速增长，如在乌兹别克斯坦注册的中资企业约 482 家，代表处 71 家，在吉尔吉斯斯坦注册企业约 260 家，在驻俄罗斯使馆登记企业 216 家。投资

---

① Wind。

范围由起步阶段的大部分从事工程承包项目，扩大到贸易、通信服务、矿产资源勘探和开发、制造业、农业种植、养殖业、运输、房地产开发、建筑、餐饮、旅游、娱乐等领域。投资企业类型，以国有大中型企业为主，民营企业和个体户也有参与，其中，在民营与个体户中，主要注册独资或合资公司。企业投资方式也呈现多样化趋势，在实施大型工程承包、合作开发资源等项目中，为增强获利能力，股权投资开始出现，部分投资项目采用 BOT 或产品分成合同 PSC 方式运营。总体而言，中国企业对"一带一路"沿线国家呈投资规模快速增长、领域宽泛化、方式多样化等特点。

从投资规模来看，中央级国有企业是中国对"一带一路"沿线国家开展投资的主力军，地方企业只能发挥补充性作用。截至 2014 年上半年，中央级企业对"一带一路"沿线国家大型项目投资的存量为 864.5 亿美元，占中国对"一带一路"沿线国家大型项目投资总量的 67.4%。其中，隶属国资委的央企的投资量为 782.2 亿美元，占中央级企业投资量的 90.5%，中投公司的投资量为 59.1 亿美元，占 4.6%，而以四大国有银行为代表的金融央企的投资存量较低，仅为 23.2 亿美元，占 1.8%。

地方企业对"一带一路"沿线国家大型项目的投资存量为 419 亿美元，占中国对"一带一路"沿线国家大型项目投资存量的 32.6%。中国地方企业对"一带一路"沿线国家的投资主要来源于经济较为发达的东部地区。上海企业对"一带一路"沿线国家的投资存量最大，达 99 亿美元，占地方企业投资量的 23.6%；北京企业的投资量居次位，为 58.1 亿美元，占 13.9%；浙江、广东、吉林和山东的企业的投资规模较为接近，分别为 42.1 亿美元、39.6 亿美元、39.2 亿美元、37.5 亿美元，其占地方企业对"一带一路"沿线国家投资存量的比重依次为 10.0%、9.5%、9.4%、8.9%。

随着"一带一路"建设进程的进一步推进，大型国有企业已不再是"走出去"中单一的"主力军"，一直在国内市场起到中流砥柱作用的民间资本，也将会逐渐挑起中国对外投资的"大梁"。

（四）投资模式

1. 中国对"一带一路"沿线国家兼并收购投资活动分析

跨境并购是企业对外直接投资的重要手段之一。作为中国企业走出去的更高阶段，主动进行生产要素在更广阔领域的配置，是"一带一路"沿线国家产能合作的真正内涵。兼并与收购不仅是个别企业间的动态博

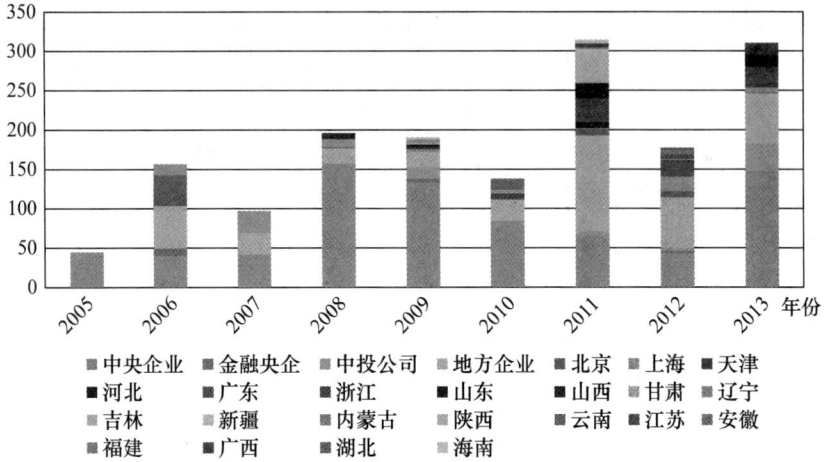

图 5-18 中国对"一带一路"沿线国家开展
大型投资的国内企业的类型结构与地区

弈，也是推动产业转移、产能合作的重要动力。在全球化竞争的今天，大量企业在某一时期频繁发生的并购行为，可在一定程度上反映国际产业调整的规律。本章通过对 Zephyr 全球并购数据库中 1997 年以来的 5623 笔中国作为收购方参与的跨境交易数据进行研究，分析中国对"一带一路"沿线国家投资的特点。

根据 Zephyr 数据库中有完整金额与兼并收购完成时间记录的数据整理，中国对外兼并收购规模自 1997 年有记录以来呈现螺旋式增长，如图 5-19 所示。

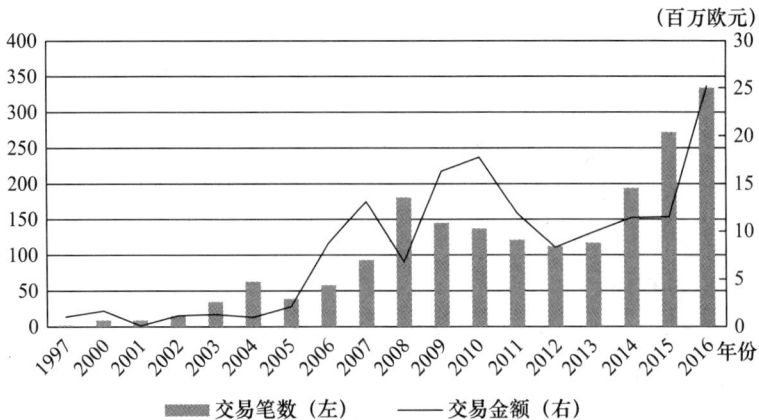

图 5-19 中国对外兼并收购规模

　　观察中国跨境兼并收购活动的发展趋势，可以发现，中国企业在 2008 年国际金融危机之前，跨境并购规模都处在一个稳步增长的阶段，在国际金融危机发生之后增速减缓。到 2013 年，在人民币贬值预期的环境下，跨境并购又出现了快速增长。根据中国商务部的数据统计，2015 年，中国企业海外投资并购快速增长的势头得到延续。2015 年前 8 个月，中国企业海外并购项目 486 个，共涉及 67 个国家和地区的 16 大行业，实际交易金额 617 亿美元，已经超过 2014 年全年并购金额。[①]

　　从区位分布上来看，中国对"一带一路"沿线不同地区的兼并收购活动热衷度有所不同（见图 5 - 20）。

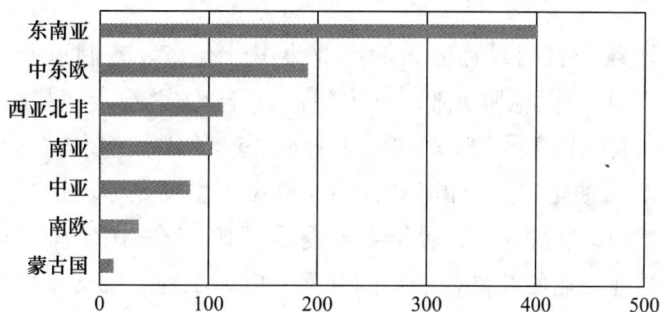

图 5 - 20　对各地区兼并收购活动数量

　　中国对东南亚地区的兼并收购活动最频繁，1997 年以来共发生了 401 笔，其次对中东欧国家 191 笔，西亚北非地区 113 笔，对其他地区的兼并收购活动相对不活跃。

　　由于不同地区有着不同的资源禀赋与技术环境。中国对不同地区兼并收购的企业行业类型也不尽相同。东南亚地区兼并收购目标公司的产业分布较为广泛，其中，最为主要的投资产业为其他服务、装备制造以及批发零售业，三个行业相加占总投资笔数的 53%。其他服务主要包括信息技术、互联网服务以及金融服务，占总体笔数的 28%（见图 5 - 21）。

---

　　① http://www.mofcom.gov.cn/article/i/dxfw/nbgz/201609/20160901399593.shtml.

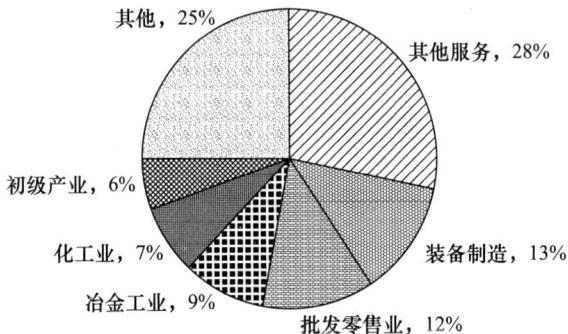

图 5 – 21　东南亚地区投资行业分布

中东欧地区兼并收购目标公司的产业集中分布在装备制造业、初级产业[①]、化工业以及其他服务业。其中装备制造业占总投资笔数的 22.2%，初级产业占总投资笔数的 16.9%，其他服务业（其中主要为金融服务业）占 15.3%，石油化工产业占 9%。中东欧国家主要是苏联国家，如乌克兰、白俄罗斯、立陶宛、拉脱维亚及爱沙尼亚。这些国家有着相对坚实的传统制造业工业的基础，在空间开发、电力工程、机动车工程、航空工业、农业、光学和激光技术及其他领域有着相对厚实的传统研发及制造的能力。西亚北非兼并收购目标公司的产业集中分布在其他服务业（主要是信息技术、互联网服务业）、装备制造、化工以及初级产业，分别占总投资笔数的 32.7%、17.7%、10.6%、6.2%。从交易金额上看，石油化工产业交易规模大于其他产业。南亚地区兼并收购目标公司的产业主要为装备制造业和其他服务业。其中装备制造业集中在电力设备行业，占总笔数的 39.3%，其他服务业主要为通信与信息技术业，占总笔数的 18.1%。中亚五国兼并收购目标公司的产业集中分布在初级产业、装备制造、冶金工业以及其他制造业，分别占总笔数的 34.9%、19.8%、14%、12.8%。南欧地区兼并收购目标公司的产业集中在电力天然气等能源业、装备制造业、其他服务业以及冶金业，分别占总投资笔数的 22.5%、20%、15%、12.5%。

　　跨国并购按其功能划分，可以分为横向跨国并购、纵向跨国并购和

---

　　① 初级产业包含农业、矿业等。

混合跨国并购。

横向跨国并购发生在同一行业的竞争性企业之间。例如，两个钢铁厂之间的并购就是一种横向并购。通过横向并购，将资源整合，兼并后的公司可以获得协同效应。协同效应是指合并后的整体大于各个个体的简单加总，即"1+1＞2"的效应。除协同效应外，还可以获得更大的市场力量。这类横向跨国并购出现最多的行业有制药业、石化、汽车制造以及一些服务行业。

纵向跨国并购发生在客户和供应商之间以及买主和卖主之间。通过生产链的前后向联系，减少不确定性和减少交易成本。另外，由于有更大的规模，还可以从规模经济中获益。零部件供应商和它们的客户（如最终的电子产品制造商以及最终的汽车制造商）之间的并购是纵向跨国并购的典型例子。

混合跨国并购是指发生在不相关产业间的并购。这类跨国并购的主要目的是分散风险和深化规模经济。财务投资并购是指并购方不是来自产业资本，而是纯粹为了获得财务投资回报的并购行为。

本章将对"一带一路"兼并收购最活跃的东南亚地区进行分析。在401笔对东南亚的兼并收购活动中，主要的投资集中在新加坡、越南、印度尼西亚、马来西亚这几个人口或经济体量较大的国家。

中国对东南亚地区的兼并收购主要是横向收购，占75%，超过了国际横向收购占50%—60%[1]的平均水平。这说明中国大部分的跨境并购活动还是以扩大市场、增加产能为目的。随着中国外汇储备的不断攀升，财务投资类型的跨境并购大幅增加，占全部投资笔数的16%（见图5-22）。这类收购大多集中在互联网传媒通信（TMT）行业，投资的主体大多为大型的私募股权基金以及国家主权财富基金。

在跨国并购中，真正意义上的跨国兼并在整个跨国并购中的比重很低，大多数的跨国并购属于跨国收购。其可能的原因是：这种不改变被并购方法律实体的形式使被并购后的公司继续属于东道国，因而在东道国纳税；从民族感情的角度来看，这种方式更容易为东道国所接受；兼并方也可以减少风险。

---

① 黄中文、李玉曼、刘亚娟：《跨国并购实务》，CICAP，2006年，第121—122页。

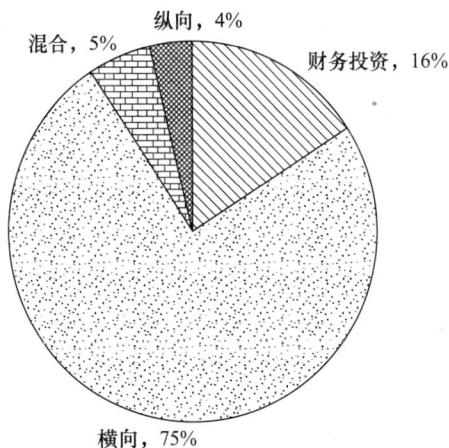

纵向，4%

混合，5%

财务投资，16%

横向，75%

图 5 - 22 中国对东南亚地区兼并收购类型分布

所以，从中国对东南亚地区的收购形式来分析，收购方对被收购方的收购方式喜好较为平均。我们将收购企业 50% 以上的股份的交易方式定义为多数股权收购，将 50% 以下的股份的交易方式定义为少数股权收购。有时获得不到 51% 的股权也可以说是获得了控制权。甚至有时候，只要获得了 10% 以上的股权就是跨国收购。其中能够获得被收购公司控制权的交易占大多数。但是，与国际上全面收购占绝对优势的情形不同，中国企业在走出去的时候对合资以及少数股权投资的兴趣相对来说更有兴趣。这体现了缺乏经验的中国企业在跨境并购方面的谨慎态度。少数股权收购的活动也是降低关注度、减少投资流程的一个方法，有一些企业会采用先收购少数股权，通过资本增加的方式逐渐完成完全收购的目的。比如，根据德国外商投资法律，只有当非欧盟或欧盟自由贸易协定成员国的投资者收购某些特定行业的德国公司（如军工、航天、特定 IT 产品等），且获得目标公司 25% 或以上投票权时，才必须向德国经济部申报。根据英国《金融时报》特约撰稿人张钰函的研究，2003—2013 年制造业海外并购 1800 余个案例表明，中国企业在近三年开始寻求少数股权投资。10 年前 90% 的制造业海外并购寻求全额或多数股权并购，但是，2012 年该数据下降到 67% 左右。在能源行业，中国石油和清洁能源企业的绝大多数海外并购都是进行少数股权投资。① 这一趋势说明, 中国企业吸取前车之鉴, 意识到自身在国外名声不大、信誉不高或管理经验不足, 为防止监管机构阻止或管理不善导致收购失败, 更多企业选择收购少数股权。

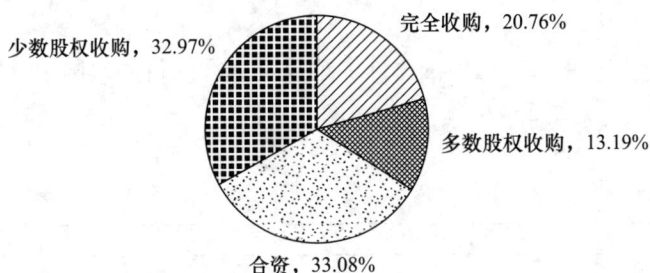

少数股权收购, 32.97%　　完全收购, 20.76%

多数股权收购, 13.19%

合资, 33.08%

图 5-23　中国对 "一带一路" 沿线地区收购类型分布

中国对 "一带一路" 沿线地区的收购类型的数据基本印证了中国企业对参与合资以及少数股权收购的偏爱 (见表 5-6)。

表 5-6　　　　中国对 "一带一路" 沿线地区收购类型数据　　　　单位:%

收购类型	东南亚	南亚	中亚	西亚北非	中东欧	南欧
完全收购	25.44	9.71	14.46	18.02	20.42	25.00
多数股权收购	9.73	14.56	18.07	10.81	17.28	22.22
合资	28.68	48.54	57.83	24.32	30.37	22.22
少数股权收购	36.16	27.18	9.64	46.85	31.94	30.56

2. 中国对 "一带一路" 沿线国家绿地投资活动分析

中国的对外直接投资正在从净流入转变成净流出, 2015 年以 590 亿美元的总量位居亚太地区第一名②, 2016 年 1—4 月, 中国首次超过美国成为全球最大绿地投资来源国。根据新华社报道, 2016 年 1—4 月, 中

---

① 《对中国企业海外并购的建议》, http://www.ftchinese.com/story/001048581? full=y。

② FDI Markets.

国企业在海外的绿地投资项目达 126 个，投资总额达 294.8 亿美元。美国企业同期推出 661 个绿地项目，但是，投资总额仅 228.1 亿美元，按投资金额计算，中国位居全球第一。据绿地投资监测机构 FDI Markets 的数据，在截至 2016 年 6 月的一年半时间里，中国投资者宣布了 315 项"一带一路"沿线国家绿地投资，总价值达 759 亿美元，比此前一年半高出一倍。

2016 年 1—4 月，在中国海外绿地投资选择的目的地国中，发展中国家占比较大（见图 5 - 24）。

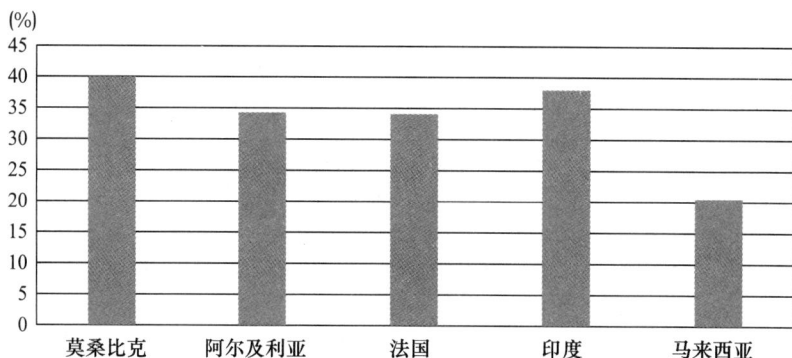

图 5 - 24　中国企业绿地投资的最大目的地国（2016 年 1—4 月）

绿地投资在对外投资中的比重不断下降，总体金额规模目前已被对外并购投资超越。中国商务部数据显示，2016 年 7 月，中国企业共实施海外并购项目 459 个，涉及 63 个国家和地区，涵盖信息传输、软件和信息服务及制造业等 15 个行业，实际交易金额 543 亿美元，占同期对外投资总额的 52.8%。根据 CCG 收录的 2000—2016 年上半年中国企业对外投资 2858 起案例，跨国并购案例数为 2515 起，占总案例数的 88%。可见，跨国并购已经成为中国企业对外直接投资的主流。[①]

对于中国企业来说，在对外投资时，选择跨国并购的优势在于，可以在短时间内进入国外市场，而通过绿地投资建厂，在初期可能难以打入当地市场。但是，随着企业的发展，绿地投资新建企业的绩效会不断

---

① 《中国企业全球化报告》（2016），http：//www.ccg.org.cn/dianzizazhi/qiye2016.pdf。

提升，两种进入模式的差距会不断缩小，最终各自形成优势。Wang、Sunny① 通过对全球 84 个国家和地区数据的研究发现，绿地投资可以显著地促进东道国经济增长。从印度尼西亚到中东，"中国制造"的热电厂在欧亚大陆各地拔地而起。仅在巴基斯坦一国，中国投资者已宣布价值约 85 亿美元的新电厂，为巴基斯坦电网新增 5260 兆瓦装机容量。电商集团阿里巴巴（Alibaba）、消费电子品牌海尔（Haier）也在成为对外投资大户，它们将生产业务迁往海外，准备服务印度这类大型消费市场。②

从地域分布上看，2016 年前 4 个月，中国企业在"一带一路"沿线国家绿地投资中的最大目的地国是印度（38 亿美元）和马来西亚（20.5 亿美元）。就项目数量而言，吸引中国绿地投资最多的"一带一路"沿线国家是印度（20 个项目）。③ 相对于跨国并购，中国企业在海外的绿地投资主要是劳动密集型和资源密集型企业选择在新兴国家进行投资，以获得原材料和劳动力。在"一带一路"倡议构想下，中国企业投资非洲多以绿地投资为主。另外，正在寻求转型升级的"中国制造"把目光投向德国。

对于绿地投资与兼并收购两种直接投资的方式选择偏好，林莎等④（2014）对 223 家中国企业进行了问卷调查，得出两点结论。第一，对于中国企业而言，跨国并购需要的程序更为复杂，风险更高，对于中国企业的挑战也更大。因此，只有在海外市场拥有丰富投资经验的中国企业，才倾向选择跨国并购的直接投资方式。第二，对于市场寻求动机的中国企业而言，由于企业可能处于成长初期阶段，因此，经常定位于新的产品市场，更倾向于选择绿地投资的直接投资方式。所以，相比绿地投资，通过跨国并购的中国企业表现出较高程度的产品差异化，较大的市场份额。同时，也拥有较大的规模和较高的资本强度。

2015 年，德勤中国对 54 家追寻国际化的中国国有企业进行了问卷调

---

① Wang, M., Sunny, M. C., What Drives Economic Growth? The Case of Cross – Border M&A and Greenfield FDI Activities [J]. *Kyklos*, 2009, 62, pp. 316 – 330.

② 《"一带一路"：好故事能否有好结局？》，http://m.ftchinese.com/story/001068864。

③ 《中国坐上世界绿地投资头把交椅》，http://paper.people.com.cn/rmrbhwb/html/2016 – 06/28/content_ 1690828. htm。

④ 林莎、雷井生、杨航：《中国企业绿地投资与跨国并购的差异性研究——来自 223 家国内企业的经验分析》，《管理评论》2014 年第 9 期。

查发现：国有企业国际化的形式呈多元化，随着"一带一路"沿线国家项目的开展，绿地项目的数量将增加。[①]

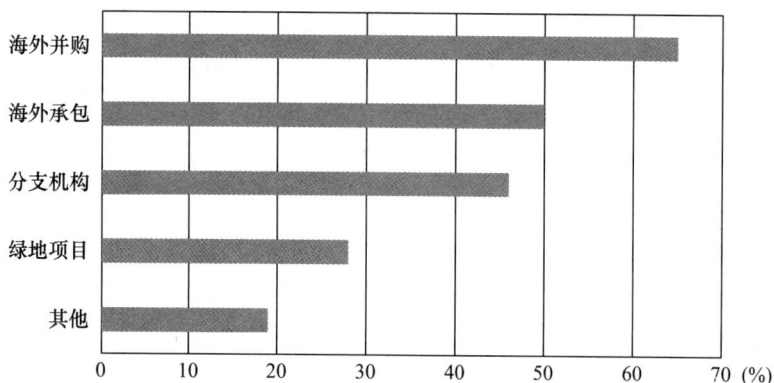

图 5-25 国有企业国际化形式

资料来源：德勤中国。

受访国企中采用最多的国际化形式是到海外并购项目，其次是到海外承包工程建设以及设立海外分支机构联系和推广国内业务产品。在海外并购中，绝大多数国企更倾向于全资持有或控股，偏好少数股权并购方式的国企是少数。另外，也有一些国企选择海外贸易或与国外机构合作等方式国际化。"一带一路"沿线国家项目中许多将采用公私合作（Public Private Partnership，PPP）即东道国政府与中国企业合作等方式，国有企业将去海外投资办厂或投资与工程建设同时进行，绿地项目的数量将大量增加。

三 "一带一路"沿线投资的主要障碍

（一）东道国风险
根据中国信保发布的《"一带一路"沿线国家风险分析报告》，与

---

① 《借力"一带一路"国企国际化迈进新时代》，https：//www2. deloitte. com/content/dam/Deloitte/cn/Documents/process – and – operations/deloitte – cn – soe – transformationseries – issue3 – zh – 151020. pdf。

2014 年评级相比，2015 年，国家风险水平下降、参考评级调升的国家有 14 个，占 7.3%；国家风险水平不变，参考评级保持稳定的国家有 159 个，占 82.8%；国家风险水平上升，参考评级调降的国家有 19 个，占 9.9%。

从调整结果看，评级调升的国家主要是国内结构性改革较为顺利，经济发展前景相对良好的印度、印度尼西亚、墨西哥、坦桑尼亚等国；评级调降的国家主要是受地缘政治紧张局势冲击较为严重的乌克兰、也门等热点国家。中国信保对 2015 年全球国家风险特征概括为：热点地区地缘政治冲突加剧；世界经济呈现不平衡温和复苏的"新常态"。

1. 东道国政治风险

一般认为，政治风险是指国际投资中因东道国政局变动、政策不连续、地缘政治冲突、民族主义与宗教意识形态冲突、地区和局部战争、官僚体制、恐怖袭击等因素给投资企业造成损害的可能性。总体来看，东道国政治风险主要包括政局变动以及发生骚乱、恐怖袭击或武装冲突等情况。①

中国第一本企业国际化蓝皮书——《中国企业国际化报告（2014）》中的数据显示，2005—2014 年发生的 120 起"走出去"失败案例中，有 25% 是政治原因所致，其中有 17% 是在运营过程中受东道国政治动荡、领导人更迭等影响而遭受损失。

表 5 - 7 根据世界银行 WGI 指标，按 2015 年排序的各地区分政治稳定指数。

表 5 - 7 　　　　　2015 年东南亚、南亚、西亚北非、高加索地区、
中亚、中东欧、南欧地区政治稳定指数

东南亚		
国家	2013 年	2015 年
新加坡	1.34	1.24
文莱	1.08	1.21
老挝	0.06	0.48
马来西亚	0.05	0.19
越南	0.22	0.01

① 陈立泰：《中国企业海外直接投资的风险管理策略研究》，《中国流通经济》2008 年第 7 期，第 48—51 页。

续表

东南亚		
国家	2013 年	2015 年
柬埔寨	− 0. 17	− 0. 10
东帝汶	− 0. 39	− 0. 22
印度尼西亚	− 0. 50	− 0. 60
菲律宾	− 1. 06	− 0. 84
泰国	− 1. 31	− 0. 96
缅甸	− 1. 15	− 1. 17
南亚		
不丹	0. 80	1. 10
马尔代夫	0. 22	0. 48
斯里兰卡	− 0. 59	− 0. 03
印度	− 1. 18	− 0. 92
尼泊尔	− 1. 11	− 0. 93
孟加拉国	− 1. 63	− 1. 15
阿富汗	− 2. 50	− 2. 50
巴基斯坦	− 2. 60	− 2. 54
西亚北非		
阿联酋	0. 89	0. 76
阿曼	0. 45	0. 69
科威特	0. 14	− 0. 11
沙特阿拉伯	− 0. 41	− 0. 54
约旦	− 0. 62	− 0. 58
伊朗	− 1. 26	− 0. 91
巴林	− 1. 35	− 1. 08
以色列	− 1. 09	− 1. 12
土耳其	− 1. 20	− 1. 28
埃及	− 1. 65	− 1. 34
黎巴嫩	− 1. 69	− 1. 72
伊拉克	− 2. 02	− 2. 29
也门	− 2. 35	− 2. 63
叙利亚	− 2. 68	− 2. 94

续表

高加索地区		
国家	2013 年	2015 年
亚美尼亚	0.07	− 0.29
格鲁吉亚	− 0.43	− 0.40
阿塞拜疆	− 0.41	− 0.69
中亚		
国家	2013	2015
塔吉克斯坦	− 1.13	− 0.87
哈萨克斯坦	− 0.38	− 0.10
吉尔吉斯斯坦	− 0.91	− 0.87
土库曼斯坦	0.17	− 0.11
乌兹别克斯坦	− 0.55	− 0.42
中东欧		
捷克	1.05	0.96
斯洛伐克	1.10	0.96
波兰	0.96	0.87
匈牙利	0.78	0.73
立陶宛	0.94	0.70
爱沙尼亚	0.73	0.62
拉脱维亚	0.59	0.45
罗马尼亚	0.16	0.20
白俄罗斯	− 0.04	0.00
摩尔多瓦	− 0.02	− 0.39
俄罗斯	− 0.74	− 1.05
乌克兰	− 0.76	− 1.93
南欧		
斯洛文尼亚	0.87	0.92
克罗地亚	0.61	0.58
塞浦路斯	0.55	0.54
塞尔维亚	− 0.08	0.23
黑山	0.46	0.13
保加利亚	0.15	0.02
马其顿	− 0.37	− 0.20
希腊	− 0.17	− 0.23
波黑	− 0.38	− 0.45

随着未来"一带一路"建设的全面铺开，各国间的经济合作投资与地区内不稳定因素的碰撞将是不可避免的。因此，基础设施建设与开发的成本，可能远远超过单纯的经济角度的考虑。在经济合作中，这个环节有可能出现诸多问题，即将成为"一带一路"建设面临的重要挑战。

2. 东道国政府管理障碍

世界银行发布的国家风险指数中关于政府管理的指数，分为政府效率、监管质量、控制腐败、法律法规四个方面。其中，政府效率即公共管理绩效，是指政府从事公共管理过程中以较低的成本、较少的资源实现政府最优产出，达到预定行政目标的水平和能力。监管质量指数反映了政府是否有能力制定和实施健全的政策和法规，允许和促进私营部门的发展。这些指数数据越小，则表明政府管理效率越低。

表5-8　　　　　　　东南亚、南亚、西亚北非、高加索地区、
中亚、中东欧、南欧地区政府管理指数

地区	国家	2013 年	2015 年	地区	国家	2013 年	2015 年
南亚	阿富汗	-1.40	-1.34	高加索	亚兰尼亚	0.09	-0.14
	孟加拉国	-0.80	-0.73		阿塞拜疆	-0.46	-0.23
	印度	-0.17	0.10		格鲁吉亚	0.58	0.40
	不丹	0.40	0.41	中东欧	白俄罗斯	-0.93	-0.48
	马尔代夫	-0.31	-0.38		塞尔多瓦	-0.39	-0.63
	斯里兰卡	-0.16	0.01		波兰	0.72	0.80
	尼泊尔	-0.93	-1.04		罗马尼亚	-0.06	-0.04
	巴基斯坦	-0.79	-0.66		俄罗斯	-0.35	-0.18
	文莱	0.87	1.05		捷克	0.89	1.05
东南亚	柬埔寨	-0.91	-0.69		爱沙尼亚	1.00	1.09
	印度尼西亚	-0.19	-0.22		匈牙利	0.66	0.49
	老挝	-0.73	-0.50		乌克兰	-0.64	-0.51
	马来西亚	1.01	0.96		斯洛伐克	0.79	0.84
	菲律宾	0.12	0.11		拉脱维亚	0.89	1.10
	新加坡	2.09	2.25		立陶宛	0.84	1.20
	越南	-0.27	0.08	南欧	斯洛文尼亚	1.01	0.97
	泰国	0.24	0.36		黑山	0.17	0.16

续表

地区	国家	2013 年	2015 年	地区	国家	2013 年	2015 年
东南亚	缅甸	-1.51	-1.24	南欧	斯洛文尼亚	1.01	0.97
	东帝汶	-1.21	-1.05		黑山	0.17	0.16
中亚	土库曼斯坦	-1.31	-0.87		保加利亚	0.16	0.22
	塔吉克斯丝	-1.07	-0.82		波黑	-0.43	-0.54
	乌兹别克斯坦	-0.94	-0.68				
	哈萨克斯坦	-0.53	-0.05		希腊	0.46	0.25
	吉尔吉斯斯坦	-0.64	-0.90		克罗地亚	0.70	0.51
西亚北非	巴林	0.60	0.57		塞浦路斯	1.36	1.04
	伊朗	-0.69	-0.20		塞尔维亚	-0.09	0.11
	伊拉克	-1.12	-1.27		马斯顿	-0.05	0.13
	比色列	1.23	1.38		蒙古国	-0.54	-0.40
	约旦	-0.04	0.14				
	科威特	-0.06	-0.02				
	沙特	0.07	0.21				
	阿联酋	1.18	1.54				
	埃及	-0.89	-0.76				
	阿曼	0.22	0.09				
	叙利亚	-1.43	-1.63				
	土耳其	0.39	0.23				
	也门	-1.21	-1.64				
	黎巴嫩	-0.40	-0.47				

3. 东道国环境风险

基础设施建设的投入是"一带一路"建设走向实际运营的先导。基础设施建设得好,则沿线地区能够发挥后发优势。经济建设取得长足的进展,基础设施构建不利,则不可避免地会造成浪费,并且拖累地区经济的进一步发展。

基础设施的建设与投入主要是政府应该承担的责任。基础设施一般具有投资大、周期长、回报率低的特点。因此,虽然它可能带来较大的社会效益,但其建设与运营对一般的企业而言,既缺少承受的能力又缺少推动的动力，即便要引入民间资金参与，也要由政府给出足够的补贴。

4. 东道国政府干预

（1）利用国家安全因素

在双边投资协议中设置例外条款是平衡和协调投资者、保护东道国国家安全、公共利益的"安全阀"，国家安全例外条例已经为《世界贸易组织协定》及众多双边投资协定所接受。

在经济全球化的今天，国家安全不仅包括传统的军事安全，还包括国家经济安全。鉴于其性质，国家安全条款本质上属于国家自行判断条款，尽管国际习惯法要求国家在履行条约时必须善意，但在缺乏明确标准的情况下，国家安全条款时常被滥用。[①]

（2）政策干预

东道国担心本国产业受到外来企业的冲击，因而采取一些政策干预以保护本国产业的发展和生存。如当地原材料零部件适用比例政策、资金回流政策、特别污染法等，都会给境外企业的投资活动带来风险。

同时，丝绸之路沿线国家对跨境贸易征收高额关税，各国边界管理机关效率低、不作为甚至存在贪腐行为，这些都严重阻碍丝绸之路的复兴。[②]

（二）企业层面投资障碍分析

1. 运营障碍

（1）人力障碍

境外投资企业的国际化管理能力不足，国际化人力资源不足。进入东道国的企业中高层管理人员多为母公司外派，对外地工作环境、相关业务的法律、市场情况、文化习俗等不够了解。容易导致冲突和经营决策失误。

供应链障碍分为生产供应链和生产需求链两方面：生产供应链风险主要表现在企业在东道国的生产所需资源受上游供应商制约较大，生产成本不稳定；生产需求链条风险指由于对消费者行为研究失误，竞争者

---

① 余劲松：《国际投资条约仲裁中投资者与东道国权益保护平衡问题研究》，《中国法学》2011 年第 2 期。

② 何茂春：《"一带一路"倡议面临的障碍与对策》，《新疆师范大学学报》2015 年第 3 期。

的替代品作用等造成的风险。①

成本变动的风险。劳工签证以及项目时间很长还需要重新办签证的费用成本,当地劳工雇佣要求符合当地的劳动法、工作时间限定、工伤保险等的规定而导致的用工成本上升,还有各设备与材料采购的价格的不确定性。

(2)风险管理的障碍

首先,风险信息预警机制缺失,企业尚未建立相应的风险预警机制或风险预警机制不完善,缺少国际化经营人才,对可能引起突发事件的信息意识不足,应对措施采取缓慢。②

其次,风险信息预警能力有限,尽管有的企业试图建立风险信息预警机制,但是由于企业对风险管理机制缺乏战略性的设置,缺乏东道国的人脉关系,获取信息的渠道有限,数据收集效率低,风险信息预警能力受限。③"一带一路"沿线国家对于经营投资等方面的各国法律要求差异较大,若不加以防范,企业就会陷入风险境地。

2. 市场风险

企业刚进入新市场,在品牌、知名度、客源、业务关系等方面与本土企业相比处于劣势。在竞争中,若本行业市场领导者进行反击,一旦竞争策略失败,企业将承担竞争成本和丢失市场份额的双重损失。上游原材料的供应商议价能力会造成原材料价格风险,市场供求关系造成的需求价格风险,融资、渠道和资产结构等造成的资金价格风险。

综上所述,中国目前已经成长为世界主要的对外投资国家之一。近十年来,中国对外直接投资持续增长,FDI 流入流量金额和 FDI 流出流量金额的差距不断缩小,并于 2014 年 FDI 流入流量金额首次超过 FDI 流入流量金额,成为对外投资净输出国。2015 年,对外直接投资流量创下了1456.7 亿美元的历史新高,占全球流量份额的 9.9%,金额仅次于美国。

"一带一路"沿线国家是中国资本重要的目的地。无论是从流量还是存量的角度,中国对"一带一路"沿线国家的直接投资占其吸引 FDI 的比重都在逐年增加。虽然中国对该地区的直接投资增长较快,甚至成为

---

① 韩师光:《中国企业境外直接投资风险问题研究》,博士学位论文,吉林大学,2014 年。

② 于吉:《"一带一路"倡议中的企业风险防控》,《企业管理》2015 年第 12 期。

③ 刘国栋:《企业风险防控管理浅析》,《企业改革与管理》2015 年第 23 期。

部分国家的主要 FDI 存量来源国，但是与该地区吸收外资的总量相比，规模仍有很大的增长空间。截至 2015 年年末，中国对"一带一路"沿线国家的直接投资存量占其吸收 FDI 总量的 2.70%，FDI 占"一带一路"当年吸收 FDI 的 6.72%，蕴含着巨大的潜力。

无论从地域、产业还是投资方式来看，中国在"一带一路"沿线国家的对外直接投资都日趋多元化。从地域来看，中国对该地区的 FDI 过去主要集中在紧邻中国的周边国家，其中对东南亚国家的 FDI 存量规模最大，存量为 476.53 亿美元，占总直接投资存量的 53.0%，其他地区也分别在不同产业上吸引着中国的对外投资。从产业来看，中国对该地区的直接投资活动涵括了能源类投资、运输类投资、矿产类投资、技术类投资、金融类投资、房地产投资等。从投资方式来看，中国对该地区国家的直接投资还是以产能合作和基础设施建设为主，但是日趋多元化。中国已由绿地投资为主的模式转向绿地、并购双头并进。绿地投资在对外投资中的占比不断下降，总体金额规模目前已被对外并购投资超越。在实施大型工程承包、合作开发资源等项目中，股权投资开始出现，部分投资项目采用 BOT 或产品分成合同 PSC 方式运营。

在对"一带一路"沿线国家投资，互惠共赢的道路上，中国还面临着一系列的障碍。主要的障碍包括东道国风险、市场风险以及行业等风险。中国国内目前也面临着政府部门之间、政府部门与非政府部门之间协调机制模糊的挑战。

第三篇

"一带一路"建设的点线面：产业合作、互联互通、金融合作与人文交流

第六章 "一带一路"沿线国家 工业化与国际产能合作

"一带一路"倡议是与合作国家实施战略对接，通过产能合作主动参与全球治理和地区治理的中国智慧和中国方案的集中体现。中国力推国际产能合作是"共商、共建、共享"之举，作用深远。这既有利于中国产业转型升级，又助力合作国家生产力发展，创造本地就业，提高当地人民福祉。同时，国际产能合作也是推进"一带一路"建设进程的内生动力和外生动力相互促进的结果。国际产能合作本质上是跨越国家地理边界的生产能力合作，其中的生产能力不仅包含狭义的工业生产能力，更涵盖了技术、管理制度、标准等"软实力"的跨国合作。

国际产能合作是为了扩大生产可能性边界。它超越了传统的、单一的国际分工模式（如国际贸易、国际投资和国际技术流动等），具有跨越国家地理边界、包含产品分工合作、消费市场和生产要素市场的跨国合作模式。在"一带一路"合作建设中，通过合作国家间的国际产能合作实现产业升级、产业优化、产业互补与产业协同，继而实现产能优化配置，最终将显著推动"一带一路"沿线国家的工业化进程。

一 "一带一路"倡议促进产业国际 合作迈入新阶段

近年来，全球价值链、产业链和供应链对国际生产、国际贸易和国际投资产生了深远的影响，使全球市场依存度日益加深。国际分工越来越表现为相同产业、不同产品之间和相同产品内不同工序、不同增值环节之间的多层次分工。国际分工的范围和领域不断扩大，逐渐由产业间分工发展为产业内分工，进而演进为产品内分工为主的国际分工体系。

以产品内部分工为基础的中间投入品贸易称为产品内贸易，从而形成了"全球价值链"体系。

（一）中国已深度融入全球价值链

国际产能合作伴随着世界经济发展的整个历史进程。不同国家和地区有着资源禀赋的差异，存在以资源供求衡量的产能丰裕区和产能缺乏区，也存在以要素价格衡量的产能高成本区和产能低成本区。因而，任何国家，要想实现经济的快速发展，不仅要主动学习先进的技术和管理经验，更需要依托国际国内两种资源、两个市场。中国的改革开放就曾两次承接国际产能转移，从而发展成为制造业大国。第一次是20世纪70年代末，中国实施改革开放，积极利用自身优势了劳动密集型产业向发展中国家转移的机遇，逐渐发展成为加工工业大国；第二次是自20世纪90年代中期开始，中国又一次利用承接中端制造业调整和转移的机遇，发展成为制造业大国。中国提出的"一带一路"倡议，正是顺应中国经济发展推动中国企业"走出去"，特别是以国际产能合作为主的全球治理新趋势而做出的对外开放的重大战略抉择。

中国最初是以加工贸易方式和垂直专业化分工参与全球价值链体系。改革开放以来，加工贸易一直处于较明显的优势地位，但国际金融危机后，其占比却呈下降趋势，而一般贸易则在波动中总体表现为上升趋势，增长速度超过加工贸易，两者之间的差距不断缩小。2009年一般贸易实现反超。以加工贸易持续快速增长为标志，中间品贸易占对外贸易的比重也随之大幅上升。加入世界贸易组织的十多年来，中间品货物贸易量的年均增速明显高于消费品和资本品。

中国中间品贸易表现在两个方面：一是使用本国廉价资源和劳动力禀赋，生产层次较低的中间投入品再输往国外；二是从国外进口中间投入品，利用本国的劳动力禀赋对其进行加工和组装，生产成最终产品或中间品后出口到国外（即加工贸易），加工贸易已经成为中国融入全球生产网络的主导模式。也正是得益于以全球价值链为主导的新型国际分工模式，中国可以在较短时间内发展成为规模与深度兼具的制造基地，在制造业的大多数部门和生产环节都具有较强生产能力，特别是在电子、汽车、机械等以产品内分工为主的部门，形成了较为完整的产业链和产业集群，吸引了越来越多的国际产业转移。

自2009年起，中国已连续多年成为全球最大的货物出口国，出口总额已经占世界贸易总额的 11% 左右。2011 年，中国贸易增加值迅速增长到 15744.2 亿美元，超越德国和美国，成为贸易增加值最大的经济体；从贸易增加值的增速来看，1995—2011 年，中国的贸易增加值年均增速最高，达到 16.3%，远远高于全球 7.3% 的增速，成为全球价值链的最大受益者之一。

（二）中国具备深化"一带一路"沿线国家价值链与国际产能合作的基础

"一带一路"倡议下的经贸合作取得了较大进展。2016 年，中国与"一带一路"沿线国家货物贸易总额 9478 亿美元，占同期中国货物进出口总额的 25.7%。与"一带一路"沿线国家服务进出口总额 1222 亿美元，占同期中国服务进出口总额的 15.2%，比 2015 年提高 3.4 个百分点。2016 年，中国企业共对"一带一路"沿线的 53 个国家进行了非金融类直接投资 145.3 亿美元。其中，项目投资主要分布于电力工程、交通运输、石油化工、通信工程等领域。对外承包工程方面，2016 年，中国企业在"一带一路"沿线 61 个国家新签对外承包工程项目合同 8158 份，新签合同额 1260.3 亿美元，占同期中国对外承包工程新签合同额的 51.6%，同比增长 36%；完成营业额 759.7 亿美元，占同期总额的 47.7%，同比增长 9.7%。境外经贸合作区是推进国际产能与装备制造合作的有效平台，已成为促进中国和东道国经贸合作"双赢"的重要载体。目前，中国已经在全球 50 多个国家设立 118 个境外经贸合作区，共有 2799 家中资企业入驻。在"一带一路"沿线国家中的 23 个国家设立了 77 个境外合作区，共有 900 家中资企业入驻，3975 个各类项目，年产值超过 200 亿美元，为当地解决 20 万人就业，缴纳税收共计 10 亿美元。还有 25 个国家希望同中国建立 36 个境外经贸合作区。

中国大量的优质产能也为进一步深化国际产能合作提供了基础。目前，中国是不少"一带一路"沿线国家的最大贸易伙伴、最大出口市场和主要投资来源地。根据联合国工业发展组织资料，目前中国工业竞争力指数在 136 个国家中排名第七位，制造业净出口居世界第一位。按照国际标准工业分类，在 22 个大类中，中国在 7 大类中名列第一，钢铁、水泥、汽车等 220 多种传统工业品产量居世界第一位。

随着产业升级以及工业化进程的深化，中国已经在多晶硅、光伏电池、风能设备等新兴产业产品，以及在轨道技术、车辆装备、移动信号高端装备制造业等领域具备了优势，具备了较强的技术创新能力，并逐步实现了从单一产品输出到成套设备输出，再到具备输出整体解决方案能力的转变。目前，南北车的产品已出口至约 90 个国家和地区，而南北车的合并，就是要打造"中国高铁"全球第一方阵。历时五年的海外发展，中国至少与 30 个国家进行了高铁合作或者洽谈，其中包括土耳其、委内瑞拉、沙特阿拉伯、利比亚、伊朗、泰国、缅甸、老挝、越南、柬埔寨、马来西亚、新加坡、罗马尼亚、巴西、墨西哥、波兰、美国、英国、俄罗斯等。这些不仅能够有力支持中国对外开展铁路、公路、航空、电信、电网和能源管道等领域互联互通的需要，在对外产能合作中还可以延长产业链和价值链，发挥产业前后向联系效应。

因此，在世界经济和中国经济下行压力加大，以及新一轮工业革命历史机遇的背景下，中国主动提出了汇聚新增长动能的倡议。2015 年 5 月出台的《国务院关于推进国际产能和装备制造合作的指导意见》提出：主要目标是力争到 2020 年，与重点国家产能合作机制基本建立，推进国际产能和装备制造合作的体制机制进一步完善。总体任务是将与中国装备和产能契合度高、合作愿望强烈、合作条件和基础好的发展中国家作为重点国别，并积极开拓发达国家市场，以点带面，逐步扩展。中国"十三五"规划纲要草案又进一步提出了未来五年国际产能合作的规划，即以上述 12 个行业为重点，采用境外投资、工程承包、技术合作、装备出口等方式，开展国际产能和装备制造合作，推动装备、技术、标准、服务走出去。国际产能合作意见的出台意味着中国与世界经济体系互动的内容、方式和角色都将发生积极的变化。中国不仅出口终端消费品，还将输出资本品；不仅要提高吸收外资的水平，还将打造"走出去"升级版；不再只是国际规则的被动接受者，还要积极参与和引领规则制定。

【专栏 1：巴基斯坦海尔鲁巴经济区】[①]

一 发展现状

（一）园区概况

巴基斯坦海尔鲁巴经济区（以下简称经济区）是中国首个揭牌的国

---

① 专栏文字供稿：中国交通建设股份有限公司。

家级境外经济贸易合作区，由中国海尔集团与巴基斯坦鲁巴集团（Ruba）于2006年11月共同组建；经济区位于巴基斯坦旁遮普省拉合尔市Rainwind路旁，距拉合尔市中心35公里（开车约25分钟），距首都伊斯兰堡300公里（飞行时间1小时），距离拉合尔火车站20公里（约30分钟），距离拉合尔机场70公里（约20分钟），距卡拉奇港口400公里。

（二）发展历程

2001年海尔在巴基斯坦的旁遮普省拉合尔市举行了隆重的"巴基斯坦海尔工业园奠基仪式"，这是海尔建立的第二个境外工业园。

2006年，海尔集团积极响应国家提出的"走出去"战略，中标国家商务部组织的境外经济贸易合作区招标项目，11月26日，国家主席胡锦涛亲自前往拉合尔市，与巴基斯坦总理一起为经济区举行了揭牌仪式。

（三）开发建设情况

1. 一期园区

经济区一期（即原海尔工业园），总面积33万平方米，到2015年，中方已投资4269.7万美元，总建筑面积8.7万平方米，年产家电120万台，已全部完成招商，园内项目正常运营。

经济区是以家电生产为龙头的、整合上下游配套资源的工业园区，重点发展的产业为小家电及发电设备、汽车摩托车及配件、化工及包装印刷业等。市场主要面向巴基斯坦国内市场，每年90%的产品在国内销售，不到10%的产品销往阿富汗和其他中东国家。

除海尔外已有入区企业7家，年营业额约4亿美元；带动直接就业岗位约5000个，年利税约9000万美元；外部已经建立电厂、仓储、酒店及餐饮等一系列配套设施及企业。

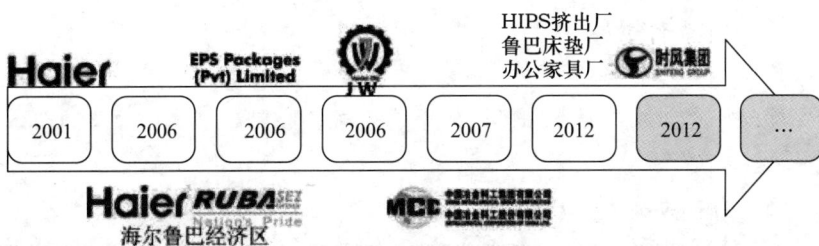

海尔鲁巴经济区

入驻企业介绍：

（1）海尔巴基斯坦有限公司

到 2015 年，海尔已在巴基斯坦建成了大小家电、黑白家电的供应链平台及产业配套体系，销售、售后服务网络遍及巴全国，海尔已经成为受到巴基斯坦消费者欢迎的知名品牌。海尔巴基斯坦生产并销售冰箱、冷柜、洗衣机、家用空调、商用空调、电视、微波炉、笔记本及小家电产品，核心部件在中国和国际市场采购，其他的部件在当地生产，2014年，生产数量为 120 万台套，销售额为 2.5 亿美元（含教育部电脑项目）；2014 年引进手机、电视的组装线，2014 年销售额为 5000 美元。自2002 年一期工厂投产以来，每年基本没有利润，从 2013 年起，由于卢比汇率从高位回落，2013—2014 年度，有 5% 左右的利润。

海尔已经成为巴基斯坦市场第二大家电品牌；其中家用空调产品连续五年保持市场份额第一，洗衣机市场份额第一，冰箱市场份额第二；根据 2014 年华通明略（Millward Brown）品牌调研显示，海尔巴基斯坦2014 年品牌知名度 99%，位居第一；海尔通过先进的经营管理理念，带动了当地家电业及入区企业的管理水平提升。通过提供符合用户需求的高质量产品，改变了巴基斯坦消费者对中国制造的认知。

（2）EPS packages（Pvt）Limited

EPS 于 2006 年建成，资本 500 万美元，主要经营包装设施及相关生产物料，不但作为海尔的供应商同时为其他家电企业供应产品；目前拥有 200 名员工，年营业额达 1000 万美元，利润约 300 万美元。

（3）JW

JW 于 2006 年建成，主要为海尔供应塑料部件；目前营业额约 1500万美元，利润约为 500 万美元每年。

（4）HIPS 挤出厂

成立于 2012 年，主要为冰箱生产内胆和门衬板材。月产能 300 吨，可生产三层复合板。为当地化板材降成本做出了贡献。目前营业额约 300万美元。

（5）鲁巴办公家具厂

工厂成立于 2012 年，占地面积 2000 平方米；工厂为 37 人，单班作业，产值 800 万—1000 万卢比/月；目前处于市场开拓阶段。

（6）鲁巴床垫厂

成立于2012年8月，主要生产泡沫床垫。

（7）MCC

2007年由中冶与鲁巴集团投资成立，目前承建在建的工程有拉合尔DHA项目、拉合尔环城路项目等。

（8）时风集团

2012年时风集团在园区内组装并销售农用车，第一款时风拖拉机已于2012年上市。

2. 二期规划

经济区二期规划面积10平方公里，定位于家电、纺织、建材、汽车、农机等产业及配套，起步区规划2平方公里，投资预计达14亿元，已完成总体规划，但由于土地及政策等各种原因，项目迟迟未能启动建设。

（四）园区服务

园区开发商的主要工作为基础设施建设和入园企业的管理服务等。

1. 基础配套设施完善

土地：已完成土地平整，道路、水、电、天然气、排污、通信、网络配套齐全；入区企业可租赁土地、厂房，或购买土地自行建设厂房；从下图可以看出，园区外部道路主要为砂土路，门口及内部道路路面状况较好。

海尔鲁巴工业区大门办公楼

标准厂房：园区建有标准厂房供企业租赁或购买，也可按企业的标准代建厂房后进行租售。

仓库冷柜厂

洗衣机生产车间物流仓库

2. 提供"一条龙"服务

（1）提供企业入驻服务

园区可为入园企业提供中巴双边投资政策咨询、法律法规、当地融资服务咨询，协助入园企业办理境内外投资审批和公司注册，协助意向企业申请享受巴国家及旁遮普省的政府优惠政策。

（2）生产经营服务

园区内设有家电检测平台、家电销售平台、售后服务平台、物流运输、报关清关、人员招聘、税费代缴及物业管理服务机构，为区内企业提供全面服务。

（3）生活配套服务

园区内提供员工宿舍、专家公寓等，并有中式餐饮服务，设有经济区会馆、运动场地等娱乐休闲设施；经济区内安保统一管理，出行可预约保安随同。

(4) 商务服务

园区可提供代办赴巴签证、票务预订、巴国内及园区交通、投资信息、经贸洽谈、企业对接等商务服务；还将引入国际化银行提供金融服务。

(五) 产业选择

结合巴基斯坦当地制造业基础及国内消费需求，园区产业招商主要为以下方向：

纺织与纺机：纺织机械及纺机零部件厂、高档成衣及家纺用品生产等；

汽车摩托车及配件：汽车整车（客车、轿车、工程车辆等），摩托车，汽车配件，摩托车配件，汽车装饰、装潢材料等；

建材业：塑钢门窗生产厂、板材型材生产制造、瓷砖生产、大理石生产加工、涂料、家具、管道制造、五金厂、幕墙工程、墙体材料、钢结构制造等；

农业畜牧业：水果加工，农业相关技术支持、设备生产，乳品加工，牛肉加工，皮革制品加工等；

小家电：厨房电器（面包机、榨汁机、燃气灶、电磁炉、饮水机等）、日用小家电（电熨斗、电风扇、电暖机等）；

化工业：化工原料生产，农用、日用化学品，工业助剂，油漆生产等；

包装印刷业：包装厂、印刷厂等。

二 管理模式

海尔鲁巴经济区为合资经营，共同组建海尔—鲁巴经济区开发公司，独立经营管理，实行董事会领导下的总经理负责制。

下设有三个独立的公司，一期、二期和销售公司；鲁巴集团控股一期工厂加工区；海尔控股销售公司和二期经济区。

鲁巴集团成立于1971年，为当地家族企业，是巴基斯坦最大的家电经销商，拥有该国最大的营销服务网络，产业涉及电子、汽车、零售、电子商务、房地产、工业园区等众多领域。

三 优惠政策

2007 年 2 月，海尔—鲁巴经济区获取巴基斯坦 ECC 批准的给予此项目的政策。

海尔—鲁巴经济区成立初期享受的优惠政策及服务

税费减免	□免除经济区项目的进口设备税
	□免除用于出口的产品生产、巴基斯坦国内稀缺的或无法生产的以及质量达不到企业生产要求的原材料进口关税
	□自经济区盈利并将盈利抵扣先前累积亏损完毕起 5 年内 100% 免除所得税，自第 6 年起的 5 年内实行减半的优惠税率即 17.5%
	□初始折旧率提升至 100%
	□企业将获取利润再投资免所得税
	□经济区内的企业享受巴基斯坦现有的出口鼓励政策
	□免除预扣税机构预先对包括土地交易在内的所有商业交易扣除的预提税
	□简化所得税免除证书的获取手续
	□在园区内建有保税区、保税仓库，为物流快速通关提供协助
	□自经济区开始运营起 5 年内，免除土地销售中产生的 2% 增值税与 4% 印花税，以及 5% 租赁收入预提税
	□自开始运营起 5 年内免除劳工税费、消费税等税费
能源环境	□巴基斯坦政府提供电、气及其他能源到经济区
	□省政府修建公路直通经济区
	□在经济区内建立员工培训中心
	□周边公路包括 M2、Link Road 及 GT 公路均应设置直通经济区的出口及道路；园区开发建设在不违反巴基斯坦相关法律和政策的前提下，可完全自主进行多用途开发

2012 年，巴基斯坦颁布《2012 年特别经济区法》，规定政府、私人部门、公私合营体均可建立特别经济区，经济区面积最小 50 英亩，无最大面积限制；经济区的优惠政策受法律保护，不得随意被撤销等。该法案同时规定已建园区不能同时享有双重优惠政策。

特别经济区的主要优惠政策

园区	内容
经济特区	□园区开发商和入园企业 10 年内免征所得税 □为园区开发的进口物资免进口税 □联邦政府提供电、气等公共服务 □允许园区开发使用自备发电 □省级政府负责修建通往园区的道路 □投资委员会（BOI）提供园区内的一站式服务，及免费的投资指导 □在园区内建立员工培训中心 □为促进进出口，在园区设立港口相关设施

四 要素成本

（一）园内生产要素价格

海尔鲁巴经济区主要生产成本

项目	2015 年参考费用
用电	工业用电：高峰电价 18 卢比/千瓦时，其他 12.1—14.5 卢比/千瓦时
用水	工业、商业用水：5000 加仑以下为 19.53 卢比/千加仑，5001—20000 加仑为 34.89 卢比/千加仑，20001 加仑以上为 50.48 卢比/千加仑
排污	工业、商业：按水价的 70%
天然气	一般工业 4.84 美元/百万英热单位，商业 6.32 美元/百万英热单位
通讯	本地电话费用 0.01—0.02 美元/分钟；国际长途 0.03—6 美元/分钟不等，至中国为 0.01 美元/20 秒
燃料费用	汽油 0.77 美元/升，柴油 0.85 美元/升，油价根据市场波动

（二）交通运输成本

陆运集装箱：瓜达尔至卡拉奇 40 尺集装箱运费 1100 美元，40 尺冷藏箱 1100 美元，货代 500 美元。

海运集装箱费用

从卡拉奇港至	20 尺集装箱（美元）	40 尺集装箱（美元）
泰晤士港（英国）	1500	2900
汉堡港（德国）	1500	2900
鹿特丹港（荷兰）	1500	2900
纽约港（美国）	2600	5100
香港港（中国香港）	1100	2200
高雄港（中国台湾）	1100	2200
釜山港（韩国）	1100	2200
大阪港/横滨港（日本）	1100	2200

（三）用工成本

2015 财年，巴基斯坦最低工资 12000 卢布，制造业一般非熟练工人工资为 119—149 美元，一般工人的工资在 120—300 美元。

五 经验总结

（一）企业主导园区整体开发，贴近市场，注重品牌效应

1. 产品与当地国情、社会发展阶段相融合，贴合当地消费习惯，迅速占有市场

在建立海尔工业园之前，海尔产品已进入巴基斯坦市场，海尔家电产品门类、规格品种齐全，可以全面提供巴基斯坦所需的产品品种；产品高中低档都有，可满足不同层次的消费者；如巴基斯坦人有穿大袍子的习俗，为此海尔研发出能洗大袍子的洗衣机；针对巴基斯坦多是几代同堂的大家庭，而且根据妇女的特殊需求，海尔研发了"宽体冰箱"和"快速制冰"功能；针对巴基斯坦能源短缺，夏季用电高峰每天停电 10 小时以上等情况，海尔研发了可节能 50% 的空调、大容量 100 小时不化冻冷柜等。由于质量可靠，设计符合当地消费者习惯，海尔销量每年以 80% 的速度增长，2014 年海尔空调和洗衣机的销量在巴基斯坦都居第一位，其中，海尔空调更是连续五年稳坐当地市场占有率第一。

2. 本土化经营，以海尔巴基斯坦公司为核心建设产业基地，完善产业链条

海尔集团按照自己"先有市场，再建工厂"的拓展国际市场战略以及"本土化经营"思路，在站稳巴基斯坦市场后决定在巴建立海尔家电

生产基地，2001 年建设了海尔第二个海外工业园，2006 年升级为经济区。海尔品牌的效应加速园区规模扩张，加快带动园区招商工作，先后引进了生产原料、部件、包装等上下游相关企业，进一步实现本土化生产，降低生产成本。

（二）良好的当地合作伙伴，通过优势互补实现"双赢"

在园区的建设过程中，适当引进一些巴方有实力的投资者参与，增加对巴方政府的影响力，能够加快园区的建设和招商引资工作；鲁巴集团是巴基斯坦实力强大的多元化产业集团，是巴基斯坦最大的家电经销商，拥有该国最大的营销服务网络，产业涉及电子、汽车、零售、电子商务、房地产、工业园区等众多领域，有良好的政商资源。鲁巴集团与海尔、上广电、中冶、长虹、时风等中国企业均有合作。

（三）注重本土开发和人才培养

海尔在巴基斯坦建立了完善的本土化运营体系，不仅实现了当地化营销、当地化管理，而且根据当地用户需求提供本土化的创新解决方案；园区规划方案也考虑到巴基斯坦穆斯林的生活习惯和宗教信仰；通过派驻经验丰富的技术人员培训当地工人，海尔在巴基斯坦培养了一大批家电领域的专业技术人才，并逐步实现了由高层管理人员到普通工人的彻底本土化。如今，在海尔巴基斯坦工业园内，99% 的工人都是巴基斯坦当地人。

二 国际产能合作加速推动"一带一路"沿线国家工业化进程

"一带一路"沿线国家着眼于构建全球价值链与跨国产能合作体系。随着"一带一路"建设的加快推进，国际产能合作已成为沿线国家开展国际合作的主要方式与重点领域，并取得积极进展。

（一）合作机制发挥重要牵引作用

2016 年，"一带一路"沿线国家产能合作有序推进。中国与有关国家和国际组织签署了 40 多份共建"一带一路"沿线国家合作协议，同 20 多个国家开展了机制化的国际产能合作，签署了第一份双边战略对接合作规划，即中哈《"丝绸之路经济带"建设与"光明之路"新经济政策对接合作规划》，第一份经济走廊合作规划纲要，即《建设中蒙俄经济走廊规划纲要》，结成互信友好、充满活力的"朋友圈"。在双边合作层面，中国已经与哈萨克斯坦、印度尼西亚、巴西、秘鲁等20多个国家建立了机制化的产能合作。从多边合作来看，中国与非盟签署了谅解备忘录，加强包括铁路网、公路网、区域航空网、工业化领域在内的"三网一化"合作，为推进双方务实合作，成立了中非产能合作基金。通过对接欧洲投资计划，设立中欧共同基金。与东盟、中东欧也在国际产能合作上达成多项共识。2016年9月7日，中国和东盟签订《中国—东盟产能合作联合声明》，双方将会形成更大的贸易合作空间。

（二）合作领域与合作方式多样化

当前在"一带一路"沿线国家开展跨国产能合作的产业，既有以轻工、家电、纺织服装为主的传统优势产业，以钢铁、电解铝、水泥、平板玻璃为主的优势产能产业，又有以电力设备、工程机械、通信设备、高铁和轨道交通为主的装备制造优势产业。在基础设施领域，从最初的设备供货到目前的EP（设计—采购）、EPC（设计—采购—建设）、IPP（独立电站）、BOT（建设—运营—移交）、BOO（建设—拥有—运营）、PPP（公私合营）、并购、融资租赁等多种形式。在对外承包工程方面，中国承包企业充分发挥资金、技术优势，积极探索开展"工程承包+融资""工程承包+融资+运营"等方式的合作，有条件的项目更多采用了BOT、PPP等方式。

（三）合作项目取得早期收获

1. 铁路方面

雅万高铁项目落地，中老铁路、中泰铁路相继开工建设，匈塞铁路启动。

2. 电力方面

中国参与建设的英国最大核电站获得英国政府批准，项目总投资180亿美元，由中国与法国联合投资，项目建设中将提供2.5万个就业岗位，建成后将满足英国7%的电力需求。这不仅是国际核电合作所取得的重要进展，也成为继高铁后，中国与"一带一路"沿线国家进行国际产能合作的又一重要里程碑。2015年，丝路基金向巴基斯坦投资16.5亿美元，用于建设卡洛特水电站，解决当地的电力紧缺问题，这不仅为当地带来光明与能量，也为其工业化进程提供了强大动力。中国一批特高压技术、标准和关键装备也出口到沿线国家。

3. 产业园区方面

在"一带一路"沿线国家合作区建设成效显著。"一带一路"沿线国家大多处于工业化进程初期，市场潜力较大，吸引外资意愿强烈。合作区建设有力地推动了东道国工业化进程和相关产业发展，特别是轻纺、家电、钢铁、建材、化工、汽车、机械、矿产品等重点产业发展和升级。目前，中国在 20 个"一带一路"沿线国家正在建设 56 个合作区，占在建合作区总数的 72.72%，累计投资 185.5 亿美元，入区企业 1082 家，总产值 506.9 亿美元，上缴东道国税费 10.7 亿美元，为当地创造就业岗位 17.7 万个。其中，中白工业园、中埃苏伊士自由贸易区、中马关丹产业园等标志性项目，不仅促进了开放合作，而且提升了当地工业化水平，推进了产业集群发展，促进了亚欧各国的互利共赢，推动了新一轮经济全球化，为全球经济带来了新的动力与希望。

（四）合作国拓展至"一带一路"沿线更广泛的区域

为促进非洲经济发展，中国宣布投入 600 亿美元资金支持中非产能合作。埃塞俄比亚被打造成中非产能合作示范承接地，并聚焦肯尼亚、坦桑尼亚、埃及、南非等重点国家，共建非洲的"三网一化"。已经出台的"中非工业化合作计划"将结合非洲工业化进程，支持各类产业集聚区建设，推动装备和产能集群式国际合作。为改进单一产业结构，促进中东工业化进程，中国将设立 150 亿美元的中东工业化专项贷款、100 亿美元商业性贷款、100 亿美元优惠性质贷款，支持开展中东产能合作。中国和阿拉伯国家构建的"1+2+3"合作格局的主轴就是能源合作。

【专栏 2：中国—埃及苏伊士经贸合作区】①

一 园区概况

中国—埃及苏伊士经贸合作区是中国政府批准的第二批国家级境外经贸合作区，位于亚非欧三大洲金三角地带的埃及苏伊士湾西北经济区，位于埃及东北部，距离首都开罗 120 公里，距离苏伊士城 40 公里，位于苏伊士湾西北部的海滨地带，离埃及最现代化的港口——因苏哈那港仅

---

① 专栏文字供稿：中国交通建设股份有限公司。

两公里之遥。

自 2008 年大规模开发建设以来，合作区起步区成为了中外企业集群发展的聚集地，为"走出去"的中国企业搭建了良好的海外发展平台。

二 发展现状

（一）园区发展历程

2007 年 11 月，苏伊士经贸合作区在商务部组织的境外经贸合作区招标中中标。

2008 年 12 月，时任副总理李克强访问埃及期间对合作区给予了高度评价，称合作区是中国对非合作的桥头堡，并希望将合作区建设成为中阿、中埃合作的典范。

2009 年 7 月，苏伊士经贸合作区正式通过国家商务部、财政部组织的确认考核，成为国家确认的境外经贸合作区。

2009 年 11 月 7 日，时任总理温家宝与埃及总理一起为合作区正式授牌。

2013 年 4 月 27 日，苏伊士经贸合作区扩展区 6 平方公里土地合同签约仪式举行。

（二）建设规模

1. 起步区

合作区规划面积 9.12 平方公里，起步区 1.34 平方公里已于 2013 年基本建成，累计投资 9342 万美元。初步形成新型建材产业区、纺织服装产业区、高低压电器设备产业区和石油装备产业区。到 2015 年合作区共有 32 家制造型企业、38 家其他类型企业入驻，总投资 4.6 亿美元，已初步形成了以宏华钻机和国际钻井材料制造公司为龙头的石油装备产业园区，以西电 Egemac 高压设备公司为龙头的高低压电器产业园区，以中纺机无纺布为龙头的纺织服装产业园区，以巨石（埃及）玻璃纤维公司为龙头的新型建材产业园区以及以牧羊仓储公司为龙头的机械制造类产业园区。

2. 扩展区

扩展区面积 6 平方公里，土地合同目前已经正式生效，即将开展一期项目建设招商工作。合作区扩展区将随着市场需求逐步进行开发建设，将分三期开发，计划在 10 年内建成，建成后将吸引 150 家企业，吸引投资 15 亿美元，提供就业机会 3 万—4 万个。

（三）产业规划

根据全球产业转移规律，以及中国和埃及双方产业发展诉求，确定了核心商务区、工业区、仓储物流区和生活区四大功能分区，努力将其建成集生产和生活于一体、经济价值聚集、供应链完备、可持续发展的现代化工业新城。

起步区规划重点发展石油装备、纺织服装、新型建材和高低压电器设备4个产业集群。

扩展区采用"三主三辅一配套"模式：以出口加工、先进制造和现代仓储物流为主导，"三辅"就是以保税商品展示交易科技研发和服务外包、商务办公等为辅助，"一配套"就是完善的生活和服务配套设施，为入区企业提供全方位保障。规划发展以下产业类型：交通运输装备生产类、纺织服装生产类、石油装备生产类、高低压电器生产类、精细化工类、新型建材、高科技产业、研发服务以及仓储物流商贸服务等，都是埃及的空白或薄弱环节。

（四）园区基础设施及服务

1. 园区基础设施建设

合作区已实现"五通一平"，各类基础设施完善，可以满足不同类型企业生产需求。道路、供水、供电、排水、通信等配套设施已完备。

供水：日供应工业用水 6000 吨，供水管网 24 小时不间断加压供水；

排水：拥有完善的排水设施，将建设纺织印染企业专用污水处理设施；

供电：主要供电变电设施基本建成并投入使用，24 小时不间断供电；

天然气：3 号地块北侧和东侧各有一条天然气主管道，如果企业需要，可从最近的天然气接口接入；

通信：固定电话和宽带网可就近接入企业并随时开通。

中小企业孵化园：区内现有一个建筑面积近 8 平方米、包含 12 栋标准厂房的中国中小企业孵化园，目前已有 20 余家中方中小企业入驻。

综合配套服务中心：园区内综合配套服务中心总体规划建筑面积为 10 万平方米，分为三期开发建设。已完成两期工程，总建筑面积 5 万多平方米，包括一座 8 层的投资服务中心大楼、一座 7 层四星级酒店、4 栋白领公寓、2 栋娱乐性单体建筑（健身俱乐部，图书馆，员工俱乐部，中、埃餐厅等），建有近 2000 平方米的蓝领公寓，服务配套设施全部完工并已投入使用。

公园等景观设施：建有占地 1.5 万平方米的泰达苗圃公园。

2. 园区管理服务

为帮助企业尽快在合作区扎根、成长、成熟，合作区利用在埃及积累的经验和人脉，为合作区入区企业提供"一站式、一条龙"企业配套服务，包括投资服务、职业培训服务、法律咨询服务、涉外手续服务、经营代理服务和物流保税服务。

园区内共有中外方的配套服务机构26家，其中包括苏伊士运河银行、法国兴业银行、中海运公司、韩进物流、阳明海运、苏伊士运河保险公司、广告公司等机构，为企业提供生产配套服务。

合作区还与埃及苏伊士运河大学孔子学院成立了联合培训中心，面向合作区企业，为埃及员工开展公共汉语、专业汉语和中国文化培训等。

（五）优惠政策

1. 中国提供的补助及优惠政策

（1）对实施企业或通过建区企业开展合作区建设，发生的委托专业机构开展合作区规划、可行性研究、设计、环境评估及工程监理等费用，直接用于合作区公共服务的安保及环保费用，为合作区发展向境内外保险公司统一购买投资保险的费用，按不超过实际支出的25%给予补助。

实施企业在合作区所在地以合资方式开展建区工作的，按照实施企业实际投资比例计算各项实际支出。

（2）对实施企业或建区企业在境内外银行取得的专项用于合作区建设的1年期以上外币贷款，其贷款年利率高于3%低于5%的部分所支付的利息支出给予不超过50%的补助。

2. 对国内企业在合作区投资设立生产和服务性企业给予支持

（1）以设立企业注册资本的中方投资实际到位额（含现汇和实物）为基数，每年按不超过中方投资实际到位额的5%给予补助。使用商务部无息贷款的部分不享受补助。

（2）对租赁合作区内的标准厂房、仓库（货场）、办公室、员工宿舍的租金，按不超过实际支出的50%给予补助。

3. 对国内企业在合作区投资设立餐饮、理发、便利店、金融、咨询、诊所、学校、仓储等服务性机构，支出的相关房租和煤、水、电、气等运营费用，给予全额补助。

4. 对国内企业为在合作区工作的中方人员向保险机构投保人身意外伤害保险的费用给予全额补助，每人最高保险金额不得超过 100 万元人民币。

5. 对国内企业委托天津市企业将产品出口到合作区的，其所发生的出口代理费用和出口信用保险费用，按不超过实际支出的 50% 给予补助。

6. 支持国内企业在合作区设立天津市商品展销中心，展览展示合作区生产的产品和天津市具有比较优势的产品。对建设展销中心发生的设备投入支出给予不超过 50% 的补助；对运营管理商品展销中心支出的房租和煤、水、电、气等运营费用，按不超过实际支出的 70% 给予补助。

7. 对在合作区年度工作时间不少于 6 个月的中方人员，按照实际工作月份给予伙食补助。外省市企业派往合作区工作的人员，补助标准为每人每年 1.5 万元人民币；天津市企业派往合作区工作的人员，补助标准为每人每年 2 万元人民币。

8. 对市商务委为加快合作区开发建设，组织在国内外推介合作区进行的招商、宣传等活动的相关费用，给予补助。

9. 对天津市驻埃及代表处的有关费用支出给予补助。

10. 对为应对合作区突发事件发生的相关处置费用给予补助。突发事件是指在合作区工作的中方人员因恐怖活动、战争、自然灾害等不可抗力因素，造成的人身安全受到威胁、发生伤亡等紧急事件。相关处置费用包括：企业赴境外处理突发事件工作人员的护照、签证、国际旅费和临时出国费用（不包括实施企业工作人员），以及应急物资购置费用等。临时出国费用补助标准参照《财政部、外交部关于印发〈因公临时出国经费管理办法〉的通知》（财行〔2013〕516 号）执行。对企业发生的上述支出，报经市政府审核同意后给予补助，每年补助金额不超过 200 万元。

11. 以上对同一企业的补助（不包括对中方人员人身意外伤害险的补助和中方工作人员伙食补助）最多可连续享受 3 年。同一企业每年享受补助资金累计不超过 200 万元人民币，实施企业每年不超过 500 万元人民币。

此外，中非发展基金为合作区提供 50 亿美元的股权融资，增加了新的融资渠道。国家开发银行与合作区合作，共同确定适宜企业，发放国家 10 亿美元对非中小企业专项贷款，用来支持和帮助合作区和入区企业健康发展。

12. 优惠税收政策

　　企业所得税：特区的企业所得税率统一为10%，而埃及普通企业所得税税率为20%—25%。对于在特区设立的公司、企业及其分支机构，其取得的债券收入、贷款利息和信用便利免征一切税费；对于在特区设立的公司，其公司合并、分立或改变公司法律性质而产生的利润免征税费；

　　个人所得税：特区的个人所得税统一为5%，而埃及普通企业所得税税率为10%—20%；

　　其他税费：在特区投资的企业不负担销售税、印花税、国家资源开发费，以及任何其他直接或间接税费。对特区内的公司、企业及其分支机构进口经营必需的各种材料和设备，免征关税、销售税和其他一切税费，同时，进口生产或服务活动专用的各种汽车和船舶，根据相关标准免征各种税费；特区内的公司，企业及其分支机构无须进行进出口登记和许可，可自行直接办理各项进出口业务。

（六）生产要素成本

　　主要生产要素成本如下表所示：

项目	内容
土地出售价格	260埃镑/平方米（包括土地合同在苏伊士省登记备案费用） 分期付款：签约后四年内每年支付20%、20%、30%、30%，并支付剩余地价款的7%作为利息 一次性支付：给予2%的价格优惠
公共区域物业管理费	0.5埃磅/平方米·年
厂房租金	一层厂房16埃镑/平方米·月，二层厂房14埃镑/平方米·月 不含水、电、气、通信，将以每年5%的增速递增
办公室租金	75埃磅/平方米·月，含水电费，将以每年10%的增速递增
底商租金	一楼100埃镑/平方米·月 二楼80埃镑/平方米·月
仓库租金	9埃镑/平方米·月，不含水、电、气、通信，将以每年5%的增速递增
白领公寓租金	一、二号楼：1楼和顶楼21埃镑/平方米·月，中间楼层24埃镑/平方米·月 三、四号楼：1楼和顶楼一室43埃镑/平方米·月，二室38埃镑/平方米·月，中间楼层一室46埃镑/平方米·月，二室41埃镑/平方米·月
蓝领公寓	726埃镑/间·月，每间8个床位，面积23.98平方米，含水电费

　　注：（1）厂房、办公、商业、仓库、公寓租金含公共区域的绿化、保安、保洁、维修等费用。（2）基础价格有效期截至2014年12月31日，每年1月1日会根据基础价格及增幅比例进行价格调整。

埃及主要生产要素成本价格参考如下：

项目	供应标准	参考价格	单位
工业用水	6000MT/日	6.15L.E（包括排污费用）	吨 Ton
工业用电	22000 伏	0.5L.E	度 KWH
汽油	92 号	1.85L.E	公开 Liter
柴油	0 号	1.05L.E	公开 Liter
天然气	减压后	0.55L.E	立方米 M^3
劳动力	一般熟练工	900—1200L，E	月 Month
通信	固定电话	0.05L.E	分钟 Minute
	移动电话	0.25L.E	分钟 Minute
	网络	400L.E	1 兆/月 1MB/month
陆运	合作区至开罗	1500L.E	20 英尺集装箱 20 ft container
	合作区至塞得港	1600L.E	20 英尺集装箱 20 ft container
海运	天津港至因苏哈纳	2600USD	40 英尺集装箱 40 ft container
	上海港至因苏哈纳	2200USD	40 英尺集装箱 40 ft container
	厦门港至因苏哈纳	2600USD	40 英尺集装箱 40 ft container

三 国际产能合作的新机遇与多挑战并存

（一）投资模式

中国—埃及苏伊士经贸合作区是中国政府批准的第二批国家级境外经贸合作区，也是集中了国家级资源开发建设的重点境外经贸合作区。它由中、埃两国政府联合创办，由天津泰达投资控股有限公司主导运营。

（二）投资主体

2008年7月，由天津泰达投资控股有限公司（持股75%）、天津开发区苏伊士国际合作有限公司（持股5%）和埃及埃中合营公司（持股20%）合资组建埃及泰达投资公司，注册资本金为8000万美元，中方持股80%，埃方持股20%。

2008年10月泰达控股与中非发展基金有限公司成立中非泰达投资股份有限公司，注册资本金4.2亿元人民币，其中天津泰达投资控股有限公司持股60%，中非发展基金有限公司持股40%。2009年经商务部批准（商办合作区办函〔2009〕2号），由中非泰达替换泰达控股，持有埃及泰达75%的股份，成为埃及苏伊士经贸合作区的境内投资主体。

1. 天津泰达投资控股有限公司

天津泰达投资控股有限公司成立于1984年12月。主要经营领域为区域开发与房地产、公用事业、制造业、金融和现代服务业等。天津泰达投资控股有限公司主导了天津经济技术开发区的区域建设和管理，已经将天津开发区打造成为中国投资环境最优和外商投资回报最高的地区。泰达控股拥有一整套先进的开发区建设、运营、管理的经验。

2. 中非发展基金

中非发展基金是时任国家主席胡锦涛在2006年11月中非论坛北京峰会上提出的对非务实合作8项政策措施之一，是支持中国企业开展对非合作、开拓非洲市场而设立的专项资金，是中国第一只由国家主席宣布设立、国务院领导揭牌开业的基金，也是目前国内最大的私募股权基金和第一只专注于对非投资的股权投资基金。中非发展基金由国务院正式批准成立，首期10亿美元资金由国家开发银行出资，最终达到50亿美元。埃及苏伊士经贸合作区是中非基金第一个投资的海外经贸合作区项目。

另一股东为埃及埃中合营公司，是由中埃政府指定的5家企业共同出资7000万美元组成。其中埃方由埃及银行、埃及国民银行、阿拉伯承包商公司和苏伊士运河管理局等四家最具实力的国有企业分别出资1575万美元，分别占有合营公司22.5%的股份。中方由开发区苏伊士国际合作有限公司出资700万美元，占有合营公司10%的股份。

投资模式上，以中埃合资方式形成合作区投资主体，形成双方"利益捆绑"机制。这种投资方式既可以壮大合作区承办企业的资金实力。又可以使中埃双方共同承担经营风险，实现互利共赢。

（三）运营主体

埃及泰达投资公司是在埃及本地注册的中埃合资企业，公司主要从事埃及苏伊士境外经贸合作区的开发、建设、管理与招商。埃及泰达公司的经营宗旨是为在埃及苏伊士经贸合作区投资的企业（以中国企业为主）提供全面的、优质的、人性化的投资服务，将此园区建设成埃及苏伊士湾经济区中的现代工业示范区。

（四）商业模式

基于埃及国情和天津开发区经验双重考虑，中非泰达投资公司在合作区开发建设的程序是：通过购买土地—实现七通一平—建设能用工业厂房孵化区—建设区域的生态景观—建设综合服务配套措施，建设成生态化、生活化、工业化的围合式工业新城，解决了埃及投资环境方面基础设施薄弱的问题，提升了区域价值。在建成相对完备的配套设施后，通过租赁厂房、商务办公楼宇、出售工业用地的方式进行招商引资，使有意向在区内投资的企业可立即入驻并开展经营活动。

在起步区运营中，合作区通过增加经营性资产空间，获得酒店收入，厂房、蓝领公寓、白领公寓等租金等，实现园区增收。2013年埃及泰达公司实现净利润分红900万元，当年酒店经营收入753万埃镑。

（五）招商模式

园区招商主要通过推介会、登门拜访、点对点招商、口碑招商及中介招商等多种渠道全方位立体式开展招商工作。国内招商工作采取点对点、点对面的形式接洽国内计划"走出去"的意向客户，国外招商则将招商重点放在了国际大型项目的对接上。

四 经验总结

（一）规划建设方面

1. 坚持"高起步规划、高水平建设、高品质工业新城"的"三高"标准在制定开发战略、产业发展规划及工业新城建设规划等方面，充分挖掘项目的内在价值，将"生产＋生活＋生态＋生命"四生一体的开发理念融入产品的开发之中。

2. 有序开发、滚动开发、成片开发

园区采用从起步区，向扩展区的成片滚动开发模式，做到"投入一片，开发一片，建成一片，收益一片，再策划一片"，从工业区到商务区、物流（服务）区，再到集中式生活区的逐步开发建设，实现产城融合的协同发展。

3. 管理培训，提升当地建筑单位人员素质

中非泰达将建设标准流程化、模块化，定期对当地建筑单位人员进行工程质量管理方面的培训，提升人员素质，保证合作区工程质量。

4. 积极沟通当地政府，推动工程手续办理

注重与当地政府友好关系的建立，形成了沟通协调机制，建立了良好的个人友谊，方便了工程、公司运营等手续办理。

5. 互利多赢，构建战略合作联盟

中非泰达将苏伊士经贸合作区作为合作平台，秉承"助人者，人恒助之"的价值观，愿让所有的合作伙伴、客户在合作区平台上获得成功，故在埃及拥有了许多稳定的建设工程方面的合作伙伴，形成了稳固的战略联盟，培养了自身业务拓展的核心资源。

（二）招商方面

1. 以缔结战略合作伙伴关系和横向成群、纵向成链为目标的招商引资策略

合作区产业项目招商战略将根据自身的逐步发展而有质的飞跃，即从初期的以宣传推介为主的"随机式被动招商"，到有重点的"定向式主动择商"，再到以行业龙头项目为核心和磁极的"集群式优化组合聚商"（依商招商）等的战略性转变。合作区将逐渐形成以各龙头企业为首的产业集群和产业链，并逐步扩大和积累"项目源"。合作区运营商将最终与入园企业结成战略合作伙伴关系，并共同开拓新的"阵地"（转移至驻在国其他地区或他国相关地区再开始新的建设发展）。

2. 结合合作区前期产业规划招商

结合合作区前期产业规划，从埃及自身优势、埃及产业结构、中国淘汰落后产能、国内劳动力紧缺与劳动力成本上涨、能源的关联度、规

避反倾销、辐射欧美市场、辐射西亚和非洲腹地市场、中国政府扶持走出去的倾向、中国近年来跨国投资重点企业的行业特征、近年来投资埃及的外资企业的行业特征等维度对招商项目进行遴选，将招商重点放在产业规划中的龙头企业及其相关配套企业。合作区扩展区项目招商将重点进行产业梳理和筛选，在起步区产业的基础上进行升级，由低级的制造业向高技术含量产业过渡。

3. 拓展招商模式和渠道

通过商贸、展会等方式加强招商之前的育商过程，同时配合口碑招商、中介招商等手段，全方位立体式开展招商工作。

4. 前后方联动，紧密配合

国内招商工作采取点对点、点对面的形式接洽国内计划"走出去"的意向客户，国外招商则将招商重点放在了国际大型项目的对接上。

5. 完善软硬件设施，打造综合服务平台

苏伊士经贸合作区除为投资企业提供生产类服务配套职能外，更要从"以人为本"的角度出发，为入区企业人员提供便利的生活、娱乐、休闲的服务配套。

6. 未来经营性资产将以为企业定制化为主

不同于起步区，扩展区部分厂房等经营性资产将充分考虑意向企业需求，为企业量身定做。

(三) 运营管理方面

1. 为入区企业提供基本物业服务

合作区为入区企业提供保安、保洁、绿化、维修等基础物业服务，保障合作区投资环境良好。

2. 为入区企业（客户）提供全方位、一站式高标准服务

从意向客户投产前的商务签证、自用设备海运清关手续办理，到投产后的劳动技能培训、法律咨询，再到运营中的补贴申报，合作区秉持泰达理念，专注人本精神。坚持"一站式"全方位服务，以专业化品质，为中国企业在国外市场的"开疆拓土"推波助势，贡献自己应有的力量。

3. 积极探索自身盈利模式——以投资高营利性项目为推动力的资金循环模式

工业新城运营商也是一个优良资产的投资者，主要依靠产业投资获得较大收益。它将根据工业新城不同发展阶段和多元化业务的不断扩张，

逐步投资成立一些新的专业性子公司或股份制公司。这些公司既可直接支持园区的建设和配套服务；也可作为新的、重要的利润增长点，获得回收期较短的投资回报，以推动工业新城的后续开发建设，从而形成工业新城开发建设的良性资金循环链。

4. 打造一支乐于奉献、敢于担当的工作团队

中非泰达拥有一批多年境外开发运营实践经验锻炼而成长起来的员工团队，聚集了一批专业化的合作伙伴和专家顾问团队，"内培、外引"的团队构成，支撑起合作区项目宝贵的人力资源。第一，合作区的管理推行"岗位轮换"制度。现有两个主体：一个是实施主体埃及泰达，另一个是国内投资主体中非泰达（各有一个团队）。埃及泰达的团队工作两三年以后，相关人员回到中非泰达，中非泰达的人员就对应岗位去埃及泰达工作。第二，实行"轮值总经理"制度，通过"接任者计划"，从多方面提升高级管理人员的工作能力。第三，依据埃及 2003 年 12 号劳动法中关于聘用外国员工比例的特殊规定，中方员工的比例不超过 10%，提出着重"属地化"建设，每年从埃方员工中选拔后备干部，进行重点培养培训，以能够在埃及承担起整个公司的运营。目前埃及泰达已经有财务、建设招商关键岗位的管理人员是由埃方员工担任的。

三 国际产能合作的新机遇与多挑战并存

当前，全球经济增长正面临深刻调整的重要转型时期。全球复苏步伐明显低于预期，国际贸易增长缓慢。全球产出能力过剩，劳动生产率增长缓慢导致全球经济潜在增速下降，投资率下降及实际利率下降。

在这样的背景下，中国乃至全球经济都需要寻求一种合作的新模式，探索新的发展动力。"一带一路"倡议下的国际产能合作就为全球经济带来了新的动力与希望。但是，当前的国际产能合作还处于起步阶段，面临诸多挑战，需要在国际实践中逐步解决。

（一）全球经贸低增长下的产能合作新机遇

本质而言，"一带一路"倡议可以看作是一种新型的"贸易协同战略"。21 世纪初，经济全球化加速发展，特别是全球金融危机以来世界经

济格局从"中心—外围"单循环体系向"双环流"体系转换，其经贸基础即"新南南合作"机制。新南南合作是针对以往单循环格局下发展中国家在世界经济边缘开展的传统南南经济合作而言的。这一合作，无论从背景、内容、形式还是意义都大大超越了传统的南南合作。

在这种贸易协同战略下，中国与"一带一路"沿线国家的贸易模式必将进行新的调整。这种调整包括贸易与直接投资和产业转移的融合与互动、从产业间贸易向产业内贸易的转变、贸易结构与贸易条件的重新调整，通过制度性安排保障推进贸易与投资关系的协同发展。

当前，中国已更深度融入世界经济体系之中。中国连续多年是全球经济增长的重要贡献者。1979 年，中国在世界经济总量中的比重仅为0.92%，还不足 1%。2014 年，中国国内生产总值已经突破 10 万亿美元，达到 10.4 万亿美元，占世界 GDP 的 13.82%，是仅次于美国的世界第二大经济体。2014 年，中国经济对世界经济增长的贡献率为 27.8%，是该年度对世界经济增长贡献最大的国家。2015 年，即便中国经济增长放缓，中国对世界经济贡献率也达到 30%，对全球和区域产生了越来越大的外溢效应。

从更深层次来看，2008 年以来，全球贸易体系正经历自 1994 年乌拉圭回合谈判以来最大的一轮重构。从全球经济贸易格局看，全球市场存在两个有着强烈区域特征的贸易中心，其一是大西洋贸易轴心；其二是太平洋贸易轴心。而 21 世纪以来，世界经济发展的最突出特点是包含亚洲、拉丁美洲、非洲的大多数发展中国家和新兴经济体的整体性发展壮大。

"一带一路"沿线国家以发展中国家为主，近年来这一区域的经济增长尤为显著。"一带一路"沿线地区覆盖总人口约 46 亿（超过世界人口的 60%），GDP 总量达 20 万亿美元（约为全球的 1/3）。1990—2013 年，"一带一路"沿线地区整体 GDP 年均增长速度达到 5.1%，相当于同期世界经济增速的两倍。即便是 2010—2013 年全球经济缓慢增长期间，"一带一路"沿线地区的年均增速也达到 4.7%，高于世界平均的 2.4%，对世界经济增长的贡献率达到 41.2%。

世界银行的数据进一步显示，国际金融危机后的 2010—2013 年间，"一带一路"沿线国家对外贸易、外资净流入年均增长速度分别达到 13.9% 和 6.2%，比全球平均水平高出 4.6 个百分点和 3.4 个百分点。截至 2015 年,中国同"一带一路"沿线国家进出口贸易总额近 1 万亿美元(9955 亿美元),同比增长 25%,其中出口增长 27%,进口增长 22.7%。远超过 2015 年中国进出口贸易下降 8% 的水平。在可以预见的未来,"一带一路"区域很可能形成除大西洋贸易轴心和太平洋贸易轴心外,新的以亚欧为核心的全球第三大贸易轴心。

"一带一路"倡议以推动实现区域内政策沟通、设施联通、贸易畅通、资金融通、民心相通为重点,促进开放型经济新体制建立,包括基础设施互联互通、能源资源合作、园区和产业投资合作、贸易及成套设备出口等领域,将依托沿线基础设施的互联互通,对沿线贸易和生产要素进行优化配置,形成以"周边为基础加快实施自由贸易区战略"和"面向全球的高标准自贸区网络"。由于沿线各国资源禀赋各异,经济互补性较强,彼此合作潜力和空间很大。

在国家区域自由贸易战略以及互联互通进程的推进下,中国制造业,特别是装备制造业、高铁等行业"走出去"的步伐越来越快,未来需要进一步通过异地投资、兼并重组、国际产业技术联盟、参与全球创新网络等手段,实现由产品输出到产品、技术、资本、服务输出的转变,实现中国产业链的整体升级。与此同时,根据劳动力成本和各国的自然资源禀赋相对比较优势,未来,中国劳动力密集型行业和资本密集型行业有望依次转移到周边及"一带一路"沿线国家,带动沿线国家产业升级和工业化水平提升,完成中国全球价值链的重构。

(二)国际产能合作面临诸多挑战

当然,就目前情况看,"一带一路"沿线国家经济发展也面临很大挑战和增长"短板",而这也恰恰是促进新一轮合作的动力所在。

1. 基础设施投资成为制约价值链分工与合作的"短板"

当前,"一带一路"沿线国家基础设施发展依然滞后于其经济增长,且无论在质还是量上均低于国际标准,软硬件基础设施的落后成为阻碍区内经贸合作的最大障碍。例如,新欧亚铁路途经多个国家,轨距不同,换轨操作费时耗力,各国口岸合作机制尚未形成,通行便利化程度不够,物流成本偏高,一些国家的港口设施落后,增加了商品和服务相互流通的困难程度。

根据亚洲开发银行预测,未来十年,亚洲基础设施投资需要 8.22 万亿美元,即每年需要新增投入 8200 亿美元基础设施资金。数据显示,

2013 年，亚洲除中、日、韩三大经济体的 GDP 总额约为 8 万亿美元，缺口远远不够。根据世界银行统计，中低收入国家资本形成率占 GDP 比重仅为 1/4 左右，其中用于基础设施投资方面的资金仅为 20% 左右，约 4000 亿美元，融资存在巨大缺口。

2. "一带一路"沿线国家贸易合作仍处于较低水平

与欧盟、NAFTA 以及东盟等在区域一体化方面取得实质性进展的地区相比，"一带一路"沿线国家面向区域内国家的出口和进口在全部对外贸易中的比重比较低，区域国家经贸合作还处于初级阶段。但从未来合作前景来看，发展潜力巨大。

21 世纪初，经济全球化加速发展以来，特别是全球金融危机以来世界经济格局从"中心—外围"单循环体系向"双环流"体系转换和贸易协同增长，而这也势必会带来新的贸易增长模式的调整。比如，贸易与直接投资和产业转移的融合与互动，从产业间贸易向产业内贸易的转变，贸易结构与贸易条件的重新调整，通过制度性安排保障推进贸易与投资关系的协同发展。

3. "一带一路"沿线大多数国家面临在全球价值链"中低端锁定"风险

尽管新兴经济体价值链分工参与程度在不断提升，并获取了参与价值链分工的经济增长效应，但是，还处于利用资源、劳动力等初级要素的发展阶段，并面临贸易利益恶化的风险。比如，资源型贸易利益结构的国家大都经济结构单一、外需依赖严重，因而必然面临较高的国际市场风险，国际市场不景气、世界经济增长放缓、国际能源价格波动等都会给国内经济带来巨大影响，而国际新能源的出现将会宣告这些国家黄金时代的结束。

以低廉劳动参与全球价值链中劳动密集型环节的制造型参与模式国家，对外国技术、资本依赖较强，容易形成低端环节的分工锁定效应，并会面对众多发展中国家低廉劳动力的竞争，其国际贸易利益必然会进一步受到挤压，而制造业中高耗能、高污染部门还会带来国内资源枯竭、环境恶化等负面效应。承接劳动密集型服务外包的国家也同样面临国内工业发展滞后、外包环节低端锁定、相对贸易利益较低等风险。而农业型贸易利益结构国家由于其国内价值链较短，必然带来国内附加值出口能力低、工业就业能力低等问题，同时面临自然灾害、价格波动、市场需求结构变化等风险。

四 加强国际产能合作的中国经验

当前，区域经济一体化持续深化，国际贸易投资格局处在深刻调整之中，而世界各国处于发展转型的关键阶段，需要进一步激活发展潜力，寻求合作发展的动力。"一带一路"倡议既是一个跨越亚欧等区域、强调与相关各国打造互利共赢的重大倡议，更是一个推动新一轮经济全球化的重大倡议。为此，需要全面创新合作机制，促进互联互通是"一带一路"沿线国家价值链与国际产能合作的基础，构筑"一带一路"框架下以产业转移为核心的双环流发展模式，在"一带一路"主要节点和港口共建经贸合作园区，积极推动"一带一路"全球价值链伙伴关系建设。

（一）促进互联互通是"一带一路"沿线国家价值链与国际产能合作的基础

"一带一路"沿线国家的基础设施建设和能源贸易的互联互通对提升区域产业贸易合作意义重大。"一带一路"沿线国家也不仅如此，它是铁路、公路、航空、油气管道、光纤、通信等综合在一起的立体、多维的通道，需要"软硬件基础设施"全面对接，加快构建"一带一路"沿线的海运水运网、高速公路网、高速铁路网、航空网、通信光缆网。"一带一路"沿线国家将依托沿线基础设施的互通互联，对沿线贸易和生产要素进行优化配置，从而促进区域一体化发展，包括边境口岸设施和中心城市市政基础建设、跨境铁路扩能改造、口岸高速公路等互联互通项目建设。

（二）构筑"一带一路"倡议下的"双环流"模式

随着中国产业结构升级，过去以日本为头雁的亚洲产业分工和产业转移模式逐渐被打破。"一带一路"沿线地区内处于不同工业化阶段的国家之间具有产业转移的天然动力和优势。根据劳动力成本和各国的自然资源禀赋相对比较优势，未来五年，中国劳动力密集型行业和资本密集型行业有望依次转移到"一带一路"周边及沿线国家，带动沿线国家产业升级和工业化水平提升，构筑以中国为纽带的"双环流"模式。

（三）在"一带一路"建设主要节点和港口共建经贸合作园区

中国与周边国家之间有非常长的陆地和海上边境线，在沿边地区建设跨境经济合作区、边境经济合作区，具有巨大的可能性和现实可操作性。吸引各国企业入园投资，形成产业示范区和特色产业园。通过产业园区建设来促进现代制造业、服务业、现代农业等相关产业融合发展。把建设境外经济合作区和边境合作区结合起来，建设跨国产业链，形成沿边境线的跨国产业带，进一步建立健全区域合作的供应链、产业链和价值链。优先采取以能源、贸易基建为主，以特许经营权等多种形式，推动大型能源和基建企业海外投资与运营，推动跨境园区建设，进行多种形式投资合作。

（四）积极推动"一带一路"沿线国家全球价值链伙伴关系建设

通过搭建一个"全球价值链伙伴关系"，促使更多的国家融入全球价值链网络体系之中。特别是随着新一代信息技术、互联网模块的发展，各国应加快深化在数字贸易、服务贸易，智能制造、绿色制造、新一代信息技术等新兴产业与技术合作。因此，"一带一路"合作框架应加快推动"数字贸易协定"的实施，尤其是那些寄希望于中小企业（SMEs），通过执行一系列关于最低海关门槛、中介责任、隐私权、知识产权、消费者保护、电子签名及纠纷解决等问题的新的政策实践，促进信息、贸易、产业的标准与规则统一。

总之，国际产能合作是中国政府提出的一项惠及"一带一路"沿线各国及相关国家的重要倡议。在各方的积极参与和协同推动下，国际产能合作"一轴两翼"布局正在加快形成，该布局以中国周边重点国家为"主轴"，以非洲、中东和中东欧重点国家为"西翼"，以拉美重点国家为"东翼"。随着国际产能合作政策的逐步深化与具体，其合作内容也在不断丰富，合作范围也在不断覆盖全球更广阔的区域。

世界经济当前仍处在深度调整期，金融危机暴露出的问题并未从根本上得到解决，一些国家试图靠非常规政策举措维持经济增长，效果并不理想，甚至为世界经济带来隐忧，引发新的市场动荡。开展国际产能合作，有利于加快各国经济结构改革调整，推动各国经济向实体经济回归，积累可持续发展能量。通过培育本土化的产业群，建设规模大、效益高的产业项目，也有利于优化贸易投资环境，创造新的经济增长点。同时，国际产能合作也契合一些国家推进工业化的现实需求，有利于完善全球产业布局，优化产业链、供应链，为世界经济增添新的增长动力。

"一带一路"以及国际产能合作这种新型国际合作方式，正是中国为全球提供的公共产品，在体现大国责任意识的同时，也为包括中国在内的发展中国家争取更多的国际利益奠定了合作基础。我们相信，在经济全球化新时代的国际格局变化背景下，由中国政府提出的国际产能合作，揭开了第二次世界大战后全球第四次国际产业大转移的新时代。这是中国，也是各合作国家必须牢牢把握并善加利用的重大历史机遇。中国愿与沿线各国共同努力，借此加快推进工业化进程，提高各国人民的生活福祉，推动人类文明不断进步。

第七章 "一带一路"基础设施及中国与周边国家互联互通

"一带一路"建设的关键是互联互通，尤其是涉及基础设施建设的互联互通。基础设施在"一带一路"建设和发展中扮演着先导性作用，不仅对"一带一路"沿线国家有着重要的经济贡献，也为政策沟通、贸易畅通、资金融通、民心相通提供物质基础。基础设施的概念非常丰富，不仅包括公路、铁路、港口等交通设施，也包括通信、电力、管道等公共设施。《愿景与行动》没有严格界定设施联通的具体内容，但强调了优先领域，即与跨区域合作相关的交通、能源和通信等基础设施。

一 需求牵引：为什么需要基础设施

（一）基础设施在"一带一路"建设中发挥先导性作用

基础设施互联互通是推进"一带一路"建设的重中之重，处于基础性优先领域，基础设施在"一带一路"建设和发展中扮演着先导性作用。

在尊重国家主权和安全关切的基础上，沿线国家通过加强基础设施建设规划、技术标准体系的对接，共同推进国际骨干通道建设，逐步形成连接亚洲各次区域以及亚欧非之间的基础设施网络。抓住交通基础设施的关键通道、关键节点和重点工程，优先打通缺失路段，畅通"瓶颈"路段，配套完善道路安全防护设施和交通管理设施设备，提升道路通达水平。推进建立统一的全程运输协调机制，促进国际通关、换装、多式联运有机衔接，逐步形成兼容规范的运输规则，实现国际运输便利化。推动口岸基础设施建设，畅通陆水联运通道，推进港口合作建设，增加海上航线和班次，加强海上物流信息化合作。拓展建立民航全面合作的平台和机制，加快提升航空基础设施水平。加强能源基础设施互联互通合作，共同维护输油、输气管道等运输通道安全，推进跨境电力与输电通道建设，积极开展区域电网升级改造合作。共同推进跨境光缆等通信干线网络建设，提高国际通信互联互通水平，畅通信息丝绸之路。加快推进双边跨境光缆等建设，规划建设洲际海底光缆项目，完善空中（卫星）信息通道，扩大信息交流与合作。

中国愿意帮助沿线国家改善和修建各类基础设施，使亚欧非大陆之间真正能够互联互通，以此来促进货物贸易增长、服务贸易增长、直接投资增长，建立和加强沿线各国互联互通伙伴关系，构建全方位、多层次、复合型的互联互通网络。

（二）互联互通有效实施的重要意义

互联互通是时代潮流，是世界各国的共同需要。互联互通是基础设施、制度规章和人员交流三位一体，政策沟通、设施联通、贸易畅通、资金融通和民心相通五大领域齐头并进，全方位、立体化、网络状的大联通。

1. 保障人民安居乐业

消除一切形式和表现的贫困，包括消除极端贫困，是世界的最大挑战，对实现可持续发展必不可少。充足的能源电力、顺畅的交通设施以及现代网络设施，是现代文明社会的重要组成部分，也是人民安居乐业的基本条件和消除贫困根源的有效手段。没有完善的基础设施，就根除不了贫困的阴霾；没有现代化的基础设施，就难以融入文明社会。当前，"一带一路"沿线国家广大发展中国家还存在一些地区民众正在忍受贫困、饥饿。我们要采取统筹兼顾的方式，加强基础设施建设，建立文明社会与之联系的通道，让所有人都能共享现代化科技文明的便利，让所有人平等和有尊严地充分发挥自己的潜能，在一个有安全、充满活力和可持续的人类居住地的世界和一个人人可以获得价廉、可靠和可持续能源的世界。

2. 助推国家可持续发展

加强基础设施建设，推进互联互通，既是"一带一路"沿线国家的优先领域，也是联合国《2030 年可持续发展议程》的重要组成部分。要想取得有持久、包容和可持续的经济增长，建立可持续交通系统、质量高和复原能力强的基础设施是其中重要的组成部分。联合国《2030 年可持续发展议程》目标 9 提出，建造具备抵御灾害能力的基础设施，促进具有包容性的可持续工业化，推动创新。

（1）发展优质、可靠、可持续和有抵御灾害能力的基础设施，包括区域和跨境基础设施，以支持经济发展和提升人类福祉，重点是人人可负担得起并公平利用上述基础设施。

（2）促进包容可持续工业化，到2030年，根据各国国情，大幅提高工业在就业和国内生产总值中的比重，使最不发达国家的这一比例翻番。

（3）增加小型工业和其他企业，特别是发展中国家的这些企业获得金融服务、包括负担得起的信贷的机会，将上述企业纳入价值链和市场。

（4）到2030年，所有国家根据自身能力采取行动，升级基础设施，改进工业以提升其可持续性，提高资源使用效率，更多采用清洁和环保技术及产业流程。

（5）在所有国家，特别是发展中国家，加强科学研究，提升工业部门的技术能力，包括到2030年，鼓励创新，大幅增加每100万人口中的研发人员数量，并增加公共和私人研发支出。

（6）向非洲国家、最不发达国家、内陆发展中国家和小岛屿发展中国家提供更多的财政、技术和技能支持，以促进其开发有抵御灾害能力的可持续基础设施。

（7）支持发展中国家的国内技术开发、研究与创新，包括提供有利的政策环境，以实现工业多样化，增加商品附加值。

（8）大幅提升信息和通信技术的普及度，力争到2020年在最不发达国家以低廉的价格普遍提供互联网服务。

3. 推动全球互联互通

"一带一路"建设贯穿亚欧非大陆，通过世界上规模最大的跨区域合作，构建全方位、多层次、复合型的互联互通网络，本质上就是一场规模宏大的、极其深刻的、相互关联的重塑经济地理行动。"一带一路"建设为沿线发展中国家提供基础公共产品，带动沿线各国货物贸易、服务贸易和投资的增长，以中国的发展带动沿线国家的发展和世界的发展。互联互通的有效实施，将会加快促进国内产业结构的合理调整，区域协调发展的有序推进，创新驱动发展战略的不断实现，经济发展方式的逐步转变；也将会促进国际贸易的转型升级，国际投资的持续扩大，国际金融的深入发展；还将会促进与周边国家经济发展战略的有效对接，推动区域经济一体化逐步实现。

（三）"一带一路"建设重塑世界经济版图

世界经济版图的演变是生产力发展的必然结果，纵观世界文明发源、古代丝绸之路、地理大发现、资本主义扩张、两次世界大战，都是建立在一定地理环境之上。

世界银行《2009 年世界发展报告：重塑世界经济地理》首次提出了 21 世纪重大的发展思路，即经济地理变迁仍然是发展中国家和地区成功发展经济的基本条件，应当对其予以促进和鼓励。中国政府发布《推动共建丝绸之路经济带和 21 世纪海上丝绸之路的愿景与行动》（以下简称《愿景与行动》），不仅对重振亚洲、非洲、欧洲经济乃至世界经济产生积极的短期的正能量，还会对重塑中国经济地理乃至重塑世界经济地理产生积极的长期作用和深远影响。

二　设施建设：打造区域增长的强劲引擎

一国的经济发展依托于基础设施，而经济发展又推进基础设施建设，二者密切相关。一个国家或地区的基础设施是否完善，是其经济能否长期持续稳定发展的重要基础。

基础设施直接推动生产和人口向城市集中，导致经济活动在地理上的集中，提升规模经济和社会福利效应。实证分析表明，基础设施建设对一国的经济发展具有"乘数效应"，通过带动几倍于投资额的社会总需求进而提高国民收入，加速社会经济活动。

（一）铁路建设

铁路是国民经济大动脉，是陆路大能力通道，不仅能够保障物流畅通，解决资源分布不均问题，还能够提供旅客快速出行保障，促进经济发展。目前，中国已规划推动从西南、西北和东北三个方向出境的六大经济走廊建设，建设完善了 11 个边境铁路口岸与 7 个内陆口岸，推动了"一带一路"铁路的基本联通，取得了良好的效果。主要边境铁路口岸包括阿拉山口铁路口岸、霍尔果斯铁路口岸、满洲里铁路口岸、二连浩特铁路、河口铁路口岸、凭祥铁路口岸。中欧班列是"一带一路"沿线国家重要运输载体。目前，已开行 8 个种类的中欧班列，包括渝新欧、蓉欧快铁、郑欧、汉新欧、苏满欧、义新欧、营满欧、湘新欧等。2015 年，总共开行中欧班列 820 列，同比增长 97.2%，返程班列 268 列，同比增长 8.6 倍。运行时间普遍在 16 天左右，比海铁联运节省 20 天左右，运输费用相当于空运的 25%。中欧班列具有安全快捷、绿色环保、受自然环境影响小等综合优势，已成为国际物流中陆路运输的骨干方式，为服务中国对外经贸发展，贯通中欧陆路贸易通道，实现中欧间的道路联通、物流畅通，推进国家"一带一路"建设提供了运力保障。

（二）电网建设

中国建设连接大型能源基地与主要负荷中心的"三纵三横"特高压骨干网架和 12 项直流输电工程，形成大规模西电东送、北电南送的能源配置格局。但中国跨国联网输电工程较少，且电压等级较低、输送容量不大。亚洲电网覆盖 48 个国家和地区，总装机容量 24 亿千瓦，供电人口约 40 亿。亚洲区域各国电网发展极不平衡，目前各自形成独立电网，跨国互联线路较少。欧洲电网所覆盖的国家国土面积普遍较小，工业高度发达，负荷密度大，电网结构密集，是全球互联程度最高的洲际电网，主要由欧洲大陆电网、北欧电网、波罗的海电网、英国电网、爱尔兰电网 5 个跨国互联同步电网，以及冰岛、塞浦路斯 2 个独立电力系统构成；非洲电网覆盖 50 多个国家和地区，总装机容量 1.5 亿千瓦，总用电量 7000 亿千瓦时，供电人口约 10 亿。非洲电网发展落后，近 60% 的人口无法获得稳定的电力供应，无电人口超过 6.2 亿。非洲各国之间电网总体联系较弱，各国电力以自平衡为主。

（三）信息建设

当前，信息已成为人类社会经济运行的最重要生产要素之一，现代信息处理与通信方式已成为现代社会必不可少的生产工具与手段。如何构建一条畅通的"信息丝绸之路"，助力"一带一路"沿线国家经济腾飞，正成为各个国家关注和思考的重点。当前，各国间信息基础设施互联互通的主要途径和建设重点是骨干网的互联互通，即跨境海缆、跨境光缆建设，客体上主要是各类互联互通的线路节点规划及项目实施，主体上主要是各国通信运营商之间的合作。各运营商国际公司通过租、购、建相结合的方式加快海外传输资源的建设。随着中国与"一带一路"沿线国家的区域、次区域重点合作渠道不断拓宽，合作机制不断完善，合作深度不断加强，以大湄公河次区域信息高速公路、上海合作组织信息高速公路、中国—东盟信息港、亚欧信息高速公路、中阿网上丝绸之路、非洲信息高速公路项目等信息基础设施项目不断推进，逐步发挥作用和影响力。目前，"一带一路"有66个国家实现了与国际互联网的链接，与中国互联网可以实现直接或间接的互联互通。

（四）管道建设

近年来，随着国家能源"走出去"战略的实施，中国已初步构建了陆上的西北、东北、西南和海上四大油气进口战略通道大格局。2015年年底，中国建成了西北中哈原油、中亚天然气通道、东北中俄原油通道、西南中缅油气通道与东南海上通道，形成了原油通道能力陆上5800万吨/年，海上6亿吨/年。天然气通道能力陆上720亿立方米/年，海上740亿立方米/年。2015年，中国天然气进口量620亿立方米，其中西北通道进口中亚天然气305亿立方米，西南通道进口中缅天然气约40亿立方米，其余275亿立方米以LNG方式从海上通道进口（主要来源于澳大利亚、卡塔尔、印度尼西亚、马来西亚等地）。2016年1—11月，中国天然气进口量691亿立方米。2015年，中国原油进口量为3.35亿吨，其中通过东北通道进口俄罗斯原油1600万吨，通过西北通道进口哈萨克斯坦原油1178万吨，其余约3.1亿吨原油通过海上进口。2016年1—6月，中国原油进口量为1.8653亿吨，同比增加14.18%（主要来源于俄罗斯、沙特阿拉伯、伊拉克、阿曼、伊朗、安哥拉、委内瑞拉、巴西等地）。

（五）港口建设

21世纪海上丝绸之路与现代国际海运主航线高度契合。沿线国家除部分欧洲国家外，绝大多数国家属于发展中国家，人口众多，资源能源矿产丰富，国际海运和港口需求旺盛。2015年全球集装箱海运量约1.84亿TEU，其中远东到欧洲、中东、南亚、澳洲和非洲以及亚洲、欧洲区内等主要航线集装箱运输量1.16亿TEU，约占全球集装箱海运量的62%。2014年，全球海运集装箱吞吐量6.85亿TEU，较2008年增长32.6%，2008—2014年年均复合增长率为4.8%。从规模来看，2014年中国沿海港口集装箱吞吐量1.82亿TEU，占全球的27%。其后分别是欧洲、东南亚、东亚，在10%以上。之后是西亚和北非、北美、拉美、南亚、撒哈拉以南的非洲和澳洲。从增速看，撒哈拉以南的非洲年均复合增长率8.1%，位居全球首位，其后是中亚、南亚、西亚和北非等"一带一路"沿线地区增速高于全球平均增速，东南亚地区增速与全球保持一致，澳洲略低于全球增速，欧洲明显低于全球水平。

（六）公路建设

公路是综合运输体系中服务范围最广、承担量最大、发展速度最快的地面交通运输工具，在地形复杂、人口集聚度不高、经济欠发达地区，是最便捷、最经济甚至是唯一的运输方式。中国西部地区与邻国之间有漫长边界线，其中，新疆与中亚、南亚 8 个国家接壤 5600 公里，西藏与邻国边界 3549 公里，云南与邻国边界 4060 公里。目前，中国"一带一路"沿线国家公路设施全面联通体系已经形成，一些重大项目已顺利开工，还有一些项目正处在规划阶段。在中国—东盟方向，已形成连接中国与东盟的两个铁路口岸（凭祥/同登铁路口岸和河口/老街铁路口岸），基本建成或规划建设的高速公路通道主要有 8 条。从云南出境的中老泰公路、中越公路、中缅公路以及中印公路国内段大部分目前已建成高速公路。广西崇左、靖西至龙邦 2016 年年底建成后，将打通中国桂西、滇东、黔南通往东南亚各国的陆路通道。在中国—中西亚方向，中国已与中亚国家形成了北中南三大陆路运输通道，包括六条跨境公路。作为"一带一路"建设的旗舰项目，巴基斯坦喀喇昆仑公路二期、卡拉奇高速公路开工建设。以"中巴经济走廊"的重点项目为例，雷科特至伊斯兰堡公路项目，全长约 487 公里，是巴基斯坦北部地区以及通往中国的唯一陆上通道。

三　经济走廊：拓展各国合作的物理空间①

《推动共建丝绸之路经济带和 21 世纪海上丝绸之路的愿景与行动》在"框架思路"中提出，根据"一带一路"走向，陆上依托国际大通道，以沿线中心城市为支撑，以重点经贸产业园区为合作平台，共同打造新亚欧大陆桥、中蒙俄、中国—中亚—西亚、中国—中南半岛等国际经济合作走廊；海上以重点港口为节点，共同建设通畅安全高效的运输大通道。中巴、孟中印缅两个经济走廊与推进"一带一路"建设关联紧密，要进一步推动合作，取得更大进展。当前，中国正与"一带一路"沿线国家一道，积极规划中蒙俄、新亚欧大陆桥、中国—中亚—西亚、中国—中南半岛、中巴、孟中印缅六大经济走廊建设。

---

① 本节经济走廊资料根据互联网等公开信息整理得到。

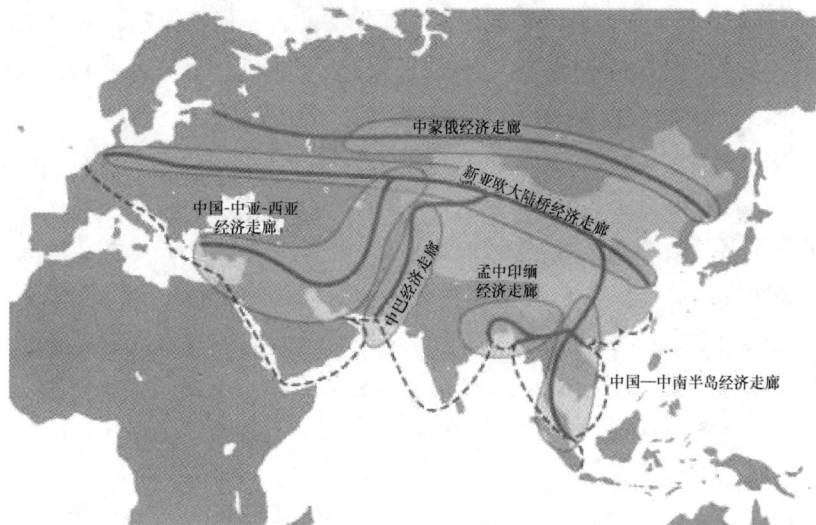

图 7 - 1 "一带一路"倡议：横跨亚欧非的六大经济走廊示意

（一）中蒙俄经济走廊

中国国家发展改革委确定的中蒙俄经济走廊分为两条线路：一条是从华北京津冀到呼和浩特，再到蒙古国和俄罗斯；另一条是东北地区从大连、沈阳、长春、哈尔滨到满洲里和俄罗斯的赤塔。两条走廊互动互补形成一个新的开放开发经济带，统称为中蒙俄经济走廊。

建设中蒙俄经济走廊的关键，是把丝绸之路经济带同俄罗斯跨欧亚大铁路、蒙古国草原之路倡议进行对接；加强铁路、公路等互联互通建设，推进通关和运输便利化，促进过境运输合作，研究三方跨境输电网建设，开展旅游、智库、媒体、环保、减灾救灾等领域务实合作。

1. 相关协议

2014 年 9 月 11 日，中国国家主席习近平在出席中国、俄罗斯和蒙古国三国元首会晤时提出，将"丝绸之路经济带"同俄罗斯"跨欧亚大铁路"、蒙古国"草原之路"倡议进行对接，打造中蒙俄经济走廊。

2015 年 7 月 9 日，习近平在乌法同俄罗斯总统普京、蒙古国总统额勒贝格道尔吉举行中俄蒙元首第二次会晤，批准了《中俄蒙发展三方合作中期路线图》。其间，根据三国元首首次会晤达成的共识，三国有关部门分别签署了《关于编制建设中蒙俄经济走廊规划纲要的谅解备忘录》

《关于创建便利条件促进中俄蒙三国贸易发展的合作框架协定》和《关于中俄蒙边境口岸发展领域合作的框架协定》，明确了三方联合编制《建设中蒙俄经济走廊规划纲要》的总体框架和主要内容。

2016 年 6 月 23 日，国家主席习近平在塔什干同俄罗斯总统普京、蒙古国总统额勒贝格道尔吉举行中俄蒙元首第三次会晤。会晤后，三国元首见证了《建设中蒙俄经济走廊规划纲要》和《中华人民共和国海关总署、蒙古国海关与税务总局和俄罗斯联邦海关署关于特定商品海关监管结果互认的协定》等合作文件的签署。9 月 13 日，国家发改展改革委公布《建设中蒙俄经济走廊规划纲要》，标志着"一带一路"倡议框架下的第一个多边合作规划纲要正式启动实施。

2. 主要投资领域

根据《建设中蒙俄经济走廊规划纲要》[①]，中蒙俄三国的合作领域包括交通基础设施发展及互联互通、口岸建设和海关、产能与投资合作、经贸合作、人文交流合作、生态环保合作、地方及边境地区合作共七大方面。

3. 项目建设情况

（1）中蒙二连浩特—扎门乌德跨境经济合作区。中蒙跨境经济合作区位于中蒙国界两侧的毗邻接壤区域，紧邻二连浩特—扎门乌德边境口岸，规划总占地面积 18 平方公里，中蒙双方各 9 公里。通过"两国一区、境内关外、封闭运行"模式，打造集国际贸易、物流仓储、进出口加工、电子商务、旅游娱乐及金融服务等功能于一体的综合开放平台。跨境经济合作区将主要发展加工制造、商贸物流和现代服务业，通过吸引人流、物流、资金流、技术流向合作区聚集，建设面向中国、蒙古国、俄罗斯及国际市场的商品加工生产基地，实行开放的贸易和投资政策。

目前，蒙方一侧已完成核心区 3 平方公里的基础设施建设，正在开展招商工作。中方一侧基础设施项目于 2016 年 9 月 19 日开工建设。项目总投资 9 亿元，主要实施"三横四纵"主干道 20 公里、"两横三纵"次干道 13.5 公里以及综合管廊、给排水、供热、电力、通信等基础设施建设，建设年限为 2016—2018 年。2017 年计划投资 2 亿元，完成部分基础

① http://www.scio.gov.cn/ztk/wh/slxy/htws/Document/1491208/1491208.htm，《纲要》全文链接。

设施建设。该项目建成后,将实现与跨境区蒙方一侧基础设施建设同步。

(2) 满洲里综合保税区。

2015年3月23日,国务院正式批复设立满洲里综合保税区,成为内蒙古自治区首个综合保税区。满洲里综合保税区规划建设面积1.44平方公里,地处满洲里市公路口岸、铁路口岸和航空口岸三大口岸的中心交汇处,地理位置极为优越,总投资4.6亿元。建成运营后,将以现代物流、保税仓储、国际贸易和保税加工四大产业为重点,逐渐发展成为内蒙古自治区乃至全国重要的生产服务基地、国际物流集散地、大宗商品交易地、制造业加工出口基地和国际展览展示中心,成为服务全国、面向俄蒙、辐射东北亚的重要载体和平台。

2016年12月20日,满洲里综合保税区正式实现封关运营。

(3) 策克口岸跨境铁路。

2016年5月26日,策克口岸跨境铁路通道项目正式开工建设。该条铁路建设采用中国标准轨距(1435毫米),是中国实施"一带一路"建设后,通往境外的第一条标轨铁路。策克口岸跨境铁路标志着中蒙两国政治互信达到了新的高度,也为不久的将来策克口岸贸易量大幅度提升奠定了坚实的基础。

策克口岸跨境铁路通道项目建成后,将与国内的京新铁路、临策铁路、嘉策铁路,以及拟建的额酒铁路相连,构成南联北开、东西贯通的能源输送网。向东通过乌里亚斯太与北京至莫斯科铁路相连,再往北经斯特口岸与中西伯利亚欧洲铁路相连,最终经鹿特丹港入海,成为中俄蒙经济走廊的西翼和第四条欧亚大陆桥,为中国充分利用境外资源提供有力保障。届时,策克公路、铁路两个口岸年过货量将突破3000万吨,策克口岸将成为中国第一大陆路口岸和蒙古国最大口岸。

(4) 中蒙"两山"铁路。中蒙"两山"铁路是连接中国内蒙古阿尔山市至蒙古国东方省乔巴山市的国际铁路,这条铁路建成后将形成珲春—长春—乌兰浩特—阿尔山—乔巴山市—俄罗斯赤塔,最后与俄罗斯远东铁路相连的一条新欧亚大陆路桥。根据初步计划,"两山"铁路全长476公里,预计总投资142亿元,含20个站场,8万平方米厂房、桥梁25座、涵洞445米。铁路按照国际一级标准建设,货流密度1500万—2500万吨/年、年收益率为8.1%,投资回收期为14.8年,从勘探、设计,再到施工,大约需要3年完成。2016年11月,"两山"铁路的后方通道白阿铁路、长白铁路如期转线贯通。目前"两山"铁路的开工建设日期尚未确定。

（5）莫斯科—喀山高铁项目。作为中俄共建的"俄罗斯（莫斯科）—中国（北京）"欧亚高速运输走廊的重要组成部分，截至 2016 年 11 月，莫斯科—喀山段高铁项目已基本完成勘察设计工作。2015 年 6 月，俄罗斯企业与中国中铁二院组成的联合体，中标莫斯科—喀山高铁项目，项目造价约为 1 万亿卢布（约合 1084 亿元人民币）。莫喀高铁线路全长 770 公里，穿越俄罗斯的 7 个地区，全程计划设立 15 个车站。铁路最高设计时速 400 公里/小时，轨距为 1520 毫米，预计建成后莫斯科至喀山将只需 3 个半小时。项目规划在 2018 年世界杯之前完工。未来线路还将继续向东，经过叶卡捷琳堡、哈萨克斯坦首都阿斯塔纳至中国境内的乌鲁木齐，并最终融入中国"八纵八横"高速铁路网络。中俄高铁合作与习近平主席倡导的丝绸之路经济带建设和普京总统倡导的欧亚经济联盟建设相契合。

（6）乌力吉公路口岸建设项目。乌力吉口岸位于阿左旗乌力吉苏木西北地区，处于中蒙交接的中心节点，对内辐射西北、华北、华中等地区，并与欧亚大陆桥连通；对外辐射蒙古国巴音洪格尔、南戈壁、前杭盖、后杭盖和戈壁阿尔泰五个省。优越的地理位置和得天独厚的区位优势，使乌力吉口岸将成为中国连通欧亚大陆桥，连接长江经济带，打通中国、蒙古国和俄罗斯之间最便捷的陆路大通道，也是三大欧亚大陆桥和"一带一路"的重要枢纽节点、实现"北开南联""西进东出"的重要枢纽。

乌力吉口岸开放申报工作始于 2004 年，经过 10 年的不懈努力，2014 年 2 月 21 日，蒙古国政府同意中蒙乌力吉—查干德勒乌拉口岸开放，为陆路客运货运常年开放口岸，并照会中国，口岸申报工作取得实质性进展。2016 年 1 月 31 日，国务院下发批复（国函〔2016〕28 号），同意内蒙古乌力吉公路口岸对外开放，口岸性质为双边性常年开放公路客货运输口岸。至此，乌力吉口岸由申报阶段全面转入开发建设阶段。

阿左旗计划在 2016—2018 年实施 14 项乌力吉口岸建设项目，总投资约 14.9 亿元。其中，2016 年启动乌力吉口岸联检楼建设工程、乌力吉大道建设工程、生活区市政道路建设工程、监管区市政道路建设工程、智能化信息平台和通关查验设施 6 个项目，总投资约 5.66 亿元。截至 2016

年9月，乌力吉口岸至京新高速公路连接线路段的路基和桥涵工程全部完成。与此同时，口岸引水工程也已完成全部管线的铺设。

（二）新亚欧大陆桥经济走廊

新亚欧大陆桥又名"第二亚欧大陆桥"，是从江苏省连云港市到荷兰鹿特丹港的国际化铁路交通干线，国内由陇海铁路和兰新铁路组成。大陆桥途经江苏、安徽、河南、陕西、甘肃、青海、新疆7个省份，到中哈边界的阿拉山口出国境。出国境后可经3条线路抵达荷兰的鹿特丹港。中线与俄罗斯铁路友谊站接轨，进入俄罗斯铁路网，途经斯摩棱斯克、布列斯特、华沙、柏林到达荷兰的鹿特丹港，全长10900公里，辐射世界30多个国家和地区。

1. 项目概况及相关协议

1992年12月1日，横贯亚欧两大洲的铁路大通道——新亚欧大陆桥开通运营。24年来，新亚欧大陆桥东桥头堡起点的连云港港已经开通了至阿拉山口、喀什、霍尔果斯、阿拉木图等集装箱进、出境多条通道，极大地促进了新亚欧大陆桥运输通畅的发展。"一带一路"倡议背景下，通过在沿桥地带实行沿海地区的开放政策，根据需要可继续设立各种开发区和保税区；试办资源型开发区；按照高起点和国际接轨的要求，建立资源和资源加工型新型企业；促进沿线地区工业化和城市化；利用外资，试办中国西部农业合作开发区，营造亚欧农产品批发交易中心；根据交通枢纽、资源状况、地理位置，以中心城市为依托，在沿桥地区建立若干个经济发展区，如以日照为中心的国际经济贸易合作区等，新亚欧大陆桥经济走廊必定将发挥更大的作用。

2. 项目建设情况

（1）中欧班列陆续开通

中欧班列是指按照固定的车次、线路、班期和全程运行时刻开行，往来于中国与欧洲以及"一带一路"沿线国家的集装箱国际线路联运班列。中欧班列具有安全快捷、绿色环保、受自然环境影响小等综合优势，已成为国际物流中陆路运输的骨干方式，为服务中国对外经贸发展，贯通中欧陆路贸易通道，实现中欧间的道路联通、物流畅通，推进国家"一带一路"建设提供了运力保障。

从2011年3月19日重庆首趟"渝新欧"班列开行以来，南昌、成都、郑州、武汉、苏州等16个城市立足本地区域优势、铁路运输条件和产业基础，相继开通了前往德国杜伊斯堡和汉堡、西班牙马德里等12个欧洲城市的集装箱班列，中欧班列的开行有利于推动"一带一路"建设，加快物流网络现代化建设，全面提升对外开放水平；对节约物流成本，提高国际市场竞争力，促进中国经济社会发展具有积极意义。目前，中国铁路已经开通了班列运行线路39条，全国已累计开行中欧班列1700列以上。但是，随着班列的发展，也出现了名称标识不统一、市场发展不规范等问题。

2016年6月8日，中国铁路决定正式启用中欧班列统一品牌。统一品牌中欧班列当日分别从重庆、成都、郑州、武汉、长沙、苏州、东莞、义乌八地始发。此后，中国开往欧洲的所有中欧班列全部采用这一品牌。2016年6月20日，习近平主席访问波兰期间举行了统一品牌中欧班列首达欧洲（波兰）仪式。

（2）中哈（连云港）物流合作基地

2013年9月7日，国家主席习近平在哈萨克斯坦纳扎尔巴耶夫大学发表重要演讲，提出用创新的合作模式、共同建设"丝绸之路经济带"的战略构想。会后，在中哈两国元首的共同见证下，连云港市政府与哈萨克斯坦国有铁路股份有限公司签署了中哈国际物流合作项目协议，此项目成为丝绸之路经济带和海上丝绸之路"一带一路"建设的首个实体平台，项目总投资超过30亿元，其中一期工程规划建设集装箱堆场22万平方米，拆装箱库2.3万平方米；堆场铁路专用线3.8公里，日均装卸能力10.2列，年最大装卸能力41万标箱，主要经营国际多式联运、拆装箱托运、仓储等国际货物运输业务。2014年5月19日，中哈（连云港）物流合作基地项目一期工程在连云港港庙岭作业区正式启用投产。截至2016年12月，二期项目正在稳步推进中，将扩建粮食泊位和筒仓，为哈萨克斯坦小麦等农产品出口提供港口装卸、仓储等配套服务。

（3）中哈霍尔果斯边境合作中心项目。

中哈霍尔果斯边境合作中心是由中国与哈萨克斯坦共同承建的经贸合作项目，是中国与其他国家建立的首个国际边境合作中心，是上海合作组织框架下国家间经贸往来的示范区，是霍尔果斯打造"丝绸之路经济带"的强大引擎。合作中心总面积5.28平方公里，其中，中方区域3.43平方公里，哈方区域1.85平方公里，于2006年开工建设，2012年4月封关试运营。中方区域总投资234.5亿元，涉及商品展示、餐饮娱乐、商业设施、金融服务等领域的 22 个重点项目。哈方区域于 2015 年 4 月开建，规划建设了仓储物流、旅游购物、休闲娱乐、酒店式公寓、民俗村、国际哈中大学等 107 个项目。这些项目将分三期建设，全部项目预计将于 2019 年完工。届时，合作中心哈方区域将建成欧洲式的世界村购物区及休闲娱乐胜地。

（三）中国—中亚—西亚经济走廊

中国—中亚—西亚经济走廊东起中国，向西经中亚至阿拉伯半岛，是丝绸之路经济带的重要组成部分。该条经济走廊由新疆出发，抵达波斯湾、地中海沿岸和阿拉伯半岛，主要涉及中亚五国（哈萨克斯坦、吉尔吉斯斯坦、塔吉克斯坦、乌兹别克斯坦和土库曼斯坦）、伊朗、土耳其等国。

1. 项目进展

从中国与中亚国家的政策沟通来看，依托常态化的高层互访和政府间合作机制，中国积极推进丝绸之路经济带战略同哈萨克斯坦"光明之路"等发展战略之间的全面对接，同哈萨克斯坦、塔吉克斯坦、吉尔吉斯斯坦、乌兹别克斯坦等国家签署了与共建丝绸之路经济带相关的双边合作协议，这为中国同中亚国家加强务实合作创造了良好的政策条件。

从中国与西亚国家的政策沟通来看，2014 年 6 月 5 日，中国—阿拉伯国家合作论坛第六届部长级会议在北京召开。习近平在会议开幕式上发表重要讲话，倡导构建中阿"1 + 2 + 3"合作格局，即以能源合作为主轴，以基础设施建设、贸易和投资便利化为两翼，以核能、航天卫星、新能源三大高新领域为新的突破口，全面加强中国同阿拉伯国家之间的合作，这为中阿关系发展和丝绸之路经济带建设创造了良好条件。此外，2013 年以来中国同西亚国家高层互访频繁，加强了中国同西亚国家之间的政策协调。

2. 项目建设情况

（1）中国—中亚天然气 D 线管道

中国—中亚天然气管道起于阿姆河右岸的土库曼斯坦和乌兹别克斯坦边境，经乌兹别克斯坦中部和哈萨克斯坦南部，从霍尔果斯进入中国，成为"西气东输二线"。管道全长约一万公里，其中土库曼斯坦境内长 188 公里，乌兹别克斯坦境内长 530 公里，哈萨克斯坦境内长 1300 公里，其余约 8000 公里位于中国境内。截至 2016 年 12 月，A 线、B 线、C 线三线已经通气投产，D线正在铺设中。

表 7 - 1　　　　　　　中国—中亚天然气管道建设情况

名称	起始国家	管道长度	年输气量	通气时间
A 线	土库曼斯坦	1833 公里	300 亿立方米	2009 年 12 月
B 线	乌兹别克斯坦			2010 年 10 月
C 线	乌兹别克斯坦	1840 公里	250 亿立方米	2014 年 5 月
D 线	土库曼斯坦	1000 公里	300 亿立方米	预计 2020 年

中国—中亚天然气 D 线管道以土库曼斯坦复兴气田为气源，途经乌兹别克斯坦、塔吉克斯坦、吉尔吉斯斯坦进入中国，止于新疆乌恰的末站。全长 1000 公里，其中境外段 840 公里，设计年输气量 300 亿立方米，投资总额约 67 亿美元。预计中亚天然气管道 D 线将于 2020 年年底全线完工，从而使中国—中亚天然气管道的整体输气能力达到 850 亿立方米。按照 2020 年中国天然气消费将达到 4000 亿—4200 亿方来计算，可满足国内超过 20％的天然气需求。

（2）卡姆奇克隧道项目

卡姆奇克隧道是乌兹别克斯坦"安格连—帕普"铁路建设的重点和难点工程。隧道全长 19.2 公里，位于乌兹别克斯坦纳曼干州巴比斯科地区，穿越库拉米山、库伊尼德及萨尼萨拉克萨伊河等复杂地质环境，是全长 169 公里的"安格连—帕普"电气化铁路的"咽喉"。该项目金额 14.6 亿美元，由中铁隧道集团有限公司承建。

"安格连—帕普"铁路隧道是目前中国企业在乌兹别克斯坦承建的最大工程，是共建"一带一路"互联互通合作的示范性项目。2013 年 9 月 5 日正式开工，2016 年 2 月 25 日实现全隧贯通，比原计划提前了近 100 天。2016 年 6 月 22 日，"安格连—帕普"铁路隧道正式通车。

（3）安格连火电厂项目

乌兹别克斯坦安格连电厂工程位于塔什干市东偏南 130 公里，建设一台 150 兆瓦燃煤火力发电机组。该工程是中国在乌兹别克斯坦的第一个火电厂施工项目，哈电国际与乌兹别克斯坦国家能源股份有限公司（UZBEKENERGO）于 2012 年 9 月 26 日签订的火力发电总承包项目。安格连项目合同于 2013 年 12 月 31 日正式生效计时，厂址位于乌兹别克的安格连市南郊老安格连市火力发电厂内,合同工期36个月,质保期2年。

2016年8月21日,哈电国际承建的中乌"一带一路"建设标志性工程——安格连1×150百万千瓦燃煤火电厂总承包项目成功并网发电。

(4)安伊高铁二期项目

安卡拉——伊斯坦布尔高铁全长533公里。2006年,由中国铁道建筑总公司和中国机械进出口总公司组成的联合体击败欧美多家公司,成功中标安伊高铁二期项目。项目覆盖路段全长158公里,设计时速250公里,合同金额12.7亿美元。2014年7月25日正式举行开通仪式。

安伊高铁是中国与土耳其建交40年来最大的工程合作项目,也是中国企业在北约国家拿下的第一单高铁项目。截至2016年,安伊高铁项目已安全商业运营两年,并于8月10日完全移交给土耳其铁路总局。

(5)"瓦赫达特——亚湾"铁路项目

瓦亚铁路是中国铁建首次在塔吉克斯坦承揽的工程项目,也是中国铁路施工企业首次进入中亚铁路市场。瓦亚铁路全长48.65公里,总投资7200万美元。2015年5月15日开工建设,主要工程量包括隧道3座,桥梁5座。2016年3月7日,"瓦赫达特——亚湾"铁路项目一号隧道顺利贯通。1号隧道全长2公里,是该项目三条隧道任务中最长的一条,也是最后贯通的一条。2016年8月24日,塔吉克斯坦瓦赫达特——亚湾铁路(以下简称瓦亚铁路)正式建成通车。

(6)杜尚别2号热电厂

塔吉克斯坦能源部与中国新疆特变电工股份有限公司(以下简称特变电工)签订了建设杜尚别2号热电厂的合同,并于2012年10月正式动工。2014年9月13日杜尚别2号热电厂一期工程竣工并网发电供热。随后,杜尚别2号热电厂2期开工。塔吉克斯坦杜尚别二期2×150MW电厂是塔吉克斯坦重点建设项目,也是"一带一路"重点建设项目之一。电厂主体工程建设始于2015年6月10日吊装第一根锅炉钢架,至2016年11月13日顺利完成两台机组72小时满负荷试运行,标志着由中国电建集团所属湖北工程公司承建的塔吉克斯坦杜尚别二期项目2号热电厂竣工,比主合同工期提前6个月完成,创造了海外火力发电厂项目建设新速度。

二期工程完成后,全年总发电量将达22亿度,可解决整个塔吉克斯坦电力缺口的60%,同时提供430万平方米采暖面积,覆盖杜尚别70%

的供热面积。该工程将为杜尚别地区四季供电和冬季供暖提供可靠保障，是塔吉克斯坦发展经济、改善民生的重要工程。

（四）中国—中南半岛经济走廊

该走廊以中国广西南宁和云南昆明为起点，以新加坡为终点，纵贯中南半岛的越南、老挝、柬埔寨、泰国、缅甸、马来西亚等国家，是中国连接中南半岛的大陆桥，也是中国与东盟合作的跨国经济走廊。

1. 项目进展及相关协议

2014年12月20日，中国国务院总理李克强出席在曼谷举行的大湄公河次区域经济合作第五次领导人会议并发言。李克强着眼于次区域经济合作方向和重点，就发掘新的增长动力和合作模式、深化中国同中南半岛五国关系提出了共同规划建设全方位交通运输网络和产业合作项目、打造融资合作的新模式、促进经济社会可持续和协调发展三条建议。

2016年5月26日，第九届泛北部湾经济合作论坛暨中国—中南半岛经济走廊发展论坛在广西南宁举行，会议发布《中国—中南半岛经济走廊倡议书》，中国—中南半岛跨境电商结算平台、中国—东盟（钦州）华为云计算及大数据中心、龙邦茶岭跨境经济合作区试点建设项目、南海国际邮轮母港及航线建设工程、缅甸中国（金山都）农业示范区等9个项目签约，总投资额达784亿元人民币。

2. 项目建设情况

（1）雅万高铁建设项目

雅万高铁一期工程全长142公里，项目投资额51.35亿美元，连接印度尼西亚首都雅加达和第四大城市万隆，最高设计时速350公里，计划三年建成通车。届时，雅加达到万隆的车程将由现在的3个多小时缩短至40分钟。2016年3月16日印度尼西亚交通部与中印尼合资公司签署项目特许经营协议，根据协议规定，中印尼高铁合资公司获得的雅万高铁特许经营权将从2019年5月31日开始，为期50年。3月24日由中国与印度尼西亚企业联合体承建的印度尼西亚雅加达至万隆高铁项目5公里先导段实现全面开工。2016年8月，雅万高铁正式获得全线建设许可证。目前，雅万高铁的建设正在按预定计划按部就班推进。

中国和印度尼西亚全面合作的印度尼西亚雅加达至万隆高铁作为印度尼西亚和东南亚地区的首条高铁，是中国高速铁路从技术标准、勘察设计、工程施工、装备制造、物资供应，到运营管理、人才培训、沿线综合开发等全方位整体走出去的第一单，是国际上首个由政府搭台，两国企业对企业进行合作建设、管理、运营的高铁项目，是对接中国提出的建设"21世纪海上丝绸之路"倡议和印度尼西亚"全球海洋支点"构想的重大成果，创造了中国与印度尼西亚务实合作的新纪录，树立了两国基础设施和产能领域合作的新标杆。

（2）中老铁路建设项目

中老铁路项目北起中国老挝边境磨憨/磨丁，南至老挝首都万象市，途经老挝孟塞、琅勃拉邦、万荣等主要城市，全长418公里，其中60%以上为桥梁和隧道。建设标准为国铁I级、单线设计、电力牵引、客货混运，时速160公里/时。中老铁路项目总投资约374亿元人民币，建设期5年。按照协议，中老双方按70%∶30%的股比合资进行建设。

2015年11月，中老两国政府正式签署《关于铁路基础设施合作开发和中老铁路项目的协定》，标志中老铁路项目正式落地生效。2015年12月，中老铁路在老挝首都万象举行了奠基仪式。但由于资金、环境、沿线开发、偿还方式等多种因素，中老铁路一直未能如期建设。2016年9月，李克强在访问老挝时与通伦发布了《中老联合公报》，最终落实中老铁路的修建问题。2016年12月25日，中老铁路项目全线开工仪式在老挝琅勃拉邦举行，预计中老铁路将于2020年建成通车。

中老铁路是泛亚铁路中通道的重要组成部分，对构建印度洋出口新通道，加强中国与老挝、泰国的经贸合作，促进中国与东盟自由贸易区建设，发挥中国铁路整体输出的示范和引领作用，带动沿线地区经济社会发展具有十分重要的意义。中老铁路项目也是老挝21世纪的重大政治事件，承载着老挝从内陆"陆锁国"到"陆联国"的转变之梦，将极大地带动当地的经济社会发展。老挝国家"八五"规划将中老铁路项目列为国家1号重点项目。

（3）磨憨—磨丁跨境经济合作区

2013年10月15日，在中国云南—老挝北部合作特别会议暨工作组第六次会议上，云南省人民政府正式与老挝中央特区管理委员会正式签署《中国磨憨—老挝磨丁跨境经济合作区框架协议》；2014年6月6日第二届南博会期间，中老两国签署《关于建设磨憨—磨丁经济合作区的谅解备忘录》（鉴于老方对跨境两字有顾虑，双方文本未使用），标志着磨憨—磨丁经济合作区正式纳入中老两国国家层面项目开启推动；2016年

11 月 28 日至 12 月 1 日老挝政府总理通伦·西苏访华期间，中老两国签署了《中国老挝磨憨—磨丁经济合作区共同发展总体规划（纲要）》。

"经合区"占地 21.23 平方公里。2016 年 7 月，连接中国磨憨口岸与老挝磨丁口岸的货运专用通道正式开工建设，标志着中老跨境经济合作区建设又跨出了实质性的一步。货运通道分为国内段和老挝段，国内段长 800 米，老挝段长 1654.461 米，总投资近 5000 万元，预计工期为 4 个月。其中老挝段先启动建设 489.52 米的一段，概算总投资为 1300 万元，由中国云南省政府援建。

（五）中巴经济走廊

中巴经济走廊（CPEC）是李克强总理于 2013 年 5 月访问巴基斯坦时提出的。初衷是加强中巴之间交通、能源、海洋等领域的交流与合作，加强两国互联互通，促进两国共同发展。该条经济走廊起点位于新疆喀什，终点在巴基斯坦瓜达尔港，全长 3000 公里，北接"丝绸之路经济带"、南连"21 世纪海上丝绸之路"、贯通南北丝路关键枢纽，是一条包括公路、铁路、油气和光缆通道在内的贸易走廊。中巴经济走廊被称为"一带一路"的"旗舰项目"，外交部部长王毅曾表示："如果说'一带一路'是一首惠及多个国家的交响乐的话，那么中巴经济走廊就是这首交响乐甜蜜的开场曲。"

1. 项目进程及相关协议

2015 年 4 月，中巴两国政府初步制定了修建新疆喀什市到巴方西南港口瓜达尔港的公路、铁路、油气管道及光缆覆盖"四位一体"通道的远景规划。中巴两国将在沿线建设交通运输和电力设施，预计总工程费将达到 450 亿美元，计划于 2030 年完工。4 月 20 日，习近平主席和巴基斯坦总理纳瓦兹·谢里夫举行了中巴经济走廊 5 大项目破土动工仪式，并签订了中巴 51 项合作协议和备忘录[①]，其中超过 30 项涉及中巴经济走廊。比如，《中国国家铁路局和巴基斯坦铁道部之间关于 ML1 升级和巴基斯塔铁路赫韦利杨干散货中心的联合可行性研究的框架协议》《拉合尔轨道交通橙线项目商业合同》《喀喇昆仑公路（KKH）升级工程第二期（赫韦利杨至塔科特）、卡拉奇至拉合尔高速公路（KLM）、瓜达尔港东湾

---

① 项目具体协议可参见 http：//www.cailianpress.com/article/38826.html？from = groupmessage & isappinstalled = 051。

高速公路以及瓜达尔国际机场项目的谅解备忘录》等。

2. 主要项目建设情况

（1）卡西姆港燃煤电站项目

卡西姆港燃煤电站（以下简称卡西姆火电站）位于卡拉奇东南部市郊的沿海地区，是首个开工的中巴经济走廊框架下能源项目，该燃煤电站建成后预计可以填补巴全国电力约 20% 的缺口，在很大程度上缓解巴基斯坦电力供应紧张问题。

卡西姆火电站由中国电建旗下的中国电建集团海外投资有限公司和卡塔尔王室控股的 AMC 公司共同投资开发，电站总投资约 20.85 亿美元，75% 的资金由中国进出口银行提供贷款。电站设计安装两台 66 万千瓦超临界机组，总装机容量为 132 万千瓦，年均发电量约 90 亿千瓦时。2015 年 5 月，项目全面开工，目前各项建设进展顺利。截至 2016 年 8 月 24 日，卡西姆火电站 2016 年的 15 个关键控制进度节点中的 10 个已全部提前完成。项目电厂部分建设已完成 43%，码头及航道建设完成 51%。项目计划于 2017 年年底实现首台机组发电，2018 年 6 月底两台机组进入商业运行。

（2）萨希瓦尔燃煤电站项目

巴基斯坦萨希瓦尔燃煤电站，位于巴基斯坦旁遮普省萨希瓦尔市，规划建设 2 台 66 万千瓦超临界燃煤发电机组，由华能山东发电有限公司承建。2015 年 7 月 31 日，巴基斯坦萨希瓦尔燃煤电站举行主厂房第一方混凝土浇筑仪式，标志着萨希瓦尔燃煤电站建设全面启动。截至 2016 年 8 月，项目进展顺利，锅炉底座以及钢支架结构已安装完成，冷却塔建设在高度上也已经过半。萨希瓦尔燃煤电站有望在 2017 年年底前并网发电，成为中巴经济走廊框架下首个竣工的能源项目。该电站的年发电量预计约 90 亿千瓦时，将极大地缓解巴基斯坦严重缺电的局面并有效推动中巴经济走廊建设。

（3）喀喇昆仑公路二期改扩建工程（哈维连至塔科特段）

喀喇昆仑公路是目前中国和巴基斯坦唯一的陆路交通通道。项目二期将在对原有公路进行提升改造的基础上，逐渐将喀喇昆仑公路延伸至巴基斯坦腹地。喀喇昆仑公路升级改造二期项目于 2015 年 12 月签订商务合同，项目金额为 1339.8 亿卢比（约合 13.15 亿美元）。中国交通建设股份有限公司子公司中国路桥工程有限责任公司负责项目建设，预计耗时 42 个月，在哈维连至塔科特间新建一条全长 120 公里、双向四车道（部分两车道）的高速公路及二级公路。

2016 年 4 月 28 日，中巴经济走廊首个重点公路项目——喀喇昆仑公路升级改造二期（哈维连至塔科特段）开工仪式在巴基斯坦西北部开伯尔—普什图省曼塞赫拉地区举行。该项目的开工建设标志着贯穿巴基斯坦南北、连通中巴的陆上交通线建设的正式启动。项目建成后，将有力地改善当地交通状况，促进当地经济社会发展，进一步提升中巴经贸合作。

（4）卡拉奇—拉合尔高速公路（苏库尔至木尔坦段）

卡拉奇至拉合尔高速公路（苏库尔至木尔坦段）是连接巴基斯坦南北的经济大动脉。2015 年 4 月中国领导人访巴期间，两国签署了该项目的政府间框架协议。项目线路全长 393 公里，工期是 3 年，将建成双向 6 车道，设计时速是 120 公里。项目合同价值共计 2943 亿卢比（约合 28.9 亿美元），由中国进出口银行提供融资支持，承建方是中国建筑股份有限公司。2016 年 5 月 6 日，该项目在巴南部信德省苏库尔市正式举行了开工仪式，目前项目进展顺利。

该条高速公路连接的卡拉奇和拉合尔分别是巴基斯坦第一城市和第二大城市，线路全长 1152 公里。作为中巴经济走廊框架下最大的交通基础设施项目，卡拉奇—拉合尔高速公路项目建成后将极大地改善巴基斯坦两大城市之间的交通状况，有力地促进巴经济社会发展。与此同时，该条公路能将巴基斯坦南部瓜达尔港经卡拉奇同中国西部城市喀什相连，有助于巴基斯坦同中国、伊朗、阿富汗、中亚国家等的互联互通。

（5）瓜达尔港建设与运营项目

瓜达尔港被称为中巴经济走廊的旗舰项目，总投资额为 16.2 亿美元，包括修建瓜达尔港东部连接港口和海岸线的高速公路、瓜达尔港防波堤建设、锚地疏浚工程、自贸区基建建设、新瓜达尔国际机场等 9 个早期收获项目，预期在 3—5 年完成。中国拥有该港 40 年的运营权。中国海外港口控股有限公司在 2013 年 2 月从新加坡国际港务集团的手中接过瓜达尔港。经过两年的建设，2015 年 5 月，瓜达尔港首次进行了货物出口。截至 2016 年 1 月，瓜达尔港发运 6 艘船，出口 25 个集装箱，共计 675 吨冻鱼。2016 年是中巴经济走廊瓜达尔港项目的开局之年，巴政府将努力促进港口的货物运输量提高 100%，并启动自贸区工作。与瓜达尔港一并移交中国企业的还有总面积923公顷的瓜达尔自由区，中方首先开发邻近瓜达尔港区的25公顷土地，也被称为自由区的"起步区"。投入2亿—3亿美元，用以建设大型仓库、展销中心、商务中心等，预计"起步区"将于2017年4月完成建设。

2016年11月12日，中巴经济走廊首次完成陆路连通，由60辆货车组成的联合贸易车队经过15天行程，跨越3115公里，经过巴基斯坦西部联通起中国新疆的喀什市和巴基斯坦的瓜达尔港。广阔的南亚和中亚地区同中东、东南亚等印度洋沿岸地区，将通过中巴经济走廊历史性地联结在一起。

（6）巴基斯坦ML–1号铁路干线升级与哈维连陆港建设项目

巴基斯坦1号铁路干线从卡拉奇向北经拉合尔、伊斯兰堡至白沙瓦，全长1726公里，是巴基斯坦最重要的南北铁路干线。哈维连站是巴基斯坦铁路网北端尽头，规划建设由此向北延伸经中巴边境口岸红其拉甫至喀什铁路，哈维连拟建陆港，主要办理集装箱业务。1号铁路干线升级和哈维连陆港建设，是中巴经济走廊远景规划联合合作委员会确定的中巴经济走廊交通基础设施领域优先推进项目。

该铁路升级项目初期投入约40亿美元，总投资达60亿美元，预计两年完工。被分为5部分实施，分别是木尔坦至拉合尔段升级、木尔坦至海德拉巴段升级、海德拉巴至卡拉奇段升级、哈维连（Havelian）陆港建设和专业人员培训。截至2016年11月，该项目仍处于前期勘察与试验阶段。

（7）卡洛特水电站

卡洛特水电站位于巴基斯坦北部印度河支流吉拉姆河流域，是吉拉姆河梯级水电开发的第四级，装机容量72万千瓦，是巴基斯坦第五大水电站。该项目总投资约16.5亿美元，采用BOOT方式投资建设。丝路基金与中国进出口银行、中国发展银行一起将向负责建设项目的三峡南亚子公司卡洛特水电公司提供贷款。

卡洛特水电站是"一带一路"沿线国家首个水电大型投资建设项目，也是"中巴经济走廊"首个水电投资项目，由三峡集团投资，长江委设计院设计，中国电建水电七局承建。2016年1月10日，巴基斯坦卡洛特水电项目主体工程奠基仪式，在距离巴基斯坦首都伊斯兰堡55公里的吉拉姆河畔举行，标志着"中巴经济走廊"首个水电投资项目主体工程全面开工建设，卡洛特水电站是中国企业在海外投资在建的最大绿地水电项目。截至2016年12月，卡洛特水电站临建设施已基本完成，导流洞工程进入主体开挖，项目进程正有序推进。

（8）拉合尔轨道交通橙线

拉合尔轨道交通橙线项目是中巴经济走廊早期收获和示范性项目。2014年1月，旁遮普省公共交通公司就橙线项目发出国际公开招标。同年4月，铁总和北方公司本着强强联合与合作共赢为初衷组成联营体，并最终从多轮竞标中脱颖而出。2015年4月，中国国家主席习近平访问巴基斯坦期间，与巴基斯坦总理谢里夫共同见证旁遮普省公共交通公司与联营体正式签订橙线项目EPC总承包合同，合同总价约为16亿美元，由中国进出口银行提供融资支持。橙线项目正线全长约25.58公里，全线共设车站26座，其中高架站24座，地下站2座。项目采用中国标准，地铁车辆及机电系统全部采用中国设备。合同工期为27个月，在项目建设完成后，联营体还将承担5年运营维护工作，为橙线项目提供从建设到运营的全方位支持。

截至2016年12月，橙线项目土建总体工程进度约为50%，正线部分基本完成桩基、承台、墩柱施工，并已展开"U"形梁、车站结构及地下段部分施工。项目车辆段、停车场已基本完成挖方、填方、预制挡墙板工作，正在进行综合办公楼、综合维修库、培训中心和控制中心等建筑施工。此外，与项目相关的机电与物流工作也在稳步推进实施中。

（9）恰希玛核电项目

巴基斯坦恰希玛核电工程是中国自行设计、建造的第一座出口商用核电站，被中巴双方誉为"南南合作"的典范。其中，恰希玛1号、2号30万千瓦压水堆核电机组已分别于2000年和2011年投入商业运行。3号、4号机组于2011年3月和12月正式开工，2016年10月15日恰希玛核电3号机组正式并网成功。4号机组已进入全面调试阶段，预计2017年上半年有望正式并网发电。恰希玛核电3号、4号机组项目由中核集团中国中原对外工程有限公司负责总承包建设。

截至2016年年底，中核集团已向巴基斯坦出口建设4台30万千瓦级核电机组、2台百万千瓦级核电机组，并正积极开展铀资源、人才培训等领域合作。同时，中巴双方已就采用"华龙一号"核电技术启动恰希玛五期核电项目达成初步框架协议。

（10）卡拉奇核电项目

卡拉奇核电项目（K2、K3）是巴基斯坦国内目前最大的核电项目，厂址位于阿拉伯海沿岸、巴基斯坦卡拉奇市附近，距巴基斯坦首都伊斯兰堡约 900 公里。卡拉奇核电项目总金额为 96 亿美元，中方贷款额为 65 亿美元，发电能力为 220 万千瓦，采用国产"华龙一号"（ACP－1000）技术，项目由中国中原对外工程有限公司承建，计划 2020 年发电。2015 年 8 月，巴基斯坦卡拉奇核电项目 2 号机组浇筑第一罐混凝土。卡拉奇 2 号核电机组是中国自主三代核电技术"华龙一号"的海外首堆，意味着"华龙一号"首次走出国门，落地巴基斯坦。

（六）孟中印缅经济走廊

孟中印缅经济走廊建设倡议是 2013 年 5 月国务院总理李克强访问印度期间提出，得到印度、孟加拉国、缅甸三国的积极响应。该倡议对深化四国间友好合作关系，建立东亚与南亚两大区域互联互通有重要意义。

1. 项目进展及相关协议

2013 年 12 月，孟中印缅经济走廊联合工作组第一次会议在昆明召开，各方签署了会议纪要和孟中印缅经济走廊联合研究计划，正式建立了四国政府推进孟中印缅合作的机制。2014 年 12 月，在孟加拉国考斯巴萨举行了孟中印缅经济走廊联合工作组第二次会议。联合工作组展开了广泛讨论并展望了孟中印缅经济走廊的前景，优先次序和发展方向。

第 12 次孟中印缅地区合作论坛于 2015 年 2 月 10—11 日在缅甸仰光召开。本次论坛的主题是"加强孟中印缅地区的合作"，会议结束时发表的联合声明表示孟中印缅地区合作论坛应继续作为一个多轨平台发挥作用；承认保护环境可持续性需要共同框架；强调促进贸易和交通便利化改革的需要；同意考虑开发和利用水道；鼓励成员国商务和工业部门主官开展更多交流；决定考虑孟中印缅旅游圈的概念；同意考虑建立一个 Joint Media Coverage Program（新闻媒体联合报道计划）以提升本地区的全球知名度；同意于 2016 年在中国云南省召开第 13 次论坛讨论地区合作。

但是，作为一项长期、复杂而艰巨的系统工程，孟中印缅经济走廊建设在推进实施中面临着诸多风险与挑战，孟中印缅经济走廊建设进度落后于预期。

2. 项目建设情况

（1）中缅油气管道建设

中缅油气管道项目由天然气管道和原油管道两个组成，天然气管道起点为缅甸皎漂，原油油管起于缅甸西海湾马德岛，从中国西南边陲瑞丽入境，接入保山后，借助澜沧江跨越工程连接大理，继而经由楚雄进入昆明。2010年6月，中石油与缅甸国家油气公司签署了一系列协议，明确中国将在缅甸境内建设并经营天然气与原油两条管道，经营期30年。中缅天然气管道干线全长2520公里，缅甸段793公里，国内段1727公里；原油管道全长771公里。天然气管道设计输量120亿立方米/年，原油管道缅甸段设计输量2200万吨/年。缅甸每年可下载天然气总输气量的20%，以及下载200万吨原油。

2013年10月，中缅油气管道的天然气管道正式投产。2015年4月，中缅天然气管道在缅配套建设的皎漂、仁安羌、曼德勒、当达4个天然气分输站全部投用。但是，中缅原油管道的建设进展却稍显波折，2014年5月30日中缅原油管道全线机械完工具备投产条件，预计将在2017年正式投产。

中缅油气管道每年将为缅甸带来包括税收、投资分红、路权费、过境费、培训基金以及社会经济援助资金等巨大的直接收益，并将带来大量的就业机会。中缅油气管道作为一个多国合作的国际化商业项目，已发展成为中缅两国能源合作的重要平台，成为孟中印缅经济走廊和中国与东盟国家开展互联互通基础设施建设的先导项目。

（2）缅甸皎漂工业园与深水港项目

皎漂经济特区位于缅甸西部的若开邦，濒临孟加拉湾，居连接非洲、欧洲和印度的干线上，是缅甸政府规划兴建的三个经济特区之一。特区内的皎漂港为世界级的天然良港，中缅油气管道的起点就位于这里。2015年12月30日，缅甸皎漂特别经济区项目评标及授标委员会（BE-AC）宣布中信企业联合体中标皎漂经济特区工业园和深水港项目。工业园项目占地1000公顷，计划分三期建设，预计2016年2月开始动工。深水港项目包含马德岛和延白岛两个港区，共10个泊位，计划分四期建设，总工期约20年。

四 经验分享：以开发性金融促进基础设施建设的中国案例

开发性金融是实现政府发展目标，弥补体制落后和市场失灵，维护国家经济金融安全，增强竞争力的一种金融形式。它是政策性金融的深化和发展。开发性金融机构通常为政府拥有，赋权经营，具有国家信用，体现政府的意志，用建设制度和建设市场的方法实现政府的发展目标。

开发性金融是为弥补市场缺损和制度落后而出现的一种金融形式。只要有市场缺损、法人缺损或制度缺损，又有良好社会经济效益的投资领域，或者可以进行制度建设，以整合体制资源取得效益的领域，都是开发性金融能够大显身手的空间。无论是发展中国家，还是发达国家，都需要开发性金融机构来实现政府的发展目标，促进经济与社会协调发展，完成单纯依靠市场和商业性金融无法办到的事情。

【专栏1：苏州工业园区基础设施建设】

中国—新加坡苏州工业园区（以下简称园区）地处长江三角洲东部，东靠上海，西接苏州古城，地理位置极其优越。园区作为中国和新加坡两国政府间最大的合作项目，成为中新合作的典范，给双方带来了切实利益，成为具有国际竞争力的新科技工业园，在现代化、园林化、国际化的新城区的发展道路上取得了国内外公认的成就。

一 背景情况

园区在建设之初，就以"具有国际竞争力的高科技工业园区和现代化、园林化、国际化的新城区"为建设目标，以"先规划后建设"为核心理念，斥资千万元，邀请世界著名开发公司，对园区工业、商业、住宅、文化教育、医疗、娱乐等现代化设施安排进行整体规划。

但由于没有一个完整的投融资体制和成熟的融资平台，园区的开发出现了很大的困难。一方面，新方提供大量资金支持园区开发并不现实；另一方面，中方财团财政融资和信贷融资不分，也缺乏基础设施投资和项目收益回收的经验。国内的众多商业银行和投资机构，对于园区的投资和建设，都存在这样或那样的担心，处于观望状态。而刚刚起步的中国资本市场，更不能成为新生的苏州工业园区的融资平台。园区直接融资、间接融资的路似乎都走不通。从成立开始，基础设施建设就遇到资金短缺的严重困难，开发进程十分缓慢。70平方公里的规划面积，至2000年仅仅完成了8平方公里。在亚洲金融危机发生之后，新方决定收缩在园区中的职责和投资，中方将全面负责园区的环境改造、基础设施建设、地面设施建设、招商引资等职责，新方则转向提供人员培训等辅助职能。巨大的资金"瓶颈"摆在园区发展面前。

二 融资规划和操作

关键时刻，国家开发银行雪中送炭，积极投入，代表了中国政府对中新合作的努力，增强了各方对园区建设前景的信心，迅速破解了基础设施建设的资金"瓶颈"，有力地支持了园区的持续发展。国家开发银行成功的投融资方式在园区建设中发挥了重要的基础性作用。从2000年开始，国家开发银行先后向园区承了四期贷款，累计承诺额194.11亿元，累计发放额134.5亿元，占园区基础设施建设累计投资的1/3，成为名副其实的园区开发建设的主力银行。

第一期贷款：介入金鸡湖治理，恢复信心。金鸡湖治理是园区开发的一道难题，没有直接的经济效益，但是环境的改善，对促进园区招商引资和持续发展，培育长期资金流，具有极大的推动作用。于是，2000年开行在园区发展的"关键时期、关键领域、关键项目"上贷款4.9亿元，经过环湖截污、引水排水、生态治理、湖周绿化、湖底清淤、湖水净化等各项治理措施，使金鸡湖成为全国最大的城市湖泊公园，提升了园区整体形象，为园区的长远发展奠定基础。

第二期贷款：园区二、三区基础设施建设，形成融资平台。2000年，园区计划进行二、三区基础设施建设，但此时，没有一个接受贷款、推进建设和履行还款的商业性机构。经过双方反复研究，最终创造出一种崭新的制度安排：政府设立商业性借款机构，使借款方获得土地出让收益权，培育借款人"内部现金流"；同时通过财政的补偿机制，将以土地出让收入等财政性资金转化为借款人的"外部现金流"，使政府信用有效地转化为还款现金流。2000年，园区"地产经营管理公司"成立，下设苏州工业园区土地储备中心。2001年，国家开发银行向地产公司承诺20亿元贷款，园区二、三区在30平方公里建成区达到"九通一平"的国际水准，使滚动开发顺利展开。

第三期贷款：配套功能园区的建设，实现效益的综合平衡。在基础设施全面建设的同时，园区土地开发、产业引进、招商引资等各项事业全面发展。2003年，国家开发银行向园区承诺贷款102亿元，分别用于独墅湖高教区、国际科技园、现代物流园、商贸区以及高科技创业投资等领域，全面支持园区形成"一区多园"的开发体系，完善了功能配套和科技服务的软环境，增强了园区的科学发展能力和国际竞争力，推动园区内各功能区的效益综合平衡，协调发展。

第四期贷款：提升园区整体功能效应，实现可持续。为缓解苏州南部交通紧张状况，提升园区城市整体功能效应，增强城市集聚辐射能力，2006年实施南环快速路东延工程项目，国家开发银行承诺贷款15亿元。2007年实施了阳澄湖区域基础设施工程项目，国家开发银行承诺贷款30亿元。

金融创新服务，连通市场出口。在园区创新能力提高中起到重要作用的，是设立"创业投资基金"。2003年，国家开发银行与园区创业投资公司合作，设立了10亿元的创投引导基金、3亿元的种子期创投基金、1.5亿美元中新基金，吸引和聚集了一大批社会资金参与创业投资。

2003年和2005年，国家开发银行先后承销发行了两期园区共计22亿元企业债券，实现了以债券上市为标志的从政府入口到市场出口的转化。

以上几个阶段的融资支持反映在下表中。

表7-2　　　　　　　　　　项目进展　　　　　　　　　单位：亿元

阶段	年份	项目名称	存在问题	解决措施
第一阶段	2000	沪苏口岸项目	项目没有任何直接的经济效益，投资前景不确定	充分论证，培育长期资金流
	2001	金鸡湖环境治理工程		
		园区二、三区基础设施建设项目		
第二阶段	2003	高科技创业贷款项目	不具备一个接受贷款，推进建设和保证还款的规范的商业性机构	设立融资平台
		二、三区基础设施建设增贷项目		
第三阶段	2004	独墅湖高等教育区基础设施项目	园区功能不完备，招商困难	帮助园区形成了"一区多园"的开发体系
		国际科技园区二、三区基础设施项目		
		现代物流园区基础设施项目		
	2005	基础设施完善工程		

单位：亿元

阶段	年份	项目名称	存在问题	解决措施
第四阶段	2006	南环东延工程	苏州南部交通紧张状况	推进苏州工业园区城市化进程
		阳澄湖基础设施项目		

三、创新经验：搭建银行与园区之间的信用结构是园区获得成功的关键

1994—2006 年的 12 年间，园区主要经济指标年均增幅达 40% 左右，累计实现中央和省市各类税收 520 亿元，创造就业岗位超过 40 万个，农村人均收入 10698 元，城镇职工人均工资超过 2.78 万元。同时，园区每万元 GDP 耗水 5.8 吨、耗能 0.43 吨标准煤，每度电产生 GDP 25 元、工业产值 100 元，达到了 20 世纪 90 年代世界先进水平，走出了一条高产出、低能耗、无污染的新型工业化发展之路，被评为跨国公司眼中最具投资价值的开发区之首。

（一）成立政府间协调机构

中新两国领导人高度重视园区的发展，多次视察园区，为园区发展指明方向，两国政府专门成立了中新联合协调理事会，由双方总理担任理事会中新双方主席，及时协调解决园区发展中的重大问题。同时，园区不断加强先行先试探索，增创体制机制优势，在中·新联合协调理事会的基础上成立中新苏州工业园区开发有限公司（CSSD）。园区设立了三个层面的领导和工作机构，使开发区的运作和发展有各级政府的强大支撑作保证。第一层面是国家政府联合协调理事会，由国家各有关部委组成，负责协调开发区开发建设中的重大问题，充分发挥政府在立法、协调、监管等方面的作用；第二层面是双边工作委员会，由地方政府有关部门组成，负责具体事务的商讨和合作，向理事会汇报；第三层面是联络机构，负责日常联络，经验交流和培训。

（二）设立商业性融资平台

政府设立商业性借款机构，使借款方获得土地出让收益权，培育借款人"内部现金流"。同时，通过财政的补偿机制，将以土地出让收入等财政性资金转化为借款人的"外部现金流"，使政府信用能够有效地转化为借款人的还款现金流。

中新联合协调理事会机构

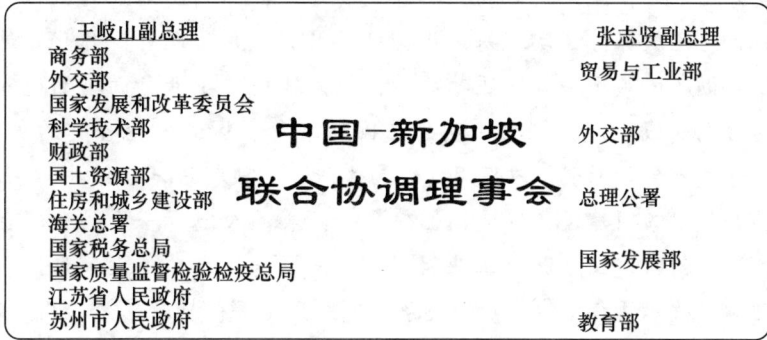

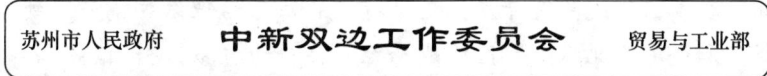

王岐山副总理	张志贤副总理
商务部	贸易与工业部
外交部	
国家发展和改革委员会	
科学技术部	**中国—新加坡** 外交部
财政部	
国土资源部	**联合协调理事会** 总理公署
住房和城乡建设部	
海关总署	
国家税务总局	国家发展部
国家质量监督检验检疫总局	
江苏省人民政府	
苏州市人民政府	教育部

苏州市人民政府　　**中新双边工作委员会**　　贸易与工业部

| 苏州工业园区借鉴新加坡经验办公室 | → | **联络机构** 苏州工业园区管理委员会 | ← | 新加坡贸易与工业部软件项目办公室 |

中国—新加坡联合协调理事会机构

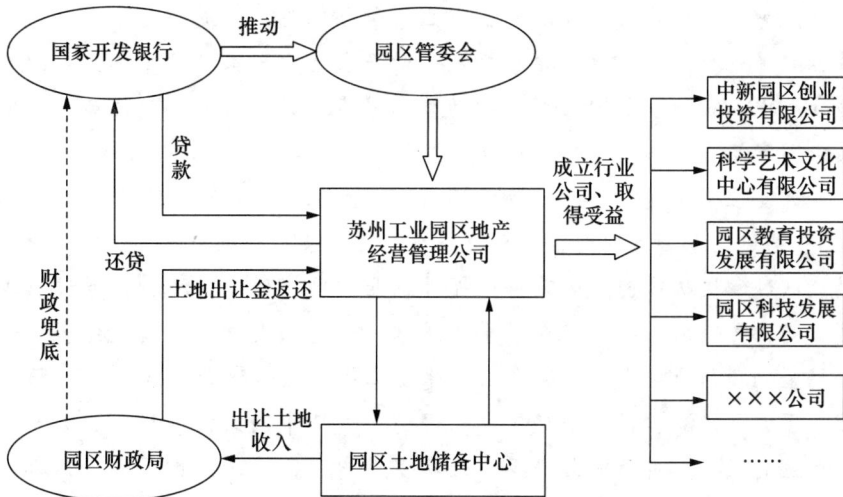

商业性融资平台示意

苏州工业园区地产经营管理公司作为政府领导下的商业性融资平台，下设苏州工业园区土地储备中心，行使土地拍卖出让职能。地产经营公司接受开发银行贷款，从事园区的开发和建设，并利用未来的土地增值收入，作为还款保障，实现基础设施项目"借、用、还"一体化。这一制度创新彻底理顺了融资—还款关系，极大地促进了开行的全面进入和园区的后期建设。地产经营公司，是国开行和园区新一轮合作的关键，是运用开发性金融原理，以信用建设为主线，积极推进治理结构、法人、现金流和信用四项建设，促使园区建立了完善的投融资平台的一次巨大创新。这一创新建立了苏州工业园区二、三区基础设施建设项目法人制度，理顺财政融资和信贷融资的关系，建立开发银行贷款"借、用、还"一体化的机制，形成具有开发性金融特点的法人治理结构，并得到了市场的肯定和认可。此后，园区以地产经营公司为样板，全面推进各项制度建设，先后按照建设行业建立八大投融资主体，融资困难的局面得到了较大的改善。

四 总结

苏州工业园区的建设历程，是开发性金融在发展中国家工业园区建设中的典型代表。工业园区的发展，可以化解发展中国家经济总量小、投资能力不足的矛盾，可以形成企业竞争合作关系、提高发展中国家的资源配置效率，可以促进要素导入、增强发展中国家的竞争力，可以克服发展中国家知识贫困难题，推动技术进步，促进产业持续发展，对发展中国家经济的腾飞具有重要的意义。

开发性金融通过提供基础设施建设资金，营造产业聚集的"栖息地"；通过培育园区内部企业间的合作关系，保障工业园区产业化迅速发展；通过积极构建创新体系，为提升工业园区提供动力支持；通过形成强大的信号作用，引导社会资金的进入。通过四大功能的有效结合，开发性金融顺利地解决了发展中国家建设工业园区的资金与制度"瓶颈"，推动了园区经济和社会发展，进而促进了发展中国家经济崛起。苏州工业园区的经验，对于中国乃至全世界发展中国家的工业园区建设，都有着良好的借鉴意义。

【专栏2：城市基础设施建设】

一 背景情况

随着城市的快速开发，大量的基础设施建设需求剧增。长期以来，城市基础设施建设资金主要来源于本地政府财政投入和企业投资，融资效率低下，城市开发呈现资金"瓶颈"。

为了发挥出城市基础设施建设贷款在城市开发建设中的最大效用，国家开发银行积极探索并建立和完善了城市基础设施建设投融资体制，通过"大数法则"机制设计，将土地增值和相关收益作为还贷基础，将银行中长期贷款引入城市开发建设中，推动了信用建设和市场建设，形成城建贷款"借、用、管、还"的一整套市场化运作模式。

通过改革土地管理制度，制定和实施经营性土地管理办法，不仅确保了信贷资金的偿还，还开辟了城市建设资金新渠道；通过成立城市基础设施建设投资集团有限公司，作为项目的承贷主体以及城市基础设施建设的全新的投融资平台，打好了城市建设资金市场化的坚实基础。

国家开发银行城市基础设施建设投融资创新体制是开发性金融理论与城市化发展相结合的成功典范，在推动地区制度建设、市场建设、信用体系建设方面做了全新尝试，并探索了解决中国基础设施建设领域融资困境的有效途径，它为中国及其他国家破解城市基础设施融资难题提供了可借鉴的成功模式。

二 城市基础设施建设融资及偿还模式

城市基础设施建设所需资金巨大，主要以土地增值收益作为银行贷款还款来源。

首先，需制定"城市土地有偿使用办法"，明确土地的有偿使用制度，为城市土地开发建立规范、统一的土地市场，实现土地交易的市场化，增加政府土地资产收益，扩展城市基础设施建设资金来源提供坚实的制度保障。

其次，建立"城市基础设施建设投资集团有限公司"（以下简称城投集团公司），作为城市基础设施建设新的投融资平台。为保证项目的顺利实施，城投集团公司下面设立海河公司、环境公司、地铁公司三个子公司分别负责海河基础设施、环境绿化项目的建设，而快速路项目则通过子公司，由城投集团公司直接负责实施。城投集团公司实施的上述项目都是几乎没有收益的项目，地铁的运营收入要满足运营成本，无法用于还款，所以项目的还款来源几乎全部是土地出让政府收益。

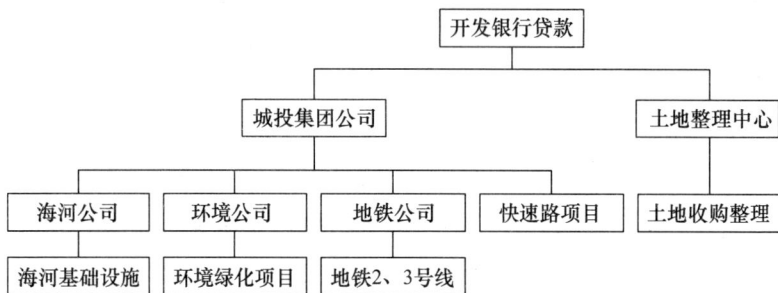

```
                    ┌──────────────┐
                    │  开发银行贷款  │
                    └──────────────┘
              ┌────────────┴────────────┐
       ┌──────────────┐          ┌──────────────┐
       │  城投集团公司  │          │  土地整理中心  │
       └──────────────┘          └──────────────┘
    ┌──────┬──────┬──────┬──────┐        │
 ┌──────┐┌──────┐┌──────┐┌──────┐  ┌──────────┐
 │海河公司││环境公司││地铁公司││快速路项目│  │土地收购整理│
 └──────┘└──────┘└──────┘└──────┘  └──────────┘
 ┌────────┐┌────────┐┌──────────┐
 │海河基础设施││环境绿化项目││地铁2、3号线│
 └────────┘└────────┘└──────────┘
```

城市基础设施项目贷款框架

最后，国家开发银行开立归集账户。土地整理中心收购整理的土地经"招、拍、挂"流程出让后，受让方缴纳的土地出让金首先划入土地整理中心在国家开发银行开立的归集账户，进行本息偿还。城市整体土地出让及出让金划转流程均经国家开发银行确认执行，有效实现了资金的监管，确保贷款本息按时回收及信贷资产质量稳定。

三 总结

城市投资项目是开发性金融原理在城市基础设施建设上的成功运用，不仅解决了建设所需的巨额资金问题，还培育了城市基础设施建设的市场主体，促进了城市的制度建设和市场建设，这一案例不仅为中国的城市基础设施建设提供了宝贵的经验，还可以为受制于基础设施"瓶颈"约束的其他发展中国家提供解决问题的思路。

【专栏3：老挝水电站开发项目】

一 背景情况

南欧江流域梯级电站开发项目是中国企业在老挝建设的第一个全流域开发电站项目，也是国家开发银行在老挝支持的最大的国际产能合作项目。项目分两期建设七级电站，总装机容量达127.2万千瓦，总投资约28亿美元，建成后将每年为老挝输送电量50亿千瓦时，有效缓解老挝北部山区缺电的局面，提升经济发展内生动力，同时从根本上解决长久以来困扰南欧江沿岸居民的洪涝灾害问题，改善当地贫困人口生产生活条件，给身处大山深处的老挝少数民族带来新的生活模式和新的希望。

老挝境内水力资源丰富，但由于缺乏建设资金等原因，水电开发利用率仅为10%左右，远远低于国际平均水平。实施一系列的电站、电网以及相关配套基础设施建设，需要巨大的资金投入。以老挝现在的经济发展水平和金融市场发育层次，很难筹集到如此巨大的建设资金，也很难从境外获得大额长期的融资支持。

二 融资条件构建

第一，国家开发银行积极参与项目的顶层设计，充分借助开展老挝"七五"规划咨询工作以及高访机遇，主动跟踪老挝电力发展战略动向，明确开发方向，找准项目切入点，积极走访项目业主和老挝政府相关部门，推动多方达成共识，促进项目前期工作完善。2011年4月，中国电建集团与老挝政府签订《南欧江流域梯级水电开发项目特许经营框架协议》，从法律层面进一步明确中国电建获得南欧江整条流域开发权。

第二，深入实地开展调研，收集老挝电力市场、电力规划以及周边越南、泰国、柬埔寨、缅甸等国家电力需求的大量资料，细致分析市场现状并对未来发展趋势做出研判，为融资决策提供大量翔实的数据支撑。2011年4月20日，国家开发银行与项目的实施方中国电建在老挝签署了《南欧江项目融资合作协议》，提供融资支持，用于南欧江流域梯级电站项目开发建设。

第三，信用结构的搭建。国家开发银行不断与企业客户、老挝政府谈判沟通，优化融资结构设计，最终在满足有限追索的前提下，设计多级风险分担机制。同时，结合一期、二期项目特性，因地制宜，有针对性地调整风险缓释措施，使融资结构设计与项目风险情况相契合，有效防控风险。

第四，政府合作基金的运用。2015年，中国政府设立与发展中国家开展合作的援助基金。国家开发银行抓住机遇、积极作为，为本项目申请政府基金项下无息贷款3亿元人民币，与国家开发银行贷款混合用于二期项目建设，并承担无息贷款资金使用的组织使用、管理监督等工作。

此部分援外资金的投入发挥了援外资金杠杆作用，放大援外效应。以政府合作基金项下无息贷款带动商业贷款，推动重大战略项目实施，进一步发挥援外资金的杠杆作用。此外，该笔援外资金可以作为老挝政府对建成后项目的回购款，大大降低了老挝财政负担，提高老方参与项目运营和管理的积极性，有利于促进中老风险分担机制的建立和项目的可持续。

三 总结

境外项目特别是落后的发展中国家项目的实施，往往受制于政治不稳定等因素的影响。国家开发银行利用开发性金融原理，积极搭建项目推进机制，促进项目融资条件完善，并通过国家层面经济外交合作为项目实施提供可行路径，抓住高访有利时机，促成项目关键性问题的解决和取得实质性突破。

在本项目实施过程中，国家开发银行利用自身优势，积极发挥纽带作用，搭建项目合作平台，整合多方资源，成功组建银团，争取政府南南合作基金等优质金融资源，确保了项目建设资金的充足供给。除南欧江梯级电站等电力项目外，国家开发银行还积极支持老挝国家电力公司对全国骨干电网进行规划和升级建设，确保电力产出能顺利输送，结合老挝水利资源丰富的特点，不断推进中老两国产能合作项目的建设，助力老挝建设成为东盟能源基地，取得了丰硕的成果。

总之，中国与周边国家的基础设施联通是一个立体、复杂、多元化的综合基础设施网络，涉及领土主权、法律规范、技术标准、环境评估，更涉及政府、企业和个人，以及项目的设计、融资、施工、运营管理等众多领域、方面和层次。对于一个如此庞大的综合性系统工程，需要各相关国家统一认识，积极参与，共同谋划，共同协商。

第一，构建立足共商的多边协调机制。任何的基础设施建设涉及国计民生，是消除贫困、推动可持续发展的有效路径。所有国家和所有利益攸关方应携手合作，共同执行这一计划。在这一过程中，我们呼吁建立有效的协调机制，化解各类风险，推动工程进展。目前很多地区国际组织，不同程度地发挥着国际互联互通多边协调机制的作用，但是，它们所包含的国家都还比较有限，而且各自成立时的出发点也有所不同，有的主要出于经济目的，有的主要出于政治目的，有的主要出于安全目的等，结果它们很难成为周边国家都接受的统一多边协调组织。为此，可考虑适时牵头建立区域互联互通合作委员会等多边协调机制，根据各自的合作意愿和基本诉求等各种内容，研究确定彼此之间互联互通的基本类型、主要内容和重要特点等，推动建立各国国内层面的地区内部之间、不同地区之间、城乡之间和国际层面的不同国家之间、不同国家和地区国际组织之间等各种横向衔接机制，实现各国互联互通的国内国外衔接。

第二，打造基于共建的项目储备库。基础设施互联互通的有效实施需要大量项目推动，没有项目推动的互联互通是纸上谈兵式的互联互通，没有大量项目推动的互联互通是不可持续的互联互通。储备项目是互联互通实施的必然要求，也是推进互联互通的重要举措。这就需要抓紧建立各种项目储备库，既要包括短期项目，也要包括中期项目，还要包括长期项目。由于国际互联互通需要各个国家之间的必要配合和应有支持，因此项目储备库的建立、充实和完善必将是一个长期的过程。项目储备库的建立需要综合考虑国际互联互通项目储备库和国内互联互通项目储备库，并尽量实现彼此之间的搭配合理、功能得当和进度适宜。根据项目实施的内在要求、基本进度和客观需要等各种规定，及时动态补充完善。

第三，编制突出共享的联合实施方案。联合实施方案是国际互联互通的实施依据，也是中国和周边国家的合作依据。互联互通的规划实施方案既包括国内互联互通的规划实施方案，也包括国际互联互通的规划实施方案，只有实现两者有效对接，才可能使它落到实处。由于不同国家的国际互联互通的基本诉求有所不同，国家之间的互联互通规划实施方案无法全面有效对接，也无法全面有效编制，即使已经付出了很大努力谋划编制国内互联互通规划实施方案，也会因为有关国家不愿配合甚至拒绝配合谋划编制国际互联互通规划实施方案而最终功亏一篑，更何况后者还要受到其国内政局变化等各种因素影响。

为此应充分认真分析各个国家之间的互信状况，深入了解各国的基本诉求，方案编制要充分体现各自国家的国际互联互通的基本特点和主要意图，要注意加强和本国发展战略、重要规划和重大项目等有效对接，也要适当兼顾和其他国家实施方案的有效对接，如实施战略对接、实施规划对接、实施计划对接和实施政策对接等，并伴随其政权更替、社会不稳和安全恶化等国内外重要因素的及时变化而做出相应调整。

国际互联互通的大幕已经徐徐拉开，加快融合发展、促进地区的稳定繁荣是区域各国的共识，在世界经济持续低迷的今天，"一带一路"倡议的提出恰逢其时，随着设施联通等互联互通项目的陆续实施，欧亚非大陆间的沿线国家将形成更为广泛的联合，区域间的互联互通将不可避免地走向更大国际范围的互联互通。

第八章 "一带一路"资金融通与金融合作

资金融通是推动"一带一路"倡议、实现互联互通的核心与纽带，是"一带一路"建设的重要支柱，也是中国与沿线国家开展多双边区域经济金融合作达成的重要共识，是促进经济复苏、保持市场稳定与增长的关键领域与合作重点，沿线国家对此均给予认可与关注。

立足当前，着眼未来，资金融通将推动更广泛领域的金融合作向纵深方向发展，沿线国家的发展诉求将更多地依托于金融合作带来的巨大融资推动力。同时，紧密的金融合作也将为维护区域金融稳定与加强金融监管提供更广阔的合作空间。

一 "一带一路"沿线国家金融发展环境总体良好

21 世纪以来，"一带一路"沿线国家之间的资金融通已成为经济增长的重要驱动力，对资金需求也日益旺盛，为深化金融合作、促进经济一体化提供了广阔的发展空间。

（一）金融环境逐步趋好

1. 外汇储备总体规模增长较快，且集中度较高

2000—2013 年，"一带一路"沿线国家外汇储备从 7608 亿美元快速增长至 7.55 万亿美元，外汇储备占比始终集中在前十名的国家，2000—2013 年的十几年间，始终在 80% 左右浮动。2015 年，前 10 名国家（不含中国）外储占 78.5%。2015 年"一带一路"沿线国家外汇储备前 20 名如图 8 -1 所示。

2. 资本净流入快速增长，进一步集中于少数国家

2000—2013 年，"一带一路"沿线国家外国资本净流入从 3523 亿美

（亿美元）

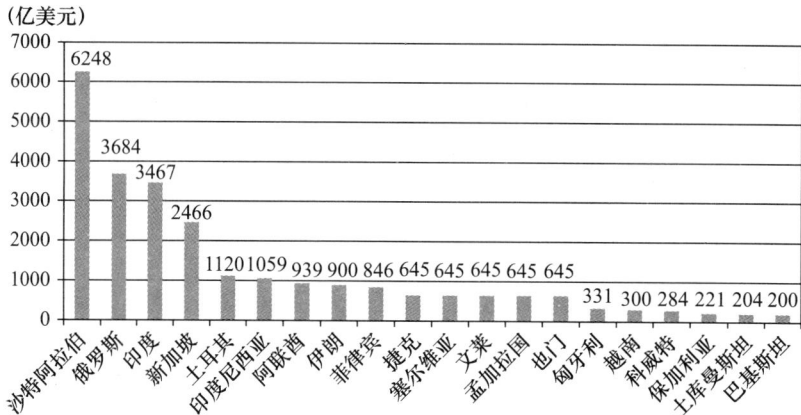

图 8-1 2015 年"一带一路"沿线国家外汇储备前 20 名
资料来源：EIU。

元增至 7628 亿美元。从资本流入国来看，资本流入进一步集中。2000年，资本流入最多的 5 个国家（地区）分别是中国、中国香港、新加坡、俄罗斯、沙特，流入资本合计 1979 亿美元，约占"一带一路"沿线地区的 56%；2013 年，吸收外国资本最多的是中国、中国香港、俄罗斯、新加坡、印度等经济体，吸收外国资本合计 5870 亿美元，占"一带一路"沿线地区的 77%。

3. 沿线国家多以间接融资为主，成为经济增长的重要驱动力

2000 年，"一带一路"沿线国家整体融资规模为 5.36 万亿美元，2013 年增长至 31 万亿美元，13 年间增长了 477%，快于该区域 GDP 的 405% 增速，金融驱动经济增长模式明显。2000 年，"一带一路"沿线的 66 个国家（地区）整体融资中，贷款占比 60.7%，上市公司的市场资本总额占比 39.3%，仅新加坡、沙特、巴林的上市公司的市场资本总额超过贷款规模。2013 年，贷款占比进一步提升至 65.3%，上市公司的市场资本总额占比下降为 34.7%，新加坡、马来西亚、印度尼西亚、俄罗斯、菲律宾、科威特、黑山等经济体的上市公司的市场资本总额超过贷款规模。①

（二）银行业快速发展

在强劲信贷需求的推动下，贷款投放快速增长，贷款利率大幅下降，

---

① 本段数据引用来源巴曙松、王志峰《"一带一路"沿线经济金融环境与中国银行业的国际化发展战略》，《兰州大学学报》2015 年第 5 期。

利差持续缩窄,资本充足率水平稳步提升,银行资产质量持续改善。

1. 信贷投放快速增长

2000 年以来,"一带一路"沿线国家信贷投放快速增长,信贷投放占 GDP 比重超过 40% 以上的国家数从 2000 年的 24 个,猛增至 2013 年年末的 41 个。2015 年,国内信贷增长率超过 15% 的国家有 16 个(见表 8 - 1),其中,沙特阿拉伯、塔吉克斯坦、阿塞拜疆、波兰、爱沙尼亚 5 国超过 130%,越南、马来西亚、柬埔寨、缅甸等东南亚国家也保持在 20% 左右的高速增长。

表 8 - 1 "一带一路"沿线国家 2015 年国内信贷增长率前 20 名经济体

序号	"一带一路"沿线国家	国内信贷增长率(%)(SODD)
1	沙特阿拉伯	187.60
2	塔吉克斯坦	137.52
3	阿塞拜疆	137.52
4	波兰	137.52
5	爱沙尼亚	137.52
6	马来西亚	29.52
7	埃及	25.60
8	柬埔寨	23.95
9	立陶宛	21.95
10	越南	19.40
11	缅甸	19.00
12	俄罗斯	18.70
13	土耳其	17.91
14	格鲁吉亚	17.71
15	伊朗	16.50
16	尼泊尔	15.00
17	白俄罗斯	14.76
18	马其顿	14.76
19	叙利亚	14.76
20	黎巴嫩	14.76

资料来源:EIU。

2. 贷款利率大幅下降,利差持续缩窄

2000 年以来,"一带一路"沿线不同国家贷款简单平均利率从 17%

下降至 2013 年年末的 10%。贷款利率高于 10% 的国家数占比从 73% 下降至 52%。与此同时，"一带一路"沿线不同国家简单平均利差，从 2000 年的 9.1% 缩窄至 2006 年的 6.3%，2013 年进一步缩小至 5.2%，利差高于 10% 以上的国家从 2000 年的 11 个，降至 2013 年的 3 个。利差低于 5% 的国家数占比从 2000 年的 36% 增长至 2013 年的 50%。

2015 年，贷款利率超过 10% 的国家数有 21 个，占比下降至 32%，66 个国家平均利差收窄至 4.23%，利差高于 10% 的国家回升至 6 个（见表 8 - 2）。利差低于 5% 的国家有 50 个，占比进一步降至 75%。

表 8 - 2 "一带一路"沿线国家 2015 年国内信贷利差 4% 以上的国家

序号	"一带一路"沿线国家	利差（%）
1	老挝	15.60
2	塔吉克斯坦	14.23
3	阿塞拜疆	14.23
4	波兰	14.23
5	爱沙尼亚	14.23
6	柬埔寨	10.29
7	不丹	9.50
8	土库曼斯坦	9.00
9	乌克兰	8.80
10	保加利亚	6.80
11	蒙古国	6.58
12	俄罗斯	6.53
13	尼泊尔	5.80
14	沙特阿拉伯	5.70
15	新加坡	5.18
16	缅甸	5.00
17	巴林	4.90
18	埃及	4.72
19	马来西亚	4.68
20	拉脱维亚	4.50
21	印度尼西亚	4.33
22	希腊	4.32
23	巴基斯坦	4.30
24	阿联酋	4.00

资料来源：EIU。

3. 银行资产质量持续改善

2000年,"一带一路"沿线国家不良贷款率超过10%的国家占比超过66%,2013年这一比例降为30%。与此同时,不良贷款率低于5%的国家数占比从2000年的11%攀升至2013年的45%。2013年年末,乌兹别克斯坦、新加坡和中国的不良贷款率均低于1%,"一带一路"沿线国家银行业资产质量大幅提升。

4. 资本充足率水平稳步提升

2000—2006年,银行业资本充足率水平略有提升,资本充足率低于8%的国家数占比从39%降至30%。2006年以来,银行业资本充足率水平大幅提升,资本充足率高于10%的国家数占比从49%猛增至2013年年末的67%。

【专栏1:非洲发展融资需求激增与外债风险并存】

近十多年来,伴随非洲经济前所未有的持续增长,许多非洲国家通过国际资本市场大量举债。当前,受大宗商品价格下跌、欧元区经济疲软及中国经济换挡减速等影响,一些非洲国家债务负担加重,个别国家甚至出现债务危机端倪,引发各方关注。联合国贸易和发展会议最新发布的《2016非洲经济发展报告》指出,当前非洲国家外债比率虽然可控,但部分国家的债务可持续面临风险,非洲各国应采取合适的政策措施,避免20世纪八九十年代的债务危机再次爆发。

未来一段时期,为了实现可持续发展及非洲《2063年议程》的目标,非洲国家将寻求更多的发展融资尤其是直接投资,在保持债务可持续的同时,更好地促进工业化发展。

一 非洲发展融资现状及问题

(一)非洲发展规划谋求更多资金来源,融资需求日益激增

2015年9月,联合国通过可持续发展目标(SDG),取代了之前的千年发展目标(MDG)。在SDG框架下,非洲国家承诺将在2015—2030年实施各种国家和地区发展计划,以促进SDG17项目标及其169项细项目标的实现。此前在2013年,非盟着手制定规划非洲未来50年发展的《2063年议程》,并于2015年1月通过了该议程第一个十年的行动计划。无论是实现可持续发展目标还是《2063年议程》的相关发展要求,非洲

国家都需要更多的资金来源。

最近几年，许多国际机构和专家学者对非洲国家达到上述目标所需要的发展融资进行了测算。由于不同机构或专家所关注的具体发展目标各有侧重，使用的测算方法也各有不同，因此估计结果难以直接比较，但均从不同角度反映了非洲发展融资需求规模。初步统计，非洲要实现全面发展目标，每年至少需要 6000 亿美元以上的发展融资；实现具体领域的发展目标，如基础设施建设、用电基本覆盖、应对气候变化，每年至少分别需要 930 亿美元、250 亿美元和 180 亿美元的融资；而若要满足生产性领域投资及其相关基础设施建设需求，则每年至少需要超过 2000 亿美元的发展融资。

（二）国内资金动员能力有限，对外借债面临可持续风险

非洲国家在《2063 年议程》等规划中，强调了增强国内资金动员能力、完善资本市场来进行发展筹资的重要性。目前，非洲国内资金主要包括税收收入和私人储蓄（居民储蓄和企业储蓄）。就税收而言，非洲国家税收收入从 2002 年的 1231 亿美元增至 2013 年的 5082 亿美元，但这一增长的绝大部分都来自资源富集国的资源报酬。就储蓄而言，非洲国家的私人储蓄仍停留在较低水平，同时，由于国内金融市场不发达及缺乏国内投资机会，不仅资金非法外流现象突出，而且引导储蓄资金用于生产性投资的机制也存在较大缺陷（即"金融抑制"）。仅靠国内资金动员难以解决发展融资难题，利用外部资金就成为非洲不可避免的重要选项。

长期以来，西方国家的官方发展援助（ODA）在非洲外部融资中扮演了重要角色。但是，近十多年来，其比例趋于下降，从 2000 年的 39.4% 降至 2013 年的 27.6%。与此同时，以中国、印度、巴西为代表的新兴经济体，逐步扩大在非洲国家的投融资活动，成为非洲越来越重要的外部资金来源。近几年，一些非洲国家还开始进入国际资本市场，通过发行政府主权债券进行筹资。但值得注意的是，当前大宗商品价格疲软导致很多非洲国家经常项目和财政"双赤字"，货币出现大幅贬值，全球流动性收紧又提高了借贷成本，使非洲国家的外债负担加重，个别国家债务风险问题突出。

表8-3   非洲国家发展融资需求测算

机构/专家	年均发展融资需求（亿美元）	测算依据的发展目标
Schmidt–Traub（2015）	6140—6380	实现联合国SDG
Chinzana等（2015）	12000	实现联合国SDG中的脱贫目标
联合国贸易发展会议（2014）	2100	满足基本的基础设施、粮食安全、健康、教育和应对气候变化的需要
世界银行（2012）	930	基础设施投资需求
联合国非经委（2015）	2000	实现社会、经济和环境可持续发展承诺
国际能源署（2012）	250	2030年前达到电力服务全覆盖
世界银行（2012）	180	适应气候变化的成本
中非基金（2015）	2800	非洲"三网一化"产能合作重点领域资金需求

资料来源：UNCTAD, Economic Development in Africa Report 2016, 07/2016；中非发展基金研究发展部。

二 非洲外债可持续性分析

（一）外债总量整体上升，负债和偿债能力基本突破国际警戒值，但各国差异较大

从外债总量来看，近十年，非洲外债总量总体呈上升态势，从2006—2009年年均3030亿美元增至2011—2013年年均4430亿美元。不过，得益于重债穷国倡议（HIPC）和多边债务减免倡议，大多数非洲重债穷国在2006年和2007年被免除债务，这使目前非洲总体外债还处在相对较低水平。2011—2013年，非洲外债总量年平均增速从7.8%增至10.2%，增速超过10%的有23个国家。2011—2013年，外债总量增速最快的是莫桑比克（30%）、喀麦隆（26%）以及加蓬、尼日利亚、卢旺达和塞舌尔（均为24%）。

从外债承受能力来看，主要有两个指标。一是负债率，即外债总量与当年国民总收入（GNI）的比率，国际上一般公认的负债率上限或者说警戒值是20%。平均而言，非洲外债负债率从2006—2009年的24.2%降至2011—2013年的22%，高于东亚（14.5%），但低于南亚（22.6%）和拉美（23.7%）。大多数非洲国家负债率都低于40%，但有19个国家负债率出现上升。二是借债率，即外债总额存量占当年出口商品、劳务

的外汇收入额的比率，警戒值一般不超过100%。非洲各国外债的借债率大相径庭，最低为7.2%（阿尔及利亚），最高为596.8%（圣多美和普林西比）。

从外债偿还能力来看，主要是偿债率指标，即外债还本付息额与当年出口商品、劳务的外汇收入额的比率，一般参照警戒值是20%。受全球经济疲软和大宗商品超级周期结束，绝大多数非洲国家偿债能力趋于下降，延期安排计划频率增加。从2006—2009年至2011—2013年，大多数非洲国家外债的偿债率低于20%。

（二）外债结构发生显著变化，国际资本市场融资推高外债风险

1. 优惠性质的债务在外债总额中的比重下降

从2006—2009年的年均42.4%下降至2011—2013年的年均36.8%，大多数非洲国家外债中具有优惠性质的借债所占份额都出现下降。

2. 私人无担保长期债务在非洲发展融资中的作用更加显著

短期债务在债务总量中的比重维持在较低水平，但长期债务中的公债在债务总量中所占份额趋于下降，从2006—2013年，有31个国家该比重出现下降，降幅最大的包括毛里求斯、阿尔及利亚、斯威士兰、贝宁、布隆迪、中非共和国和多哥，这意味着私人无担保长期债务在非洲发展融资中的作用更加显著。

3. 公债中来自私人来源资金的比重趋于上升

从债权上讲，公债的资金提供方可以分为官方债权人（国际金融组织多边贷款和外国政府双边贷款）和私人债权人（发行债券、向外国银行及非银行金融机构的商业贷款等）。总体而言，非洲大陆公债中来自私人债权人的债务比重从2006—2009年的17.6%增长至2011—2013年的24.9%。该比重超过30%的有南非（95%，主要是债券）、加蓬（63%，主要是债券）、安哥拉（48%，主要是商贷）、刚果布（39%，主要是债券和商贷）、加纳（32%，主要是商贷）。不过，也有7个非洲国家的公债中没有私人债权人，分别为贝宁、科摩罗、几内亚比绍、利比里亚、毛里塔尼亚、尼日尔和乌干达。

4. 发行主权债券开始成为公债的一个重要来源

2009年前，几乎没有非洲国家在国际资本市场上发行主权债券。2010—2012年，主权债券增至年均15亿—25亿美元的规模。而到了2014年，发行规模已达62.5亿美元。从主权债券存量上看，已从2008

年的 10 亿美元增加至 2014 年的 180 亿美元。至少 14 个非洲国家发行了国际主权债券，有的还发行了不止一次，如科特迪瓦在 2010 年和 2014 年分别发行 23.3 亿美元和 7.5 亿美元的主权债券，加纳在 2013 年和 2014 年分别发行 7.5 亿美元和 10 亿美元，肯尼亚在 2014 年分别发行 15 亿美元和 5 亿美元，尼日利亚在 2011 年和 2013 年发行了三笔 5 亿美元的主权债券。非洲国家发行的主权债券平均规模为 10 亿美元，平均期限为 10 年，平均利息为 5%—10%。发行主权债券主要源于以下几个驱动因素：一是尽管主权债券的融资成本相对较高，且多为非优惠性质，但往往没有附加条件，能够满足非洲国家自主发展需要。二是主权债券 10 亿美元的平均规模往往远高于其他形式的政府借款，非洲国家的政府可以借此为资金需求量巨大的基础设施项目提供融资。三是主权债券可为发行国的企业在国际资本市场上发债提供基准定价参考，从而能够促进和扶持该国企业进入国际资本市场。四是有些非洲国家通过主权债券举债，弥补 2014 年中以来大宗商品价格下跌所带来的收入逆转，以维持其消费水平。

5. 有些国家公债的币种结构存在汇率波动风险

一国外债存量越集中于某一种外币，那么遭遇外汇风险乃至外币国宏观经济和政治冲击的风险的可能性就越大。从 2006—2009 年到 2011—2013 年，以某一种外币计价的外债份额增加约 20% 的非洲国家有：佛得角和圣多美和普林西比（欧元债务增大）、刚果布、利比里亚和赞比亚（美元债务增大）。本币贬值会让外币计价的外债负担变得更加沉重。外汇储备与外债总额存量的比率，是衡量一国应对外币债务风险能力的重要指标。就非洲国家而言，外币债务风险较大（该指标小于 30%）的包括毛里求斯（28%）、津巴布韦（7%）、刚果金（26%）、厄立特里亚（11%）、几内亚（9%）、马拉维（20%）、毛里塔尼亚（23%）、圣多美和普林西比（26%）和苏丹（1%）。

6. 浮动利率借款在外债总量中的比重上升

从 2006—2013 年，该比重增幅超过 10% 的有安哥拉、博茨瓦纳、加蓬、埃及、毛里求斯、津巴布韦和埃塞俄比亚。

三　加强中非投融资合作的对策建议

（一）加强重点国别外债风险研究，严格防范债务风险

当前，非洲国家外债可持续性总体上仍处于可控水平，但有些国家的

外债风险确实不容忽视。建议重点关注苏丹、津巴布韦、布隆迪、中非共和国、乍得、吉布提、加纳、毛里塔尼亚、圣多美和普林西比、莫桑比克、安哥拉、刚果布、赞比亚等国的外债发展趋势，及时做好评估分析，采取必要的风险防范及应对措施。在具体中非合作项目层面，重点关注以政府信用为担保的项目所在国政府偿债能力，必要时引入中信保等保险机制防范债务风险。

（二）发挥开发性金融优势，推动中长期领域对非投融资合作

在债务负担加重的背景下，非洲国家为谋求工业化发展，不得不通过更多渠道谋求资金。建议把握时机，发挥开发性金融在中长期投融资领域的优势，结合非洲政府关注热点，通过信用建设和市场培育，完善政府融资担保体系，在非洲亟须发展的电力、交通、通信、港口等基础设施领域，加强前期介入和后续运营，投贷结合推动合作，同时通过PPP等模式，促进非洲国家增强国内资金动员能力，完善当地资本市场。

（三）加大对非投资力度，提升非洲自我发展能力

当前，非洲国家最需要和最欢迎投资合作。直接投资可在不增加非洲国家债务负担的情况下，带来资金、技术、知识，提升非洲自身发展"造血"机能，中长期投资回报增加偿债能力，增强外债可持续性。针对市场化程度高的领域，对非投资应深入研究，把握机会。建议进一步发挥中非基金等机构的对非投资专业优势，在非洲亟须发展的基础设施、工业化和农业现代化等融资需求巨大的重点领域，加大投资合作力度。

二 "一带一路"资金融通成效显著

自中国提出"一带一路"倡议以来的三年间，中国与"一带一路"沿线国家在维护区域金融稳定的多边合作、推动建立区域投融资机构、本币互换和结算、直接投资、人民币跨境支付和结算、互设分支机构、金融机构业务合作、项目融资合作、金融市场合作及区域金融合作机制创新等多方面取得显著成效。

（一）维护区域金融稳定的多边合作机制覆盖沿线主要国家

近年来，中国通过参与东亚及太平洋中央银行行长会议组织

（EMEAP）、东盟与中日韩（10＋3）金融合作机制、东南亚中央银行组织（SEACEN）、中亚、黑海及巴尔干地区央行行长会议组织、上海合作组织财长和央行行长会议等区域合作机制，增加了与"一带一路"沿线国家的沟通交流，提升了中国在区域金融合作中的参与力度。根据"10＋3"机制下通过的《清迈倡议》，已建立多边货币互换协议网络（CMIM），资金规模达到2400亿美元，增强了危机预防能力。此外，"10＋3"机制下成立的宏观经济研究办公室（AMRO）已于2016年2月正式揭牌升级为国际组织，进一步展示了"10＋3"各方支持区域财金合作的坚定承诺，对于加强东亚区域金融安全网，增强东亚成员在全球经济治理中的地位有重要意义。

（二）金融监管合作进一步加强

中国人民银行积极参与金融稳定理事会、巴塞尔银行监管委员会等国际组织及其下设工作组的工作。继续在东亚及太平洋中央银行行长会议组织机制下加强区域经济金融监测，不断完善危机管理和处置框架。截至2016年8月20日，中国人民银行已与39个境外反洗钱机构正式签署金融情报交流合作谅解备忘录。

中国银监会已与31个"一带一路"沿线国家的金融监管当局签署了双边监管合作谅解备忘录和监管协议，捷克是欧盟成员中最先与银监会签署谅解备忘录的国家之一。2015年，中国银监会参与的多边和区域性合作机制主要包括国际货币基金组织（IMF）、世界银行、二十国集团（G20）、联合国、经济发展与合作组织（OECD）、亚太经合组织（APEC）、东亚及太平洋地区中央银行行长会议组织（EMEAP）、国际金融协会（IIF）、中国—中东欧十六国、中非合作论坛、上海合作组织、"金砖国家"、亚洲基础设施投资银行等。通过对世界银行等国际组织政策文件研究提出意见、参与EMEAP银行监管工作组会议、IMF工作磋商，以及多项跨部委组织协调工作和各层次口径答复。2015年，银监会与新加坡金管局建立了工作层定期磋商机制，并召开首次工作层磋商会议，交流新加坡银行在华银行经营、风险信息和监管关注。与印度尼西亚金融服务管理局（OJK）代表团就银行业信息科技监管进行了专题交流。

中国证监会已相继同59个国家和地区的证券期货监管机构签署了64个监管合作谅解备忘录。此外，中国保监会加强与国际保险监管管理协会的联系，积极推动与"一带一路"沿线国家的保险监管合作。亚洲保险监督论坛决定秘书处常设中国，以加强亚洲地区保险监管的交流合作。

表 8-4 银监会签署的双边监管合作谅解备忘录和监管合作协议一览

序号	机构名称	国家/地区	生效时间
1	新加坡金融管理局（Monetary Authority of Singapore）	新加坡	2004 年 5 月 14 日
2	吉尔吉斯斯坦国家银行（National Bank of the Kyrgyz Republic）	吉尔吉斯斯坦	2004 年 9 月 21 日
3	巴基斯坦国家银行（State Bank of Pakistan）	巴基斯坦	2004 年 10 月 15 日
4	波兰共和国银行监督委员会（Commission for Banking Supervision of the Republic of Poland）	波兰	2005 年 2 月 27 日
5	菲律宾中央银行（Bangko Sentral ng Pilipinas）	菲律宾	2005 年 10 月 18 日
6	俄罗斯联邦中央银行（Central Bank of the Russian Federation）	俄罗斯	2005 年 11 月 3 日
7	土耳其银行监理署（Banking Regulation and Supervision Agency of Turkey）	土耳其	2006 年 7 月 11 日
8	泰国中央银行（Bank of Thailand）	泰国	2006 年 9 月 18 日
9	乌克兰中央银行（National Bank of Ukraine）	乌克兰	2007 年 1 月 30 日
10	白俄罗斯国家银行（National Bank of the Republic of Belarus）	白俄罗斯	2007 年 4 月 23 日
11	卡塔尔金融中心监管局（Qatar Financial Centre Regulatory Authority）	卡塔尔	2007 年 5 月 11 日
12	迪拜金融服务局（Dubai Financial Services Authority）	迪拜	2007 年 9 月 24 日
13	越南国家银行（State Bank of Vietnam）	越南	2008 年 5 月 5 日
14	马来西亚中央银行（Bank Negara Malaysia）	马来西亚	2009 年 11 月 11 日
15	捷克中央银行（The Czech National Bank）	捷克	2010 年 1 月 5 日
16	印度尼西亚中央银行（Bank of Indonesia）	印度尼西亚	2010 年 7 月 15 日
17	印度尼西亚金融服务局（Otoritas Jasa Keuangan Republic of Indonesia）		2015 年 6 月 4 日
18	塔吉克斯坦国家银行（National Bank of Tajikistan）	塔吉克斯坦	2010 年 11 月 25 日
19	印度储备银行（Reserve Bank of India）	印度	2010 年 12 月 16 日
20	塞浦路斯中央银行（The Central Bank of Cyprus）	塞浦路斯	2011 年 7 月 15 日
21	柬埔寨国家银行（National Bank of Cambodia）	柬埔寨	2013 年 4 月 8 日
22	以色列银行（The Supervisor of Banks at the Bank of Israel）	以色列	2013 年 5 月 27 日

续表

序号	机构名称	国家/地区	生效时间
23	巴林中央银行（The Central Bank of Bahrain）	巴林	2013 年 9 月 16 日
24	哈萨克斯坦国家银行（The National Bank of Kazakhstan）	哈萨克斯坦	2013 年 9 月 25 日
25	蒙古国中央银行（The Bank of Mongolia）	蒙古国	2014 年 8 月 21 日
26	卡塔尔中央银行（Qatar Central Bank）	卡塔尔	2014 年 11 月 3 日
27	科威特中央银行（Central Bank of Kuwait）	科威特	2015 年 3 月 28 日
28	立陶宛中央银行（The Bank of Lithuania）	立陶宛	2015 年 6 月 12 日
29	尼泊尔国家银行（Nepal Rastra Bank）	尼泊尔	2016 年 3 月 21 日
30	匈牙利中央银行（The Central Bank of Hungary）	匈牙利	2016 年 3 月 31 日
31	阿布扎比金融服务监管局（Abu Dhabi Global Market Financial Services Regulatory Authority）	阿布扎比	2016 年 4 月 28 日
32	摩洛哥中央银行（Bank Al - Maghrib）	摩洛哥	2016 年 6 月 10 日

资料来源：中国银监会官网。

中国银行业改革发展和监管的良好成效，为实施"一带一路"倡议提供了有力的金融支持。数据显示，截至 2015 年年末，9 家中资银行在"一带一路"沿线 24 个国家设立了 56 个一级分支机构。同时，中国银行业对外开放进一步扩大。截至 2015 年年末，66 个"一带一路"沿线国家中，共有 20 个国家的 56 家商业银行在华设立了 7 个子行、18 个分行以及 42 个代表处。

2015 年，中国银行在与海上丝绸之路密切相关的东南亚地区新设 5 家分行，并发行"一带一路"债券约 40 亿美元；中国建设银行 2015 年在欧洲地区新设 5 个分支机构，分别位于英国、法国、西班牙、意大利与荷兰。

从区域分布来看，蒙古国、俄罗斯和中亚地区五国（哈萨克斯坦、吉尔吉斯斯坦、塔吉克斯坦、乌兹别克斯坦、土库曼斯坦）中，共有 6 家中资银行。俄罗斯、蒙古国和哈萨克斯坦设有 9 家一级机构（6 个子行、3 个代表处），俄罗斯、蒙古国和哈萨克斯坦在华亦设有 12 家一级机构（除 1 个分行外，其他均为代表处）。2015 年 10 月，哈尔滨银行与俄罗斯联邦储蓄银行联合发起成立了"中俄金融联盟"，联盟吸引了中俄两国近40个金融机构参加，搭建了首个中俄金融机构合作交流平台。

中国银行业在东南亚地区建立了比较广泛的分支机构网络，已在该地区设立了25个一级机构（18个分行、5个子行、1个代表处、1个合资银行），覆盖除文莱、东帝汶外的其他所有国家，并形成了一定的市场影响力。东南亚的银行在华业务活动也十分活跃，在华共设立了21个一级机构（8个分行、7个子行、6个代表处）。南亚地区，中国在印度和巴基斯坦各设1个分行，印度在华设有12个一级分支机构（7个分行、5个代表处），巴基斯坦在华设有5个分支机构（5个代表处）。

在中东欧地区，中方设立了100亿美元的专项贷款，涉及科技、教育、能源、基础设施建设和金融领域。截至2015年年末，中国工商银行、中国银行在波兰设立了3个分行；中国银行在匈牙利设有1个子行、1个分行，在捷克设有1个分行。中东欧16国银行尚未在华设立机构。

独联体的其他6个国家中，白俄罗斯在中国设立了1个代表处。此外，尚无中资银行在上述6国设立分支机构。

中资银行加速在西亚、北非国家的布局，目前已在16国设立了3个子行、9个分行、4个代表处。当地银行在华设立了12个代表处、1个分行。中国银监会与土耳其、阿联酋、卡塔尔、巴林、科威特和以色列分别签署了MOU。

【专栏2：中国银行业提供全方位的跨区域金融服务】

一 中国银行业联合倡议支持"一带一路"建设

2016年3月，中国银行业共同发起和签署了《中国银行业支持"一带一路"建设倡议书》，共同承诺将充分发挥中国银行业的作用，为区域互联互通、经济社会发展提供可持续的中长期资金支持；发挥自身优势和积累的金融资源，全力支持和服务"一带一路"建设。优化中资银行海外布局，适当加快在"一带一路"沿线国家开设分支机构。加强银行业协调与合作，创新服务方式、产品和机制，运用多元化渠道提升金融综合服务能力，为企业"走出去"和参与"一带一路"建设提供优质的金融服务。发挥多元化跨境融资优势，多渠道开辟和增加长期低成本资金来源。优化自身信贷结构，加大对"走出去"企业的信贷支持力度，满足多元化资金需求。促进金融资本与产业资本紧密结合，支持"一带一路"沿线国家产业发展。深入开展产业和惠民项目合作,推动区域内国家产业链对接、融合,推动产业升级。强化多边、双边金融合作。深化与世界银行、亚洲开发银行、亚洲基础设施投资银行等国际多边金融机构以及沿线国家金融机构的务实合作和沟通交流。

二 中国为"一带一路"沿线重点项目提供全方位融资服务

截至2016年年底,中国国家开发银行(CDB)在"一带一路"沿线国家设有莫斯科、开罗、万象3个代表处,派出22个工作组。在沿线国家储备项目融资需求总量3517亿美元,累计承诺贷款2277亿美元,发放贷款1682亿美元,余额1138亿美元,占国家开发银行国际业务贷款余额的35%,已建立涉及超过60个国家、总量超过900个项目的"一带一路"建设的项目储备库,涉及交通、能源、资源等领域。CDB以人民币国际化和金融创新为支撑点,为深化区域金融合作铺路搭桥。通过发放跨境人民币贷款、发行境外人民币债券、开展跨境人民币支付结算、开发跨境支付信息系统等方式,积极助推人民币走向国际化,累计发放境外人民币贷款1300亿元,发行境外人民币债券280亿元,有力地促进区域货币融通。推动上海合作组织银行联系体、中国东盟银联体等金融合作,与世界银行、亚洲基础设施投资银行等国际金融机构开展广泛合作,打造区域金融合作优势平台。发挥"投贷债租证"综合优势,加大金融创新力度,以更丰富的金融产品和更优质的服务,为参与"一带一路"建设的客户提供全方位、一站式金融服务。

2014年至今,中国进出口银行在"一带一路"沿线国家累计签约项目逾900个,签约金额超6000亿元,发放贷款4500多亿元,累计支持商务合同金额超过3600亿美元。项目分布于沿线50个国家,尤以设施联通、经贸合作、产业投资、能源资源合作等为重点领域。截至2015年年末,中国进出口银行在"一带一路"沿线国家贷款余额超过5200亿元人民币,有贷款余额的"一带一路"建设项目1000多个,分布于49个沿线国家,涵盖公路、铁路、港口、电力、通信等多个领域。

中国工商银行在"一带一路"沿线18个国家拥有123家分支机构,已储备项目208个,总投资合计2208亿美元。

中国农业银行在"一带一路"沿线国家设有7家机构,资产总额超过700亿美元。在新疆、内蒙古国等地分别建立了面向西亚、蒙古国等国家和地区的区域跨境业务中心,实现了与"一带一路"周边国家的八种货币与人民币直接挂牌交易，货币交易量300亿元。

2015年年末，中国银行海外机构已覆盖"一带一路"18个沿线国家，累计向"一带一路"沿线国家新投放授信约286亿美元，跟进重大项目约330个，意向性支持金额约870亿美元，并在国际市场成功发行了首只"一带一路"债券。

中国建设银行目前已储备了195个"一带一路"建设相关项目，信贷需求约2700亿美元。2015年11月，中国建设银行（亚洲）股份有限公司（以下简称"建行亚洲"）发行的全球首只"海上丝绸之路"离岸人民币债券在马来西亚吉隆坡交易所上市。该债券是马来西亚历史上第一只人民币债券，也是中资发行体首次登陆马来西亚债券市场。此次发债募集资金将主要用于"一带一路"项目融资，支持"走出去"的中资企业，尤其是21世纪海上丝绸之路重点项目建设。

截至2016年11月末，中国出口信用保险公司对"一带一路"沿线国家累计承保金额达3834亿美元，承保了中亚天然气管道、俄罗斯车里雅宾斯克钢厂万能轧机改造、帕普铁路库拉米电气化铁路隧道等一批示范性项目。

（三）新型区域性投融资机构成为重要的融资推动力

建立区域投融资机构，有利于促进中国与沿线国家的基础设施建设，有利于促进亚洲互联互通建设和经济一体化的进程。2013年，中国提出倡议并成功筹建亚洲基础设施投资银行（以下简称"亚洲基础设施投资银行"或AIIB），成为首个专注于基础设施建设的国际政府间多边开发性金融机构，得到全球多国的积极支持和参与。2014年12月，由中国出资设立的丝路基金正式运营，作为中国国家主权基金成为支持"一带一路"建设的重要"资金融通"渠道。2015年7月，新开发银行（以下简称"新开发银行"或NDB）由中国、俄罗斯、巴西、印度、南非等"金砖国家"发起成立，总部设在上海，是历史上第一次由新兴市场国家自主成立并主导的国际多边开发银行。

1. 亚洲基础设施投资银行成员覆盖全球五大洲、世界主要经济体，成为"一带一路"建设最为重要的新型多边金融合作平台

自2016年1月16日成立以来，共有57个正式成员国，正式申请待加入的国家已经超过20家，2017年亚洲基础设施投资银行成员国将超过

90 家。①

中国倡导筹建的 AIIB 成立一年来，已批准 9 个项目，发放贷款总额约 17 亿美元，项目全部集中在亚洲，大多为能源、交通和基础设施建设。AIIB 计划逐步加大运作规模，预计今后的 5—6 年时间内，每年贷款额可以达到 100 亿—150 亿美元。实践表明，AIIB 作为亚太地区新型的多边国际金融组织，既能推动国际货币基金组织（IMF）和世界银行（WB）的创新改革，也可以协同亚洲开发银行（ADB）逐步完善在亚太地区的投融资与国际援助职能，并将弥补亚洲发展中国家在基础设施投资领域存在的巨大资金缺口，减少亚洲区内资金外流，投资于亚洲的"活力与增长"。

2. 丝路基金按照"市场化、国际化、专业化"原则有序运作

丝路基金主要投资于基础设施、资源开发、产业合作及金融合作等领域的大型项目。2015 年以来，先后支持了中国三峡集团在巴基斯坦等南亚国家投资建设水电站等清洁能源、中国化工集团并购意大利倍耐力轮胎公司、俄罗斯亚马尔液化天然气一体化等项目。首批投资项目充分体现了丝路基金的业务模式和投资理念，通过股权加债权等多元投融资模式，在支持中国技术标准和装备走出去、引进国际先进技术和管理、促进产业结构调整和升级、开展国际能源合作等方面开展了积极尝试。

丝路基金的投资首要考虑与各国发展战略和产业规划的对接，如对接欧洲"容克计划"、俄罗斯创新发展计划、哈萨克斯坦"光明大道"计划等，支持投资所在国实体经济发展，加快工业化、城镇化进程和经济结构调整，助推产业结构的合理布局、产业链条的拓展搭建、提升经济可持续发展能力。丝路基金重视发展绿色金融和投资的社会责任，遵守最佳国际准则和投资所在国的法律、政策和社会、文化习俗，支持共建绿色丝绸之路，促进沿线国家和地区实现绿色、可持续发展。

3. 新开发银行在重点项目、融资发债等方面取得实质突破

在项目选择上，新开发银行的主要关注点是可持续发展项目和基础设施建设。随着"金砖国家"发展水平逐步提高，城市交通、铁路、高

---

① 其中，联合国安理会五大常任理事国占 4 席（中国、英国、法国和俄罗斯），G20 国家占 15 席（中国、英国、法国、印度、印度尼西亚、沙特阿拉伯、德国、意大利、澳大利亚、土耳其、韩国、巴西、南非、俄罗斯、加拿大），G7 国家占 5 席（英国、法国、德国、意大利和加拿大），"金砖国家"全部加入亚洲基础设施投资银行。

速公路等基础设施是政府愿意投资和改造的关键领域。2016 年 4 月，新开发银行宣布首批总额为 8.11 亿美元的贷款，用于支持巴西、印度、中国和南非的绿色能源项目；2016 年 7 月，新开发银行发放两笔合计 1 亿美元贷款，用于俄罗斯水力发电项目。在融资工具上，2016 年 7 月，新开发银行在上海发行首只绿色金融债券，债券规模为 30 亿元人民币，期限为 5 年。这是多边开发银行首次获准在中国银行间债券市场发行人民币绿色金融债券，也是新开发银行在资本市场的首次操作。目前，新开发银行正与印度探讨发行卢比计价债券，希望 2017 年第一季度在卢比离岸市场募集相当于 2.5 亿—5 亿美元资金。与此同时，在南非和俄罗斯发行债券的工作也已开始。未来，新开发银行还将混合发行以成员国当地货币和有限硬通货计价的债券，以降低成员国融资成本。

亚洲基础设施投资银行、新开发银行的成功运作充分表明，共同的利益、共同的目标可以凝聚不同的国家在多元文化环境下共同促进资金融通、共享金融合作成果。

（四）人民币国际化为资金合作拓宽融通路径

1. 人民币在对外直接投资中的使用规模持续上升

2016 年，中国境内投资者全年共对全球 164 个国家/地区的 7961 家境外企业进行了直接投资，累计实现非金融类直接投资 11299.2 亿元人民币（折合 1701.1 亿美元），较 2015 年增长 44.1%。其中，以人民币结算的对外直接投资额 10619 亿元，较 2015 年增加 3257 亿元，增长 44.24%。

2. 人民币国际使用稳步发展

2017 年第一季度末，离岸人民币存款约为 1.74 万亿元，较上年末仍有所下降，降幅趋缓，非居民人民币存款占全球离岸存款总量的比重约为 1.14%，较上年末有所上升。国际货币基金组织首次公布，2016 年年末，国际官方储备资产中以人民币计价的储备资产折合 845.1 亿美元，人民币为第七大外汇储备货币。在中国经济稳中向好、中国对外直接投资趋向活跃以及"一带一路"建设深入推进等大背景下，离岸人民币市场作为联系中国对外经贸往来的重要纽带之一，将保持长期增长的态势。

3. 人民币国际合作成效显著

截至 2016 年年末，中国人民银行与 37 个国家和地区的中央银行或货币当局签署了双边本币互换协议，协议总规模超过 3.3 万亿元人民币，其中 21 个国家和地区是"一带一路"沿线国家和地区，总额度已经超过了

3.12 万亿元（不含已失效或未续签）。在 20 个国家和地区建立了人民币清算安排，覆盖东南亚、西欧、中欧、中东、北美、南美、大洋洲和非洲等地，支持人民币成为区域计价结算货币。

4. 人民币纳入 SDR 货币篮子成为中国经济融入全球金融体系的重要里程碑

2015 年 11 月 30 日，国际货币基金组织（IMF）执董会决定将人民币纳入特别提款权（SDR）货币篮子，并已于 2016 年 10 月 1 日生效。SDR 货币篮子相应扩大至美元、欧元、人民币、日元和英镑，人民币在 SDR 货币篮子的权重为 10.92%。IMF 执行董事会将人民币纳入 SDR 是对中国当局过去多年来在改革其货币和金融体系方面取得成就的认可，中国在这一领域的持续推进和深化将推动建立一个更加充满活力的国际货币和金融体系，这又会支持中国和全球经济的发展和稳定。①

5. 人民币跨境贸易和投资使用加速拓展

截至 2016 年 6 月 30 日，中国与"一带一路"沿线国家和地区经常项下跨境人民币结算金额超过 2.63 万亿元。截至 2016 年 6 月 30 日，中国银行间外汇市场也已经陆续实现了 11 种货币的直接交易。2016 年前 8 个月，中国与"一带一路"沿线国家和地区跨境人民币实际收付金额达 8600 亿元。在 5 个"一带一路"沿线国家设立了人民币清算行；推出人民币对泰铢、人民币对哈萨克斯坦坚戈的银行间市场区域货币交易，降低市场主体交易成本。

6. 人民币跨境支付、结算和清算体系加速建立

截至 2016 年 8 月 20 日，中国已与俄罗斯、白俄罗斯等多个国家央行签署了一般贸易本币结算协定，与吉尔吉斯斯坦、哈萨克斯坦等国家央行签订了边贸本币结算协定。截至 2016 年 6 月 30 日，人民币业务清算行已拓展到 20 个，其中，7 个在"一带一路"沿线国家和地区。2016 年 6 月 7 日、25 日，中国人民银行分别与美联储、俄罗斯中央银行签署了在美国、俄罗斯建立人民币清算安排的合作备忘录。新加坡、菲律宾于 2016 年 6 月、10 月相继宣布将人民币纳入官方外汇储备，此举是对中国金融市场稳步开放的认可，也反映出机构投资者在其全球投资组合中对人民币资产的接受度日益提高。

---

① 以上数据来自中国人民银行发布的《2016 年人民币国际化报告》。

7. 人民币离岸市场相继建立

目前，全世界已经有至少 18 个人民币离岸中心，其中，2014 年先后在英国伦敦、德国法兰克福、韩国首尔等地建立的人民币离岸中心有 8 个，而 2015 年在马来西亚、泰国、智利等国家设立的人民币离岸中心有 6 个。中国香港已成为最大的跨境贸易和投资的人民币离岸中心。

【专栏 3："一带一路"欧亚区域人民币国际化现状分析及前景展望】

"一带一路"欧亚区域①是中国对外经济合作的重点地区。中国与该区域国家经贸合作规模逐年扩大，已初步建立了人民币跨境支付和结算体系。随着人民币支付结算、信贷投资规模的不断增加，人民币将成为欧亚区域的关键货币，因而人民币国际化在欧亚区域将率先取得实质性进展。

随着"一带一路"建设的全面推进，中国与欧亚区域国家金融合作水平不断提升，人民币国际化取得初步成果，未来发展前景广阔。

一 "一带一路"欧亚区域人民币国际化发展进程

自 2009 年中国推进人民币跨境结算以来，人民币支付结算功能在欧亚区域内贸易和金融交易中日益强化，人民币跨境结算、人民币信贷、投资规模不断扩大。中国同欧亚区域国家签署了跨境贸易本币结算协定、银行间贷款协定、货币互换协定等一系列重要合作协议，为"一带一路"欧亚区域金融合作创造了良好的政策环境。2008 年 8 月，中俄两国开始在双边贸易中采用人民币结算，中俄双边贸易本币结算试点工作正式开始。2010 年 11 月，两国宣布全面取消人民币与卢布之间的贸易结算限制，中俄双边贸易本币结算由试点转为全面开展。2011 年 6 月 23 日，中国人民银行与俄罗斯联邦中央银行在俄罗斯签订了新的双边本币结算协定，中俄本币结算扩大至一般贸易。2014 年 12 月 14 日，中国人民银行与哈萨克斯坦中央银行在阿斯塔纳续签双边本币互换协议，同时签订新的双边本币结算与支付协议，中哈本币结算扩大到一般贸易，两国经济

---

① 本专栏研究的欧亚区域国家主要包括俄罗斯、蒙古国、白俄罗斯、乌克兰、摩尔多瓦、阿塞拜疆、亚美尼亚、格鲁吉亚、哈萨克斯坦、乌兹别克斯坦、吉尔吉斯斯坦、塔吉克斯坦和土库曼斯坦。

活动主体可使用人民币进行商品和服务的结算与支付。近年来，俄罗斯、哈萨克斯坦、乌兹别克斯坦、吉尔吉斯斯坦、白俄罗斯等国越来越多的银行开始采用人民币跨境支付结算系统，中国银联卡、支付宝等人民币支付工具逐步进入上海合作组织成员国、观察员国和对话伙伴国市场。俄罗斯对外贸易银行、俄罗斯对外经济银行等金融机构分别与中国银行、国家开发银行、中国工商银行等签署人民币贷款协议，在人民币清算、投资银行、银行间贷款、贸易融资和资本市场交易方面展开合作，大大降低融资和货币兑换成本，为区域内国家开展经贸合作提供便利。以俄罗斯对外贸易银行为例，2015年该行人民币结算额超过1200亿元人民币，同比增长250%，人民币互换交易额同比增长11倍，达142亿美元（约合920亿元人民币），与中国多家大型银行签署了金额达150亿元人民币的贸易出口贷款协议，人民币信用证交易额同比增长12倍。自2010年4月起，中国银行、中国农业银行等金融机构相继推出俄罗斯卢布、哈萨克斯坦坚戈、塔吉克斯坦索莫尼挂牌交易，办理人民币对上海合作组织成员国货币的直接兑换业务。俄罗斯莫斯科交易所、哈萨克斯坦证券交易所也分别于2010年12月和2014年9月启动人民币兑卢布、人民币兑坚戈挂牌交易。根据俄罗斯莫斯科交易所数据显示，2014年交易所的人民币交易量大幅增长，增幅高达7倍多，总金额达到3950亿卢布（约合480亿元人民币），2015年3月17日莫斯科交易所金融衍生工具市场正式启动人民币与卢布期货交易，俄罗斯财政部也计划2016年在莫斯科交易所发行金额超过600万元的人民币债券。

表8-5　　　　　　　　中国与欧亚区域国家签署货币互换协议

签约国	签署日期	金额
俄罗斯	2014年10月13日	1500亿元人民币/8150亿俄罗斯卢布
哈萨克斯坦	2011年6月13日	70亿元人民币/2000亿哈萨克斯坦坚戈
	2014年12月14日	70亿元人民币/2000亿哈萨克斯坦坚戈
乌兹别克斯坦	2011年4月19日	7亿元人民币/1670亿乌兹别克斯坦苏姆
塔吉克斯坦	2015年9月7日	30亿元人民币/30亿塔吉克斯坦索莫尼
乌克兰	2012年6月26日	150亿元人民币/190亿格里夫纳
	2015年6月23日	150亿元人民币/540亿格里夫纳

续表

签约国	签署日期	金额
蒙古国	2011 年 5 月 6 日	50 亿元人民币/1 万亿蒙古国图格里特
	2012 年 3 月 20 日	100 亿元人民币/2 万亿蒙古国图格里特
	2014 年 8 月 21 日	150 亿元人民币/3 万亿蒙古国图格里特
白俄罗斯	2009 年 3 月 11 日	200 亿元人民币/8 万亿白俄罗斯卢布
	2015 年 5 月 10 日	70 亿元人民币/16 万亿白俄罗斯卢布
亚美尼亚	2015 年 3 月 26 日	10 亿元人民币/770 亿亚美尼亚元

资料来源：中国人民银行。

二 "一带一路"欧亚区域人民币国际化发展前景展望

通过国际清算银行全球外汇交易数据对人民币在"一带一路"欧亚区域使用情况进行分析，重点对使用人民币的国家 GDP 占区域内国家总 GDP 的比重、使用人民币国家国内金融机构的信贷总量占 GDP 的比重、使用人民币国家的 FDI/GDP、使用人民币国家的外汇储备总量/三个月的进出口贸易额等数据进行分析，对上海合作组织区域和欧亚区域内人民币使用频率做出判断和预测。其估算的人民币使用频率相应为 60.74% 和 65.15%，与 2014 年上海合作组织人民币的实际使用比例（31.95%）相差近 1 倍，这反映出"一带一路"欧亚区域人民币国际化进程目前尚处于起步阶段、人民币区域货币地位尚未巩固的现实情况，表明人民币国际化在欧亚区域内的发展潜力巨大。

表 8-6　　　　欧亚区域内人民币使用比例估算值和实际值

区域	估算值	实际值
上海合作组织区域	60.74%	31.95%
"一带一路"欧亚区域	65.15%	—

"一带一路"建设为欧亚区域人民币国际化带来了历史机遇，上海合作组织成员国、观察员国和对话伙伴国成为人民币区域化和国际化重点目标地区。未来五年，随着中国资本账户改革的进一步推进，人民币利率和汇率逐步市场化，人民币在欧亚区域使用比例会大幅度提高，与中国签署双边货币互换协议的国家不断增加，货币互换规模进一步扩大，

人民币会成为"一带一路"欧亚区域主要的贸易、投资和金融交易计价货币，成为更多国家的储备货币，远期人民币、人民币期权等外汇衍生金融工具将得到进一步推广使用，人民币离岸市场业务规模和交易比重不断扩大，人民币国际化第二阶段目标（人民币成为区域关键货币）有望在2025年左右在"一带一路"欧亚区域率先实现。

三 推进"一带一路"欧亚区域人民币国际化的对策建议

随着"一带一路"倡议的全面推进，欧亚区域内人民币国际化迎来新的历史机遇。人民币贸易结算体系和人民币投融资体系建设是欧亚区域内人民币国际化发展的重点，在搭建政策协调机制的同时，积极推动合作平台建设，创新人民币国际化合作模式。

（一）以规划为先导，搭建人民币国际化政策协调机制

根据国际和地区金融市场的特点和需求，以及"一带一路"倡议构思对中国金融业对外开放与合作的要求，将欧亚区域金融合作与推进人民币国际化工作相结合，制定以推进人民币国际化为重点的"一带一路"欧亚区域金融合作中长期规划，建立欧亚区域人民币国际化信息共享系统。完善上海合作组织金融合作委员会定期会晤和协商机制，深化各国金融机构间的沟通联系和信息交流，建立欧亚区域性信用评级机制和投融资担保机制，加强政策制度、合作项目及合作机制等方面的沟通协调。鼓励和支持中国金融机构在"一带一路"欧亚区域国家设立分支机构，推动人民币跨境支付系统（CIPS）的建立和完善，扩大人民币跨境贸易和投资结算，实现区域金融服务网络全覆盖。全面推动欧亚区域内人民币资金融通工作，增加人民币贷款额度，扩大人民币货币互换规模。

（二）全面拓宽人民币信贷合作领域，创新人民币国际化合作模式

从落实人民币国际化中长期发展目标的角度来看，在"一带一路"欧亚区域以人民币为主要融资货币开展信贷合作具有广泛前景，未来我们应该将人民币融资支持的重点领域从传统的能源资源领域逐步向基础设施、高新科技、新能源等非资源领域、绿色经济及民生领域扩展。要加强重点合作领域人民币融资支持力度，以跨境基础设施互联互通和区域内产业合作为支点，推动区域内国家产能合作优势互补，强化产业和项目对接。积极创新人民币信贷合作模式，搭建人民币投融资体系，将人民币跨境投融资与国家经济外交战略相结合，将援外资金与贷款资金相结合，整合项目融资、银行授信、银团贷款等多种金融合作方式，推

进人民币贷款、信贷资产证券化，加快离岸人民币市场建设，开展离岸人民币业务，支持俄罗斯、哈萨克斯坦等国信用等级较高的企业及金融机构在中国境内发行人民币债券，并在中国香港、上海和深圳等地上市融资。

(五) 金融市场合作有序畅通

在开放银行间债券市场方面，境外机构在境内发行人民币债券更加便利，蒙古国、马来西亚、新加坡、泰国、印度尼西亚等多个沿线国家央行获批投资银行间债券市场。在促进亚洲债券市场开放方面，人民银行积极参与了 EMEAP 机制下的亚洲债券基金的发行和管理工作，共同提出了"10＋3"金融合作机制下的亚洲债券市场倡议，还共同发起了区域信用担保与投资基金，为"10＋3"国家的公司发行可投资级及以上的本币债券提供担保，促进本币公司债市场的发展。此外，目前，各方还就成立多币种债券发行框架、区域债券清算中介等问题进行探讨。顺利推出沪港通，资本项目外汇管理进一步简化。

此外，人民币对马来西亚林吉特、俄罗斯卢布在全国银行间外汇市场挂牌交易。云南省开展了人民币对泰铢的银行间市场区域交易，山东、吉林、广西和新疆等地开展了人民币对韩元、越南盾、老挝基普、哈萨克斯坦坚戈等周边国家货币的银行柜台直接挂牌交易。

中国资本市场也在与沿线国家加快融合。2015 年 8 月，中国证监会表示，将进一步向外资公司开放证券业，并指出要继续通过产品跨境交易和互联互通等方式积极推进市场开放，鼓励交易所整合市场资源，支持与境外交易所在交叉持股、产品互挂和市场参与者互通等合作。2015 年 11 月 19 日，由上交所、德交所和中金所共同出资成立的中欧国际交易所正式于德国法兰克福开业，三家交易所分别按 40%、40% 和 20% 的出资比例共同投资 2 亿元人民币。其业务产品范围包括 ETF、债券和 DR 等，未来还将积极推出各种交易品种，将合资交易平台建设成为离岸人民币证券交易中心。2016 年 12 月 22 日，莫斯科交易所与中信证券、银河证券签署谅解备忘录，俄中双方未来将在跨境投资方面加强合作。据悉，此次签署谅解备忘录，是俄中两国在资本和投资领域加强双边合作的倡议的组成部分。两家中国证券公司将为公司客户启动莫斯科交易所交易证券品种的相关服务。谅解备忘录也规定将向中国公司在莫斯科交易所挂牌交易提供协助。2016 年 12 月 30 日，中国金融机构完成海外首笔证券交易所股权收购。中方联合体由中国金融期货交易所、上海证券交易所和深圳证券交易所组成，三家公司将持有巴基斯坦证交所 30% 的股份。另外 10% 的股份则分别由巴基斯坦—中国投资有限公司和哈比银行各自持有 5% 的股份。巴基斯坦证交所在 2017 年 1 月由拉合尔、卡拉奇和伊斯兰堡三地交易所合并成立，是巴基斯坦唯一的证券交易所，交易产品包括股票、债券、股票期货、股指期货、REITS 等。这项投资有利于拓宽中巴两国经济金融合作领域，有利于落实"一带一路"倡议和中巴经济走廊建设规划，并为中巴两国的传统友谊注入新内容。

（六）金融合作机制不断深化

中国积极开展与"一带一路"沿线国家的多方位合作，共同组织了中印财金对话、孟中印缅地区合作论坛、中国—东盟博览会、中国—南亚博览会、中国—亚欧博览会、中阿博览会、中亚区域经济合作机制、博鳌亚洲论坛、中国—东盟征信研究中心、中国—巴基斯坦投资有限责任公司等区域金融合作平台。

此外，中国部分省区地方政府也积极搭建与毗邻沿线国家的金融合作平台，促进区域金融合作。例如，通过在新疆设立中哈霍尔果斯国际边境合作中心开展跨境人民币业务创新。中国、老挝两国还先后签署了《中国老挝磨憨—磨丁经济合作区建设共同总体方案》《中国老挝磨憨—磨丁经济合作区共同发展总体规划》，在中国云南省和老挝南塔省建设"中国老挝磨憨—磨丁经济合作区"。2016 年 12 月 18 日，老挝磨丁经济特区举行全面开工典礼暨招商大会，标志着该特区建设全面启动。作为中国老挝磨憨—磨丁经济合作区的一部分，磨丁特区将创新中老两国合作模式，推动中老合作迈上新台阶。中国国家开发银行作为主要倡议方，发起成立了东盟银联体、上海合作组织银行联合体，以及正在筹备中的中国—中东欧银联体。

【专栏 4：开发性金融推动区域金融合作机制成果丰富】

中国国家开发银行（CDB）主导设立了多个多边金融合作组织，通过多边金融合作平台采取"多边搭台，双边唱戏"推动多、双边合作已成为沿线国家区域金融合作的重要模式。目前，由 CDB 主导参与，发挥作用较大的多边性金融合作组织有上海合作组织银行联合体、"金砖国家"银行合作机制和中国—东盟银行联合体；尚在筹建的1个，为中国—中东欧国家银行联合体。

一 开发性金融支持"一带一路"建设的国际实践与中国经验

开发性金融作为现代金融体系中不可替代的重要组成部分，在以市场化方式实现政府中长期发展目标、提供公共产品、提高资源配置效率等方面具有独特优势。而"一带一路"沿线国家的合作项目大多是提供公共服务的基础设施项目，工程建设条件复杂，技术要求高，跨境协调难度大，具有建设周期长、资金需求量大、投资回报率低等特点，融资"瓶颈"突出，再加上沿线多以发展中国家为主，财政实力相对偏弱，商业资金进入意愿不高，亟须发挥开发性金融作用，为沿线基础设施建设提供融资、融智和融商支持，推动金融市场建设。

国家开发银行是世界最大的开发性金融机构，也是中国最大的对外投融资合作银行。开发银行紧密围绕"五通"和"三个共同体"重要目标，融智融资并举，积极服务"一带一路"建设，做出了大量富有成效的探索。

（一）深化规划合作

加强与国家推进"一带一路"建设工作领导小组办公室（国家发展改革委）、外交部、商务部等部委合作，以规划先行服务"一带一路"建设实施。围绕构建"六廊六路多国多港"主骨架，积极参与、推动政府合作框架下经济走廊、多双边合作规划，为"一带一路"建设凝聚国内国际共识、商签政府间合作文件、共商合作空间、共谋重大项目并推动实现早期收获提供了重要支撑。全程参与中蒙俄经济走廊规划研究，推动首个经济走廊规划纲要在习近平主席和俄罗斯、蒙古国元首见证下正式签署；深入参与澜沧江—湄公河机制建设，作为澜湄国家互联互通合作的中方执行单位之一，与相关国家开展广泛的规划对接。

（二）推动重大项目取得突破

充分发挥开发性金融优势和作用，聚焦重点方向、重点国别、重点项目，以基础设施互联互通为先导，以产能合作为核心，以产业园区建设为载体，着力推动重大项目落地实施。支持雅万高铁、俄罗斯亚马尔液化天然气、哈萨克斯坦阿斯塔纳轻轨、中白工业园、英国HPC核电等重大重点项目。

（三）推进金融合作

一是倡议发起上海合作组织银行联合体、中国—东盟银联体、"金砖国家"银行合作机制，筹建中国—中东欧银联体。

二是与"金砖国家"新开发银行、亚洲基础设施投资银行开展务实合作，与全球多个区域、次区域及合作国金融机构建立合作关系。

三是参与设立丝路基金、中国—东盟系列基金、中哈、中葡、中阿等"一带一路"沿线国家多双边合作基金。

四是通过发放境外人民币贷款、发行境外人民币债券、开展跨境人民币支付结算、开发跨境支付系统等方式，助推人民币国际化。

（四）完善保障体系

一是成立开发银行推进"一带一路"建设工作领导小组，统筹推动全行"一带一路"建设工作。

二是建立国际业务"两局五部"准事业部制管理架构，分别负责"一带一路"相关地区、国家国际业务。通过区域一体化管理和业务闭环运行，提升服务"一带一路"倡议的专业化、集中化水平。

三是加强风险管控能力建设，建立重大风险事件及项目应急预警机制。

四是加强"一带一路"沿线国家法律风险研究，形成《"一带一路"国家法律风险报告》《"一带一路"项目融资法律指南》等专著，为有效识别、预判法律风险提供有益参考。

（五）加强交流培训

一是围绕"一带一路"倡议，广泛开展交流培训，精心构筑人脉工程，着力促进民心相通。三年来累计为"一带一路"沿线国家举办55场培训，参训人员达1413人次；累计通过奖学金为沿线国家243名来华留学生提供资助或奖励，通过专业培养、语言学习和文化浸润培养通晓汉语、了解中国的跨文化沟通人才。

二是推动培训合作机制化，引领多边合作。在上海合作组织银行联合体、中国—东盟银联体框架下组织金融合作、风险防控、金融能力建设等研讨会。培训范围覆盖上海合作组织、东盟全部国家，为沿线国家间政策研讨、业务合作、人才培养和信息交流创造便利条件，推动形成共识。

二 上海合作组织银行联合体

2005年10月26日，上海合作组织成员国政府各自授权一家国有金融机构成立了上海合作组织银行联合体。上海合作组织银行联合体共有6家成员行和3家对话伙伴行。

成立11年来，上海合作组织银行联合体积极发挥金融合作平台作用，建立和完善定期会晤机制，加强政策沟通，促进合作共识，确定重点领域，积极探索以开发性金融理念和方法为核心，以市场化和商业化的融资方式开展合作，为深化上海合作组织的投融资合作发挥了关键性作用，有力地促进了区域经贸合作发展。截至2016年6月末，CDB对上海合作国家项目合作贷款余额约430亿美元，对银联体成员行贷款余额约23亿美元，在基础设施、能源、矿产、通信、农业、高新科技等领域开展了广泛的项目合作，推动了人民币区域化和国际化，为上海合作峰会贡献了丰硕的成果。

三 "金砖国家"银行合作机制

"金砖国家"银行合作机制是2009年由CDB与俄外经银行共同发起，2010年4月15日正式成立的，旨在提升"金砖国家"银行多双边合作水平、推进"金砖国家"在投融资领域合作的银行合作机制。2016年10月，CDB与其他5个成员行一道，紧扣"一带一路"倡议等当前热点，抓住各方利益关切，与新开发银行签署《关于"金砖国家"银行合作机制与"金砖国家"新开发银行开展一般性合作的谅解备忘录》，各方约定在平等互利原则的基础上，通过银团或联合贷款等多种形式探讨在基础设施、基础产业和新能源等可持续发展领域开展合作。

自成立以来，"金砖国家"银行合作机制每年在"金砖国家"领导人会晤期间配套举办"金砖国家"银行合作机制年会暨"金砖国家"金融论坛活动，先后签署7份成果文件，涉及本币授信、信用证保兑服务、可持续发展和基础设施融资、创新合作等多个领域。截至2016年6月末，CDB在"金砖国家"贷款余额达412亿美元，贷款涉及能源、基础设施、农业、民生等众多领域。

此外，CDB还参与编制了中国南非海洋经济合作规划、中蒙俄经济走廊规划、中印经贸合作五年发展规划、巴西马托格罗索州经济合作规划，为增进高层共识，促进区域合作发展起到了积极作用；还累计培训"金砖国家"政府部门、金融机构、合作单位的负责人、业务骨干和专家近500人次，并通过设立奖学金资助"金砖国家"优秀青年来华深造，有效开展了人文交流。

四 中国—东盟银行联合体

2010 年 10 月，第十三次东盟领导人会议期间，CDB 发起组建中国—东盟银行联合体。目前，联合体共有文莱伊斯兰银行、柬埔寨加华银行、印度尼西亚曼迪利银行等 11 家银行。

东盟银联体与中国—东盟"10 + 1"机制相互配合，已成为东盟地区开展金融业务合作的重要平台，在整合东盟地区的资源和市场等方面发挥着重要的积极作用。CDB 本着"政府支持、企业主导、市场运作"的原则，积极推动与银联体成员行的务实合作，促成了一批具体项目的合作。CDB 在东盟国家贷款余额达 196 亿美元，与银联体成员合同总额达 45.74 亿美元。

三 直面"一带一路"资金融通的挑战

当前国际政经形势复杂多变，油价下跌、英国脱欧、国际恐怖主义和极端宗教势力猖獗等新形势多重叠加。"一带一路"建设在沿线各国的积极参与和深度合作下，取得瞩目的丰富成果。各国参与热情逐渐升温，期盼度逐步提升。在面对多双边、涉及各领域的务实合作当中，既充满了发展机遇，同时也充满了挑战与制约。这就需要沿线各国本着"责任共同体、利益共同体、命运共同体"的合作共赢理念，精诚团结，同心协力，消除疑虑，取长补短，开放式互通合作经验，多元化解决制约障碍，全面性分享合作成果。

(一)"一带一路"沿线国家金融基础设施服务能力差异较大

"一带一路"国家沿线大多为发展中国家和新兴经济体，金融基础设施完善程度参差不齐，为金融区域合作带来困难。根据中国社会科学院"一带一路"数据库的数据，互联网用户（每百人）在 60 以上的国家只有 24 个，这意味着"一带一路"沿线国家的金融通信设施覆盖和使用面不广。按照是否签署双边投资协定、信贷融资便利度、税率与管理等方面的综合制度对沿线国家打分，最低分值为 11.9，最高分值为 100，均值为 56.3，排名第一的国家和排名最后的国家相差 88.1 分，金融基础设施差异较大。

（二）项目需求与金融服务不匹配

"一带一路"金融服务涉及基础设施融资、贸易融资、保险服务和人民币结算服务等方面。基础设施建设融资需求涉及铁路、公路、港口、油气管线运输、电信固网宽带的升级改造和智能化电网建设；贸易融资主要体现在提供出口信贷、服务贸易项下的融资、成套设备信保融资、跨境供应链金融等服务。"一带一路"沿线国家金融合作中的高风险性催生了保险服务需求，如海外投资险等政策性保险、大型成套设备出口融资中引入出口信用保险等；沿线国家多个币种的广泛跨境金融合作涉及货币兑换、金融基础设施的联通、监管协调以及双边和多边层面的跨境货币金融合作框架的设计等，摆脱美元束缚的国家对人民币国际化寄予厚望。目前，集中在"一带一路"建设项目工程初期的基础设施建设和能源项目融资需求大、投资周期长、风险大，对贸易融资、保险、人民币国际化要求的金融创新服务难以满足，初期的项目供给与广泛的金融服务未能形成有效匹配。

（三）金融市场运行机制不一致

"一带一路"沿线国家金融市场运行机制存在较大差异。俄罗斯等欧亚国家在竞争机制和风险监管机制方面正逐步强化；东盟国家中的新加坡、马来西亚、印度尼西亚、菲律宾、泰国、文莱等国金融市场化改革较早，竞争机制、价格机制和风险机制较为成熟，由于金融环境好，资本处于净流入状态；而越南、老挝、柬埔寨、缅甸等东盟国家正处于金融市场转型时期，各种机制尚不健全；欧洲金融市场较为发达，各种机制也较为完善，为了规避金融危机，大都实行利率监管；印度是南亚最大的发展中国家，金融市场处于改革过程中，金融机制有待完善，在"一带一路"建设推进过程中，印度正在成为资本净流入国家。

（四）跨境金融信息技术不兼容

中国与沿线国家的跨境金融信息技术存在不兼容问题。首先，中国银联 ATM 机尚未在沿线国家形成全覆盖的网络布局，只有西亚个别国家实现了银联识别和使用人民币的 ATM 机，人民币跨境使用存在限额。其次，传统金融网络化尚未实现区域一体化。传统金融业务网络化指的是各大银行、证券公司和保险公司等传统金融机构通过建立网上银行、网上证券和网上保险平台实现网上转账、网上投资理财、网上资金借贷、网上证券和保险交易及提供相关的信息服务等传统金融业务，由于金融发展水平差异,"一带一路"沿线国家尚不能实现区域内传统金融网络化。最后,基于互联网金融而衍生的第三方支付、大数据金融、P2P网络借贷、众筹和第三方金融平台等金融创新模式尚无法在"一带一路"沿线国家同时使用。

【专栏6:创新金融实践,推动中捷金融一体化进程】

一 把握历史机遇,巩固已有成果,释放合作潜力

2015年11月,中捷两国签署了共同推进"一带一路"建设的谅解备忘录,其中提出要加强金融一体化合作,共同探讨双方贸易和投资合作中的金融服务需求。2016年3月,中国国家主席习近平成功首访捷克,为中捷两国务实合作创造了难得的历史机遇,也为中捷金融一体化提供了广阔的实践空间。

当前,中捷关系正处于最好时期,已释放出巨大潜力,双方在多个领域都有强烈的合作意愿,尤其是贸易与金融领域成果显著。捷克是中国在中东欧地区的第二大贸易伙伴,2015年双边贸易额达到110亿美元。在金融领域已达成多项成果,中国银监会与捷克央行签署了《跨境危机管理合作协议》,中国银行业协会与捷克银行业协会签署了谅解备忘录。国家开发银行一直重视与捷克的金融合作,于2008年10月成立了捷克工作组,与捷克政府部门和金融机构建立良好的工作联络机制。2007年年底,国家开发银行为捷克Mobilkom公司提供1934万欧元贷款。2016年,提供融资5.8亿欧元支持中国华信集团收购捷克J&T金融集团。与南摩州政府签署《基础设施领域框架合作协议》,在基础设施领域开展2亿欧元的金融合作。与捷克出口银行签署《框架合作协议》,建立长期战略合作伙伴关系,合作金额达5亿欧元,双方一致同意共同推进中国—中东欧银联体建设。捷克PPF集团下属的捷信集团早在2010年就进入中国,在260多个城市开展消费金融和小额信贷业务,累计提供1000亿元人民币贷款,成为中国首家消费金融公司,为中国的普惠金融提供了重要的支撑与成功示范。

捷克地处欧洲中心,是中东欧地区和欧盟的重要国家。捷方政府希望通过借力中国政府提出的"一带一路"倡议,推动实现捷克成为欧洲重要的交通枢纽,成为中国面向中欧的金融中心。这为中捷两国进一步扩大和深化合作提供了新的历史机遇。中捷双方可以在巩固现有合作成

果基础上，把握中国加入 SDR 的新机遇，通过推动货币互换等金融手段激发更广阔的合作空间，共同努力推动实现捷方的良好愿望。

二 在"一带一路"倡议框架下，推动中捷金融一体化进程前景广阔、任重道远

当前，中捷两国在金融领域已启动深度融合进程，金融已成为两国合作的亮点和热点，同时也是重点与支点。在习近平主席成功首访捷克的推动下，更是迎来了重要的发展契机。中捷两国的深化合作，既有内在的经济发展诉求和良好基础，也面临着世界经济复苏乏力、欧债危机影响尚未消除、英国脱欧等多方面困扰，两国合作的宏观经济环境、人员往来通关的便利性等也对双方深化合作形成制约。面对难得的历史发展机遇与多方面挑战，双方需要坚定互信、互惠的合作理念，继续重点从以下几个方面加快推动中捷金融一体化进程：

第一，以加强人文交流为首要任务，参照亚太经济合作组织发起设立的 APEC 商务旅行卡模式，为中捷两国金融界人员往来提供长期签证和快速通关便利，加强金融机构间的定期对话、人员交流和研讨培训。

第二，积极运用人民币加入 SDR 的有利契机，继续扩大与中东欧各国签订货币互换协议的覆盖范围，增加在捷克的境外人民币贷款业务规模，与捷克金融机构开展人民币转贷款、联合贷款、银团贷款等业务。

第三，加快推进建设人民币债券的国际市场和人民币离岸市场，尤其是在以捷克为代表的中东欧地区。鼓励和支持中方金融机构、企业在捷克发行人民币债券，将捷克作为人民币国际化的支点国家。

第四，创新开展具有证券化性质的跨境资产支持金融产品业务，配合中国企业对外投资或承接项目。即以人民币计价，将捷克公司主体持有的基础资产产生的收益作为偿付支持，在中国境内或离岸人民币市场进行融资。

第五，支持捷克企业来华投资或走向欧洲市场。引导中方企业加大对捷投资力度，在汽车、航空、机械等制造业，以及高科技、基础设施等领域项目上加快提升使用双边货币的比例，推动捷克金融机构把人民币纳入"一篮子货币"并作为未来结算货币。

第六，充分发挥现有多双边新型国际合作组织平台的聚合作用，推动中东欧基金、中东欧银联体、亚洲基础设施投资银行、亚洲金融合作协会在资源整合、信息共享、项目对接上成为中捷金融一体化的核心与纽带。

中捷金融一体化已成为两国共识和共同的努力方向,在国际货币体系、国际治理秩序、国际政治经济关系面临历史性的窗口调整期。中捷双方将发挥既有合作优势,以中捷签署的《"一带一路"谅解备忘录》为框架,协调推动上海合作组织银行联合体、中国东盟银联体、世界银行、亚洲基础设施投资银行等国际金融机构广泛参与合作,加大金融创新力度,以更丰富的金融产品和更优质的服务,为参与"一带一路"建设的中捷两国客户提供全方位、一站式金融服务,为中捷金融一体化进程贡献应有力量。

四 共同推动"一带一路"金融合作迈入新阶段

现阶段,"一带一路"沿线国家在金融合作层面应坚持不懈地深耕细作,在推动重大项目实施建设的同时,兼顾塑造新型国际投融资机制,完善国际经济金融治理体系,更有效地支持"一带一路"建设,促进沿线国家经济振兴与社会发展。

(一)发挥全球各类金融机构的投融资推动作用

1. 建立亚洲金融合作协会

推动亚洲金融合作协会成为区域金融的有效机制与合作平台。2015年3月28日,中国国家主席习近平在博鳌亚洲论坛2015年年会上的演讲中指出:面对风云变幻的国际和地区形势,我们要把握世界大势,跟上时代潮流,共同营造对亚洲、对世界都更为有利的地区秩序,我们要积极推动构建地区金融合作体系,探讨搭建亚洲金融机构交流合作平台。2015年11月23日,中国国务院总理李克强在第十届东盟峰会上提出:中方倡议区域国家金融机构联合发起成立"亚洲金融合作协会",将为本地区实体经济发展提供更有力的支撑。该项倡议得到东盟各国积极反应。2016年3月25日,在李克强总理博鳌亚洲论坛2016年年会期间的倡议下,由中国金融机构发起组织邀请全球40多个金融机构召开亚金协发起人会议,共同商议亚洲金融合作协会的发起筹建工作,这既是对中国国家领导人提出倡议的积极回应,也是亚洲各界金融同人的殷切期盼。亚金协作为立足亚洲、放眼世界的区域性金融合作组织,既是亚洲地区各类金融机构理念交流的开放平台,又是务实合作、协作包容的区域合作机制。通过彼此协作,将进一步促进亚洲金融的互联互通与深化合作,优化亚洲地区的金融服务，为区域经济发展与一体化提供新的金融动力。

2. 深化开发性金融的中长期投融资优势

开发性金融主要起引领作用，当实现盈利后，开发性金融机构可以将部分融资转让给商业性金融机构，将退出的资金继续用于其他开发性金融项目，实现资金的良性周转。探索开发性金融的国际最佳实践。按照"最低标准，最佳实践"的原则，将开发性金融的一些要点，如规划先行、规模效应、集聚效应和政策支持等形成可复制、可推广的国际经验，在"一带一路"建设和中国推动全球化过程中，为全球金融发展分享中国智慧。中国的开发性金融机构、政策性银行等金融服务主体，借鉴中韩、中哈货币互换资金使用经验，简化中方企业境外项目获取货币互换资金的程序，联合亚洲基础设施投资银行、亚洲开发银行、世界银行、丝路基金等机构，选定一批铁路、公路、海上航线、空中航线、油气管道、输电线路、通信光缆和互联网等大型基础设施建设项目，为其提供中长期投融资服务。

3. 创新支持重大项目的投融资模式

"一带一路"倡议是迄今为止中国为世界提供的最重要公共产品，它是中国首倡，但为各国所共享。当前，全球经济复苏基础不牢固，贸易投资不强劲，增长动力不稳固。各国之间、各次区域之间基础设施建设和互联互通亟待升级。面对挑战，我们需要集众智、汇众力，共同搭建合作新平台，开辟增长新动力，探索发展新路径。总结凝聚各方共识，对接各国发展战略，明确优势互补，梳理重点领域合作，围绕基础设施互联互通、贸易投资、金融支持、人文交流等确定一批重大合作项目。探索"利益共享、风险分担"的投融资合作模式。探索建立涵盖国际银团、绿色金融、PPP模式、项目收益债券、资产证券化（ABS）等市场化方式的投融资服务体系，满足多层次融资需求。同时，提升投融资风险识别与管控能力，与合作国政府、金融机构、中外方企业建立良好的风险分担机制，构建支持"一带一路"投融资建设联合体，严控全球制度安全，形成"银政企智"的四位一体联合力量，有策略、有重点、有步骤、高效率地支持项目建设，实现对"一带一路"长期可持续的金融支持。加强各类投资平台合作。借助证券公司、信托、保险和金融租赁等各类非银金融机构之间的合作，利用各类资本市场工具，调动各类金融机构和各类投资主体共同参与"一带一路"建设。

（10亿美元）

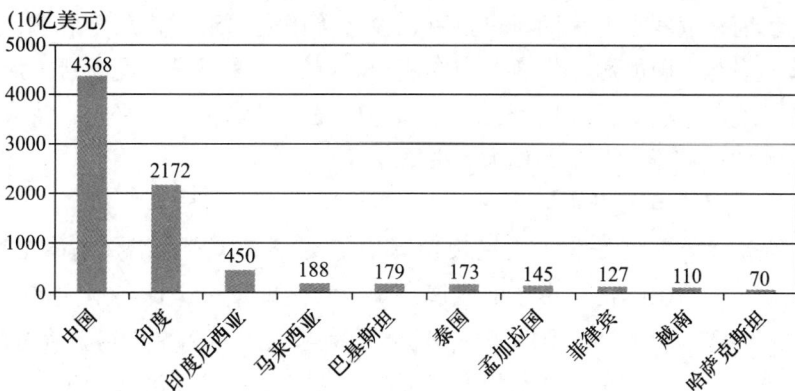

图 8 – 2　2010—2020 年亚洲的国家基础设施总需求前 10 名的国家

资料来源：亚洲开发银行研究院。

4. 加快金融机构"一带一路"沿线国家布局

鼓励中资金融机构以"一带一路"倡议为轴，构建分支机构网络布局。在满足规定和审慎性要求的前提下，对沿线国家金融机构来华设立机构申请予以优先考虑。支持中资金融机构培育有国际竞争力的金融产品，与沿线国家金融机构优先开展跨地区的股权合作、银团贷款、融资代理等金融合作，着力提升在能源、基础设施、农业、中小企业、消费、民生等领域的金融服务水平，使沿线国家的金融消费者都能切实享受到地区合作发展的成果。

（二）建立和完善金融市场

1. 加快建设亚洲债券市场

随着亚洲地区扩大内需，加上"一带一路"建设将带动区域内贸易和投资，为亚洲大量储蓄剩余在内部转化提供了条件，发展亚洲债券市场日趋重要。亚洲债券市场倡议就是希望建立亚洲各成员发展以本币计算的债券市场，未来需要更多利用这个机制，加快区域内债券市场的发展。这既是促进沿线国家资金融通的有效手段，也是推动亚洲金融合作的重要路径。

2. 构建以人民币为计价、支付和结算货币的大宗商品交易市场

能源、资源开发项目是"一带一路"倡议早期收获项目的重点领域。在油气资源开发合作的上中下游，均可以使用人民币作为支付、结算货

币。目前，俄罗斯、伊朗、伊拉克、沙特等国受原油价格跌落影响，均显著加强与中国能源合作意愿。在能源贸易、油气管线建设项目上应加快提升使用双边货币的比例，以亚洲基础设施投资银行为平台，将人民币纳入"一篮子"货币并作为未来结算货币。

3. 发展离岸金融市场合作

无论是外汇市场还是人民币国际信贷市场，其载体都是离岸市场，要推动人民币国际信贷市场的发展，就必须高度重视全球各地人民币离岸中心的建设和发展，形成海外资金池，完善人民币离岸市场定价机制，才能增加人民币信贷对全球投资者的吸引力。重点发展沿线货币支点国家的离岸金融市场合作，加快推升本币互换规模。在沿线国家的关键城市大力发展人民币离岸市场，建立人民币离岸和在岸市场的互动机制，引导人民币金融产品定价。重点发展包括中国香港、新加坡、英国、韩国、俄罗斯、阿联酋和匈牙利在内的货币支点国家（或地区）的离岸市场建设。积极推动中资银行在沿线合作国设立营业网点，积极支持沿线国家金融机构在中国境内发行"熊猫债"，积极回应有关国家在地区贸易中使用人民币结算的呼吁，为双边贸易使用人民币结算创造良好条件。

（三）加快构建金融体系建设

1. 加快构建"一带一路"绿色金融体系

积极鼓励金融机构参照赤道原则，构建系统全面的绿色金融组织架构和业务流程，其核心是金融机构通过审慎性调查开展项目融资咨询，限制对不符合赤道原则规定项目提供融资。积极建立"一带一路"绿色债券市场体系，积极培育绿色金融债券市场，简化绿色金融债券发行的审批程序，缩短审批时间，提升金融机构择机选择债券最佳发行时点的能力，增加利率询价的灵活性，提高市场运作效率。

2. 积极倡导和建立国际货币金融体系的新理念、新变革

随着新兴经济体的迅速崛起，现行国际货币金融体系结构不合理、缺乏代表性等问题越发突出。在国际金融体系改革方面，"一带一路"沿线国家应把握机遇，积极倡导国际金融危机防范与救助（风险分担）、建立包容性发展导向的金融机构与金融市场合作机制（利益共享）、建立金融领域的交流机制与对话平台（平等对话）等合作理念，呼吁全球货币金融体系改革。大力开展与亚洲基础设施投资银行、世界银行、IMF、亚洲开发银行、非洲开发银行、"金砖国家"新开发银行、上海合作组织银

行联合体、中国东盟基金等多边机构合作，推动国际货币金融秩序的局部变化，以此来形成更大的力量，继而在 G20 的全球平台上，促进全球范围内的国际货币金融秩序发生变化。

3. 建立健全金融监管法律法规体系

加强金融法律体系的建设，培养一批熟悉国际金融法律法规的人才，大力推进本国金融立法同国际规则接轨，积极参与国际金融规则的制定。加速制定金融机构市场退出机制、期货经营、政策性银行、外汇管理、信托及分业经营和监管方面的法律法规，弥补目前金融法律体系的空缺。加快确立金融行业混业经营的监管模式，确定金融业混业经营监管的基本原则、宗旨、主要内容及金融监管机构的职责范围。金融监管机构和政府要保持执法的独立性，信息的透明和真实性，以提高经营效率，促进金融业的持续健康快速发展。

（四）深化沿线国家区域监管合作

对金融机构、金融产品和金融市场（包括对冲基金、信用评级机构和企业高管薪酬）实施更加严格的监管和监督，将"影子银行"纳入监管范围之内，并对金融部门实施改革，增强资产负债表约束和市场基础设施的建设、降低具有系统重要性的金融机构带来的风险以及减少道德危害。通过内部交流、知识分享、同行学习，在新的国际金融监管框架（尤其是对国际资本流动的监管）的完善方面做出贡献，并以一致的立场将其上升为通行的国际经济规则，从而在国际金融秩序构建中，发挥"一带一路"倡议下资金融通、金融合作理念的影响力。

完善"一带一路"沿线国家监管协调机制，进一步加强与沿线国家各监管当局间的沟通协调，扩大信息共享范围，提升在重大问题上的政策协调和监管一致性，逐步在区域内建立高效监管协调机制。构建"一带一路"区域性金融风险预警系统，实现对区域内各类金融风险的有效分析、监测和预警。形成对跨境风险和危机处置的交流与合作机制，完善风险应对和危机处置制度安排，协调各方的处置行动。发挥"亚洲金融合作协会"的平台作用，主动推进跨文化客户的金融服务。

提升对外投融资风险识别与管控能力。系统、全面研究沿线国家发展政策和融资模式。联合 UNDP 等国际组织和国际智库，参照开发银行与世界银行联合推动成立的对非投资智库联盟的成功经验，开展广泛领域的人文交流与文明互鉴，促进与合作国在"一带一路"建设合作方面建立战略共识与政策对接，统筹管控沿线国家的国家风险限额。深入了解企业实际需求。在沿线重点国家宣讲投融资政策的同时，作为畅通投融资渠道的"超级联络人"，促进"一带一路"建设的"企业实体 + 资本市场 + 货币产品"之间的良性互动，形成低风险、多层次、立体化、高效率的金融支持体系。

【专栏7：中国与中东欧国家投融资合作现状与展望】

中国与中东欧国家传统友谊深厚，合作历史悠久。进入 21 世纪以来，合作呈现出全方位、宽领域、多层次的良好发展态势，中国与中东欧国家的经贸合作进入新的发展阶段。

一 中国与中东欧国家经贸合作概况

21 世纪以来，中国和中东欧国家之间高层互访频繁，政治互信不断增强，经贸合作步入快速发展阶段，双边进出口贸易总额由 2000 年的 51 亿美元增长至 2015 年的 656 亿美元，增长 10 倍以上。在双边贸易快速增长的同时，双向投资逐渐增加、投资结构日益改善，截至 2015 年年底，中东欧国家对中国投资额约 13 亿美元，投资领域涉及金融、机械制造、汽车、化工、乳制品等；中国对中东欧国家的投资额超过 53 亿美元，投资领域涉及机械、化工、电信、家电、汽车、物流商贸、新能源、金融、农业等领域，投资形式包括并购、绿地投资、股权投资等。

从中国与中东欧国家经贸合作未来发展方向来看，基础设施领域互联互通、产能和装备制造领域是双方开展投融资合作的重点。中国与中东欧国家可以发挥互补优势，在传统优势产业（轻工、家电）以及装备制造优势产业（电力设备、工程机械、通信设备和轨道交通）方面积极开展合作，大力推动中东欧地区基础设施互联互通建设，推荐中国企业和金融机构采取投贷结合的方式在该地区开展海外园区建设，引导中国优势产业进入中东欧地区，进一步深化国际产能和装备制造业投融资合作。

二 中国与中东欧国家金融合作现状

经贸合作的发展离不开资金的供给与支持。为支持和推动中国与中东欧国家经贸发展，中国政府设立 100 亿美元中东欧专项贷款，重点支持双方在基础设施、高新技术、绿色经济等领域合作项目。中国人民银行分别与白俄罗斯、乌克兰、匈牙利和阿尔巴尼亚等国签署双边本币互换协议，全面规避货币汇兑风险，在中东欧地区稳步推进人民币国际化，为该地区提供全方位的人民币金融信贷支持。中国工商银行牵头发起设立中国—中东欧金融公司，以多边金融公司的商业化模式推动中国—中东欧产能合作。中国银行和中国工商银行分别在匈牙利、波兰开设分行，并计划在捷克新设机构打造中国与中东欧国家金融交流与合作新平台。中国进出口银行发起设立中国—中东欧投资合作基金一期（5亿美元）、二期（10亿美元），重点投资中东欧国家能源、基础设施、电信及特殊制造业领域项目。中国国家开发银行积极筹建中国—中东欧银联体，与白俄罗斯开发银行、匈牙利开发银行等中东欧国家金融机构开展专项贷款和转贷业务，为该地区交通、能源领域基础设施建设和国际产能合作提供大额资金支持。

基础设施建设项目融资是中国与中东欧国家金融合作的最大亮点，双方在互利共赢的基础上，共同推进中东欧地区基础设施领域项目建设合作。目前，中国企业在中东欧国家基础设施领域工程建设承包额已累计超过100亿美元，多个项目已经顺利完工。目前，正在实施的中白工业园区等项目将进一步丰富中欧基础设施互联互通领域建设合作的内容，为全面推动波罗的海、亚得里亚海和黑海三海港区联通、港口产业聚集区建设和中欧陆海快线建设奠定基础。

中国和中东欧国家在国际产能合作领域的投融资合作也取得一系列成果。在国际产能投融资合作领域，中东欧19国可划分为三大板块，其中，波罗的海三国和乌克兰、白俄罗斯的交通物流、通信网络和互联网及高科技产业是双方开展产能合作的重点；维谢格拉德四国的汽车、电子、机械制造、金属加工等行业发展历史悠久，与中国产业互补优势明显，是双方产能合作的主要切入点；巴尔干半岛诸国现代工业和传统农业并存、特色产业突出，为双方开展产能合作提供广阔空间。近年来，中国和中东欧国家在国际产能领域开展投融资合作不断取得进展。2011年，万华实业以12.6亿欧元成功收购匈牙利宝思德公司96%的股权，成为世界第三大聚氨酯生产商。2014年，浙江吉利集团在白俄罗斯汽车投资2.95亿美元新建现代化的汽车组装厂。2015年，招商局集团投资1.5亿美元在白俄罗斯建设商贸物流园。

三 中国与中东欧国家金融合作面临的机遇与挑战

随着"一带一路"建设的推动实施，中国与中东欧国家经贸合作发展迎来新的机遇期。中国与中东欧国家都处于重要的经济转型和发展阶段，双方经济互补性强、重点关注领域和诉求契合度高，发展潜力和合作空间巨大。一方面，中东欧国家认识到"一带一路"合作倡议能为其经济社会发展带来实际利益，希望中国扩大对其基础设施领域投资，实现中东欧地区港口、公路、铁路等基础设施互联互通。另一方面，欧盟、俄罗斯受金融危机等因素影响，对该地区运筹和控制有所减弱，资金扶持滞后，给中国企业和金融机构进入中东欧地区带来新的机遇。但是，双方合作也面临若干亟须破解的"瓶颈"和制约。特别是近年来中东欧国家在基础设施建设领域合作的首选合作模式逐步向PPP和BOT转变，这对中国企业传统海外工程承包EPC和EPC＋F的运作模式提出挑战。PPP考验的是企业的国际融资能力，BOT考验的是企业对项目的经营和管理能力，目前中国企业在这两方面与欧美等国跨国基建企业集团之间仍有差距。国际金融危机和欧元区主权债务危机后，中东欧各国纷纷加强公共预算与债务管理。一方面，欧盟限制成员国政府为"外来"优惠贷款提供主权担保，出台严格的"财政规约"加强财政监管，导致中国主导设立的"中国—中东欧100亿美元专项贷款"大部分资金主要投向波黑、塞尔维亚和马其顿等巴尔干地区非欧盟成员国；另一方面，对于申请加入欧盟的中东欧国家，欧盟在入盟谈判中运用"条件性"限制，要求这些国家现行经济规则和法律规范与欧盟逐渐"趋同"，给中国优惠贷款在中东欧地区非欧盟国家的后续使用带来新困境。

此外，目前中东欧地区很多国家仍处于工业化、城镇化进程中，对基础设施建设、产业升级改造需求加大，为中国与中东欧国家在基础设施建设领域开展互利合作提供了广阔空间。项目融资是中国与中东欧国家在基础设施建设领域开展多双边投融资合作中应用最广泛的融资方式。但是目前中东欧地区基础设施领域建设项目融资，大多以项目自身收益为主要还款来源，采用项目资产抵押的信用结构，中资金融机构在使用该融资模式时面临项目还款来源不确定性大、资产抵押处置难度高等现实问题。

四　推动中国与中东欧国家金融合作的措施建议

（一）规划先行，合作开展宏观经济、金融市场等调研分析

在"一带一路"建设中，中东欧国家扮演着极为重要的角色。双方应抓住"一带一路"建设契机，稳步推进中国与中东欧国家经贸合作。深化"一带一路"倡议与欧洲发展规划、"一带一路"倡议与欧亚经济联盟合作规划、国际产能合作与欧洲投资计划、"16+1"合作与中—欧合作规划的对接。重视和加强中东欧国家国情研究工作，双方联合研判欧盟、欧元区及欧亚经济联盟经济金融政策变化对中东欧国家的影响，适时调整经贸合作策略。从服务中国与中东欧国家经贸合作实际出发，不断搭建和完善适应中东欧国家市场需求的金融合作平台，加强金融资本投融资合作，金融助力基础设施互联互通、产能及装备制造合作。

（二）拓展融资渠道，提升金融服务能力

中资金融机构在中东欧国家开展业务，应逐步适应欧盟制度框架及中东欧国家的金融法律法规、市场规则和金融服务模式，不断提升金融创新能力。积极借助当地重要金融机构客户资源和项目资源，与当地金融机构合作，提供本土化和个性化金融服务。加强中资金融机构与欧洲复兴开发银行、欧洲投资银行等多边金融机构和各类欧盟基金之间的合作，探索使用地方政府、银行等次主权担保，用好中国—中东欧专项贷款、中国—中东欧金融公司以及拟设立的中国—中东欧银联体等金融合作机制。加强中资金融机构之间的协调和沟通，提高中资机构整体风险防范和承受能力，避免中资机构之间的恶性内耗与无序竞争，逐步完善中资金融机构在中东欧地区合作共赢、利润和风险共担机制。

（三）创新投融资模式，加强对重点国别和重点合作领域的支持力度

中资金融机构应加强对白俄罗斯、波兰、匈牙利等重点国别的金融支持力度，通过投融资引领中资企业参与这些国家的能源、机械、化工、农业、基础设施等领域合作项目。中国金融机构应积极创新投融资模式，构建包括贷款、基金、保险、信托、股票、债券在内的多元化融资渠道，构建合理的交易结构和风险控制机制，明确政府、企业、金融机构等投融资主体对风险分担和收益共享机制的安排。合理发挥中国出口信用保险公司（以下简称"中信保"）出口买方信贷险和海外投资险优势，鼓励中资商业保险机构开展贷款保证保险和信用保险。金融助力中资企业在白俄罗斯、波兰、匈牙利、罗马尼亚和塞尔维亚等国开展境外产业园区

建设，推进产能和装备制造合作。

"一带一路"倡议已成为各方广泛共识，在国际货币体系、国际治理秩序、国际政治经济关系面临历史性的调整窗口期，中国将高举和平、发展、合作、共赢的经济全球化旗帜，协同沿线各国形成维护世界和平稳定与发展的积极因素，携手沿线国家共同促进资金融通、共享金融合作成果，全力推动"一带一路"建设。沿线各国应紧抓推进"一带一路"建设历史新机遇，以经贸合作为实施载体，以重大项目建设实施为推动力，以亚洲基础设施投资银行、亚金协、丝路基金、上海合作组织银行联合体、东盟银联体、各项国际基金等机构为金融合作平台，进一步深化区域性务实金融合作，不断扩大共同利益，协同推进资金融通，为地区发展提供多层次、立体化、高效率的金融支撑，运用金融手段支持"一带一路"建设，推动区域经济一体化进入新阶段。

第九章 "一带一路"的民心相通与人文交流

习近平主席提出,"国之交在于民相亲",要搞好政策沟通、道路联通、贸易畅通、货币流通,"必须得到各国人民的支持,必须加强人民的友好往来,增进相互了解和传统友谊,为开展区域合作奠定坚实的民意基础和社会基础"。民心相通是"一带一路"建设的社会基础。政策沟通、设施联通、贸易畅通、资金融通要想走得好、走得远,需要民心相通提供良好的社会环境。所以,必须通过传承和弘扬古"丝绸之路"友好合作精神,开展广泛的人文交流,加强教育、科技、民间组织机构交流合作等多种方式,来增进彼此合作和理解,以共同推进"一带一路"建设。

一 "一带一路"人文交流合作的重大历史意义

2013 年 9 月,习近平主席在哈萨克斯坦纳扎尔巴耶夫大学讲演时提出了共建丝绸之路经济带的倡议,同时提出了"政策沟通、道路联通、贸易畅通、货币流通、民心相通"（以下简称"五通"）的建设路径。2015 年 3 月,中国发改委、外交部、商务部联合发布了《推动共建丝绸之路经济带和 21 世纪海上丝绸之路的愿景与行动》（以下简称"愿景与行动"）,提出"一带一路"合作重点是"政策沟通、设施联通、贸易畅通、资金融通、民心相通",对"五通"进行了拓展和阐释。民心相通始终都是"压轴"内容。

2017 年 1 月 17 日,习近平主席在世界经济论坛年会开幕式上的主旨演讲指出,"一带一路"倡议来自中国,但成效惠及世界。2017 年 5 月 14 日在北京主办首届"一带一路"国际合作高峰论坛,共商合作大计,共建合作平台，共享合作成果，为解决当前世界和区域经济面临的问题寻找方案，为实现联动式发展注入新能量，让"一带一路"建设更好造福于各国人民。

服务于"一带一路"建设，需要加强民族理解和文化理解教育，力促民心相通。要使"一带一路"倡议顺利实施，互利互惠是根本，民心相通是社会根基。

（一）人文交流合作的背景、内涵

1. 人文交流合作的背景

民心工程是"五通"最具挑战性的工程。国之交在于民相亲，民相亲在于心相通。人是有思想、有感情的，作为历史主体的人类行为，是其理念、意志、思想和情感的产物。要统一人类的行为，首先要统一思想、统一认识。"一带一路"沿线跨度大、地域广、人口多、文化差异大，多民族、多宗教，政治立场、利益诉求等都存在差别，这就决定着在"一带一路"倡议实施过程中，与技术、设施、规划等因素相比，思想认识是最大的挑战，依靠来自民心工程的建设。人文交流合作先行可以更好地为政策、贸易、设施、金融等各领域的相通扫除心理障碍，奠定更加坚实的民意基础。只有全面了解沿线国家民间需求与广泛民意，消除误解误判，才能促进合作，只有充分理解历史文化背景与民心社情，才可能更好地实施这一战略，而这正是目前非常缺乏的，需要加强增进民族理解和文化理解认同的教育。需要为"一带一路"政策制定者、传播者和从事实际工作的政府官员、企业家、民间人士等提供全面、深入的历史、地理、语言、文化、宗教、政治等方面的知识培训，才能有效实现"政策沟通"。需要培养一批具有较好的国际交往能力，较好社会影响力与社会声誉，能经常往来于各国间的民间人士、文化使者，他们通过非政府组织志愿者、学术研究、文化交流等方式进入到整个社会的肌体中，才能达到民心相通。

2. 人文交流的内涵

（1）人文的基本概念。中国传统文化中，"人文"一词最早出现在《周易·贲卦》中："刚柔交错，天文也；文明以止，人文也。观乎天文以察时变，观乎人文以化成天下。"这就有了我们后来常说的"人文化成"。天文主要指自然界，表现为日月星辰的光明灿烂，四时运行的循环交替，万物种类的繁盛富美；人文则指社会界，表现为礼乐制度的完备，道德风习的淳美，行为举止的合乎规矩。① 天文是阴阳自然表现于外的形式，没有人为参与，而人文则完全是出于人为的主观设置，时常会出现差错，因此会使文与质的配合不能恰到好处，或者文饰超过了质朴，或者质朴超过了文饰。② 因此，为了进行人文建设以化成天下，需要做到文质彬彬。"人文"概念内涵告诉我们，只有做到"文明以止"，才能实现"化成天下"，建立一个以礼义为基础的、和谐的文明共同体。最早把"人文化成"转为"文化"一词的是汉代刘向，其《说苑》曰"凡武之兴，为不服也。文化不改，然后加诛"。"化"本意为生成、造化，但与"文"连用，便更突出了其"教化"之功能，这正符合人文"化成天下"的目标。在中国传统文化中，"文"以"人"为本位，"人"以"文"为本性。人文是中国文化中蕴含的基本精神，它是对人的生命、尊严和价值的理解和尊重，是对终极理想和信仰的执着追求。从该意义上看，中国传统文化中的人文交流强调了"文化"与"人员"的交流，及其带来的对价值观的影响。

现代意义上的人文也含义相近，《辞海》把人文界定为"人类社会的各种文化现象"，包括"人"和"文"两个方面，是指人类文化中的先进的、科学的、优秀的、健康的部分。汉语中将人文与外交放在一起，就是强调以人员交流和文化交流为主要内容的跨国交流现象。③ 从英文中的人文交流的词义来看，其更强调通过人员交流实现增进了解和消除误解，即文化外交或者民间（公共）外交。可见，西方文化更强调人文交流的短期目的性，而中华文化更强调其宏观的持续性。文化主要是一个民族或群体所共有的符号、规范及价值观。一个国家和民族的灵魂主要在于文化，它体现了一国或民族的核心价值观。所以，在实践中，我们所倡导的"人文交流"就是以人为主体在文化、教育、科技、体育、媒体等领域开展的跨国交流、传播、沟通等活动，要通过积极传播中华优秀传统文化，来不断增强文化的亲和力、感召力、影响力④，进而进一步

① 余敦康：《周易现代解读》，华夏出版社 2006 年版，第 122—123 页。
② 关于文与质的关系，孔子说过，"质胜文则野，文胜质则史。文质彬彬，然后君子"（《论语·雍也》）。孔子此言"文"，主要指合乎礼的外在表现；"质"，则指的是内在的仁德。只有具备"仁"的内在品格，同时又能合乎"礼"而表现出来，方能成为"君子"。
③ 百度百科"人文"词条，http：//baike. baidu. com/link? url = 00r7yqGbQGtqCbrqKDKV − dOi1WDznqAk58LfAjQU smkY9LulanR6O0gWIjUBhLyqnW5w2MwK1k2DyxppL5xG0_。
④ 贾庆林：《努力开展人文外交，增强中华文化亲和力》，中国新闻网，http：//www. chi-nanews. com/gn/2011/06 − 24/3136153. shtml。

树立中国的国际形象。

（2）互联互通。所谓互联互通，最初是个信息技术概念，主要是指在同类信息网络之间建立有效连接，通过互联互通信息平台使不同网络的用户可以跨网享受资源与服务。在美国的法律中，互联互通被专门地定义为"两个或多个网络的链路，用于通信流量的双边交换"。管理者在电信市场中引入竞争所使用的重要工具之一，就是强制要求处于支配地位的运营商实现互联互通的需求。① 在区域主义的概念中，互联互通就是通过交通运输等基础设施的对接，通过通关、投资等制度机制的衔接，促进相关国家或地区商品、货物和资本等自由流通，促进人员自由往来和交流，从而密切有关国家或地区的经济文化联系，以推动区域合作和地区一体化。2010 年 10 月，第 17 届东盟国家首脑会议通过的《东盟互联互通总体规划》中指出，东盟互联互通是物质的、机制的和民间的连接纽带，这些纽带构成实现经济共同体、政治安全共同体、社会文化共同体的基础支持和便利措施。物质互联互通包括交通设施、信息与通信技术、能源；机制互联互通包括贸易自由化便利化、投资与服务自由化便利化、互相承认协定与安排、区域交通协定、过境程序、能力建设项目；而人文交流互联互通则主要包括教育、文化、旅游。②

（3）人文交流互联互通。在明晰了人文和互联互通的基本概念后，人文交流互联互通的基本概念可以理解为，基于促进以人为主体在文化、教育、科技、体育、媒体等领域开展的跨国交流、传播、沟通等活动，破除或者说尽最大可能地降低各种可能的主观或客观障碍，为减少人员交往和流动障碍，实现人员顺畅流动而共同努力，达到为人员交流、思想交流、文化交流提供便利化和便捷环境和措施。

（二）人文交流合作的重大历史意义

1. 夯实互联互通的社会根基

党的十八大报告首次提出，将扎实推进公共外交和人文交流，并把公共外交和人文交流提升到"夯实国家关系发展社会基础"的高度，其中人文交流的作用极为关键。换言之，大力开展以信息、文化、艺术、

---

① 百度百科"人文"词条，http：//baike. baidu. com/link？url＝02NehSf52DToD_6_FfG1wJw－jl0mz3Ru1TLiWu5_FF－TU18LFQsWqzXP－YrTXZaauO0idUBg5pEogoy6nGJ0B_。

② Master Plan on ASEAN Connectivity［R］. Jakarta：ASEAN Secretariat，2011.

教育、体育、旅游等为主要内容的人文交流，对于夯实互联互通的社会根基具有极为重要的战略意义。民心民意对于地区的和平与发展影响越来越突出，民众的广泛支持，包括对外交往对象国民众的广泛支持，是国家关系稳定发展和开展对外交往的社会基础。正所谓"善为事者，必善为人；善为人者，必善制心"。因此，作为"一带一路"基础的互联互通建设，能否成功实施，取决于能否实现"心通"，而实现心通的关键则在于加强人文交流，从而对于夯实互联互通的社会根基具有重要战略意义。正如习近平主席所指出：你了解我，我懂得你，道理就会越讲越明白，事情就会越来越好办。这就是互联互通社会根基的真实内涵所在。在国与国之间的交往中，人文交往是其他形式交往的基础。中国人需要更好地了解其他国家，尤其是在"一带一路"背景下，需要更好地了解周边国家，周边国家也需要更好地了解中国。这就需要中国在与周边国家交往中，能够做到登高望远，立足全局，相互尊重，交流互鉴，采取积极态度和务实举措将人文交流提高到一个新的水平。总之，加强人文交流互联互通是中国和周边国家关系发展中的重要方面，是双方相互了解的重要途径，也是据此夯实互联互通社会根基的关键之所在。通过人文领域的交流与合作，中国与周边国家之间人民对对方悠久历史、灿烂文化和经济发展成就的了解就会不断加深，为中国与周边国家关系的健康发展就能够营造有利的社会和舆论氛围，使中国与周边国家世代友好的和平思想深入人心，加固中国与周边国家战略协作伙伴关系的社会基础。

2. 增进"一带一路"沿线国家彼此之间的了解

国之交在民相亲，而民相亲则在于筑友谊，友谊则建立在相互理解之上。因此，只有更加重视中国与周边国家的人文交流，增进中国与周边国家人民之间的相互了解和认识，才能厚植中国与周边国家之间友好事业的社会基础，也只有促进中国与周边国家之间对彼此历史、文化、国情的深入了解，才能为彼此之间的理解构筑坚实的基础。国与国之间的相互理解既是开展人文交流的基础，更是开展人文交流的结果。如在推动沿线各国宗教和思想文化传播方面，"一带一路"沿途是多民族、多宗教聚集区域，古代"四大文明古国"诞生于此，佛教、基督教、伊斯兰教、印度教、犹太教等也发源于此。"一带一路"倡议将通过经贸合作来带动宗教传播，必将在各民族、宗教文化相互碰撞、融合中扮演重要角色。中国的文化传统始终坚持"己所不欲，勿施于人""以礼相待"等为人处世的基本道德原则，因而平等友好、互惠互利是古代陆上、海上丝绸之路对外交往活动的主旋律，"一带一路"倡议必将使以"己所不欲，勿施于人"为代表的中国优秀传统文化更大范围地走向世界，使之与和平共处五项原则一样，成为增强各国互信、维护世界持久和平的重要原则。总之，增进联系和理解其实质就是构建互联互通的心灵之路，而开展人文交流无疑能为构建这一心灵之路提供坚实基础。

3. 促进沿线国家之间的经济合作

实现中国与周边国家之间人文交流的意义不仅在于"人文"的本身，而且还在于人文交流能够促进经济合作，进而创造出巨大的经济利益。加快推进包括人文交流在内的互联互通，有助于加快区域经济一体化进程进而加强区域经济合作，创造经济效益。以人文交流中的教育合作与交流为例，目前，依托教育服务的国际化正成为包括经济合作与发展组织（OECD）等在内的许多国家追求收益的重要策略。因此，教育合作与交流的形式不仅仅包括以往的"援助"形式，更重要的形式是一种可"贸易"的产业。目前，在各国政府的主导策略中，越来越重视促使教育服务成为一种出口产业。在教育交流和合作战略中，教育服务贸易不仅成为许多国家增加贸易收入和促进贸易平衡的方式，而且在改变长期以来一直依托初级出口的贸易发展模式中也发挥着越来越重要的作用。因为教育事业作为一种特殊的"知识密集型"载体，一旦"产业化"，必然表现为具有高附加值特征，意味着一个类似商业运作机制的启动，从而对一国贸易发展方式的改变乃至贸易结构的优化升级，都有着极为重要的战略意义。再以人文交流中的旅游合作和贸易为例，旅游服务贸易最直接的经济效应就是对外汇收支产生的直接影响。具体而言，入境旅游能够较好地为旅游接待国创收外汇，改善国际收支；而出境旅游可以向旅游目的地输出外汇，在一定程度上可以平衡一国的外汇收支情况，避免因外汇收支失衡可能产生的贸易摩擦。此外，旅游服务贸易还具有物质资本积累效应和人力资本积累效应，这两种效应对一国经济增长和进一步开展跨国经济合作均具有重要作用。再以人文交流中的文化产品互动和贸易为例，近年来的一些实证研究表明，文化产品合作与交流对于双边总贸易的发展具有明显的带动作用。究其原因，可能在于文化产品与一般的货物不同，其内含的文化特质具有无形性并传播难以描摹的习俗风情等，而诸如此类的内在特质一旦随着文化产品的跨界，在他国形成一定的消费市场和消费规模，必然会在一定程度上影响着当地消费市场的消费偏好和消费习惯，这种"传染效应"对双边贸易的影响不仅在于文化产品本身需求的增长，更为重要的是，由于偏好的相关性，还会带动其他一系列产品贸易的发展，以及规模的扩张。总之，基于上述意义可以看出，实现中国与周边国家人文交流互联互通，对于促进中国与周边国家之间的经济合作也有着极为重要的战略意义。

4. 推动参与国家和地区的科技资源共享和智力支持

中亚地区拥有航空航天、精密机械等方面丰富的科技文化遗产，时至今日某些技术装备仍位居世界先进行列，但中亚地区自身工业结构、市场需求等因素使这些技术装备长期处于尘封状态，而"一带一路"倡议将欧亚广大地区联系起来，巨大的市场空间和技术合作潜力必将使这些科技遗产重新焕发活力，欧洲城镇化建设经验、生态技术、精密制造等方面对中国经济建设的推动作用较大。但目前欧洲先进技术、优秀人才进入中国还存在不少障碍，"一带一路"倡议为中欧技术交流合作提供了广阔的中间过渡地带；中东国家的节水农业、印度的信息产业等技术优势也比较明显，合作交流的潜力巨大。另外，随着"一带一路"沿线国家经贸往来的频繁，各类高校、研究机构、企业间的学术交往、人才交流、技术合作等也将日益加强，为科技创新和人才培养提供了丰富的土壤。

二 "一带一路"人文交流合作的成果与挑战

（一）主要成果

民心相通是"一带一路"建设的社会根基。"一带一路"倡议提出以来，中国积极传承和弘扬丝绸之路友好合作精神，同"一带一路"沿线国家广泛开展文化合作、教育合作、旅游合作、卫生合作、科技合作、青年合作、党政合作、民间合作和智库合作，主要取得了以下一系列成果，为"一带一路"建设奠定了坚实的民意基础。

1. 文化合作和教育合作

随着"一带一路"建设的推进，中国与"一带一路"沿线国家在文化、教育合作空间广泛，发展潜力巨大。据统计，近五年，中国每年向沿线国家提供 1 万个政府奖学金名额，并向发展中国家提供 12 万个来华培训和 15 万个奖学金名额，为发展中国家培养 50 万名职业技术人员；各地地方政府则采取了诸如增设"丝绸之路专项奖学金"等措施来鼓励国际间文教交流。此外，如"中国—东盟教育周"这样的教育合作与对外援助活动多达 33 项，为"一带一路"沿线国家教育互通提供了交流合作平台。截至 2016 年上半年，中国与沿线国家先后举办 19 次"国家年"活动，设立 25 个海外中国文化中心，遍布 125 个国家和地区的 500 所孔子学院，累计签署 41 个文化合作谅解备忘录，并先后在乌鲁木齐、泉州举行了"丝绸之路经济带国际研讨会"和"21 世纪海上丝绸之路国际研讨会"。以"一带一路"倡议建设为大好时机，中外文化交往达到了空前的高度，在全球遍地开花，成绩斐然。

2. 科技合作

科技合作也是硕果累累。从"互联网＋"在亚欧大陆上不断开花结果，到"中亚第一长隧"启动通车这一"高铁出海"项目成功完成，再到《一带一路空间观测国际合作北京宣言》的发表，中国与"一带一路"相关国家间的科技合作日益紧密。截至 2016 年 6 月 30 日，中国与"一带一路"沿线国家签署的关于科技方面的合作谅解备忘录多达 56 项，涵盖航天、能源、生态等多个领域，覆盖亚欧拉非等地区。此外，在"十三五"规划下，建立的"一带一路"智慧园区、联合实验室、国际技术转移中心、产业合作中心、新产品孵化中心等一系列科技中心共计 38 个，深化了双多边科技合作。

3. 卫生合作

截至 2016 年上半年，中国已与中东欧、东盟、阿盟等地区或国家的卫生部、医学院等部门展开了医疗人才培养、公共卫生服务和传统医药等方面的合作，已签订国家级协议达 23 个，中非减贫惠民合作计划、中非公共卫生合作计划等合作项目达 29 个。中国参与国际医疗援助 52 年来，共派出援外医生 23000 多名，医疗队的足迹遍布世界 67 个国家和地区。截至 2016 年上半年，中国在 51 个国家派有 52 支医疗队，其中在非洲 42 个国家派有 43 支医疗队。中国国家救援队还是第一支参与尼泊尔地震救援的、经过联合国认证的国际重型救援队，体现了大国的担当。

4. 旅游合作

"一带一路"建设是推动沿线各国合作发展的新构想，同样也是旅游业发展的新视角和新思路。截至2016年上半年，已有包括海南、新疆、宁夏等24个省份与"一带一路"沿线国家建立了明确的旅游合作项目；中国同相关国家互办各类"旅游年"9次，举办旅游周、旅游推广周、旅游月等各类推广宣传活动达130余次。同时，中国积极与沿线国家提高签证便利水平。截至2016年上半年，面向中国普通旅行开放免签的国家和地区有21个，施行落地签的有37个，极大地便利了不同国家的民间交往，出境游也可以"说走就走"。此外，据国家旅游局预计，"十三五"时期，中国将为"一带一路"沿线国家输送1.5亿人次中国游客、2000亿美元游客旅游消费；同时中国还将吸引沿线国家8500万人次游客来华旅游，拉动旅游消费约1100亿美元。

5. 青年合作

当代青年肩负着前所未有的历史使命，是国家建设的生力军，更是"一带一路"建设的主力军。目前，中国同相关国家已互办包括中俄青年友好交流年、中德青少年交流年在内的青年交流年活动8次，推出了以非洲人才计划、"亚非杰出青年科学家来华工作计划"为代表的9项青年人才培养计划，为相关发展中国家培养青年人才；还举办了如"一带一路"创新创业国际高峰论坛这样的以创新创业为主题的论坛、会议，整合各国优势资源，积极开拓和推进中国与"一带一路"沿线国家在青年教育、就业等方面的合作。

6. 政党合作

加强"一带一路"沿线国家政党、议会等政治组织的友好往来，对于增进友谊、巩固发展成果具有重要意义。中国共产党历来重视与国外政党的友好交往，已建立了一批包括亚洲政党丝绸之路专题会议、中欧政党高层论坛经贸对话会在内的政党交流机制。通过密切政党交往，推进"一带一路"沿线国家政党互信和政治互信，促进"一带一路"沿线国家民心相通。在议会交往方面，在亚洲议会大会框架下，中国全国人大已先后与超过42个国家的议会在"一带一路"方面展开交流，这对于稳固推进国家关系、增进地区间人民相互了解、推动"一带一路"倡议向长远发展具有重要意义。

7. 民间合作

截至 2016 年 6 月 30 日，中国在"一带一路"倡议基础上与沿线国家民间组织开展了 63 次交流合作，其广度和深度都在逐年增加。文化传媒方面则受邀参加了包括"一带一路"倡议中外媒体高峰论坛等 35 项重要会议；在公益环保和减贫开放方面，中国先后与沿线国家合作开展包括世界防治沙漠化"一带一路"共同行动高级别对话、青少年和平友好国际联盟、中国—东盟社会发展与减贫论坛等 26 项活动，合作体系全面丰富。

8. 智库合作

在"一带一路"推进的过程中，智库承担着政策沟通、咨政建言、形成智慧合力的作用。"一带一路"倡议构想提出之后，一大批聚焦于"一带一路"倡议研究的智库如雨后春笋般涌现，其中既有政府智库、企业或高校智库，也有民间独立智库，各具特色和优势。为整合不同领域的研究资源，搭建跨学科、多领域的研究平台，中国先后成立了智库合作联盟、国际智库合作联盟、丝路国际智库网络、一带一路百人论坛、高校智库联盟等联盟性组织及机制。国内智库还积极加强与"一带一路"沿线相关国家的智库间交流，就"一带一路"主题先后组织了中国伊朗智库对话、中国土耳其智库对话、中国哈萨克斯坦智库对话、中美智库对话等活动 29 次，获得重要国际影响。

截至 2016 年 6 月 30 日，"一带一路"民心相通建设成就总结如表 9-1 所示。

（二）主要挑战

"一带一路"虽然是符合沿线各国共同利益的重大倡议，但质疑之声不断。在推进"一带一路"沿线国家人文交流进程中，中国面临诸多问题和挑战。

1. 文化及宗教差异对人文交流的影响日益突出

"一带一路"沿线国家在地理、历史、民族、文化及宗教等各方面的差异不仅带来了沿线国家和地区在宗教及文化上多元而丰富的特点，而且也使由此产生的分歧和矛盾在一定条件下变得突出。

全球化的迅速发展和信息技术的重大革命并没有消除人类社会在文化及宗教上的差异，相反使文化及宗教上的排斥性及对抗性在一些地区

表 9 – 1　"一带一路"民心相通建设成就（截至 2016 年 6 月 30 日）

合作内容	已取得成就	数量
科技合作	合作谅解备忘录	56 项
	建立科技合作关系的国家	150 多个
	科技中心	38 个
教育合作	政府奖学金名额	1 万个
	教育合作与对外援助活动	33 项
	青年交流年活动	8 次
	青年人才培养计划	9 项
文化合作	国家年活动	19 次
	海外中国文化中心	25 个
	孔子学院	500 所
	文化合作谅解备忘录	41 个
	文化传媒重要会议	35 个
旅游合作	旅游合作项目	24 个省份
	"旅游年"活动	9 次
	免签的国家和地区	21 个
	落地签的国家和地区	37 个
卫生合作	卫生医疗合作协议	23 个
	卫生医疗合作项目	29 个

和国家表现得更为激烈。亨廷顿认为："冷战结束后，世界政治的主轴是西方的力量和文化与非西方的力量和文化的相互作用。"他提出的有关文明冲突的观点引起国际社会广泛关注，虽遭到不少人批评，但也不断被证实。应当说，"9·11"恐怖袭击事件之后，世界所呈现出来的所谓"文明冲突"有多方面的原因，其中来自基督教文明的国家及个人的差异性比较突出，这是引发并激化文明冲突的一个重要原因。中西方文明的一个重要区别是，它一直富有很大的开放性，具有很强的包容性，对外来宗教及文化兼收并蓄，形成了独具特色的文明体系。

长期以来，中国与"一带一路"沿线国家在文化上相互借鉴，在宗教方面相互影响。古丝绸之路曾经极大地推动了中国与沿线各国人民的交流，中国的儒道思想西渐，起源于异域的佛教、景教、摩尼教等也相继传入中国。以丝绸之路为媒介拓展开来的中西文化交流，在明末清初，耶稣会传入中国后达到顶峰。宗教与文化的相互交流促进了中外民众精神和信仰层面的沟通，为沿线丝路贸易的发展做出了贡献。然而，任何宗教都具有两面性，任何文化都有其特殊性，其中的消极因素一旦失去有效约束，就会引发冲突并有可能带来巨大的破坏力。当前，中东、中亚、东南亚等地区的民族分裂主义、宗教极端主义、国际恐怖主义以及跨国犯罪活动猖獗。某些沿线国家过于强调本土文化的独特性，对接受异质文化相当抵触，一些宗教极端势力插手其中，致使一些问题变得突出。在文明冲突已经被泛化，特别是一些别有用心的势力大肆挑拨中国与外部世界关系的背景下，文化及宗教方面的隔阂已经对中国开展对外人文交流形成掣肘。

2. 政治体制的不同对人文交流的干扰日益突出

不同的政治体制是国际社会文明多样性的重要组成部分，不应该对国与国之间的人文交流活动形成干扰。每个国家都有自己独特的国情，因此，也必须依据与其国情相适应的条件来管理自己，发展自己。作为一个开放的平台，"一带一路"倡议使不同政治体制和不同发展模式的国家都可以参与其中。"一带一路"沿线既有社会主义国家，又有西方政党体制的资本主义国家，也有强势领导人掌权的、社会正处于转型期的国家，更有国家权力不集中及政府治理能力相对较弱的国家，还有相当一些是权力高度集中的君主政体国家。政治体制的多样性体现了沿线国家多元化的发展道路和治理模式，为有关国家政治上相互借鉴、模式上取长补短提供了有利机遇。但是，国际政治的客观现实是，政治体制的不同是影响国家间关系的一个重要因素，这种差异给开展正常有序的人文交流带来了明显干扰。具体到"一带一路"建设中的人文交流，这方面的干扰主要体现在三个层面：一是就沿线国家而言，政治体制的差异增加了相互间理解与认同的难度。一些国家长期以来对外来政治干涉十分敏感，它们既反对西方国家对其政治体制施加压力，也担心来自中国的政治影响对其社会造成冲击。二是政治体制的差异导致相关国家在具体的法律、制度、规则等方面缺乏较好的对接。这给人文交流增加了很大的工作量，也意味着相关国家需要首先在人才培养上下很大功夫，以加强对相互国情的了解，加强对相互规章制度的理解。在中国的政治制度需要被其他国家进一步认识，在中国的语言和文化还不是很普及的情况下，中国与有关国家开展人文交流只能是一个渐进的过程。三是"一带一路"倡议提出以来，西方社会各种质疑声不断，有舆论批评其为中国版的"马歇尔计划"，甚至冠之以中国版"新殖民主义"，把中国推进对外人文交流视为意识形态扩张，并为此采取了一系列干扰政策，这也在相当程度上影响了中国对外人文交流工作的顺利开展。

3. 经济发展不平衡对人文交流的阻碍日益突出

在经济全球化背景下，经济发展不平衡问题越来越引起世人担忧。经济是基础，如果经济不能保持稳定有效的增长，各种社会问题就会凸显甚至集中爆发。随着经济全球化的深入发展，世界各国联系愈加紧密，逐渐形成了"你中有我，我中有你"的复杂局面。然而，这种联系并没有消除国家间经济发展不平衡的问题，反而使这种不平衡在一些地区更加突出，并因此带来许多政治及安全上的"并发症"。当今世界，中心与外围的国际体系结构依然存在，"西方中心主义论"依然在世界政治、经济、文化等各个领域发挥作用。世界体系中的中心国家一般通过经济优势、政治强力以及文明辐射等因素将周边或外围国家纳入自己主导的大格局中。长期以来，由发达国家主导的全球经济秩序和治理体系显然难以保障发展中国家的利益诉求，全球治理体系呈现碎片化现象。某些域外大国依仗经济与军事力量干涉"一带一路"沿线国家的内政，阻碍它们开展正常的对外交流活动。

改革开放 30 多年来，中国的综合国力迅速上升。2010 年，中国的 GDP 总量超过日本，跃居世界第二位。2015 年，中国的 GDP 总量上升到约 11 万亿美元，占美国当年 GDP 总量的 60% 以上。按国际货币基金组织等机构以购买力平价法（PPP）计算，中国的经济总量目前已经赶上美国。随着中国的快速崛起，广大发展中国家希望与中国加强人文交流，从中国汲取经济建设和国家治理方面的经验，由此更好地分享中国发展的红利。但也有一些国家受到部分反华势力炒作的"中国威胁论"的挑拨离间，担心中国借助经济优势对其施加政治影响或开展经济掠夺。不难发现，"中国威胁论"在发展中国家并非完全没有市场，一些不明真相或心怀叵测的人随之起舞。与中国的快速发展相比，"一带一路"沿线不少国家经济发展缓慢，经济结构相对单一。其结果是，一些沿线国家受到"中国威胁论"的影响，对与中国开展人文交流颇有忌讳；还有一些国家虽然积极性很高，但囿于人力、物力，特别是财力，对人文交流的现实需求并不迫切。

4. 国际传播能力的不足对人文交流效果的制约日益突出

经济实力的增强是文化影响力增加的重要基础，但它不会自然转化成文化影响力。正因如此，大力加强国际传播能力建设，对促进人文交流并借此提高文化影响力具有重要意义。对中国来说，加强国际传播能力建设面临的问题主要体现在两个方面：

一是官方层面的传播能力建设问题。尽管这些年来我们通过不懈努力取得很大成果，但由于语言文化等方面的劣势，我们的国际通用型人才仍然严重不足。

二是民间机构和个人的传播能力建设问题。在全球化时代，人文交流已经不是"以我为主"由内向外的单向宣传，也不是传统的政府间单方面推动。在对外人文交流中，民间组织和个人，包括学术智库、跨国企业、旅游访客甚至被派往国外工作的劳动者都是重要的参与者。近些年来，一些企业和个人在国外的不法行为或假冒伪劣产品被西方或事发国媒体炒作，并由此产生不小的负面影响。

三 "一带一路"人文交流的"中国经验"与"中国主张"

民心相通是"一带一路"建设的社会根基。传承和弘扬丝绸之路友好合作精神，广泛开展文化交流、学术往来、人才交流合作、媒体合作、青年和妇女交往、志愿者服务等，为深化双多边合作奠定坚实的民意基础。

（一）中国理念与合作机制

1. 合作机制

充分调动中国所具备的软实力资源，通过机制化的形式构建有效的人文交流机制成为新形势下对外发展的必然，通过机制化的手段提升人文交流的能力和水平，也是更好地实现并维护"一带一路"沿线国家利益共同体的方式。

（1）建立文化教育部门相关领导定期会晤机制

举办"一带一路"沿线各国的文化交流论坛，从制度和政策层面把握文化交流合作的态势及走向；同时在中国建立专门的丝绸之路文化交流中心，并设置专门研究多边文化交流合作问题的机构，为彼此的文化交流合作给予理论上的指导。

（2）建立"一带一路"沿线国家高级别人文交流对话机制

在高级别人文交流对话机制会议上，双方可就沿线国家教育、科技、文化、体育以及媒体和青年等领域的合作进行商讨，签署谅解备忘录、联合公报等协议、文件。通过扩大双方人员经常性往来，循序渐进，为双方各层次、各领域相互理解、相互学习创造更多机会和条件。通过更系统和制度化的规划，双方人文交流的内容将更加丰富，交流层次和质量效果也会进一步提升，中国和"一带一路"沿线国家关系将得到进一步深化和拓展。

（3）建立中外智库交流合作长效机制

智库是"二轨外交"的重要推动者，在对外关系中发挥着巨大作用，作为一个独立于政府之外的政策研究机构，它通过影响议程设置，传播政策理念，从而对国内、国际政策具有重大影响力。我们应进一步明确智库在推动"一带一路"沿线国家人文交流上所发挥的巨大作用，增强双方智库之间的沟通与了解。强化中国智库同世界各国相关智库之间的沟通与合作，并积极探索各国智库间交流合作的长效机制，从而使我们在人文交流合作中更具主动性、策略性和有效性。

（4）加强人文交流高层磋商机制的建设

"一带一路"沿线国家人文交流涉及的领域广泛，内容具体，时效性长，对沿线国家人民影响深远。因此，应将人文交流高层磋商机制纳入中国与"一带一路"沿线国家战略对话的机制中，从而使中国与沿线各国沟通协商的基础更加广泛与深厚，实现真正意义上的互信互通。这需要将这一机制以常态化的形式延续下去，甚至可以考虑通过法律法规的形式加以保障。"一带一路"沿线国家人文交流磋商可能会涉及双方的核心价值观以及意识形态上的一些问题，我们在这方面不应该采取避而不见、与之抗争等过于消极的或激进的态度。而是应该更好地利用这种机制，发挥它的能动性，在合作交往中争取更大的主动权。

（5）建立多层次、多渠道、全方位的旅游合作交流机制

通过举办"丝绸之路"旅游年，进一步深化"丝绸之路"沿线国家旅游合作。以"丝绸之路"为纽带和桥梁，集中推广"丝绸之路"沿线

悠久的历史、灿烂的文化和丰富的旅游资源，有利于形成密集强大的宣传攻势，强化聚合效应，可以进一步推动中国与东南亚、南亚、中亚、东北亚等众多区域交流与合作，激发国际旅游业界和入境游市场对"丝绸之路旅游"的向往和热情，建立互联互通的旅游交通、信息和服务网络，加强区域性客源互送，实现旅游合作与互联互通建设相互促进，让世界更好地了解"美丽中国"。对此，各地区要加快推进多层次、多渠道、全方位的旅游合作交流机制建设。

2. 中国理念

千百年来，"和平合作、开放包容、互学互鉴、互利共赢"的丝绸之路精神薪火相传，推进了人类文明进步，是东西方交流合作的象征，是世界各国共有的历史文化遗产。在新的历史时期，推进共建"一带一路"，中国将继续秉承古丝绸之路精神，在恪守联合国宪章的宗旨原则和和平共处五项原则的同时，坚持以下四个原则：

（1）坚持开放合作

共建"一带一路"的沿线国家基于但不限于古代丝绸之路的范围，各国和国际、地区组织均可参与，让共建成果惠及更广泛的区域。

（2）坚持和谐包容

倡导文明宽容，尊重各国发展道路和模式的选择，加强不同文明之间的对话，求同存异、兼容并蓄、和平共处、共生共荣。

（3）坚持市场运作

遵循市场规律和国际通行规则，充分发挥市场在资源配置中的决定性作用和各类企业的主体作用，同时发挥好政府的作用。

（4）坚持互利共赢

兼顾各方利益和关切，寻求利益契合点和合作最大公约数，体现各方智慧和创意，各施所长，各尽所能，把各方优势和潜力充分发挥出来。

（二）合作重点与中国主张

1. "一带一路"沿线国家教育合作

（1）必要性

教育是人文交流的重要载体，是培育人文修养、传承人文精神和人民力量的重要途径。在推进"一带一路"建设、促进"人类命运共同体"建设的进程中，教育承担着独特的使命。新中国成立以来，特别是改革开放以来，逐步形成全方位、多层次、宽领域的对外开放格局，建成了世界最大留学输出国和亚洲最大留学目的地国。加入世界贸易组织以来，中国教育开放承诺水平在世界主要国家中已相对较高，有的方面高于一些发达国家，更是高于一批尚未承诺开放本国教育重要参照国。新形势下教育如何顺应新形势、抓住机遇，承担好"一带一路"建设提出的新使命与新要求是摆在我们面前的重要任务。"一带一路"建设主要包括政策沟通、设施联通、贸易畅通、资金融通、民心相通，涉及基础设施建设、技术、资本、货币、贸易、文化、政策、民族、宗教，无一不需要教育特别是高等教育提供人才支撑。"一带一路"建设中会出现大量需要解决的各种现实问题，从宏观到微观，从文化到社会，从政策到工程，从人力资源到技术"瓶颈"。需要开展区域与沿线各国社会发展研究，国别国情科学研判，经贸与文化交流、国际商务合作研究，人才需求调查与培养研究。开展前瞻性、针对性、储备性政策研究，对"一带一路"建设未来五年、十五年、五十年的发展做出科学研判、战略思考和超前谋划。加强国家之间、国家部委、相关区域政府、高等学校、产业、行业之间的合作研究，围绕决策需求，提出专业化、建设性、切实管用的政策建议。具体主要有以下几点：

第一，和谐区域治理体系建设需要贡献智慧。"一带一路"沿线国家大都是新兴国家，随着新兴国家的发展，他们在国际事务中影响力不断上升，但国际政治经济秩序不公平不合理的状况依然存在，不同国家和地区经济社会发展不平衡现象十分普遍，贫富差距日益扩大，地区冲突与暴力依然存在。这些都是困扰"一带一路"沿线各国治理的难题，也是"一带一路"建设成共同发展体系需要共同面对的挑战和问题。

第二，大量的基础设施建设，需要宏大的不同领域的工程技术、项目设计与管理等专业人才。据亚洲开发银行的评估报告显示，2010—2020年，亚洲各国累计需要投入7.97万亿美元用于基础设施的建设与维护，涉及989个交通运输和88个能源跨境项目。这些项目的建设完成，需要数以十万乃至百万计的铁路、管道、电力、公路、港口与通信等产业的工程建设、设计施工、质量控制与保障、经济管理人才，要加强工程、政治、经济、管理等各领域的专家协作。

第三，随着众多的企业落地，急需大量通晓当地语言、熟知当地政治经济文化风俗和人文地理的人才，特别是东南亚、南亚、中亚、东北亚乃至西亚国家政治、经济及风土民情的人才。"一带一路"沿线66个国家，而通晓亚洲小语种的人才却是奇缺的，遭遇"小语种危机"，小语种教学和小语种人才培养任务很重。而且，中国大众观念中的外语几乎就相当于英语，国外就几乎相当于发达国家，这些观念与中国日益深入和多元开放的国际化进程很不适应，亟待改变。

第四，区域性经贸往来和良好秩序的形成，需要大量的国际贸易人才。"一带一路"正在形成除大西洋贸易轴心和太平洋贸易轴心之外、新的以亚欧为核心的全球第三大贸易轴心。目前，"一带一路"沿线国家GDP总量达20万亿美元（约占全球的1/3）。区域国家经济增长对跨境贸易的依赖程度较高，2000年各国平均外贸依存度为32.6%；2010年提高到33.9%；2012年达到34.5%，远高于同期24.3%的全球平均水平。根据世界银行数据计算，1990—2013年，全球贸易、跨境直接投资年均增长速度为7.8%和9.7%，而"一带一路"沿线国家同期的年均增长速度分别为13.1%和16.5%；尤其是国际金融危机后的2010—2013年期间，"一带一路"沿线国家对外贸易、外资净流入年均增长速度分别为13.9%和6.2%，比全球平均水平高出4.6个和3.4个百分点。预计未来十年，"一带一路"沿线国家出口规模占比有望提升至1/3左右。亚洲基础设施投资银行成立后的首个项目即是"丝绸之路经济带"的建设，这就急需大量懂得资本运作、货币流通、贸易规则制定、通晓国际规则的人才。

第五，要为人类社会和区域的可持续发展贡献智慧。全球气候变化、能源短缺、水资源危机、森林资源保护、土地荒漠化、生物多样性保护、环境严重污染、重大传染病防治、突发公共安全事件，新兴国家高速城市化、人口膨胀、资源缺乏等问题给人类社会和区域的可持续发展带来严峻挑战，需要共同面对，协调解决。研究如何在参与全球治理时对发展中国家更有利，如何面对和解决这些问题，"一带一路"沿线国家具有更多的一致性和共通性，应携起手来，共同研究调整战略对策，为人类社会和区域的可持续发展有所作为，其中，中国高等教育要发挥更重要的作用。

服务于"一带一路"建设，教育特别是高等教育要努力提供智力支持、贡献宝贵智慧。世界历史发展表明，各个国家在全球格局中的经济、政治地位并非不可改变，世界存在于动态变化之中。亚太国家要想在新一轮的世界格局变化中占据新的席位，必须顺应地区和全球合作潮流。斯塔夫里阿诺斯曾说，"如果其他地理因素相同，那么人类取得进步的关键就在于各民族之间的可接近性。最有机会与其他民族相互影响的那些民族，最有可能得到突飞猛进的发展。实际上，环境也迫使他们非迅速发展不可，因为他们面临的不仅仅是发展的机会，还有被淘汰的压力"。"一带一路"建设正是既承认沿线国家各自发展独特性，又结成互为中心和源头的共同发展体系。这种共同的发展体系决定了必须加强对人类命运共同体共同面对的重大课题的研究，提出可行的解决方案。

2015 年 3 月 28 日，外交部、国家发展改革委、商务部联合发布了《推动共建丝绸之路经济带和 21 世纪海上丝绸之路的愿景与行动》，阐明了"一带一路"倡议的时代背景、共建原则、框架思路、合作重点、合作机制、中国政府为之做出的积极行动和中国各地的开放态势。其中，提到教育交流的相关规划如下：扩大相互间留学生规模，开展合作办学，中国每年向沿线国家提供 1 万个政府奖学金名额。深化沿线国家间人才交流合作。整合现有资源，积极开拓和推进与沿线国家在青年就业、创业培训、职业技能开发、社会保障管理服务、公共行政管理等共同关心领域的务实合作。

（2）主要形式

从教育的层次来说，教育交流包括高等教育交流、中等教育交流、初级教育交流和学前教育交流。当前中国与周边国家的交流还侧重在高等教育的交流，而其他层次的交流在逐步增加和完善。中国与周边国家的高等教育，在语言教学、互派留学生、合作办学、校长交流等方面取得了长足的进步。另外在中等职业教育交流方面，中国与周边国家正在开展各种形式的交流，比如，中方接受对方派遣的学生培训，或中方派遣教师去对方学校授课。

第一，国际留学生。《2013 年出国留学趋势报告》中的统计数据显示，2013 年中国大陆学生到海外进行留学的学生人数高达 41.39 万人，与 2012 年相比增长了约 3.58%。中国大陆学生到海外进行留学的学生从区域分布上看，主要去向为美国、英国、加拿大和澳大利亚等国家和地区（见图 9-1），上述四个国家吸收的中国大陆留学生人数约占中国大陆到海外进行留学总学生数的 74% 左右。由此也说明在教育服务出口方面上述几个国家占据了绝对竞争优势地位。

与此同时，海外学生到中国大陆留学的学生数量也在逐步扩大。中国高等教育学会外国留学生教育管理分会的统计数据表明，2012 年海外学生到大陆留学的学生数为 32.8 万人，来自全球 200 多个国家和地区。当然，从生源构成的比重来看，来中国大陆留学的学生集中于韩国、日本、美国、泰国和俄罗斯，其中，来自亚洲地区的国家留学生数量最多，具体分布情况如图 9-2 所示（数据来源：中国高等教育学会外国留学生教育管理分会，CAFSA）。

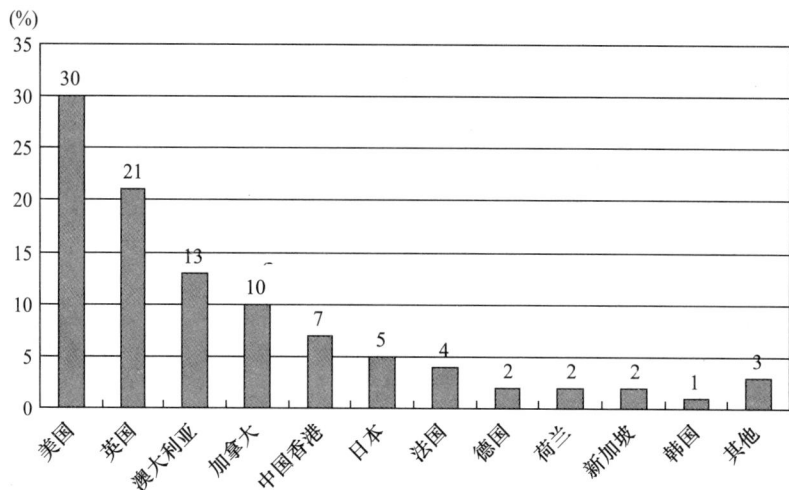

图 9-1　2013 年中国大陆赴海外留学的地区分布情况

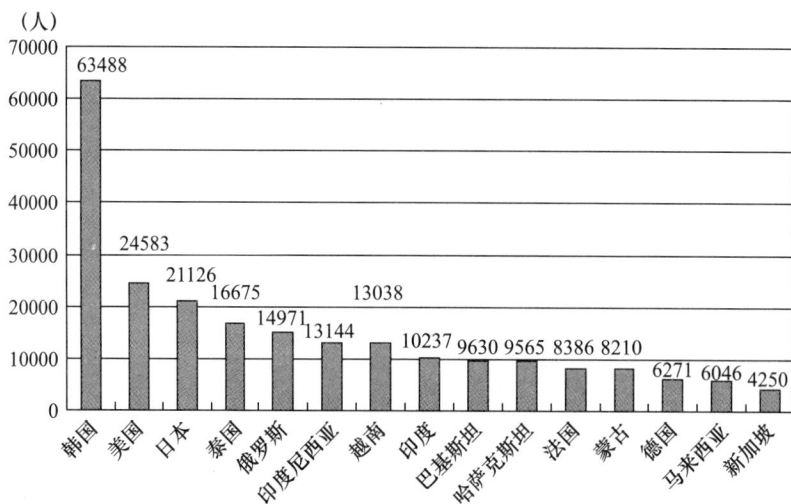

图 9-2　2012 年来中国大陆留学生源分布情况

第二，中外合作办学。中国教育服务商业存在的形式主要以中外合作办学为主。其中国内合作方高校的地域分布主要集中在中东部地区，基本形成了"东重西轻"的合作办学格局。表9-2反映了截至2011年年底中国非独立高等教育中外合作办学机构地域级办学层次分布的基本情况。国外合作方则形成以美国、澳大利亚、英国和加拿大等英语国家为主导的合作办学格局。办学项目主要涉及经济学和管理学两大类，两类学科门类的合作办学占到总数的约一半，而医学、农学以及工学等理工类专业所占份额较小。这种合作办学的专业格局在一定程度上造成了中国经济发展所急需的专业与实际的专业设置不统一、不协调、不一致。

表9-2 中国非独立高等教育中外合作办学机构地域及办学层次分布

	北京	上海	天津	重庆	广东	江苏	山东	河北	河南	山西	辽宁	吉林	合计
本科	1	2		2		1	3	1	2	2	4		20
硕士及以上	1	3		1									5
本科、硕士及以上	1	1	1		1						2		6
合计	3	6	1	3	1	1	3	1	2	2	6	2	31

资料来源：根据中华人民共和国教育部中外合作办学监管工作信息平台（http://www.crs.jsj.edu.cn/index.php/default/index）提供的相关信息统计整理。

至于中国教育服务以商业存在形式的出口，形式相对单一，境外办学总体不足，但近几年取得一定的发展成绩。以商业存在形式的办学成果主要是在国外设立孔子学院。《文化蓝皮书：中国文化发展报告（2014）》相关内容表明，自2004年11月21日全球第一所孔子学院在韩国汉城正式揭牌，截至2013年年底，全世界已经有120个国家（地区）建立了440所孔子学院和646个孔子课堂，共计1086个。从全球分布上看（截至2013年年底），欧洲、美洲和亚洲是孔子学院分布最密集的地区，分别为149所、144所和93所。欧洲以英国、俄罗斯、法国、德国和意大利开办的数量最多且规模最大，分别为24所、18所、17所、14所和11所；美洲以美国、加拿大和巴西开办的孔子学院数量最多且招生规模最大，分别为97所、13所和8所；亚洲以韩国、日本和泰国开办的数量最多且规模最大，分别为19所、13所和12所。和国际上其他主要语言文化的国际推广机构相比，孔子学院的建设速度之快和影响范围之广，远超其他语言推广机构，受到了全世界的瞩目。因此可以说，孔子学院创办时间虽短，但成效巨大，影响深远。

第三，下一步发展规划。2015 年 3 月颁布的《推动共建丝绸之路经济带和 21 世纪海上丝绸之路的愿景与行动》中，提到教育交流的相关规划如下：扩大相互间留学生规模，开展合作办学，中国每年向沿线国家提供 1 万个政府奖学金名额。深化沿线国家间人才交流合作。

【专栏 1：高等教育交流合作——老挝苏州大学】

老挝苏州大学作为一所综合性高等学府，承担着大学的教学、科研和社会服务三大职能。继 2012 年 7 月成功获得老挝教育部批准开办国际经济与贸易、国际金融两个本科专业之后，2013 年申报的中文、计算机科学与技术两个本科专业于同年 8 月又获得老挝教育部的批准。2014 年 3 月，校舍出租方，凯文书院要求租金涨价 50%，而老挝苏州大学的新校园仍在建设之中，这迫使老挝苏大的老师们重新寻觅办学场所。2014 年 3 月 14 日开始，并停课 10 天。在经过师生设计改造、功能区域化、集体搬家后，3 月 25 日，老挝苏大正式在搬迁的校区复课。

老挝苏州大学

老挝苏州大学将借鉴世界一流大学的办学标准和模式，充分利用国际优质教育资源，举办全日制本科和研究生（硕士和博士）教育、各类高级培训，构建先进的课程教学培养体系，全面实行学分制，其中本科教育学制四年，研究生教育学制三年。2012年，老挝苏州大学开始招生，首届开设国际经济与贸易、国际金融两个本科专业，同时开展汉语言培训。根据规划，经过10—20年建设，老挝苏州大学将发展成为一所具有本科生、研究生学历教育，在校生规模为5000余名，拥有汉语言及技能培训体系，开设具有与老挝经济、社会发展相适应的经济、管理、法律、语言、旅游、计算机、机械设备、轨道交通、通信电子、医学类等专业，建有临床医院的国际一流大学。老挝苏州大学将为老挝及中南半岛汉语学习者提供方便、优良的学习条件，培养具有国际化视野、通晓老、中、英三种语言、专业知识扎实的精英领袖人才。同时承担大学的科研和社会服务职能，促进老挝及中南半岛各国与中国的经济、文化和科技合作交流。同时也为中国企业跨国投资提供一个全面、深入了解老挝及东南亚地区经济社会发展的窗口和沟通融畅的交流平台。

【专栏2：职业技术教育交流合作——中国有色金属集团职业教育"走出去"】

为贯彻落实《国务院关于加快发展现代职业教育的决定》中"推动与中国企业和产品'走出去'相配套的职业教育发展模式，提升中国产品国际竞争力和职业教育国际影响力，服务'一带一路'国家战略和国际产能合作"的有关精神，经教育部同意，中国有色金属工业协会牵头在有色行业开展职业教育"走出去"试点，确定陕西工业职业技术学院为7所试点院校之一，中国有色集团为试点企业。

2015年4月22日，有色金属行业职业教育"走出去"试点工作启动会议在中国有色集团总部（北京）隆重召开，会上签署了《职业教育"走出去"试点合作框架协议书》。陕西工业职业技术学院以及吉林电子信息职业技术学院、哈尔滨职业技术学院、南京工业职业技术学院、湖南有色金属职业技术学院、广东建设职业技术学院、白银矿冶职业技术学院7家院校与中国有色集团签署合作框架协议。根据《职业教育"走出去"试点合作框架协议书》，陕西工业职业技术学院与中国有色集团将共同组织完成赴赞比亚调研；针对中国有色集团在赞比亚企业当地雇员的技能提升需要，组织师资力量到赞比亚开展专业（岗位）的培训项目；双方共同参与在赞比亚注册设立具有学历颁发资质的"鲁班学院"；双方以职业教育走进赞比亚的实践为基础，根据工作需要，中国有色集团将在其他境外投资国开展类似的职业教育"走出去"工作。

有色行业职业教育"走出去"对于破解企业招工难、降低用工成本、提升当地员工素养和技能、培养理解和认同中国文化的当地员工、推动企业长远发展具有重大意义。中国职业教育"走出去"主要是服务于国家扩大开放战略、"一带一路"建设和国家产业转型升级、国际合作、深化职业教育改革和做好新时期职业教育开放的需要，对于中国实施人才培养、交流职业教育模式、传播中国文化、技艺意义重大。本次有色金属行业职业教育"走出去"试点，是在国家层面由教育部推动职业院校协同企业实施的第一个"走出去"试点。试点工作将从赞比亚起步，取得经验后逐步推广到其他国家和地区。

2. "一带一路"沿线国家科技合作

（1）必要性

科技交流与合作是中国经济合作与发展的内在需要，也是中国与周边沟通，推进"一带一路"建设的重要渠道，是人文交流的重要组成部分，是促进民心相通的有效途径。不同形式、丰富多样的科技合作，成为国家沟通和民心相通的桥梁。充分利用政府及民间渠道，加强国际科技交流与合作，是促进中国与周边国家和平共处的重要路径。同时，"一带一路"建设对进一步加强科技创新合作提出了更加紧迫的需求。中国与"一带一路"沿线国家的发展条件和发展需求具备很多相似之处，在人口、健康、安全等众多领域中也面临着共同的挑战，迫切需要加强合作研究和联合攻关，共享科技成果和创新发展的经验，以科技创新推进经济增长动力的转换，促进共同繁荣和可持续发展。

（2）主要形式

科技创新合作在"一带一路"建设中正在发挥积极作用，并已取得良好成效。中国已与全球158个国家和地区建立了合作关系，签署了110个政府间的合作协议，加入了200多个政府间科技合作组织。其中与49个"一带一路"沿线国家签署了政府间科技合作协议，并与沿线国家启动了一系列科技伙伴计划，包括中国—东盟科技伙伴计划、中国—南亚科技伙伴计划、中国—阿拉伯国家科技伙伴计划等。

第一，技术转移。技术转移是"一带一路"沿线国家科技创新合作的重要内容之一。2014 年 6 月，由中国科技部和云南省政府共建、相关国家参与建设的中国—南亚技术转移中心在昆明揭牌成立，开启了中国与南亚合作的里程碑。2014 年 9 月，建设了技术转移的协作网络和南亚技术转移的对接平台。目前已经在巴基斯坦、孟加拉国、尼泊尔等 6 个国家建立了分支机构。中心成立以来，举办了一系列的技术对接、科技园区考察、技术转移人员培训等活动，发布技术转移动态信息，提供科技创新相关政策咨询服务，得到了南亚各国科技部门的积极响应。未来，我们还要更广泛利用中国丰富的科技资源面向南亚国家开展技术转移合作，建立技术示范基地和科技园区，以科技合作助力各国经济增长、社会进步和文化发展。

第二，跨国科技园区。创业和科技园区，可以作为"一带一路"沿线国家科技创新国际合作、创新增长方式的重要形式。蒙古国、印度尼西亚提出要发展上百个科技园，印度提出要发展 100 个智慧城市，各国对科技园区的创新需求很大。中国和一些发展中国家是由创业带动创新，不是以研发带动创新。在科技园区内高度集聚科技资源，营造创新创业的良好生态，这是中国科技园区建设的一条宝贵经验。"一带一路"沿线国家在未来发展科技园区建设中，可以借鉴中国科技园区的经验，多与中国的科技园区合作，通过政府搭台、企业唱戏，共同推进科技园区的发展。发展科技园区，要官民结合，多方参与，观念领先最重要。园区要有规划阶段、建设阶段、运营阶段，这三个阶段重点不一样。规划阶段的核心是观念创新，建设阶段要各方参与，运营阶段核心是创新。

第三，共建联合实验室。中国是蒙古国在科技创新合作领域中的重要战略伙伴。中国一直以来都在为蒙古国科技创新能力的提升提供帮助。2011 年中国和蒙古国签署科技合作协议，进一步强化了两国的科技联系。展望未来，长期稳定的科技创新合作对于中蒙两国双边关系的发展至关重要。两国应该在科技创新的产业化领域进一步展开合作，共同建设中蒙联合实验室、中蒙科技孵化器，共同促进中蒙科技成果产业化。蒙古国教育文化科技体育部未来也将进一步加强与中国科技部的联系，深入开展科技交流与合作。

（3）下一步发展规划

2015年3月颁布的《推动共建丝绸之路经济带和21世纪海上丝绸之路的愿景与行动》中提到科技交流的相关规划如下：加强科技合作，共建联合实验室（研究中心）、国际技术转移中心、海上合作中心，促进科技人员交流，合作开展重大科技攻关，共同提升科技创新能力。强化与周边国家在传染病疫情信息沟通、防治技术交流、专业人才培养等方面的合作，提高合作处理突发公共卫生事件的能力。为有关国家提供医疗援助和应急医疗救助，在妇幼健康、残疾人康复以及艾滋病、结核、疟疾等主要传染病领域开展务实合作，扩大在传统医药领域的合作。

为全面发挥科技创新在"一带一路"建设中的引领和支撑作用，打造发展理念相通、要素流动畅通、科技设施联通、创新链条融通、人员交流顺通的创新共同体，2016年9月8日，科技部、国家发展改革委、外交部、商务部印发《推进"一带一路"建设科技创新合作专项规划》，文件对深化"一带一路"沿线国家科技合作提出了积极措施。专项规划明确了"一带一路"建设科技创新合作的近期目标，用3—5年时间，科技人员交流合作大幅提升，来华交流培训的科技人员达到15万人次以上，来华工作杰出青年科学家人数达到5000名以上；与沿线国家就深化科技创新合作、共同走创新驱动发展道路形成广泛共识，与重点国家合作规划、实施方案基本形成，并签署合作备忘录或协议；建设一批联合实验室（联合研究中心）、技术转移中心、技术示范推广基地和科技园区等国际科技创新合作平台，鼓励企业在沿线国家建成若干研发中心，重点项目实施初见成效。同时，专项规划明确了在农业、能源、交通、信息通信、资源、环境、海洋、先进制造、新材料、航空航天、医药健康、防灾减灾等重点领域，推进"一带一路"建设科技创新合作。

【专栏3："一带一路"科技交流合作
——中俄丝绸之路高科技园区】

一 中俄丝绸之路高科技产业园备忘录签署

2014年10月13日上午，在李克强总理和俄罗斯总理梅德韦杰夫的见证下，陕西省委常委、常务副省长江泽林代表省政府与俄罗斯直接投资基金（俄罗斯国家主权基金）、中俄投资基金（中俄跨国主权财富基金)、俄罗斯斯科尔科沃创新中心（俄罗斯国家科技园）代表共同签署了《关于合作开发建设中俄丝绸之路高科技产业园的合作备忘录》。西咸新区将与中俄投资基金按照"一园两地、两地并重"的原则，成立合资企业，共同开发建设中俄丝路创新园。其中，中方园区位于西咸新区沣东新城统筹科技资源改革示范基地，规划面积 4 平方公里，依托陕西省科研和现代工业基础，建设以高新技术研发为先导、现代产业为主体、第三产业和社会基础设施相配套的高科技产业园区。俄方园区位于俄罗斯斯科尔科沃创新中心地区，依托莫斯科优越的地理位置和经济技术实力，建设以总部经济为先导、高新技术研发和转化为主体的高科技产业园区。

中俄两国相关部门高度评价该项目，认为其建设契合中俄两国发展战略，是切实响应习近平总书记"一带一路"倡议构想，彰显陕西支点地位的重要举措；扩大向西开放、促进中俄高新技术交流合作的崭新平台。《关于合作开发建设中俄丝绸之路高科技园的合作备忘录》的签署，标志着经过半年多的努力，中俄丝路创新园项目正式落户西咸新区沣东新城，成为中俄两国政府战略层面的合作项目之一。

二 中俄丝绸之路高科技产业园共建园区

第一，丝路两个大国携手合作投资方、园区均"高大上"。自 2013 年国家主席习近平首次提出建设丝绸之路经济带以来，丝路沿线国家反响热烈，此次中俄合作的科技园直接命名为"中俄丝路创新园"，俄罗斯国家层面支持丝绸之路经济带建设。丝绸之路东、西两头的两个大国携手合作的国家战略级科技园，其迸发的能量不可估量。中俄丝路创新园能得到国家层面的战略支持，俄方强大的背景值得一提。据了解，俄罗斯直接投资基金是具有国家主权背景的投资基金，而中俄投资基金则是由中投公司和俄罗斯直接投资基金共同设立的跨国投资基金。俄罗斯斯科尔科沃创新中心是俄罗斯最为成功的高新技术开发区，被誉为俄罗斯的"硅谷"。如此"高大上"的背景，自然能调动俄罗斯以最大资源来推动中俄丝绸之路高科技产业园建设。俄罗斯直接投资基金和中俄投资基金表示，将积极协助产业园加强与中俄两国政府的协调与沟通，还将利用其平台协助产业园吸引中俄双方企业入园发展。而斯科尔科沃创新中心大力支持中俄投资基金和西咸新区进入创新中心发展，还将在税收优惠、土地出让、关税减免等方面为项目提供特殊政策支持。

第二，开发区经验反哺"老大哥"，产业园运营中方"更拿事"。中俄丝路创新园的一个重要标签是"一园两地、两地并重"。西咸新区沣东新城相关负责人向记者介绍说，一园即"中俄丝路创新园"，这个园区除了两国之间的法律政策有些许差别外，其余的优惠政策、服务等均一样，两地则是指这个园区分别位于中国和俄罗斯。在中国的基地位于沣东新城科技统筹示范基地，而在俄罗斯，除了前文提到的斯科尔斯沃创新中心外，还有在喀山智慧城的园区。"中俄丝路创新园项目具有国家战略意义，存在创新工作机制、丰富合作内涵的必要性。"他透露，该科技园将申请丝绸之路经济带自由贸易区试点，包括人民币与卢布直接兑换、中俄海关快速通关互认机制、高科技产业园优惠政策等投资优惠政策，通过政策创新将项目推动中俄及丝路沿线国家的合作上一个新台阶。值得关注的是，中国将与俄罗斯建设北京通往莫斯科的高铁，莫斯科到喀山的建设已确定。而西咸新区与俄罗斯的合作，首先就选在了莫斯科与喀山，其战略眼光相当犀利。

第三，中俄双方优势互补，促进陕西对俄贸易飞速增长。众所周知，俄罗斯在科研方面，基础研究特别突出，在动力效能、核技术和空间技术、信息技术等方面全球领先。基于此，中俄丝路创新园将借力俄罗斯的科技优势，中方园区目标是依托陕西的科研和现代工业基础，建设以高新技术研发为先导、现代产业为主体的高科技园区。俄方园区将建设以总部经济为先导、高新技术研发和转化为主体的高科技产业园区。数据显示，2013年中俄贸易额达892.1亿美元，根据国家规划，将于2020年达到2000亿美元。而中俄丝路创新园落定西咸新区沣东新城，对于陕西对俄的贸易增长将有极大提高。沣东新城相关负责人透露，到2020年，陕西对俄的贸易额有望达到200亿美元。

3."一带一路"沿线国家文化合作

（1）必要性

文化交流是人文交流的核心，也是人文交流的动力与源泉。一般来说，文化交流产生于两个或两个以上的异质文化之间，相互之间产生碰撞或吸收。而异质文化之间，往往会产生势差，各个文化主体之间必须拥有强大的文化自主权，只有相互尊重、平等相待，才能产生文化交流。在此背景下，文化单方面的输出或文化入侵等，不属于文化交流的范畴，而是属于文化殖民主义。文化传播与交流合作是民心相通的首要而且是有效手段。文化的涵化、聚化、内化和转化功能，使之对内可以增强国家的凝聚力、向心力，从而汇聚共识、聚集力量，对外可以塑造国家形象，提高中国在国际社会的影响力和亲和力。发挥文化传播与交流合作的向导力、融合力、创造力、想象力和感染力，可以全面反映"一带一路"沿线各国的历史文化、政治现状及利益诉求，从而起到消除偏见、化解歧见、增进共识的效果。文化的影响力超越时空、跨越国界，潜移默化、润物无声，文化传播与交流合作是民心工程，也是先行工程、未来工程。

丝绸之路文化是沿线各国、各地区共同的文化记忆和文化符号。在新的历史时期，随着丝绸之路沿线国家、地区经济文化联系的日益密切，古老的丝绸之路重新焕发出生机与活力，迎来难得的发展机遇。文化的影响力超越时空，跨越国界。促进东西方的思想交流和文化交融，是古丝绸之路不可磨灭的历史作用。因此，文化在"一带一路"建设过程中有其特殊的作用和地位。我们要积极发挥文化的桥梁作用和引领作用，加强各国、各领域、各阶层、各宗教信仰团体的交流交往，夯实丝绸之路沿线国家合作的民意基础，推动和促进实现沿线各国全方位交流与合作。

（2）主要形式

当前，文化与经济相互交融、与科技结合日益紧密，文化日益成为推动经济增长的重要力量和综合国力竞争的重要因素，特别是文化产业作为新兴产业，已被各国广泛认可，文化产品和服务已经成为国际贸易的重要组成部分。

第一，跨国文化产业走廊。"丝绸之路经济带"东边牵着亚太经济圈，西边系着发达的欧洲经济圈，绵延7000多公里，总人口近30亿，被认为是"世界上最长、最具有发展潜力的经济大走廊"。形成了中国经中亚、俄罗斯至欧洲（波罗的海），中国经中亚、西亚至波斯湾、地中海和中国至东南亚、南亚、印度洋三条路线，共同打造新亚欧大陆桥、中蒙俄、中国—中亚—西亚和中国—中南半岛四条国际经济合作走廊。

"21世纪海上丝绸之路"重点方向则是从中国沿海港口过南海到印度洋，延伸至欧洲；从中国沿海港口过南海到南太平洋。根据"一带一路"走向，海上以重点港口为节点，共同建设通畅安全高效的运输大通道。

中巴、孟中印缅两个经济走廊与推进"一带一路"建设关联紧密，要进一步推动合作，取得更大进展。在"一带一路"六大经济走廊中，中巴经济走廊和孟中印缅经济走廊是优先推进的两个项目，是中国与中亚、南亚、东南亚国家发生紧密联系的大通道。

在建设六大经济走廊的同时构建相关的文化产业走廊，促使两者叠加，有机结合，为"一带一路"倡议增添新的人文内涵和发展动力。如2016年9月13日，国家发改委公布《建设中蒙俄经济走廊规划纲要》，标志着"一带一路"框架下的第一个多边合作规划纲要正式启动实施。其中，特别提到要"拓展人文交流合作"，重点深化教育、科技、文化、旅游、卫生、知识产权等方面的合作，促进人员往来便利化，扩大民间往来和交流。随着2015年7月9日《中俄蒙发展三方合作线路图》正式签署，三国合作共建经济走廊时机日益成熟，并已达成共识，开始进入实施阶段，文化、教育和科技交流合作也随之提上日程。近几年来，从官方到民间，从文化传媒到教育科技交流合作等方面，三国已联合举办了多次各种层次的双边和多边活动，为建设中蒙俄文化走廊创造了良好氛围。中蒙俄文化走廊的战略意义重大，为中蒙俄东北亚合作提供新的人文氛围，有利于拉紧三国的人文情感纽带，构建东北亚安全和谐的国际环境，有助于与蒙古国振兴经济发展和俄罗斯开发远东地区形成战略配合，为三国经贸合作增添新的发展亮点。

第二，文化产品国际贸易。近年来伴随着对外开放的逐步深入，中国凭借开放的经济政策和传统文化的优势，文化产业获得了空前的发展，文化产品贸易发展迅猛。表9-3显示，中国文化产业出口贸易额从1996年的368亿美元快速上升到了2013年的3292亿美元，年均增长率达到13.76%。此外，在进口方面，中国文化产业进口贸易额从1996年的308亿美元快速上升到了2013年的2511亿美元，年均增长率达到13.13%，略低于出口年均增长率13.75%。年均增长率的差异性，使中国文化产业贸易总额从1996年的676亿美元快速上升到了2013年的6103亿美元，进出口总额实现年均增长率达到15.03%的同时，文化产业贸易顺差也在持续扩大，从80亿美元迅速上升到677亿美元，实现贸易顺差的年均增长率高达17.85%。

表 9 – 3   1996—2013 年部分国家和地区文化产品出口额   单位：亿美元

年份	中国	意大利	美国	中国香港	德国	英国	法国	加拿大	比利时	西班牙
1996	368	498	369	513	294	262	261	196	129	126
1997	510	491	412	573	291	307	265	197	139	138
1998	519	485	421	537	312	290	268	200	138	139
1999	551	487	424	568	317	319	277	213	152	146
2000	688	530	500	662	314	298	295	251	159	154
2001	678	510	491	575	339	289	291	244	158	161
2002	849	541	455	586	399	337	317	242	162	180
2003	1037	598	481	606	472	380	373	254	201	204
2004	1316	722	579	688	581	452	439	284	241	237
2005	1667	761	694	752	673	517	481	309	253	248
2006	1936	850	818	774	751	542	534	312	273	255
2007	2103	925	889	841	816	589	562	351	298	281
2008	2287	998	966	915	887	641	625	388	315	312
2009	2488	1090	1050	994	964	696	689	419	348	329
2010	2689	1182	1134	1073	1041	751	753	450	381	346
2011	2890	1274	1218	1152	1118	806	817	481	414	363
2012	3091	1366	1302	1231	1195	861	881	512	447	380
2013	3292	1458	1386	1310	1272	916	945	543	480	397

资料来源：联合国贸易商品统计数据库（UNCTAD Statistics）、联合国全球创意产品贸易数据库（Global databank on world trade in creative products）以及联合国服务贸易统计数据库（UN Service Trade database）。

虽然从总体上看中国文化产品交流互动发展良好，但是，从区域结构来看，中国与周边国家之间的文化产品贸易略显滞后。换言之，中国文化产品贸易呈现着明显的地理分布特征，以 2013 年为例，表 9 – 4 报告了中国文化产品进出口的主要贸易伙伴的份额分布情况，从中可略见一斑。

从表 9 – 4 的统计数可以看出，2013 年与中国文化产品贸易额比重超过 1% 的国家和地区总共有 16 个，16 个贸易伙伴与中国文化产品贸易额占中国文化产品贸易总额的比重高达 83% 以上。而在前 16 位贸易伙伴中，又主要以发达国家和地区为主，由此可以说明，中国文化产品贸易的国际市场呈不平衡发展状态，"市场多元化"战略在文化产品贸易上亟待进一步实施。

表 9-4　　　　2013 年中国文化产品进出口主要贸易对象国和地区　　　　单位：%

进出口		出口		进口	
国家和地区	占进出口总额比重	国家和地区	占总出口比重	国家和地区	占总进口比重
美国	33.06	美国	35.65	新加坡	23.35
德国	8.82	德国	9.07	美国	20.96
中国香港	7.28	中国香港	7.73	日本	13.82
日本	6.52	英国	6.56	德国	7.01
英国	6.22	日本	4.95	中国台湾	6.26
新加坡	4.84	荷兰	4.34	中国香港	4.87
荷兰	3.86	澳大利亚	2.25	英国	4.91
澳大利亚	2.01	加拿大	1.77	爱尔兰	4.45
中国台湾	1.69	意大利	1.63	法国	2.66
加拿大	1.61	俄罗斯	1.33	荷兰	1.65
法国	1.57	法国	1.31	韩国	1.65
意大利	1.45	阿拉伯国家	1.27	奥地利	1.15
俄罗斯	1.14	比利斯	1.17	澳大利亚	0.75
韩国	1.06	西班牙	1.16	加拿大	0.75
比利时	1.04	巴西	1.06	意大利	0.70
阿拉伯国家	1.01	韩国	0.93	以色列	0.64
西班牙	0.99	印度	0.91	瑞士	0.49
巴西	0.85	马来西亚	0.84	比利时	0.46
爱尔兰	0.83	新加坡	0.81	马来西亚	0.39
印度	0.77	中国台湾	0.79	瑞典	0.33

资料来源：根据联合国贸易商品统计数据库（UNCTAD Statistics）、联合国全球文化产品贸易数据库（Global databank on world trade in creative products）以及联合国服务贸易统计数据库（UN Service Trade database）提供的数据整理而得。

第三，下一步发展规划。《推动共建丝绸之路经济带和 21 世纪海上丝绸之路的愿景与行动》中提到，沿线国家间互办文化年、艺术节、电影节、电视周和图书展等活动，合作开展广播影视剧精品创作及翻译，联合申请世界文化遗产，共同开展世界遗产的联合保护工作。

此外，为了配合"一带一路"建设的整体战略，文化部、财政部正在共同研究编制《丝绸之路文化产业战略规划》，其目的就是要依托丝绸之路沿线丰富的文化资源，加强统筹协调和整体规划，建立和完善文化产业国际国内合作机制，促进各国、各地区文化产业优势互补、协同发展。通过发展文化产业，来加快中国丝绸之路沿线地区特别是西部地区、边疆地区、民族地区文化产业发展，把文化产业培育成为区域经济支柱性产业，充分发挥文化产业拉动经济发展、扩大就业、促进消费等方面的作用。同时，通过发展文化产业，创造更加丰富、更高质量的文化产品和文化服务，加强丝绸之路沿线各国文化交流和贸易往来，并以此为载体，将各国优秀文化及和谐发展、和平共处的理念传播出去，使不同文化背景、不同宗教信仰的各国、各地区、各民族人民增进交流理解、沟通、尊重，增强"一带一路"建设的文化认同。

2017年2月5日，文化部制定的《"一带一路"文化发展行动计划(2016—2020年)》，对"一带一路"沿线国家文化交流与合作的深入开展绘就了线路图，指出未来文化部将从五个方面推进中国同"一带一路"沿线国家的文化交流与合作，具体是要健全"一带一路"沿线国家文化交流合作机制建设、完善"一带一路"沿线国家文化交流合作平台、打造"一带一路"沿线国家文化交流品牌、推动"一带一路"沿线国家文化产业繁荣发展、促进"一带一路"沿线国家文化贸易合作。

4. "一带一路"沿线国家卫生交流合作

（1）必要性

第一，加强卫生安全防控，促进卫生事业发展。随着全球化程度加深，疾病跨国传播风险剧增。面对疾病的流行和传播，任何一国都不能独善其身，需要共同应对各种公共卫生安全威胁。推进"一带一路"卫生合作，一方面可以减少跨境传染病和突发公共卫生事件对国家安全的威胁，保障中国和沿线国家居民免于可预防的传染病的威胁。另一方面，也有助于促进中国和沿线国家的卫生事业发展，缩小中国东、西部地区，以及与周边国家医疗资源和医疗水平的发展差距，提高居民健康公平性。

第二，推动大国卫生外交，引领全球卫生治理。开展"一带一路"卫生合作，有利于赢得沿线国家的民意基础，缓解乃至消除周边国家的安全疑虑，弱化投资建厂，道路、桥梁、港口等基础设施建设和商品贸易对当地环境和居民生活带来的环境污染及不利影响，并在一些关键的时间窗口发挥破冰作用，打开外交局面。同时，中国更加主动积极地参与区域和全球卫生治理，推动卫生治理改革，引领有利于中国和发展中国家共同利益的全球卫生议程及国际规则的制定，积极分享中国卫生改革与发展的经验。

第三，创造健康投资环境，拓展医药贸易市场。推动与"一带一路"沿线国家健康产品和服务贸易合作，实现以民心相通带动贸易畅通。一方面，为中国派出的工作人员提供医疗卫生服务，为中国在沿线国家的基础设施建设、经贸合作创造一个健康的投资环境；另一方面，还可以发掘中国和沿线国家的健康产品与健康服务市场的需求，促进彼此医药产品和医疗服务贸易，改善彼此健康产品与健康服务供给的数量和质量。

第四，将健康融入所有政策，构筑"健康丝路"。除卫生部门外，外交、贸易、科技、教育、文化等部门应共同承担维护健康的责任，采取跨部门的健康合作与磋商机制，将卫生合作与外交、经贸、文化、科技、教育等领域的合作有机结合，相互促进。

第五，以传统医药为载体，提升中国文化影响力。与"一带一路"沿线国家开展传统医药方面的合作交流，可以把传统医药国际贸易与服务同宣传中华文化结合起来，将中国传统医药资源、文化、学术优势转化为科技、经济优势及在区域和全球传统医药相关标准、规则制定过程中的引领优势。

（2）主要形式

第一，举办卫生合作论坛。举办"中国—东盟卫生合作论坛"，在中国—东盟建立对话关系 25 周年之际，2016 年中国—东盟博览会举办期间，国家卫生计生委和广西壮族自治区政府联合举办首届"中国—东盟卫生论坛"，与"21 世纪海上丝绸之路"沿线国家围绕公共卫生领域开展政策对话与交流活动。在中国—中东欧国家领导人会晤、部长级会议等合作框架下，中国与中东欧国家在卫生合作领域不断拓展，内容不断丰富，在成功举办两届"中捷卫生论坛"的基础上，与捷克共和国卫生部于 2015 年在布拉格共同举办"中国—中东欧国家卫生部长论坛"，搭建中国—中东欧国家卫生合作平台，开拓中国—中东欧国家全方位合作新局面，促进中欧全面战略伙伴关系全面、均衡、可持续发展。在 2015

年中阿博览会期间，国家卫生计生委、宁夏回族自治区政府和阿盟秘书处等共同举办"2015中阿卫生合作论坛"，通过大会、商务洽谈、医药展览等形式围绕论坛"加强医药技术合作推动卫生事业发展"的主题开展相关合作交流活动并讨论通过"银川宣言"。由宁夏医科大学总医院、宁夏区人民医院、宁夏区中医医院牵头国内近20家大型医疗机构与阿盟相关国家医疗机构筹备组建中阿医疗健康合作发展联盟。

第二，传染病防控。"中亚地区传染病联防联控机制合作"——2015年第四次上海合作组织防疫部门领导人会议就本地区卫生防疫领域所面临的威胁与挑战，包括主要传染性疾病的预防和控制、大型活动期间卫生防疫保障、食品质量安全与风险评估等议题进行讨论。利用上海合作组织这一平台和新疆的地理优势，进一步拓展与中亚、西亚国家在传染病防控领域的交流合作，建立跨境传染病疫情通报制度和卫生应急处置协调机制，构建区域传染病联防联控工作网络，帮助巴基斯坦、阿富汗等国消除脊髓灰质炎，提高中亚和西亚国家重点传染病的综合应对能力。"大湄公河次区域传染病监测与防控项目"——根据2015年与大湄公河次区域国家续签的《关于湄公河流域疾病监测合作的谅解备忘录》，联合广西、云南等边境省份，进一步推进与大湄公河次区域国家开展传染性疾病的联合监测合作，形成有效的联防联控机制，提升湄公河次区域传染病防控能力。"湄公河流域血吸虫病消除与控制的合作项目"——在亚洲血吸虫病及其他重要蠕虫病防治研究网络（RNAS＋）核心国家17年合作的基础上，沿着21世纪海上丝绸之路所经的主要血吸虫病流行或潜在流行国家（包括老挝、柬埔寨、泰国、缅甸、菲律宾、印度尼西亚等国），建立湄公河流域消除血吸虫病联合研究中心，推动湄公河流域血吸虫病消除的策略与关键技术研究与应用，培养青年技术骨干，提升整个疾病防控能力与体系的建设，为该地区发展因地制宜的综合防控策略提供理论依据和实践基础。

第三，人才培养。实施《中国—东盟公共卫生人才培养百人计划（2015—2017年）》即在三年内为东盟国家培养100名公共卫生行政管理人才和专业技术人才。借助广西与东盟国家陆海相邻的独特优势，开展"中国—东盟护理人才培训合作项目""中国—东盟保健人员培训项目"，以广西医科大学、广西医科大学第一附属医院等单位为依托，与东盟国家的医学院校开展多种形式的教学和培训活动，培养一批具有较强实践能力的高素质卫生专业技术人员。实施"中国—印度尼西亚公共卫生人才合作培训计划"即 2015 年 5 月，中印尼副总理级人文交流机制联委会第一次会议上宣布将实施中国—印度尼西亚公共卫生人才合作培训计划（2015—2017 年），三年为印度尼西亚方合作培训 100 名公共卫生专家和专业技术人员。

第四，卫生发展援助。赴苏丹开展"光明行"活动即 2016 年，陕西省卫生计生委组织西安市第一医院赴苏丹开展为期 3 个月的"光明行"义诊项目，计划完成 1000 例白内障复明手术。赴缅甸开展"光明行"活动。云南省卫生计生委会同云南省外事办公室，自 2013 年 2 月起，组织医疗队赴缅甸曼德勒开展"光明行"活动，已为当地白内障患者免费实施 500 余例复明手术。按照《云南省人民政府办公厅关于印发云南省代表团访问大湄公河次区域五国后续工作任务分解方案的通知》，云南省卫生计生委下一步将继续加强与缅方联络，深入了解对方需求，通过组派医疗队，继续开展"光明行"活动。

第五，健康产业发展及其他支撑项目。哈萨克斯坦"陕西村"医院援建项目即 2015 年丝绸之路经济带战略与健康促进研讨会上，陕西省卫生计生委与哈萨克斯坦东干协会签订了关于援建"陕西村"医院的框架协议。根据协议，陕西省将协助援建哈萨克斯坦江布尔州库尔带县马三奇医院、援助新渠和阿伍特乡（陕西村）两所医院部分医疗设备，预计 2017 年投入使用。医院建成后，将成为"陕西村"规模最大、接诊能力最强的医院。

（3）下一步发展规划

第一，《推动共建丝绸之路经济带和 21 世纪海上丝绸之路的愿景与行动》中，提到卫生交流的相关规划如下：强化与周边国家在传染病疫情信息沟通、防治技术交流、专业人才培养等方面的合作，提高合作处理突发公共卫生事件的能力。为有关国家提供医疗援助和应急医疗救助，在妇幼健康、残疾人康复以及艾滋病、结核、疟疾等主要传染病领域开展务实合作，扩大在传统医药领域的合作。

第二，国家卫生计生委《关于推进"一带一路"卫生交流合作三年实施方案（2015—2017 年）》中指出：

近期目标：用 1—3 年时间，做好对"一带一路"卫生合作的战略研究和实施方案制定工作，夯实合作基础；在前期合作基础上，与沿线有关国家形成广泛共识，初步建立"一带一路"卫生合作机制；稳步实施《推进丝绸之路经济带和21世纪海上丝绸之路建设三年（2015—2017年）滚动计划》中的卫生合作项目，围绕重点合作领域实现先期收获。

中期目标：用3—5年时间，以周边国家和重点国家为基础、面向沿线国家的卫生合作网络初步形成，合作机制进一步稳固；国内政策支持保障体系和协调机制逐步完善，在传染病防治和人才培养等重点领域启动一批具有战略意义的新项目；中国在地区性、全球性卫生多边治理机制中的话语权和影响力逐步提高。

远期目标：用5—10年时间，各重点领域合作项目取得显著成效，新一轮合作项目培育形成，惠及各国百姓；中国在地区性、全球性卫生多边治理能力和作用明显增强，与沿线国家在医疗卫生领域合作实现互利共赢，各国朝着互利互惠、共同安全的目标相向而行，"一带一路"沿线国家卫生领域全方位合作新格局基本形成。

第三，2017年1月18日，国家主席习近平在日内瓦访问了世界卫生组织并会见陈冯富珍总干事，签署了《中华人民共和国政府和世界卫生组织关于"一带一路"卫生领域合作的谅解备忘录》，习近平主席与世界卫生组织达成一致意见，从"一带一路"倡议着手，将全球卫生合作与经济发展相结合。世界卫生组织愿加强同中方在"一带一路"框架下合作，以提高"一带一路"沿线国家健康卫生水平。要继承好、发展好、利用好传统医学，用开放包容的心态促进传统医学和现代医学更好融合。中国期待世界卫生组织为推动传统医学振兴发展发挥更大作用，为促进人类健康、改善全球卫生治理做出更大贡献，实现人人享有健康美好愿景。这一合作备忘录是世界卫生组织与中国为实现卫生与投资相结合、打破狭隘的学科利益而采用革新的跨部门思路而迈出的果敢而坚实的一步。

5. "一带一路"沿线国家民间组织交流合作

（1）必要性

通过"一带一路"建设，与沿线各国人民共商、共建、共享人类新的文明成果。在"一带一路"建设过程中，除了需要政府和企业的积极参与，也应该重视和强调民间组织在其中扮演的重要角色。

第一，中国民间组织的国际化将是中国"一带一路"建设的重要助力。除经济上的共荣之外，从环境保护的角度来看，许多沿线国家也将从中国环境治理经验中受益。中国对以牺牲环境为代价的经济发展所带来的影响和成本具有深刻的理解和认识。因此，中国的经验可以帮助其他国家更快地在环境保护领域取得进展。

第二，民间组织具有公益性、非营利性、志愿性等天然属性，使其更具有亲和力，便于与沿线各国不同利益、观念的社会群体之间的沟通和交流。在"一带一路"建设过程中，将能够帮助中国投资赢得更广泛的社会和民间层面的认可，并确保这些投资是"绿色"的。

第三，"一带一路"建设离不开民间组织的参与，国家应该积极支持并扶持民间组织参与"一带一路"建设。通过民间组织开展的民间交流和沟通，为"一带一路"建设创造良好的国际社会舆论，成为实现沿线国家之间合作共赢的桥梁。同时，鉴于西方国家开展国际活动的时间较早，经验更为丰富，可以鼓励中国民间组织加强与这些国家的合作，吸收和借鉴其良好的做法和先进的经验，以提高自身参与国际活动的能力。

（2）主要形式

第一，非政府交流合作网络。各国非政府组织共同努力，研究探讨建设非政府组织交流合作网络，为各国非政府组织顺畅实现信息共享、协调行动搭建有效平台。通过非政府组织之间的交流合作，积极利用网络平台和新媒体工具，为政治互信、经贸合作、民间交流营造和谐友好的氛围。以增进了解、加强互助、提升能力为主旨，合作开展一系列面向民间社会的交流活动和面向基层民众的教育医疗、减贫开发等民生项目，包括互相组织非政府组织研修班，丰富研修内容和形式，使研修成为中国和"一带一路"沿线各国民间增进友谊、交流理念、汇聚力量的平台。2015 年 5 月 31 日，第二届中国—东南亚民间高端对话会在印度尼西亚巴厘岛举行，来自中国、印度及文莱等 11 个东南亚国家的 200 余名代表出席。与会代表共同发布中国—东南亚民间交流合作倡议书，其中提到，以切实行动支持中国与东南亚各国共建"一带一路"。

第二，非政府组织国际会议。由中国民间组织国际交流促进会、东盟秘书处、印度尼西亚科学院等共同发起组成对话会常设筹备委员会，搭建机制化交流平台。一般召开国际会议要从双边或多边关系的发展需要，当然也从中国经济发展的需要考虑，可以由多种原因发起。在交往过程中，需要两国有关人员献计献策的时候，可以召开国际会议。中国—东南亚民间高端对话会（以下简称"对话会"）并不是一个新的平台。第一届于 2013 年 6 月在中国广西召开。在本届对话会发布的《倡议书》中，参会者表示，进一步完善中国—东南亚民间高端对话会平台。对话会主办方和参与方保持常态化联络，就中国与东南亚国家之间的民意动向、合作需求等保持沟通，使对话会成为推动中国与东南亚民生合作、民意沟通、民间友好的有效平台。

第三，合作体制。合作体制对走出去的社会组织非常必要，比如跟政府的合作，包括跟当地企业和当地的中资企业合作、跟当地人接触、跟国际研究合作等，合作体制是非常必要的，否则政府非营利组织（NGO）单枪匹马走出去非常困难。

（3）下一步发展规划

《推动共建丝绸之路经济带和 21 世纪海上丝绸之路的愿景与行动》中，提到民间组织机构交流的相关规划如下：加强沿线国家民间组织的交流合作，重点面向基层民众，广泛开展教育医疗、减贫开发、生物多样性和生态环保等各类公益慈善活动，促进沿线贫困地区生产生活条件改善。加强文化传媒的国际交流合作，积极利用网络平台，运用新媒体工具，塑造和谐友好的文化生态和舆论环境。

（三）中国主张

近年来，在有关方面的共同努力下，中国对外人文交流取得的成绩十分显著，有目共睹，但面临的困难与挑战同样十分严峻。今后一个时期，中国应充分总结以往成功经验，积极进取，排除干扰，化解挑战，推进人文交流迈上新台阶。

1. 以命运共同体理念为引领，倡导不同文化在平等基础上交流互鉴

命运共同体理念是中国特色大国外交理论创新的重要成果，为 21 世纪国际关系的发展提供了新思路。这一理念继承发扬了中国外交的优秀传统，反映了世界各国人民追求发展进步的共同愿望，同时也借鉴了世界一些区域和国家共同体的有益经验。这一理念的重要意义在于以共建美好世界为目标，不断增强中外人民的心灵相通，加强中国与世界的相互认知和认同。我们要在"一带一路"沿线国家积极宣传人类命运共同体的理念，倡导不能对文化价值观进行排序或差别对待；要大力弘扬中国优秀传统文化，同时承认各国文化的独特性与共通性，诚心实意地汲取沿线国家文化中的优秀内涵；要重视与沿线国家进行宗教交流与合作，充分尊重沿线国家不同的宗教信仰，重视和加强宗教理论研究；要与沿

线国家一道保护和开发宗教文化旅游资源，打造宗教文化与旅游文化合一的可持续发展模式；要在亚信、上海合作组织等地区机制框架内，积极尝试开展宗教与文明对话，使之与政治、经济合作等议题并驾齐驱，向国际社会充分展现中国在文化与宗教方面的包容性。

2. 以加强政府层面的政策沟通为主要渠道，丰富促进人文交流的对话机制

要积极利用好现有资源平台，加强中国与沿线国家战略机制的对接联通，如加强"一带一路"与俄罗斯国家复兴战略、印度"东向行动"政策、欧洲"投资计划"、印度尼西亚"全球海洋支点战略"、蒙古国"草原丝绸之路"等的对接，从国家层面为经贸合作和人文交流奠定坚实的政策基础；要与沿线国家共同举办"教育交流年""旅游交流年""文化交流年"等活动，建立长期稳定的人文交流合作机制，建设好软环境平台。2015年，中国已经与印度尼西亚正式建立了副总理级别的高级人文交流机制，内容涵盖教育、科技、文化等七大领域。印度尼西亚是东盟最大的国家，也是全球最大的穆斯林国家，中印尼这一机制是中国同发展中国家建立的首个高级别人文交流机制，因此具有里程碑意义。相关政府部门要与沿线国家政府对口单位就便利人员往来进行积极的政策磋商，探讨中国与沿线国家人员交往便利化的新举措，如逐步扩大对持中国护照的免签国家范围，简化中国籍劳务人员务工签证的申办手续等。

3. 以继续探索官民并举模式为重要手段，鼓励民间力量在人文交流中发挥更大作用

国与国的关系基础是"民心相通"，而所谓"民"就是人民，就是每个个体或是由个体组成的团体。中国在官民结合开展人文交流方面已经有了多年的摸索，积累了很多宝贵经验。但不可否认的是，由于改革开放的时间总体上还不是很长，在进一步调动民间力量方面仍然大有可为。要发挥好"民相亲""心相通"的桥梁作用，充分推动社会各界参与到"一带一路"沿线国家人文交流的事业当中；要以经贸合作为依托，发挥企业在"走出去"过程中的重要作用；要熟知国际商务规则以及沿线国家国情，努力提高产品质量、科技含量；要下苦功树立品牌意识、环保意识以及回馈当地社会的服务意识；要加强学术往来，加大对沿线国家留学生的培养，增强智库间的互动交流；要发挥各类文化团体、社会组织的积极作用，推动区域间、城市间人文交流，通过文化互动来消除偏

见和误解；要积极发挥沿线国家华侨华人的交流使者作用。据统计，全球 6000 万海外华人中约 60% 居住在"一带一路"沿线国家，他们的积极参与有助于将中国的文化思想与"一带一路"沿线国家的实情实现更好对接。

总之，人文交流是一个涉及面十分广泛的社会系统，它涵盖了不同人群之间的互动交流、不同文明和文化之间的包容对话以及不同社会组织之间的沟通，是沿线国家彼此之间深耕友谊和厚植人脉的人文交流，是多元文明的融汇发展，是多种文化的大合唱，最终形成了科技、教育、文化、卫生等多方位立体互动格局。其中，考虑到语言、民族、宗教和制度差异造成的深刻隔阂，文化交流是人文交流最重要的载体，包括哲学、语言、历史、建筑、旅游等领域的深入交流，能够跨越各种利益和认知的障碍，达到逐渐积累信任和认知的效果。此外，人文交流是一种春风化雨、润物无声的长期努力，要着眼于长远打算，不必追求立竿见影的效果，这也是人文交流最不受政治经济关系影响的原因所在，是一种最具有免疫力的交往形式。所以，在"一带一路"推进过程中，应确立人文为本的理念，要切实重视推进沿线国家的人文交流，为政治、经济和安全合作提供坚实的社会基础和人文纽带。特别是不能把"一带一路"沿线国家公共外交和人文交流理解为中国文化和价值观的输出，而是沿线国家文化的交流对话。其中，中国仅仅是倡议方之一，要把沿线各国的倡议共同展示出来，这才是"一带一路"好丝路故事的重心所在。

第四篇

"一带一路"建设进展：
"五通"指数与国内响应

第十章 "一带一路"的"五通"指数与"五通"进展

一 筑梦人类命运共同体

　　"一带一路"倡议是中国首个长期性、战略性、全方位的全球合作对接倡议，涉及面甚广，横贯欧亚大陆，东连亚太经济圈，西接欧洲经济圈，覆盖人口44亿，产值23万亿美元。其最终目的是在中国倡议的开放性合作框架下，将"一带一路"沿线国家打造成"利益共同体、责任共同体、命运共同体"。

　　近年来，"一带一路"建设在探索中戮力前行，在互信合作中逐步成长，一系列"一带一路"里程碑的大事件不断推出。由点到线、由线及面，从探索尝试到机制创新，从规划愿景到战略落地，一批有深远意义的双边协议陆续签订，一批有影响力的标志性项目相继落地，在政策沟通、设施联通、贸易畅通、资金融通、民心相通等重大方面取得显著效果，在国际地位、实施阶段、空间范围、制度保障等方面得到了系统性提升，正在昂首阔步迈向深耕细作、持久发展的2.0新阶段。

　　根据中国国家信息中心"一带一路"大数据中心的报告，2016年从五个评估维度来看，"民心相通度"平均得分相对较高且各国分数大体均衡，"资金融通度"和"设施联通度"的各国得分差异较大。民心相通度的平均分最高，为11.29分（见表10-1），而设施联通度平均分最低。

为分析五个维度上各国的得分差异，引入了离散系数①，其中资金融通度的离散系数最大，反映中国与"一带一路"沿线国家在资金融通方面发展并不平衡，国家间差异较大；民心相通度的离散系数最小，反映中国与沿线国家在民心交流、文化沟通方面相对均衡（见图10-1）。

表 10-1　　　　　　　　　　一级指标得分情况

一级指标	权重	最高分	最低分	平均分
政策沟通度	20	18.5	0.5	9.98
设施联通度	20	17.79	1.66	5.91
贸易畅通度	20	18.6	2.32	9.71
资金融通度	20	19	0	6.66
民心相通度	20	18.45	3.64	11.29

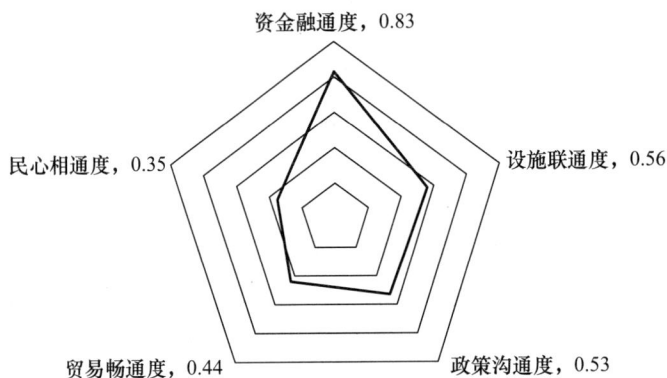

图 10-1　一级指标的离散系数

　　总体来看，近年来，我们坚持"建连并重、软硬并举、内外并行"的思路，秉持和平合作、开放包容、互学互鉴、共建共赢的理念，各个领域齐头并进，全方位、立体化、网络状的大联通雏形已经显现，未来"一带一路"建设继续朝着"一个共体、两翼齐飞、四大转变"方向发

①　离散系数是测度数据离散程度的相对统计量，主要用于多个总体均值不等的离散程度比较。数值越大，表明该总体内部数据分布较为分散；数值越小，表明该总体内部数据分布较为集中。本章引用这一系数旨在反映中国与"一带一路"沿线国家在政策沟通度、设施联通度、贸易畅通度、资金融通度、民心相通度方面得分分布的差异化程度。

展,即以打造一个全球利益共同体为目标,以丝绸之路经济带和21世纪海上丝绸之路为两翼,推动"一带一路"由一国倡议向全球共识转变,由规划愿景向战略落地转变,由点状分布向网络联通转变,由探索对话向机制创新转变。

(一) 从一国倡议向全球共识转变

一个倡议的成功与否,关键是这一愿景能否被国际社会广泛认同,否则只是一纸空文。"一带一路"倡议这项伟大的事业是团体操而不是独角戏,是交响乐而不是独奏曲。从中巴经济走廊、孟中印缅经济走廊,到中俄蒙经济走廊,一个个区域合作新倡议应运而生。目前,已有100多个国家和国际组织表达了对"一带一路"倡议的支持和参与意愿,中国已同40个国家和国际组织签署共建"一带一路"合作协议。亚太经合组织首次在领导人宣言中写入共商、共建、共享等"一带一路"核心理念。2016年11月17日,"一带一路"倡议首次被联合国71届大会写入决议,得到193个会员国的一致赞成,标志着已由中国倡议上升为联合国战略,由一国倡议逐步向全球共识转变。在全球化高度发展的今天,"一带一路"倡议彰显着中国"兼济天下"的大国胸襟,为合力奏响全球各国"大合唱"、同心打造人类命运共同体奠定了坚实的基础。2016年,"一带一路"倡议的国际合作几乎每月都有新的发展,势如破竹,"一带一路"正由中国倡议转变为全球共识。

(二) 从规划愿景向战略落地转变

"一带一路"建设不是空洞的口号,而是看得见、摸得着的实际举措。当前,"一带一路"倡议已从构想走入现实,重大项目蹄疾而步稳,在沿线各国落地开花、硕果累累。回顾过往,以重点方向、重点国别、重点项目为牵引,"一带一路"建设已形成了一批标志性成果,取得了一批重要的早期收获,为后续深化打下了良好的基础。从中白工业园、泰中罗勇工业园,到中印尼综合产业园区,一个个丝绸之路样板工程、精品工程成功打造。从互联互通、产能合作、民心工程,到自贸区建设,一项项新举措不断夯实战略合作基石。2016年9月1日,中巴合作的瓜达尔港自由区奠基仪式隆重举行,标志着多年来的梦想正在成为现实,给地区国家带来实实在在的利益,推动沿线国家和人民获得感持续增强。

(三) 从点状分布向网络联通转变

通过双多边合作机制,"一带一路"倡议已经与"光明之路""欧亚经济联盟""草原之路"及东盟互联互通总体规划等沿线多国战略实现对接，致力于朝着"绿色、健康、智力、和平"等良好方向发展和演化。按照"一带一路"倡议总体规划布局，高速公路、高铁列车、港口轮船、跨境光缆互联互通一步步成为现实，"六廊、六路、多国、多港"等战略网络日渐丰满。基础设施互联互通上已与欧洲 3/4 区域实现点对点联通。贸易往来上"一带一路"沿线国家已超中国对外贸易总额的 1/4。金融支持已覆盖 90% 的"一带一路"沿线国家。"一带一路"建设将多方利益融合提升到更高水平，互利互惠，互联互通，助推区域一体化进程持续加速。

（四）从探索对话向机制创新转变

在"一带一路"倡议的牵引下，上海合作组织、中国—中东欧"16 + 1"合作机制、中国—东盟"10 + 1"、亚太经合组织、博鳌亚洲论坛、亚欧会议、亚洲合作对话、亚信会议、中非合作论坛、中阿合作论坛、大湄公河次区域经济合作、中亚区域经济合作、澜沧江—湄公河合作机制、中国—海合会战略对话等多边合作机制取得重要进展，为更多国家和地区参与"一带一路"建设提供了战略合作平台。中国已与 104个国家签署了双边投资协定，建立了经贸联委会和投资合作促进机制。亚洲基础设施投资银行已在区域基础设施建设方面发挥积极作用。人民币跨境支付、结算和清算体系加速建立。通过"一带一路"倡议构想的不断落地，发展中国家制度性话语权持续增强，促进全球经济治理体系向更加公平、公正、合理的方向发展。

二 国际共识不断深化

（一）总体评价

"一带一路"沿线各国发展水平不同、利益诉求多元，加强政府间合作、做好政策交流对接是共建"一带一路"的重要保障。它既是实施"一带一路"倡议的政治基础与前提条件，又是"助推器"与"催化剂"，包括双方基于共同利益、共同理念、共同任务的政治互信，以及政策协调乃至战略协作。政策沟通将以高层互访为引领，加强政府间合作，着力推进双多边合作，积极构建多层次政府间政策交流机制和联动机制，加强政策对话和协商，深化经济合作，增进政治互信，达成合作新共识。沿线各国可以就经济发展战略和对策进行充分交流对接，本着求同存异理念，共同制定推进区域合作的规划和措施，及时协商解决合作中出现的问题，营造良好的政策环境。从"五通"角度来看，与其他四通侧重点不同，政策沟通侧重于政治互信、规则制定、发展战略、国际主张、合作理念等内容。

"一带一路"倡议提出至今，中国利用高层互访和公共外交广泛宣传"一带一路"倡议的理念，当前已经有100多个国家和国际组织表态欢迎"一带一路"建设，与沿线30多个国家签订了共建"一带一路"合作协议，各国间的战略对接、政策落实逐步到位。中国国家信息中心"一带一路"大数据中心测评结果显示，各国政策沟通度的平均分为9.98分，34个国家得分高于平均分，说明中国与沿线国家的政策沟通总体成效明显。从区域分布来看，东北亚、东南亚、中亚国家总体得分相对靠前，但是，中国与中东欧国家政策沟通度得分差异较大（见表10-2和图10-2）。

表 10-2　　　　　　　　　　政策沟通度指标得分情况

一级指标	二级指标	三级指标	权重	最高分	最低分	平均分	得分率（%）
政策沟通度（20）	政治互信（10）	高层互访	5	5	0	2.87	55.00
		伙伴关系	5	5	0.5	2.10	42.00
	双边文件（10）	联合声明	3	3	0	1.92	64.00
		双边协定	4	4	0	2.02	50.39
		合作/谅解备忘录	3	3	0	1.08	36.00

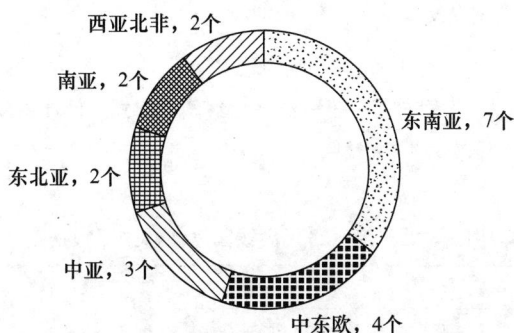

图 10-2　政策沟通度指标得分排名前二十国家的地域分布情况

（二）建设层面：高访牵引，伙伴关系深化

在高层互访的牵引下，"一带一路"沿线国家不断夯实传统友谊。2016 年 1 月 16 日，习近平在亚洲基础设施投资银行开业仪式致辞中就强调，中国将始终做全球发展的贡献者，坚持奉行互利共赢的开放战略。中国开放的大门永远不会关上，欢迎各国搭乘中国发展的"顺风车"。这为 2016 年整体的政策沟通奠定了基调。自"一带一路"倡议提出至今，习近平主席在 2013 年 9 月至 2016 年 12 月期间访问了 43 个国家（亚洲 21 国、欧洲 9 国、非洲 3 国、拉美 7 国、大洋洲 3 国），在多个场合都提出了共建"一带一路"倡议，多次与有关国家元首和政府首脑进行会晤，深入阐释"一带一路"倡议的深刻内涵和积极意义，就共建"一带一路"达成广泛共识，政治互信水平得到进一步增强。

在伙伴关系发展方面，目前已与绝大多数沿线国家建立了各类伙伴关系（见图 10 - 3）；近三年中国与印度尼西亚、马来西亚、蒙古国等 21 个国家伙伴关系级别得到明显提升（见表 10 - 3）。

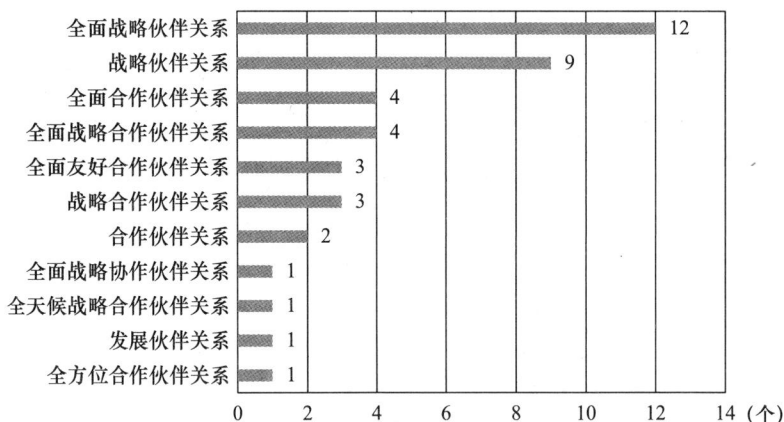

图 10 - 3 中国与"一带一路"沿线国家建立的伙伴关系情况

资料来源：根据中国外交部网站整理。

表 10 - 3 近三年中国与"一带一路"沿线国家伙伴关系级别提升情况

序号	国家	当前伙伴关系级别	提升年份
1	印度尼西亚	全面战略伙伴关系	2013
2	马来西亚	全面战略伙伴关系	2013

续表

序号	国家	当前伙伴关系级别	提升年份
3	吉尔吉斯斯坦	战略伙伴关系	2013
4	东帝汶	全面合作伙伴关系	2014
5	马尔代夫	全面友好合作伙伴关系	2014
6	保加利亚	全面友好合作伙伴关系	2014
7	蒙古国	全面战略伙伴关系	2014
8	埃及	全面战略伙伴关系	2014
9	卡塔尔	战略伙伴关系	2014
10	新加坡	全方位合作伙伴关系	2015
11	哈萨克斯坦	全面战略伙伴关系新阶段	2015
12	巴基斯坦	全天候战略合作伙伴关系	2015
13	亚美尼亚	友好合作关系	2015
14	约旦	战略伙伴关系	2015
15	沙特阿拉伯	全面战略伙伴关系	2015
16	伊朗	全面战略伙伴关系	2016
17	波兰	全面战略伙伴关系	2016
18	塞尔维亚	全面战略伙伴关系	2016
19	乌兹别克斯坦	全面战略伙伴关系	2016
20	伊拉克	战略伙伴关系	2016
21	捷克	战略伙伴关系	2016

（三）联通层面：规划对接，协议文件落地

1. 推动规划对接，夯实"一带一路"倡议

中国积极推动与"一带一路"沿线各国签署合作备忘录或合作规划。通过各层次的双多边合作机制，"一带一路"倡议已经与沿线多国的国家发展战略实现对接。与欧盟、中东欧16国、大湄公河次区域组织、非洲联盟等区域或次区域组织合作，对接各方支持"一带一路"建设的相关政策规划。2016年6月，中俄蒙三国政府签署了《建设中蒙俄经济走廊规划纲要》，标志"一带一路"倡议框架下的第一个多边合作规划纲要正式启动实施。目前，"一带一路"倡议已经与哈萨克斯坦"光明之路"、俄罗斯"欧亚经济联盟"、蒙古国"草原之路"、欧盟"容克计划"、英国"英格兰北方经济中心"、韩国"欧亚倡议"、越南"两廊一圈"、印

度尼西亚"全球海洋支点"、澳大利亚北部大开发、东盟互联互通总体规划、波兰"琥珀之路"等30多个国家的发展战略实现对接。"一带一路"倡议将沿线国家发展战略对接在一起，寻找共同利益，让各区域联系更加紧密，促进各地缘板块联动共振，形成海陆联动、东西互济之势。

2. 签订合作文件，纵深推进"一带一路"建设

自"一带一路"倡议提出以来，中国与沿线国家在多个领域签署了双边协定、备忘录、联合声明等不同类型的双多边合作文件。例如，与波兰、捷克等国签署了编制双边合作规划纲要谅解备忘录。与土耳其、捷克、波兰、沙特等国签署了《关于加强"网上丝绸之路"建设合作谅解备忘录》，与塞尔维亚签署了《关于共同推进产能合作的谅解备忘录》，与联合国亚太经社会签署首份与国际组织间共建"一带一路"倡议合作文件。与俄罗斯、波兰、罗马尼亚、蒙古国等国家签订的双边协定涉及领域比较全面；与捷克、塞尔维亚、阿塞拜疆等国签署国家层面的合作/谅解备忘录；与俄罗斯、老挝等40个国家签署了联合声明。截至2016年8月，中国已经同77个国家和区域合作组织签署共建"一带一路"倡议或备忘录。

（四）机制层面：共商共建，纳入联合国决议

自"一带一路"倡议提出以来，中国就与不同国家和地区发展战略寻求对接，并与各种地区和国际合作组织和机制探索共建，不断摸索创新"一带一路"国际合作机制。

1. "一带一路"全球治理属性逐步呈现，首次纳入联合国决议

由于"一带一路"优先领域基础设施等从本质上属于公共产品，随着建设的深入，不断加强与国际组织的合作，总体上呈现出全球治理的概念。亚太经合组织首次在领导人宣言中写入共商、共建、共享等"一带一路"倡议的核心理念。2016年4月11日，中国外交部与联合国亚太经社会签署《关于推进地区互联互通"一带一路"倡议的意向书》，推动沿线各国政策对接和务实合作，这是中国与国际组织签署的首份"一带一路"合作文件。6月24日，联合国经济与社会事务部提出希望将"一带一路"建设与联合国《2030年可持续发展议程》结合起来，更好推动"一带一路"建设有序开展。9月20日，中国与联合国开发计划署签署《关于共同推进丝绸之路经济带和21世纪海上丝绸之路建设的谅解备忘录》，这是中国政府与国际组织签署的第一份政府间共建"一带一路"的

谅解备忘录,是国际组织参与"一带一路"建设的一大创新。11月17日,联合国大会首次写入"一带一路"倡议,决议得到193个会员国的一致赞成,因此,"一带一路"倡议成为联合国推动的重要战略。

2. 多边合作机制取得重要进展,为打造国际新秩序提供新的行为范式

在"一带一路"倡议大框架下,上海合作组织(SCO)、中国—中东欧"16 + 1"合作机制、中国—东盟"10 + 1"、亚太经合组织(APEC)、博鳌亚洲论坛(BFA)、亚欧会议(ASEM)、亚洲合作对话(ACD)、亚信会议(CICA)、中非合作论坛(FOCAC)、中阿合作论坛(CASCF)、大湄公河次区域经济合作(GMS)、中亚区域经济合作(CAREC)、澜沧江—湄公河合作机制(LMCM)、中国—海合会战略对话等多边合作机制不断取得进展,凝聚多方力量,带动了更多国家和地区参与"一带一路"建设。"一带一路"倡议已经超越传统的沿线国家区域范围,覆盖区域更加广泛,真正形成了具有广泛影响的国际合作框架。

三　设施联通多线突破

(一) 总体评价

《推动共建丝绸之路经济带和21世纪海上丝绸之路的愿景与行动》指出:"在尊重相关国家主权和安全关切的基础社会上,沿线国家宜加强基础设施建设规划、技术标准体系的对接,共同推进国际骨干通道建设,逐步形成连接亚洲各次区域以及亚欧非之间的基础设施网络。"可以看出,基础设施互联互通的内涵至少应包括建设、联通和配套三个维度:一是建设维度。主要是指交通、电力、能源、通信等领域的建设情况。二是联通维度。主要是指归属不同权益所有者的基础设施实现相互对接的状态,属于"硬联通"的概念。三是配套维度。主要是指基础设施使用的相关规则统一或能够无障碍对接,属于"软联通"的概念。

"一带一路"倡议初期的重点是通过基础设施建设互联互通打通欧亚大陆的海陆二脉,加强区域经济发展基础,提高贸易、投资、人员流通的便利性。通过公路、铁路、港口、跨境油气管道、跨境光缆、输电线路等建设,中国与沿线国家基础设施互联互通的架构已基本形成。但也应看到,由于沿线不少国家原有基础设施状况相对落后,与中国设施联

通水平并不高,需要中长期持续地进行建设。中国国家信息中心"一带一路"大数据中心测评结果显示,各国设施联通度平均得分为 5.91 分,25 个国家高于平均分。前 15 名国家中,有 10 个国家与中国领土接壤,反映中国与陆上邻国设施联通状况较好。具体设施联通度指标得分情况如表 10 - 4 所示。

表 10 - 4　　　　　　　　设施联通度指标得分情况

一级指标	二级指标	三级指标	权重	最高分	最低分	平均分	得分率(%)
设施联通度 (20)	交通设施 (8)	航空联通度	2	2	0	0.75	37.50
		公路联通度	2	2	0	0.28	14.00
		铁路联通度	2	2	0	0.50	25.00
		海路联通度	2	2	0.01	1.49	74.50
	通信设施 (6)	电话线路覆盖率	2	2	0	0.67	33.50
		互联网普及率	2	2	0	1.05	52.50
		跨境通信设施建设	2	2	0	0.56	28.00
	能源设施 (6)	跨境输电线路建设	3	3	0	0.38	12.67
		跨境油气管道建设	3	3	0	0.23	7.67

(二)建设层面:六大行业取得突破

作为基础设施的典型代表,铁路、信息、管道、电力、港口、公路等行业建设扎实推进,取得了累累硕果。在铁路建设方面,中欧班列已成为国际物流中陆路运输的骨干方式,为服务中国对外经贸发展,贯通中欧陆路贸易通道,实现中欧间的道路联通、物流畅通,推进国家"一带一路"建设提供了运力保障。在信息设施建设方面,以大湄公河次区域信息高速公路、上海合作组织信息高速公路、中国—东盟信息港、亚欧信息高速公路等信息基础设施项目不断推进,逐步发挥作用和影响力。目前,沿线国家都实现了与国际互联网的连接。在管道建设方面,随着国家能源"走出去"战略的实施,中国建成了西北中哈原油、中亚天然气通道、东北中俄原油通道、西南中缅油气通道与东南海上通道,形成了原油通道能力陆上 5800 万吨/年,海上 6 亿吨/年。在电网建设方面,中国形成大规模"西电东送""北电南送"的能源配置格局。中国参与了蒙古国、俄罗斯、巴基斯坦、哈萨克斯坦以及东南亚地区一系列电网互联项目。港口建设方面，2015 年全球集装箱海运量约 1.84 亿 TEU，其中远东到欧洲、中东、南亚、澳洲和非洲以及亚洲、欧洲区内等主要航线集装箱运输量 1.16 亿 TEU，约占全球集装箱海运量的 62%。公路建设方面，目前，中国"一带一路"公路设施全面联通体系已经形成，一些重大项目已顺利开工，还有一些项目正处在规划阶段。

（三）联通层面：六大走廊格局成型

"一带一路"横贯东西、连接欧亚，促进欧亚大陆陆、海、空、网的互联互通，是实现不同区域板块联动的重要物质载体。2016 年，地缘板块联动的主骨架——"六廊六路多国多港"大格局已经逐步成型。新亚欧大陆桥、中蒙俄经济走廊和中国—中亚—西亚经济走廊把最具经济活力的东亚地区与发达的欧洲经济圈联系在一起，同时畅通了连接波斯湾和地中海的经贸之路，为亚欧大陆腹地国家的发展提供了契机；中巴经济走廊、中国—中南半岛经济走廊和孟中印缅经济走廊则将欧亚走廊的经济效应辐射到了南亚、东南亚和印度洋地区，发展潜力巨大。"一带一路"倡议将当前最具有活力的中国与东北亚、东南亚、中亚、南亚、大洋洲、中东、非洲、欧洲经济等板块联动共振，让过去居于全球化边缘的次区域国家获得发展机会，让传统的发达国家增添发展动力，促动海陆联动、东西互济，形成南南合作与南北合作的新局面。

"一带一路"六大经济走廊典型项目如表 10 - 5 所示。

表 10 - 5 六大经济走廊典型项目

序号	经济走廊	典型项目
1	中巴经济走廊（10 个）	卡西姆港燃煤电站项目、萨希瓦尔燃煤电站项目、喀喇昆仑公路二期改扩建工程（哈维连至塔科特段）、卡拉奇—拉合尔高速公路（苏库尔至木尔坦段）、瓜达尔港建设与运营项目、巴基斯坦 ML - 1 号铁路干线升级与哈维连陆港项目、卡洛特水电站、拉合尔轨道交通橙线、恰希玛核电项目、卡拉奇核电项目
2		
3		
4		
5		
6		
7		
8		
9		
10		

续表

序号	经济走廊	典型项目
11	新亚欧大陆桥 经济走廊 (3个)	中欧班列、中哈(连云港)物流合作基地、中哈霍尔果斯边境合作中心项目
12		
13		
14	中蒙俄经济走廊 (6个)	中蒙二连浩特—扎门乌德跨境经济合作区、满洲里综合保税区、策克口岸跨境铁路、中蒙"两山"铁路、莫斯科—喀山高铁项目、乌力吉公路口岸建设项目
15		
16		
17		
18		
19		
20	中国—中亚—西亚 经济走廊 (6个)	中国—中亚天然气D线管道、卡姆奇克隧道项目、安格连火电厂项目、安伊高铁二期项目、"瓦赫达特—亚湾"铁路项目、杜尚别2号热电厂
21		
22		
23		
24		
25		
26	中国—中南半岛 经济走廊 (3个)	雅万高铁建设项目、中老铁路建设项目、磨憨—磨丁跨境经济合作区
27		
28		
29	孟中印缅经济走廊 (2个)	中缅油气管道建设、缅甸皎漂工业园与深水港项目
30		

(四)机制层面:因素复杂多措并举

1. 项目协调机制

"一带一路"沿线国家发展程度、利益诉求各不相同,各国之间的双多边关系也错综复杂。各国充分利用和整合现有的多边合作机制,发挥上海合作组织、中国—东盟"10+1"、亚太经合组织、亚欧会议、亚洲合作对话、亚信会议、"金砖国家"机制、中阿合作论坛、中国—海合会战略对话、大湄公河次区域经济合作、中亚区域经济合作等平台的作用,加强了基础设施互联互通方面的协调推进,扩大了利益汇合点,确保了重点项目的实施。

2. 标准对接机制

"一带一路"倡议各大标准对接协商会议和论坛在各地陆续举办，初步形成了与沿线国家标准对接路径。中国与"一带一路"沿线国家制订的顶层规划协议和标准体系对接方案，涉及基础设施建设投资、贸易、能源、金融、产业、物流运输、标准及认证、环境保护、农业、人文、信息、智库合作和地方合作13个重点领域。

3. 安全保障机制

"一带一路"倡议涉及范围广，区域内重大项目建设面临着较大的政治、军事、经济、社会秩序等方面的安全风险。"一带一路"面临民族冲突、主权争议、极端主义势力以及跨境犯罪等诸多挑战，非传统安全具有跨国性、多元性、关联性和发展性的特征。沿线各国应该通力合作，搭建安全保障机制平台。参与基础设施建设的各国企业也需要加强同东道国政府、企业、非政府组织等合作，充分发挥每个部门的独特优势，维护安全稳定。

四 沿线贸易持续增长

（一）总体评价

贸易既是"一带一路"建设的基点，也是衡量其合作成效的主要标准之一，贸易畅通是"一带一路"倡议中最具活力和潜力的领域。2016年，在全球经济低迷、贸易增长放缓的背景下，全球贸易寒冬仍未远离，联结亚太经济圈和欧洲经济圈的"一带一路"倡议逆势突围，中国与东盟、中亚等沿线地区的贸易投资保持较快增长，为沿线国家和地区的贸易往来注入了新的增长动力。据国际货币基金组织预测，预计至2020年，"一带一路"沿线国家货物贸易总额将达到19.59万亿美元，占全球货物贸易总额的38.93%。总体来看，随着"一带一路"建设的纵深推进，"一带一路"沿线国家的贸易正渐入佳境，合作步伐不断加快。

近年来，"一带一路"沿线国家的经贸合作取得很大进展。中国国家信息中心"一带一路"大数据中心测评结果显示，各国贸易畅通度的平均得分为9.71，29个国家得分高于平均分，体现中国与沿线各国的经贸合作水平总体良好。其中，投资合作指标的得分率（52.42%）略高于双边贸易指标（42.75%），反映投资合作方面所取得的成绩稍好于双边贸易。从区域分布来看，东南亚和东北亚地区得分均较高且得分离散系数较小，反映这两个地区与中国经贸合作发展良好。

具体来说，各国贸易畅通度指标分数情况如表10-6所示，各区域贸易畅通度指标平均分与离散系数情况如图10-4所示。

表10-6　　　　　　　　贸易畅通度指标分数情况

一级指标	二级指标	三级指标	权重	最高分	最低分	平均分	得分率(%)
贸易畅通度（20）	双边贸易（8）	双边贸易总额	4	4	0.8	2.43	60.75
		双边贸易总额增速	4	4	0	1.00	25.00
	投资合作（12）	中国对该国非金融类直接投资	3	3	0.6	1.82	60.63
		该国对中国非金融类直接投资	3	3	0.6	1.79	59.67
		海外工程项目合作	6	6	0	2.68	44.67

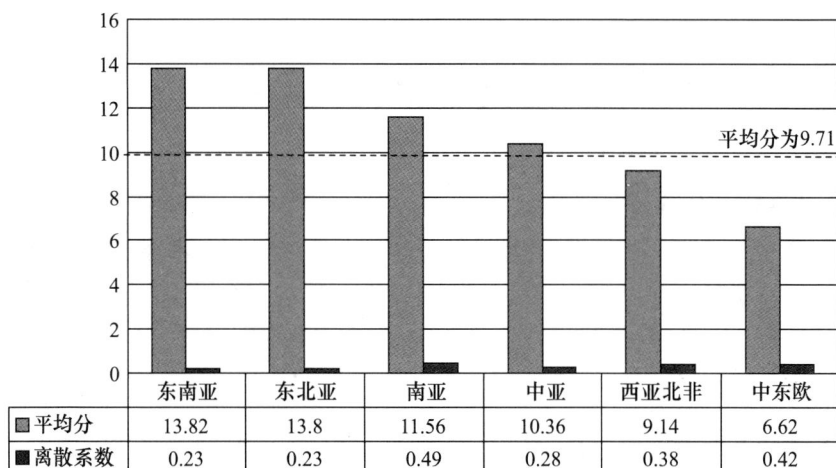

平均分为9.71

	东南亚	东北亚	南亚	中亚	西亚北非	中东欧
▨ 平均分	13.82	13.8	11.56	10.36	9.14	6.62
▮ 离散系数	0.23	0.23	0.49	0.28	0.38	0.42

图10-4　各区域贸易畅通度指标平均分与离散系数情况

（二）建设层面：产投并重，经贸区助力

1. 产能合作为世界经济复苏增添动力

开展国际产能合作是中国经济深度融入世界经济、同他国经济实现优势互补和共赢发展的重要内容。目前，中国已与30多个国家开展政府

间、大规模、机制化的双、多边产能合作，产能合作基金规模超过 1000
亿美元。中哈已经收获涉及钢铁、水泥、机械制造等多个领域的 52 个产
能合作项目，总金额超过 240 亿美元；中国与比利时签署 12 项双边合作
文件，金额超过 180 亿欧元；中法两国政府共同发表了开展第三方市场合
作联合声明和中法核能合作联合声明；中拉产能合作正在以"3×3"的
新模式展开。中国引领的国际产能合作，不仅加强了国内企业间的合作，
还加强了与发展中国家和发达国家的双边、多边、第三方乃至多方企业
间的产业合作，形成了产能合作利益汇合点的扩大。

图 10-5 反映了 2015 年和 2016 年 1—11 月产能合作情况。

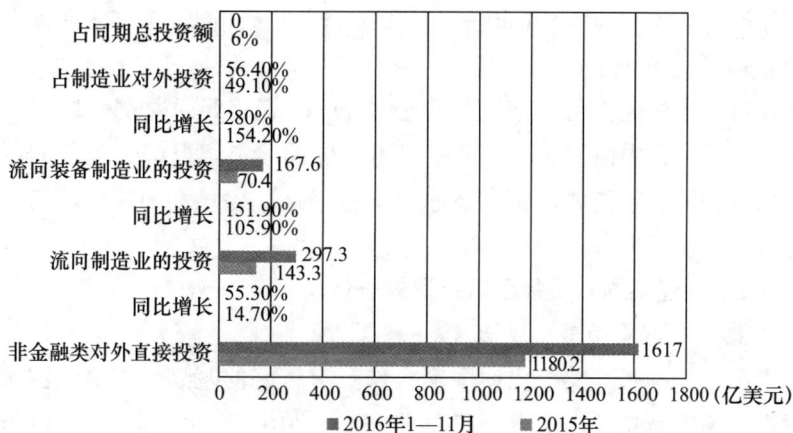

图 10-5 2015 年和 2016 年 1—11 月产能合作情况

2. "一带一路"沿线国家投资逐步增长

2014—2015 年，中国对"一带一路"沿线国家的投资增势显著。
2014 年，中国对"一带一路"沿线国家的直接投资流量为 136.6 亿美元，
占中国对外直接投资流量的 11.1%。2015 年，中国企业共对"一带一
路"相关的 49 个国家进行了直接投资，投资达 189.3 亿美元，占当年流
量总额的 13%，同比增长 38.6%，是对全球投资增幅的两倍。2016 年，
投资主要投向新加坡、印度尼西亚、印度、泰国、马来西亚、越南、老
挝、伊朗、俄罗斯等国家地区。2016 年 1—11 月，中国对"一带一路"
沿线相关的 53 个国家直接投资 134 亿美元，同比下降 4.7%，占同期中

国对外投资总额的 8.3%。对华投资方面，1—11 月，"一带一路"沿线国家对华投资呈显著增长态势，新设立企业 2472 家，同比增长 27.3%，实际利用外资 63 亿美元。

3. 经贸区建设取得显著成果

沿边国家级口岸、边境经济合作区和跨境经济合作区等沿边重点地区是中国深化与周边国家和地区合作的重要平台，在共同打造陆上经济走廊和海上合作支点中具有十分重要的地位。中国已在沿边重点地区设立重点开发开放试验区 5 个；边境经济合作区 17 个、跨境经济合作区 1 个，在建跨境经济合作区 11 个。境外经贸合作区建设取得阶段性成果。据商务部数据，截至 2016 年年底，中国已与全球 50 个国家建立 118 个经贸合作区，其中有 50 个分布在"一带一路"沿线的 23 个国家。涉及的产业有轻纺、家电、钢铁、建材、化工、汽车、机械、矿产品加工等，累计投资 233.9 亿美元，为东道国创造了近 11 亿美元的税收和 18 万个就业岗位。其中，中白工业园、泰中罗勇工业园、中印尼综合产业园区等建设取得积极高效进展，成为推进"一带一路"倡议和国际产能与装备制造合作的重要平台。

（三）联通层面：贸易活跃，通关一体化

1. 沿线国家贸易进出口活跃

中国与"一带一路"沿线国家合作具有较好的基础，与沿线国家贸易额占全国贸易总额比重维持在 25% 左右。2014 年，中国与沿线国家的货物贸易额达到 1.12 万亿美元，占中国货物贸易总额的 26%。[①] 2015 年，双边贸易总额达 9955 亿美元，同比增长 25%，占全国贸易总额的 25.1%。2016 年 1—11 月，贸易额达 8489 亿美元，占同期中国外贸总额的 25.7%。[②] 初步预计，未来十年，中国与"一带一路"相关国家双边贸易总额有望突破 2.5 万亿美元。

2. 通关一体化加速推进

中国积极推进大通关建设，组织开展了国际贸易"单一窗口"试点；推动沿线国家货运班列建设，构建沿线大通关合作机制，建设国际物流

---

① 《2014 年中国与"一带一路"沿线国家货物贸易额达 1.12 万亿美元》，中商情报网，2015 年 5 月 5 日，http：//www.askci.com/news/finance/2015/05/05/21417cjph.shtml。

② 商务部：《"一带一路"经贸合作取得积极进展》，央视网，2016 年 12 月 27 日，http：//jingji.cctv.com/2016/12/27/ARTIixwbivuRZvnLYXv7CHwj161227.shtml。

大通道；积极参与关税减让谈判。通过双边或区域合作机制完善边境口岸的通关基础设施建设；另外，加强能力建设，开展国际培训与交流，采用国际标准对周边国家海关、质检、运输等管理人员进行培训，降低贸易成本，并一定程度上缓解贸易下行压力。截至 2016 年 6 月 30 日，中国已与新加坡、韩国、欧盟和中国香港签署了"经认证的经营者（AEO）互认"安排，为中国高信用企业在互认国家和地区争取便利的通关环境。

（四）机制层面：次区域合作对冲逆全球化

1. 沿线国家逐步构建自由贸易新格局

在以英国脱欧、美国退出 TPP 为代表逆全球化浪潮席卷全球的大背景下，各国纷纷采取加强贸易壁垒以自守，2016 年，亚太、东亚、欧美双边或诸边贸易投资协定谈判多陷入停滞，但是，"一带一路"倡议成功实现与欧亚经济联盟对接。沿线各国努力提升贸易投资便利化水平，探讨各种类型的自贸区或一体化进程。"一带一路"倡议框架下的区域合作呈现出较好的发展态势，"一带一路"沿线国家所开展的双边或多边区域性合作加强了该地区的贸易水平，为地区经济发展注入新的活力。这种区域性合作有助于当地经济发展和全球经济复苏。

2. 中国推动自贸合作取得显著成果

截至 2016 年 6 月 30 日，中国已与 104 个国家签署了双边投资协定，并建立了经贸联委会机制和投资合作促进机制，为双方企业开展相互投资和合作提供法律和制度保障。已对外签署自贸协定 14 个，涉及 22 个国家和地区，正在谈判的自贸区 8 个，正在研究的自贸区 5 个。中国积极推进《区域全面经济伙伴关系协定》（RCEP）、中日韩自贸区谈判，开展了亚太自贸区联合战略研究；强化了区域和双边自由贸易体制建设，立足周边、辐射"一带一路"沿线国家、面向全球的高标准自由贸易区网络逐步形成。

五 金融支撑有力推进

（一）总体评价

资金融通是"一带一路"建设的重要支撑。近年来，中国与沿线国家以亚洲基础设施投资银行、丝路基金为重点的金融合作不断深入，人民币国际化稳步推进。但鉴于沿线国家的地缘政治、国内政局、经济发展水平等因素的影响，金融合作总体水平仍然不高，相关支撑环境还有待提升和完善。国家信息中心"一带一路"大数据中心测评结果显示，各国的资金融通度平均得分为 6.66，其中超过一半的国家（36 个）资金融通度得分低于平均分，反映资金融通水平普遍不高。

具体来说，资金融通度指标分散情况如表 10 - 7 所示。

表 10 - 7 资金融通度指标分数情况

一级指标	二级指标	三级指标	权重	最高分	最低分	平均分	得分率（%）
资金融通度（20）	金融合作环境（10）	双边本币互换	5	5	0	1.48	29.60
		亚洲基础设施投资银行参与情况	5	5	0	2.73	54.60
	金融支撑（10）	人民币清算行	3	3	0	0.23	7.67
		本币互换清算网络	4	4	0	1.36	34.00
		中国银行海外分布	3	3	0	0.84	28.00

（二）建设层面：机构发力，亚洲基础设施投资银行诞生

2016 年是"一带一路"跨境金融合作里程碑式一年，新型跨国金融机构为"一带一路"倡议持续发展提供重要资金保证。亚洲基础设施投资银行、丝路基金、"金砖国家"新开发银行、上海合作组织银行联合体和中国—东盟银行联合体等跨国银行合作机制，为"一带一路"提供了强有力的金融和信贷服务，保障"一带一路"倡议稳步向前推进。

1. 亚洲基础设施投资银行

亚洲基础设施投资银行于 2016 年 1 月 16 日开业，总部设在北京。由中国倡议筹建，57 个成员国共同出资，包括亚洲 34 国、欧洲 19 国、大洋洲 2 国、南美洲 1 国、非洲 1 国。亚洲基础设施投资银行是一个政府间性质的亚洲区域多边开发机构，重点支持基础设施建设，减少亚洲区内资金外流，投资于亚洲的"活力与增长"，促进亚洲区域的建设互联互通化和经济一体化的进程。亚洲基础设施投资银行于 2016 年 6 月 25 日批准了首批 4 个项目总计 5.09 亿美元的贷款，涉及孟加拉国、印度尼西亚、巴基斯坦和塔吉克斯坦等国家的能源、交通和城市发展等领域。习近平主席在亚洲基础设施投资银行开业仪式上指出，亚洲基础设施投资银行

是各成员国的亚洲基础设施投资银行,是促进地区和世界共同发展的亚洲基础设施投资银行。通过各成员国携手努力,亚洲基础设施投资银行一定能成为专业、高效、廉洁的 21 世纪新型多边开发银行,成为构建人类命运共同体的新平台。

2. 丝路基金

中国牵头的 400 亿美元丝路基金在 2015 年 2 月启动,计划对"一带一路"倡议涉及的基础设施项目进行投资。丝路基金是由中国外汇储备、中国投资有限责任公司、中国进出口银行、国家开发银行共同出资,依照《中华人民共和国公司法》,按照市场化、国际化、专业化原则设立的中长期开发投资基金,重点是在"一带一路"发展进程中寻找投资机会并提供相应的投融资服务。截至 2016 年年底,丝路基金已经宣布了三单项目投资,分别为支持中国三峡集团在巴基斯坦等南亚国家投资建设水电站等清洁能源项目、支持中国化工集团并购意大利倍耐力轮胎公司项目、参与俄罗斯亚马尔液化天然气一体化项目三个项目的投融资,并已经分别与欧洲能源利用有限公司、北京控股有限公司签署三方框架性合作建议;与欧洲复兴开发银行签署合作谅解备忘录;与塞尔维亚签署关于新能源项目合作的谅解备忘录;与俄罗斯 PJSC 西布尔控股公司(以下简称西布尔)及其股东,签署了关于丝路基金收购西布尔公司 10% 股权的最终交易协议。

3. "金砖国家"新开发银行

"金砖国家"新开发银行于 2015 年 7 月正式开业,总部设在上海。中国是发起者,由巴西、俄罗斯、印度、中国、南非五国共同出资,各出资国平均分配股权和投票权,是历史上第一次由新兴市场国家自主成立并主导的国际多边开发银行。主旨是调用资源以支持"金砖国家"、其他新兴经济体及发展中国家的基础设施建设与可持续发展项目。首批认购资本 500 亿美元,截至 2016 年 11 月 22 日,实缴资本达到 15 亿美元。在贷款利率方面,作为多边开发性金融机构,新开发银行不以营利为目的,通常以筹资成本再加上一定的利差以支付行政开支来计算放贷利率。"金砖国家"新开发银行于 2016 年 4 月 21 日公布了总额为 8.11 亿美元的首批贷款项目,支持中国、印度、巴西和南非的绿色能源项目。2016 年 7 月,新开发银行发行第一只绿色金融债券,债券规模为 30 亿元人民币,期限为 5 年,票面年利率为 3.07%。

（三）联通层面：构建体系，人民币国际化

1. 结算和清算体系加速建立

截至 2016 年年底，中国已与俄罗斯、白俄罗斯等多个国家央行签署了一般贸易本币结算协定，与吉尔吉斯斯坦、哈萨克斯坦等国家央行签订了边贸本币结算协定。截至 2016 年年底，人民币业务清算行已拓展到 7 个沿线国家和地区。人民币离岸市场相继建立，目前，除中国香港、中国台湾、新加坡是最主要的离岸人民币存贷款市场之外，部分欧洲主要国家，如英国、德国等，也在加速推进离岸人民币市场的发展。欧洲作为"一带一路"延长线将成为亚洲之外最重要的离岸人民币市场。

2. 沿线国家人民币流动性增强

人民币跨境贸易和投资使用加速拓展，截至 2016 年年底，中国与"一带一路"沿线国家和地区经常项下跨境人民币结算金额超过 2.63 万亿元。中国人民银行与其他央行货币合作深化，截至 2016 年年底，中国人民银行已和 21 个沿线国家中央银行或者其他货币当局签署了双边本币互换协议。中国与沿线国家的人民币流动性不断增强，投融资合作不断深化。

3. 人民币国际化进程稳步向前

6 个"一带一路"沿线国家获得人民币合格境外机构投资者（RQFII）额度 3300 亿元；推出人民币对泰铢、人民币对哈萨克斯坦坚戈的银行间市场区域货币交易，降低市场主体交易成本。2016 年 10 月 1 日，人民币正式加入了 SDR，成为世界主要储备货币，有利于助推人民币国际化进程稳步向前，促进中国在更深层次和更广领域参与"一带一路"的国际合作。

（四）机制层面：金融监管合作不断加强

1. 金融监管机制不断加强

中国人民银行积极参与金融稳定理事会、巴塞尔银行监管委员会等国际组织及其下设工作组的工作。继续在东亚及太平洋中央银行行长会议组织机制下加强区域经济金融监测，不断完善危机管理和处置框架。截至 2016 年年底，中国银监会已与 28 个"一带一路"沿线国家的金融监管当局签署了双边监管合作谅解备忘录或合作换文；中国证监会已相继同 59 个国家和地区的证券期货监管机构签署了 64 个监管合作谅解备忘

录。此外，中国保监会加强与国际保险监管管理协会的联系，积极推动在"一带一路"沿线国家的保险监管合作。亚洲保险监督论坛决定秘书处常设中国，以加强亚洲地区保险监管的交流合作。

2. 融资机制仍需要进一步扩大成员国

"一带一路"沿线国家大多是新兴经济体和发展中国家，基础设施发展滞后，并且受财政能力限制。据估算，"一带一路"沿线国家投资总规模或高达6万亿美元。2015年以来，丝路基金、"金砖国家"新开发银行和亚洲基础设施投资银行在"一带一路"沿线进行的投资，以政府间合作为主。为了更好地缓解倡议的基础设施投资缺口，需要扩大吸纳更多成员加入"一带一路"融资机制，与亚洲基础设施投资银行、"金砖国家"新开发银行以及世界银行、国际货币基金组织、亚洲开发银行等国际多边金融机构加强合作。在设计沿线国家的具体投资模式时，可以考虑通过PPP等市场化机制引入更多的民间资金，鼓励多元投资主体参与互联互通建设。

六　民心基础逐步夯实

（一）总体评价

民心相通是"一带一路"建设的社会基础，也是该倡议的根本归宿。促进民心相通，可增进相互了解、信任和友谊，同时又能助推经济合作，对沿线国家的人流、物流、资金流都产生着现实影响。三年来，中国积极传承和弘扬丝绸之路友好合作精神，与沿线国家和地区开展广泛的科技合作、教育合作、文化合作、卫生医疗合作等项目，加强与沿线国家和地区的人民在目标、理念、情感和文明方面的相互沟通、相互理解、相互认同，为"一带一路"建设发展奠定坚实的民意基础和社会基础。特别是2016年以来，中国与"一带一路"沿线国家交流与合作不断加深，文化谅解合作备忘录、卫生医疗合作协议、科技合作谅解备忘录的覆盖范围进一步扩大，"国家年""旅游年"、国际会议论坛等形式的民间交流更为密切，民心相通稳步提升，具体情况参见表10-8和图10-6。

表 10 - 8　　　　　　　　　　民心相通度指标分数情况

一级指标	二级指标	三级指标	权重	最高分	最低分	平均分	得分率（%）
民心相通度（20）	文化与人才交流（12）	友好城市建设	3	3	0	1.38	45.96
		文化交流	3	3	0.6	1.82	60.67
		旅游签证便利	3	2	0	0.64	21.33
		孔子学院/课堂建设	3	3	0	2.38	46.33
	双边合作期待（8）	对方合作期待度	4	3.91	0.6	2.08	52.00
		我方合作期待度	4	4	2.04	3.00	75.00

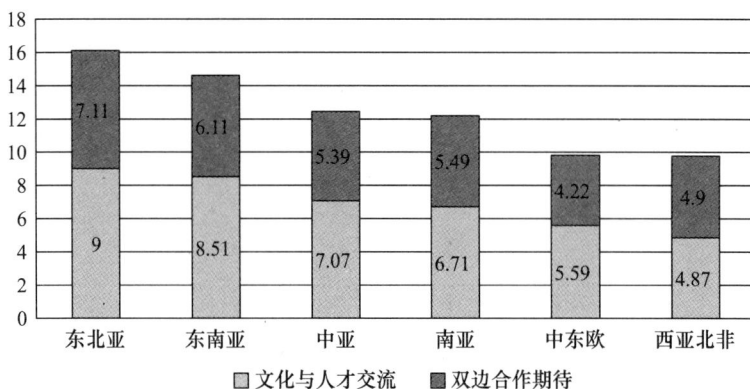

图 10 - 6　各区域文化与人才交流、双边合作期待指标平均分

（二）建设层面：沿线各国交流频繁密集

中国与沿线国家在文教、旅游、青年、政党、民间、智库、卫生医疗、科技合作等方面，合作的范围进一步扩大。

1. 政党智库交流

加强沿线国家政党、议会等政治组织的友好往来，对于增进友谊、巩固发展成果具有重要意义。中国共产党历来重视与国外政党的友好交往，已建立了一批包括亚洲政党丝绸之路专题会议、中欧政党高层论坛经贸对话会在内的政党交流机制。通过密切政党交往，推进沿线国家政党互信和政治互信，促进沿线国家民心相通。议会交往方面，在亚洲议会大会框架下，中国全国人大已先后与超过 42 个国家的议会在"一带一路"方面展开交流。在"一带一路"推进的过程中，智库承担着政策沟通、咨政建言、形成智慧合力的作用。"一带一路"倡议构想提出之后，中国智库还积极推进与"一带一路"沿线及相关国家智库间的交流，先后组织了中国伊朗智库对话、中国土耳其智库对话、中国哈萨克斯坦智库对话、中美智库南海问题对话等 29 次，国际影响显著。

2. 科教文卫交流

中国与"一带一路"沿线相关国家间的科技合作日益密切，与沿线国家签署的关于科技方面的合作谅解备忘录多达 56 项，涵盖航天、能源、生态等多个领域，覆盖亚欧拉非等多个地区，双多边的科技合作不断取得显著成果。中国每年向沿线国家提供 1 万个政府奖学金名额，并向发展中国家提供 12 万个来华培训和 15 万个奖学金名额，为发展中国家培养 50 万名职业技术人员。截至 2016 年 6 月，中国与沿线国家先后举办了 19 次"国家年"活动，设立 25 个海外中国文化中心，遍布 125 个国家和地区的 500 所孔子学院，累计签署 41 个文化合作谅解备忘录。中国与中东欧、东盟、阿盟等地区和国家的卫生部、医学院等部门开展了医疗人才培养、公共卫生服务和传统医药等方面的合作，签订国家级协议 23 个，中非减贫惠民合作计划、中非公共卫生合作计划等合作项目达 29 个。

3. 民间旅游交流

截至 2016 年 6 月，中国在"一带一路"的基础上与沿线国家民间组织开展了 63 次交流与合作，其广度与深度亦逐年增加。文化传媒方面受邀参加了包括"一带一路"倡议中外媒体高峰论坛等 35 项重要会议；在公益环保和减贫开放方面，中国先后与沿线国家合作开展包括世界防治沙漠化"一带一路"共同行动高级别对话、青少年和平友好国际联盟、中国—东盟社会发展与减贫论坛等 26 项活动，合作体系全面，合作内容丰富。青年是推进"一带一路"建设的生力军，更是构建民心相通的有生力量。目前，中国与沿线国家举办诸如"中俄青年友好交流年""中德青少年交流年"在内的青年交流活动 8 次，推出了"非洲人才计划""亚非杰出青年科学家来华工作计划"等青年人才培养计划 9 项。旅游业是促进经济合作和民心相通的重要抓手。截至 2016 年 6 月，中国已有 24 个省份与"一带一路"沿线国家建立了明确的旅游合作项目。与沿线国家积极推进提高签证便利水平，面向中国普通旅行中开放免签的国家和地区达到 21 个，实施落地签 37 个，极大地便利了不同国家的民间交往。

(三)机制层面:互信机制仍有提升空间

为反映国内外公众对"一带一路"倡议的关注、评价、期待等民心、舆情情况,依托中国国家信息中心"一带一路"综合数据库,抓取了2013年9月7日至2016年6月30日近三年的国内外媒体和网民对中国"一带一路"关注及讨论数据,分析中国对沿线国家以及沿线国家对中国的合作期待情况,合作期待指标从关注热度和正面评价占比两个方面来考察。双边合作期待指标的平均得分为5.08,得分率为63.5%,双边合作期待总体较好,新加坡、俄罗斯、巴基斯坦、哈萨克斯坦、泰国得分最高。互联网大数据分析结果显示,国内外网民普遍希望在"一带一路"的框架下推进双边合作迈上新台阶。尽管双边民众期待整体较高,但也存在两方面问题:一是沿线国家对"一带一路"合作关注度分化较为明显。测评发现,22个国家的关注度和正面评价占比呈现"双高"特征,但同时也有20个国家呈现"双低"特征(见图10-7);在中国网民对沿线国家的"一带一路"合作关注度中,关注度低但正面评价占比高的国家最多(24个)(见图10-8),而"关注度高但正面评价占比低"的国家最少(6个,占9.38%)。二是中国国内民众对沿线国家的了解也有待加强。测评发现,中国网民对沿线国家的关注度主要集中于俄罗斯、波兰、新加坡等少数国家,而对其他沿线国家的关注度则明显不足。

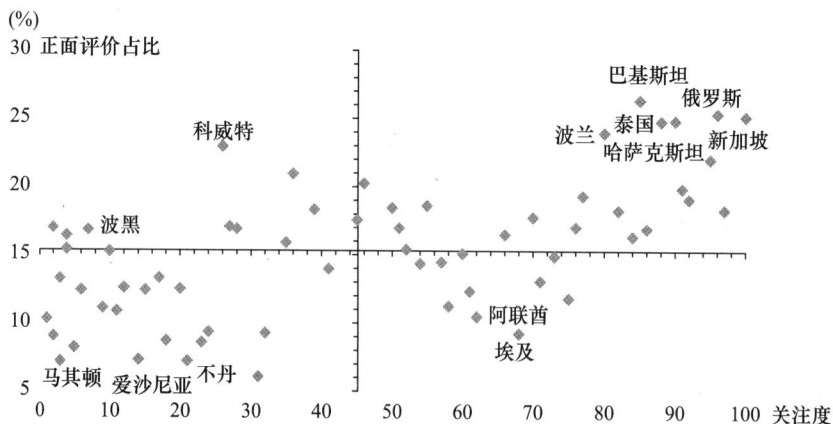

图10-7 沿线国家对与中国合作关注度和正面评价对比

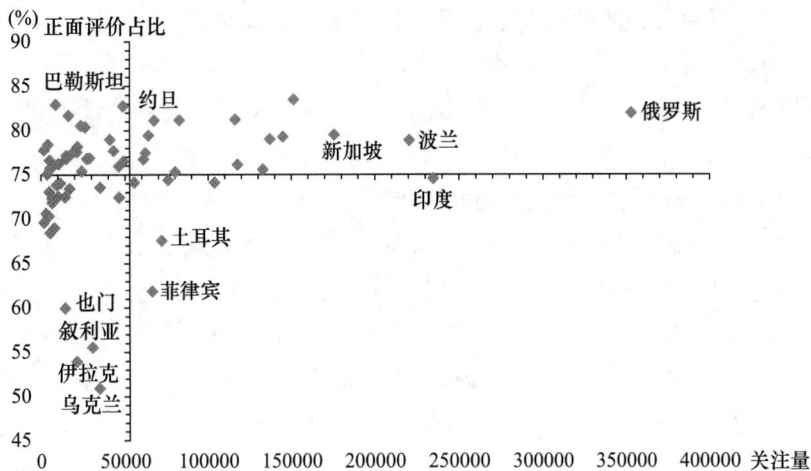

图 10 - 8 中国对沿线国家"一带一路"合作关注度和正面评价对比

七 迈向共同繁荣的未来

"一带一路"倡议目前在政策沟通、设施联通、贸易畅通、资金融通以及民心相通等领域，还存在问题和挑战，但是只要沿线各国坚持创新、开放、协调、绿色、共享的思路和理念，一定能够迈向共同繁荣的未来。

（一）创新驱动，强化资本平台建设

在传统融资渠道的基础上，应深化亚洲基础设施投资银行、丝路基金等功能作用，建立全新的区域合作融资平台，促进亚太储蓄资金转化为建设资本，提供高效可靠的中长期金融支持。坚持商业可持续，必要时可以通过全球资本市场融资，做好风险防范，避免重大财务风险。为了更好地缓解基础设施投资缺口，需要扩大吸纳更多成员加入"一带一路"融资机制，与亚洲基础设施投资银行、"金砖国家"新开发银行以及世界银行、国际货币基金组织、亚洲开发银行等国际多边金融机构加强合作。应把 PPP 作为基础设施建设的主要模式，打造若干具有样板意义的经典案例并复制推广，在更高层次上满足联通能力建设需求。继续深化金融领域合作，创新融资模式，丰富金融产品线，建立长期、稳定、可持续、风险可控的基础设施金融保障体系。需要创新"一带一路"互联互通基础设施融资方式，多样化直接融资，发行"丝路债券"、资产证券化等创新金融产品，扩大人民币的使用，用人民币投资基础设施建设，降低项目的汇率风险。

（二）开放治理，深化共商共建机制

"一带一路"倡议所涉领域广，时间跨度大，问题复杂，复合性风险高，落实"一带一路"倡议需要综合应对经济、安全、社会、人口、宗教、文化、生态、地理等诸多因素，因此，"一带一路"倡议已超越发展合作的传统范畴，上升到国内治理与全球治理的高度。"一带一路"是中国提出的倡议，但是它并不是排他的，而是一个包容开放的合作建议，它不以任何国家的发展模式和发展道路作为标准，而是秉承开放、包容的原则。中国通过"一带一路"倡议，向全球提供一个新型公共产品，深化互利共赢格局，同时并不会取代或对抗现有的区域合作机制，是对现有合作机制的补充和完善。特别是由于各经济体利益取向多元化，越来越多的地缘政治和安全因素干扰了源于市场因素的合作驱动力，造成了各方博弈对抗色彩渐浓，加大了区域合作协调难度。在新形势下，沿线各国应秉承开放包容的精神，卸下"零和游戏"思维定式，致力于合作共享，反对保护主义，坚持共商、共建、共赢，共同做好建设和联通这篇大文章。

（三）协调合作，强化需求引导思路

"一带一路"倡议涉及的沿线主要新兴和发展中国家的工业和制造业基础仍然十分薄弱，各经济体之间较大的经济发展水平差异，制约着互联互通合作的顺利开展。各成员实施不同的设施技术标准，也会致使成员间难以顺利对接。虽然劳动力成本低，但沿线发展中国家依靠自身迅速工业化并推进基建投资的可能性并不大，仍然需要寻求国际合作。要真正取得实质性进展，必须坚持需求引导的思路，建立起一个能顾及各方利益的协调机制或平台，探索自上而下、全面统筹、市场运作的运行机制，推动各类资源在各经济体之间的合理配置。要因地制宜、因国施策地开展区域和双边的合作，推进沿线国家发展战略的相互对接，与沿线国家形成利益"最大公约数"。要通过"一带一路"建设，将不同次区域连接到一起，推动各国要素互通、产能互补、经验互鉴，致力于推动经济整体振兴。尤其是让过去居于全球化边缘的次区域国家获得发展机

会，打通生产要素全球流通渠道，推动全球价值链重构，携手推动互联互通战略蓝图真正落地。

(四) 绿色理念，建设一流基础设施

全球可持续发展和环境保护意识不断增强，国际社会已经达成 2030 年可持续发展议程，绿色发展成为国际社会共识。长期以来，全球基础设施的建设虽然取得了长足的进步，但从整体来看，生产效率提升幅度有限。近年来，在科技革命的推动下，数字化、低碳化、产业化等新技术不断涌现，为基础设施项目绿色化发展提供了新的机遇。在全球气候变化的约束条件下，推进基础设施互联互通，要坚持绿色、科技的原则，最大可能地引进绿色技术、信息化技术，提高项目整个生命周期生产率，构建面向未来的可持续基础设施，推动经济发展和环境保护协调发展。

(五) 共享成果，增强各经济体获得感

"凡治国之道，必先富民。""一带一路"建设是民心工程，不是政绩工程。深化沿线各国区域合作必须强调共同利益，也必须正视合作各方都存在特有的利益。共建"一带一路"应区别于一些强国主导的区域合作框架，在推进过程中应特别注意顾及小国、不发达国家特别是最不发达国家的利益，加快这些国家的发展步伐，使他们能够赶上时代进步的潮流，分享人类文明的成果。在实施过程中，应牢牢把握重点方向，聚焦重点地区、重点国家、重点项目，抓住发展这个最大公约数，强调互利共赢，调动政府、企业、民间等各多元主体，以基础设施互联互通为抓手，以一批示范性项目为切入点，多搞一点早期收获，让"一带一路"建设惠及各国人民、给各国人民带来更多更公平的福祉，让沿线各国人民不断有实实在在的获得感，从而调动各方参与的积极性。

第十一章 "一带一路"促进中国城市融入全球城镇网络

随着中国与"一带一路"沿线国家的对接，通过经济、交通和城镇的复合走廊将发达国家与欠发达国家或地区紧密联系在一起，为加强"南北交流"、促进"南南合作"发挥更加重要的作用。中国作为重要纽带促使了各国之间在金融贸易、产业、文化科技、信息咨询之间更加密切的联动，极大地促使了发展中国家的城镇化步伐，使全球的城镇化发展格局更加均衡。在这种局面下，中国的各级城镇也比以往更为开放，通过城镇群等空间形态融入了全球城镇网络。随着中国对外开放政策布局逐步由沿海集中模式向内陆地区均衡化布局转变，国内区域发展出现新变化。西北地区，全力向西开放，是重要的能源物资运输大通道，并成为古代丝绸之路的文化展示区。东北地区，更加强调能源通道、大宗物资通道的建设，着力建设成为东北亚经济圈的重要经济板块。西南地区，中国面向东南亚广大地区的商贸物流大通道，也是多元文化与旅游交流的重要功能区。沿海地区，推动全方位的对外开放合作创新，进一步凸显出具有全球影响力的金融商贸功能、文化旅游与先进制造业基地功能。内陆地区（非内陆边疆），将逐步融入全球经济，形成新型消费市场，成为联动中国沿海与亚欧各国的重要大通道。

一 中国与全球城镇化的深度协同发展

（一）全球化浪潮下的全球城镇化现状

1. 世界的城镇化格局

当今的全球经济已经深度融合在一起，越来越多的发展中国家，都在产业全球分工、资本全球转移、科技创新全球转化的影响下，先后实现了城镇化的梯次加速。据联合国统计，2014 年，全球有 54% 的人口居住在城镇。城镇化发展最快的国家主要集中在发展中国家和初等发达国家，而中国在过去 30 多年里引领了全球的城镇化浪潮。2016 年中国的城镇化率达到 56.1%，约有 7.7 亿人居住在各级城镇。据联合国《世界城市化展望（2011 年修正版）》预测，2011—2050 年的 40 年间，全球的城镇人口将从 36.3 亿增加到 62.5 亿，城镇化率将从 51.99% 提高到 67.13%。新增的城镇人口主要集中在亚洲和非洲。

与中国关系密切的"一带一路"沿线国家，主要是上海合作组织、东南亚国家联盟、南亚国家联盟、欧亚经济联盟、独联体经济联盟、欧盟和海湾合作委员会等多个区域性经济组织的成员。这些国家绝大部分人均 GDP 在 1 万美元以下，处于城镇化的第二及第三梯队（见图 11 - 1），未来也是推动全球城镇化发展最主要的国家或地区。

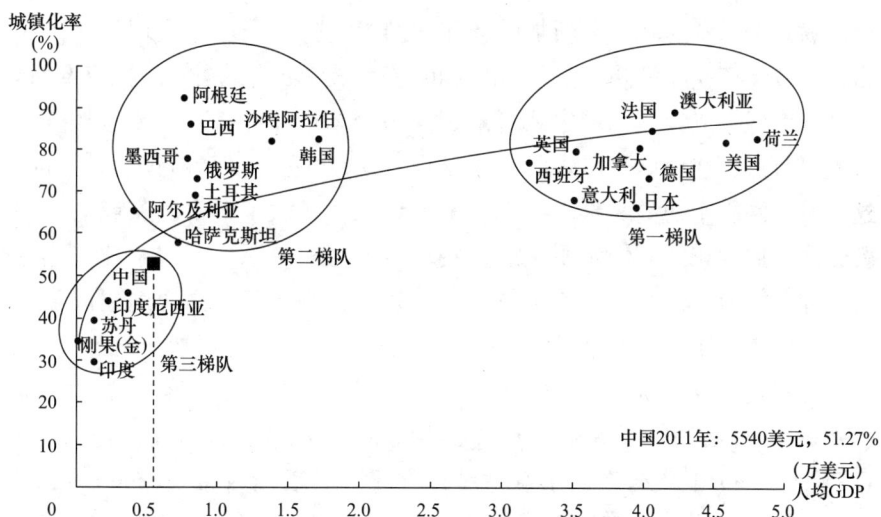

图 11 -1 中国与全球主要国家的城镇化阶段对比（2011 年）

资料来源：联合国：《世界城市化展望（2011 年修正版）》。

未来的全球城镇化发展要求更包容的全球与地方治理范式。据世界银行研究表明，目前 40% 的发展中国家人口居住在各级城镇，预计到 2030 年，约有 56.2% 的人口将居住在城镇，对这些发展中国家的基础设施、住房、公共服务、社会福利等方面都是巨大的考验。据联合国《世界城市化展望（2011 年修正版）》统计，1970—2011 年，全球 100 万以上城市（都市地区）人口提高了 10.1 个百分点，其中 1000 万以上城市人口提高了 7 个百分点；而 50 万以下城市人口下降了 10.7 个百分点。千万规模的超大城市从 1970 年的 0.39 亿快速增长到 3.59 亿，各类城镇中人口增长最快的级。尤其是对于人口规模大，人口密度高的国家，面临着特大城市、超大城市发展的巨大挑战。在全球化的今天，一个国家的城镇网络都不可能孤立地发展，其必然关系到外部资本、技术、管理模式的植入和文化的碰撞，这就面临着全球治理与地方治理架构的衔接与融合。这种趋势背景下，中国的城镇网络必然面临全球其他城镇网络联通下带来的治理模式调整诉求。与此同时，中国的城市也逐步发挥联通世界城镇网络的积极作用，为其他国家或地区的城镇网络发展提出新的治理经验。

2. 当前的全球城市发展态势

随着全球贸易联系不断加强，互联网等新技术发展使全球沟通更为紧密，各类产业经济要素在不同洲际的重组深刻影响了当地的城市网络。这些城市网络成为一个国家或者地区参与全球产业分工、加强对外联络的重要节点，在全球治理体系中扮演了重要的角色。随着城镇化的推进，这些城市网络中的高级形态被称为都市地区，代表了一个国家或地区社会经济发展的相对高级水平。而这些都市地区随着深度参与全球产业分工，部分将形成以全球城市为核心，统领一群高密度、高强度建成环境及中小城市组团形成的全球城市地区（或城镇群）。全球城市地区的概念源于戈特曼（Gottman）在 20 世纪中叶提出的世界城市群概念，霍尔（P. Hall）随后进一步阐释了多中心的大都市地区理论，萨森（Sassen）在 20 世纪 90 年代初提出了全球城市体系；其后斯科特（Scott）在 21 世纪初将这些学者的理论和方法进一步融合，提出了全球城市地区的概念。目前纽约大都市区（统领波士华城镇群）、东京都市圈（统领日本东海道城镇群）、大伦敦地区（统领伦敦—伯明翰—利物浦—曼彻斯特城镇带）、大巴黎地区（统领法国东北部—比利时城镇群）、荷兰兰斯塔德地区、德国莱茵—鲁尔城镇群等属于全球城市地区。这些地区往往在国家贸易格局、金融体系、科技创新和文化传播等方面占据了主导权和支配权。

当然，目前大多数发展中国家的都市地区往往不在全球城市地区之列，尤其是"一带一路"沿线国家。在当前的全球贸易格局下，不同国家和地区的城市网络发育的两极分化较为严重。根据《都市区域——城市建成区及世界城镇群》的统计分析指出，2014 年世界范围内人口规模超过千万的 30 座大都市地区中，有近一半是在发展中国家或初等发达国家。这些都市地区主要位于中国、东南亚、南亚、拉丁美洲地区和非洲，伴随着所在国家的城镇化浪潮，也是最近 20 年里人口增长最快的地区。中国的上海、北京、广州、深圳四座超大城市位列其中，也是中国人口增长量最大的四座城市。据 UN – HABITAT 在 2008 年的预测①，到 2025 年左右，人口规模超过千万的大都市地区或超大城市中，来自当前发展中国家及初等发达国家的数量将超过 2/3，而其中增长最快的仍然是中国、南亚和非洲等国家和地区。但是，除中国以外，其他来自发展中国家和初等发达国家的大都市地区竞争力往往因为全球化反而受到了明显抑制，仅承担了全球产业分工的中低端价值环节。

例如，全球化与世界城市研究小组（GaWC）通过对高端生产者服务业和跨国公司等数据分析，得出了全球顶级城市的排名。最新的 2016 年排名中，前 20 位中，中国香港、上海、北京进入前 10 名，来自其他发展中国家或初等发达国家的城市包括圣保罗、马德里、孟买、墨西哥城、莫斯科、华沙、约翰内斯堡等，进入了前 20 名，其余城市来自发达国家。由美国《外交政策》杂志联合科尔尼管理咨询公司（A. T. Kearney）、芝加哥全球事务委员会等发布的全球城市指数（GCI），其按照商业活动、人力资本、信息交流、文化体验与政治参与五个维度对全球 84 个重要城市进行评价，来自中国和其他发展中国家、初等发达国家的城市数量仅占 1/3。

（二）价值双环流下中国全方位融入全球贸易体系

1. 中国引领的价值双环流推动全球经贸新时代到来

过去 30 多年里，中国通过改革开放逐步建立了国际贸易大国的地位，但中国的国际金融实力却很弱，并且受制于人民币国际化进程的约束和国际汇率的影响，长期以来中国在国际产业分工和经贸中受到一定程度的制约。中国在全球性的金融管控、资源定价、技术服务、文化输

---

① United Nations Human Settlements Programme, 2008, State of the World's Cities 2010/2011: Bridging The Urban Divide London: Sterling, VA.

出等方面还不具备优势，对于带动周边国家或地区的作用还十分有限。如全球 100 强跨国公司总部—分支机构网络关系图显示，主要的跨国公司总部集中在美国、日本和西欧地区，中国与广大亚洲、非洲等地的国家却少有融入这个网络体系（Ronald S. Wall，Martijn J. Burger，G. A. Bert，Vander Knaap，2011）。

当前，中国以积极开放姿态融入全球经贸体系，中国在世界经贸版图中的地位也越发重要，担当了世界经济重要引擎一极的重要角色。2015 年，中国对外直接投资流量已经超过国内实际利用外资总量 100.7 亿美元，使中国成为资本净输出国。《推动共建丝绸之路经济带和 21 世纪海上丝绸之路的愿景与行动》文件发布是中国对外开放的升级版，也是中国以积极姿态融入全球经贸体系和全球城镇化浪潮的重要举措。"一带一路"倡议将产生价值双环流格局下的新贸易格局，一方面中国与世界经济发达国家之间的经济、文化、科技、政治领域交流将全面升级，另一方面中国与经济相对欠发达国家或地区的经贸、产业、基础设施、文化等交流合作将逐步加强。

随着"一带一路"各类合作与投资贸易的落地，价值双环流对全球经济的影响效力在逐步显现。中国与发达国家之间的经贸一体化程度在加快，虽然中国与欧美等发达国家的贸易额占进出口的比重在下降，但经济要素的相互流动与渗透却在增强，主要表现为产业链条的并购整合、创新技术联动、服务外包高端化等方面。尤其是创新方面，如中国的华为集团已初步建立了全球的创新网络，与此同时，中国企业通过并购能够获得国外大量一流的技术专利。当前，中国正积极推进科技创新工作，因此未来与发达国家之间产业的深度整合是大势所趋。

与此同时，中国与"一带一路"沿线国家的经贸往来日益加强。在2008 年国政金融危机过后，中国与全球的经贸增长区域主要集中在南亚、东南亚和非洲等区域（见图 11 - 2 和图 11 - 3）。2010—2016 年，中国、印度、新加坡、马来西亚、菲律宾的 GDP 平均增长率分别为 7.4%、7.3%、5.48%、5.46% 和 6.3%。① 与此同时，中国与俄罗斯、哈萨克斯坦、蒙古国等国家贸易的增长也显著增加，目前俄罗斯位居中国贸易

---

① 世界银行数据库。

(%)

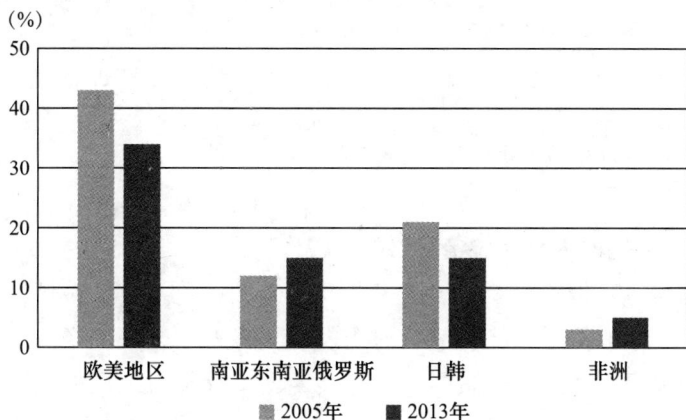

图 11-2 中国与主要国家地区之间的经贸比重变化

国家第十位。2016 年，中国与俄罗斯进出口总额为 695 亿美元。① 同时，中国通过融资、援建等方式大规模参与其他国家的基础设施建设，参与当地的产业投资和供应体系建设，逐步摆脱了单一贸易依赖局面。

2. 在互联互通下中国更为积极地组织全球供应链

当前中国在传导北美、欧洲、日韩等国家技术产品、技术服务能力在加强，同时辐射东南亚、非洲、南美洲的大宗物资交易、产品输出方面的枢纽作用也显著增强。而这种枢纽作用的发挥将伴随着跨境电商的发展、基础设施境外投资和中国装备制造业产能的输出。如苹果的全球供应链厂商中来自东亚和南亚地区的占 80%，其中最核心的供给商来自中国的珠三角（包括香港）、长三角和环渤海地区。当然，从商品的全产业链价值来看，苹果的制造业和配件采购仅是其知识产权保护下的价值环节的一小部分。又如相关研究表明，中国目前参与相关国家的基础设施建设投资占投资对象国家基建投资的 1% 左右，预计到 2030 年将提高到 5%—8% 。

———————

① 引自中国商务部。

二 "一带一路"助推中国与全球城镇网络建立新型伙伴关系

(一) 中国融入全球城镇网络的积极作用

中国与"一带一路"沿线国家共同推进城镇化,带动城镇网络融入既有的全球城市体系。从当前全球化发展形势来看,一个经济发达国家或地区的大都市地区或城镇群与全球其他城市或都市地区的联系是紧密且相辅相成的。因此,在全球城镇网络中,每个城镇都是全球城镇网络中的一个节点。这些城市的地位和功能对于传统的物质资源的依赖度大为降低,更多依赖其本地的城镇网络和全球其他地区的城镇网络。过去30 年里,中国正是通过贸易产生的货物流、资金流、信息流和商务人流,使中国城镇不仅与发达国家的城镇网络密切联通,也使其与社会经济相对不发达国家或地区产生了新的产业链条关联。

未来随着中国若干城镇群的崛起,更多的中心城市或大都市地区将带领腹地与更广阔国家或地区的城镇网络加强联系,继而发挥纽带作用将全球的城镇网络连接起来,也促使更多的城市或大都市区融入全球城市体系。特别是中国与"一带一路"沿线国家的对接,通过经济、交通和城镇的复合走廊将发达国家与欠发达国家或地区紧密联系在一起,为加强"南北交流"、促进"南南合作"发挥更加重要的作用。

(二) 中国为"一带一路"沿线国家城镇化提供经验

中国积极与"一带一路"沿线国家开展的城镇化合作试点取得初步成效。中国是在全球化进程中收益最大的国家之一,在坚持生态文明、绿色发展理念、创新发展思路下,中国的城镇化与世界各国也相互取长补短。一方面,中国吸收发达国家的城镇化经验,通过合作建设产业新城、科技园区、生态城市的模式,把先进的管理理念和技术引入到国内。如佛山的中欧城镇化示范区按照"集约、智能、绿色、低碳"的新型城镇化模式建设产业新城;天津中新生态城借鉴新加坡先进的城市规划管理经验,打造国内一流的生态城市。另一方面,中国也积极走出去,把中国模式的新城开发模式推广到"一带一路"沿线国家的对外合作地区,为提升这些地区的基础设施水平、保障住房能力和公共服务水平提供了有力支撑。

如中国在安哥拉首都罗安达的郊区建设卫星城，为缓解罗安达巨大的人口压力，重建社会新秩序提供了良好的支撑，起到了很好的示范作用。

（三）建立跨国联动的产城融合发展新范式

以自贸区、综合保税区（保税港区）、国家级边境经济合作示范区、国家重点开发开放试验区、跨境电商示范区等为主体的开放政策区，标志着中国对外开放的全面升级。这些开放合作平台使诸多原本的末梢地域转变为了开放的前沿，使内陆封闭的市场体系加速融入全球经济循环中来，主要表现为以下三种模式。

1. 自贸区 + 国内产业基地的联动模式

目前，中国已经批准的上海、广东、天津、福建自贸区在推进投资管理制度、贸易监管模式、金融制度、事中事后监管制度以及负面清单等方面有新的创新突破。这些制度与政策为中国的产业组织和产业生产服务释放了大量发展空间。自贸区在中国的产业链组织中发挥了重要的枢纽作用，将外部的资本、技术和信息黏合在一起，并逐步与国内的众多产业基地建立起产业关联。自贸区通过产业生产服务组织，如融资租赁等形式将内陆诸多上下游产业群体链接在一起，这种链接具有"长程效应"，超越了300公里范围的产业梯度转移临界效应。其他地区通过设立综合保税区、出口加工区等就可以通过关税减免而抵消交通成本、劳动力成本等不利因素。值得注意的是，自贸区为中国进口全球商品进一步敞开大门，"国际空港 + 综合枢纽 + 全球产业配置基地"形成的内陆开放高地已经在内陆的重庆、成都、武汉、郑州、西安等区域中心城市建立起来。

2. 沿海中心城市 + 海外港口产业合作区

根据《推动共建丝绸之路经济带和21世纪海上丝绸之路的愿景与行动》，中国将在南亚、东南亚、非洲等国家或地区的沿海港口建设大型产业基地。如中国已获租巴基斯坦瓜达尔港2000亩土地，为期43年的开发使用权。未来将形成沿海中心城市 + 海外港口产业合作区的发展模式，中国沿海部分重要港口将向着国际中转贸易港转变，并推动国际航运服务、航运金融等功能发展。

3. 洲际陆路货运通道将串联起"内陆中心城市 + 内陆口岸 + 境外产业合作区"的联动模式

当前内陆中心城市的枢纽集散功能与边境口岸地区的中转集散功能的协同效应开始形成，共同承担起国际商贸物流的重要纽带作用。哈尔滨—满洲里—绥芬河、乌鲁木齐—霍尔果斯、昆明—瑞丽、凭祥等"中心城市—口岸"的经贸联动体系在稳步推进。跨国陆路交通运输通道所连接的境外主要中心城市、口岸或港口地区中具有区域辐射影响力的战略节点,是中资企业投资发展的首选。未来,可以开展双边合作共建境外产业合作区的模式,推动中转加工贸易、商品集散、创新服务发展和生活功能配套建设。如欧亚大通道上的波兰是欧洲的"心脏"地带,劳动力丰富且成本相对较低,波兰也拥有航空、农产品等比较优势产业,因此波兰既可成为中国商品物资进入欧洲各国的重要枢纽,也可成为波兰与中国产业链整合的跳板。

三 面向全球重塑中国的城镇网络

我们需要重塑空间发展的对外与对内关系。对外方面,城镇空间格局需要顺应全球经贸环流及政治格局发展趋势。对外关系将由过去 30 年的"发达国家消费—中国生产模式—内生资源消耗"逐步转向未来 30 年的"发达国家技术合作—中国消费—东南亚、南亚制造—全球资源利用"模式。对内方面,城镇空间格局需要着眼于开放格局下的区域相对均衡发展,尤其注重缩小南北差距,并且激活胡焕庸线东侧的既有城市潜力。由此,对内关系由过去 30 年的注重东西方向"沿海—腹地"的产业梯度转移与人口流动格局,逐步向"沿海 + 内陆"的相对增长和"陆桥 + 南北大通道"网络化格局转变。此外,中国的首都地区未来在全球城市体系和城镇网络中的地位还将有明显提升,首都地区将是中国对外最为重要的国际门户和对内联系的中枢。

(一) 国内重要开放政策区分布趋势

多元化的开放政策区逐步由沿海集中向内陆地区均衡化布局转变。2008 年是中国开放政策空间布局的重大转折点。在国际金融危机的影响下,中国加强了开放政策在国内的统筹布局。2008 年以前,仅有广西、黑龙江两地为中国在内陆边境省份设立的国家级综合保税区。2009—2011 年以来,郑州、武汉、重庆、成都、西安、阿拉山口等国家级综合保税区相继设立,政策明显向中西部地区倾斜。特别是 2015 年,国家进一步加大了自贸区在内陆地区的布局,进一步响应"一带一路"对于中国中西部地区的深刻影响。继天津、上海、福建、广东设立自贸区后，2016 年河南、湖北、重庆、四川、陕西的自贸区相继设立。这些内陆省市成为中欧班列发展最快的地区，也是跨境电商发展较为活跃的区域。

2006 年以来的国内重要开放政策贯实施情况如表 11 - 1 至表 11 - 3 所示。

表 11 - 1　　　　不同地区、不同时期设置的国家级综合保税区

地区	2006—2008 年	2009—2011 年	2012 年至今
东部	苏州工业园综合保税区、天津滨海新区综合保税区、北京天竺综合保税区、海口综合保税区	上海浦东机场综合保税区、江苏昆山综合保税区、广州白云空港综合保税区、苏州高新区综合保税区、山东潍坊综合保税区	江苏盐城综合保税区、无锡高新区综合保税区、济南综合保税区、河北曹妃甸综合保税区、江苏淮安综合保税区、浙江舟山港综合保税区、南京综合保税区、江苏南通综合保税区、苏州太仓港综合保税区、山东临沂综合保税区、苏州吴中综合保税区、苏州吴江综合保税区、常熟综合保税区、镇江综合保税区、常州综合保税区、常州武进综合保税区、嘉兴综合保税区、石家庄综合保税区
中部		河南郑州新郑综合保税区、武汉东湖综合保税区	山西太原武宿综合保税区、湖南衡阳综合保税区、湘潭综合保税区、江西赣州综合保税区、河南南阳卧龙综合保税区、安徽芜湖综合保税区
西部	广西凭祥综合保税区	重庆西永综合保税区、成都高新综合保税区、西安综合保税区、新疆阿拉山口综合保税区	西安高新综合保税区、银川综合保税区、贵阳综合保税区、贵州贵安综合保税区、兰州新区综合保税区、新疆喀什综合保税区、乌鲁木齐综合保税区
东北	黑龙江绥芬河综合保税区	沈阳综合保税区、长春兴隆综合保税区	

表 11-2 中国的自贸区、国家级保税区、保税港区、综合保税区等分布

国家级政策区	园区名录
自贸区 （11 家）	2016 年新增 7 家：辽宁大连自贸区、浙江舟山自贸区、河南郑州自贸区、湖北武汉自贸区、重庆自贸区、四川成都自贸区、陕西西安自贸区
国家级保税区 （15 家）	上海外高桥保税区、大连保税区、张家港保税区、宁波保税区、汕头保税区、珠海保税区、天津港保税区、深圳沙头角保税区、深圳福田保税区、广州保税区、厦门象屿保税区、海口保税区、青岛保税区、福州保税区、深圳盐田港保税区
保税港区 （14 家）	上海洋山港保税港区、天津东疆保税港区、辽宁大连大窑湾保税港区、海南洋浦保税港区、浙江宁波梅山保税港区、广西钦州保税港区、福建厦门海沧保税港区、山东青岛前湾保税港区、广东深圳前海湾保税港区、广东广州南沙保税港区、重庆两路寸滩保税港区、江苏张家港保税港区、山东烟台保税港区、福建福州保税港区
综合保税区 （49 家）	满洲里综合保税区、南宁综合保税区、苏州太仓港综合保税区、合肥综合保税区、唐山曹妃甸综合保税区、赣州综合保税区、淮安综合保税区、衡阳综合保税区、南通综合保税区、湘潭综合保税区、盐城综合保税区、芜湖综合保税区、无锡高新区综合保税区、济南综合保税区、沈阳综合保税区、南京综合保税区、长春兴隆综合保税区、潍坊综合保税区、成都综合保税区、苏州工业园综合保税区、泰州综合保税区、天津滨海新区综合保税区、北京天竺综合保税区、海南海口综合保税区、广西凭祥综合保税区、黑龙江绥芬河综合保税区、上海浦东机场综合保税区、江苏昆山综合保税区、重庆西永综合保税区、广州白云机场综合保税区、西安综合保税区、西安高新综合保税区、银川综合保税区、新疆阿拉山口综合保税区、新疆喀什综合保税区、武汉东湖综合保税区、太原武宿综合保税区、舟山港综合保税区、贵阳综合保税区、贵州贵安新区综合保税区、兰州新区综合保税区、临沂综合保税区、南阳卧龙综合保税区、郑州新郑综合保税区、石家庄综合保税区、乌鲁木齐综合保税区、蚌埠综合保税区、金义综合保税区、江阴综合保税区

表 11-3 中国开放政策区名录

开放政策区	园区名录
跨境电商综合试验区（13 家）	无新增
边境经济合作区（16 家）	无新增
开发开放试验区（6 家）	内蒙古满洲里、广西东兴、云南瑞丽、内蒙古二连浩特、云南勐腊（磨憨）、黑龙江绥芬河—东宁（2016 年新增）
开通中欧班列城市（25 个）	北京、武汉、重庆、济南、营口、青岛、郑州、成都、苏州、连云港、义务、兰州、乌鲁木齐、西安、石河子、昆明、合肥、沈阳、哈尔滨、长沙、东莞等

资料来源：《中欧班列建设发展规划（2016—2020）》：http：//tieba.baidu.com/p/4827574896。

当前在既有的东部、中部、西部和东北地区四大宏观发展版图基础上，各省份也积极响应，立足若干国际大通道的建设，制定差异性的区域对外开放政策。西北地区，全力向西开放，是重要的能源物资运输大通道，也是古代灿烂的丝绸之路文化展示区。东北地区，更加强调能源通道、大宗物资通道的建设，着力建设成为东北亚经济圈的重要经济板块。西南地区，中国面向东南亚广大地区的商贸物流大通道，也是多元文化与旅游交流的重要功能区。沿海地区，推动全方位的对外开放合作创新，进一步凸显出具有全球影响力的金融商贸功能、文化旅游与先进制造业基地功能，并且强化文化。内陆地区（非内陆边疆），将逐步融入全球经济，形成新型消费市场，并成为联动中国沿海与亚欧各国的重要大通道。

表 11－4　　　　　　　　　中国的对外开放战略布局

地区	对应国际大通道	战略举措	既有跨境合作工作
西北地区	新亚欧大陆桥国际经济合作走廊、中国—中亚—西亚国际经济合作走廊	新疆：丝绸之路经济带核心区，重要的交通枢纽、商贸物流和文化科教中心，围绕"五大中心"进行建设 陕甘宁青：打造西安内陆型改革开放新高地，加快兰州、西宁开发开放，推进宁夏内陆开放型经济试验区建设，建设面向中亚、南亚、西亚国家的通道、商贸物流枢纽、重要产业和人文交流基地；甘肃打造"丝绸之路黄金段"；青海构建进入中亚、西亚、南亚及欧洲地中海国家的战略通道	中国—亚欧博览会、中哈霍尔果斯边境经济合作中心、新疆中国—中亚科技合作中心、西安中亚教育培训基地、丝绸之路沿线国家经贸合作圆桌会议、鄂尔多斯航空口岸、乌力吉公路口岸、中俄丝路创新园、欧亚创意设计园等
东北地区	中蒙俄国际经济合作走廊，亚欧大陆桥分支；对接"草原之路"、欧亚联盟战略等	黑吉辽蒙：完善黑龙江、吉林、辽宁与俄远东地区陆海联运合作，推进构建北京—莫斯科欧亚高速运输走廊。黑龙江完善龙江丝路带建设、吉林推进长吉图及环渤海开发开放	黑匣子岛边境合作区、中朝罗先经贸区、中俄珲春—扎鲁比诺跨境经济合作区、中韩自贸区启动区、沈阳中德装备园、呼伦贝尔中俄蒙合作先导区等

续表

地区	对应国际大通道	战略举措	既有跨境合作工作
西南地区	中国—中南半岛国际经济合作走廊、中国—巴基斯坦、孟加拉国—中国—印度—缅甸经济走廊	广西:加快北部湾经济区和珠江—西江经济带开放发展,构建面向东盟区域的国际通道 云南:推进与周边国家的国际运输通道建设,打造大湄公河次区域经济合作新高地 西藏:加快南亚大通道建设,推进"环喜马拉雅经济合作带"建设,推进跨国的边境贸易和旅游文化合作	大湄公河次区域经济合作(云南)、西藏与尼泊尔边境合作区,瑞丽、磨憨、河口、临沧等开放试验区及边(跨)境经济合作区,昆明长水国际机场72小时过境免签;东兴国家重点开发开放试验区和中越跨境经济合作区、凭祥国家重点开发开放试验区
沿海地区(含港澳台地区)	环太平洋地区、东亚经济圈、东盟经济圈、印度洋经济圈、非洲地区等	上海:以金融开放为核心,加快推进中国(上海)自由贸易试验区建设,强化上海国际枢纽机场功能 福建:建设21世纪海上丝绸之路核心区、福建海峡蓝色经济试验区、环南海旅游经济圈 广东:充分发挥深圳前海、广州南沙、珠海横琴、福建平潭等开放合作区作用,深化与港澳台合作,建设广州国际枢纽机场 浙江:建设义甬舟开放大通道,打造"网上丝绸之路"战略枢纽推进浙江海洋经济发展示范区、舟山群岛新区建设 海南:加大海南国际旅游岛开发开放力度,打造"丝路国家邮轮旅游经济带" 港澳台:进一步发挥全球经济节点重要纽带作用,建设金融、科技、文化交流区	上海浦东、天津、福建、广东自由贸易示范区,中韩自贸区、大湄公河次区域经济合作(广西)、福建平潭开放合作区、中国—东盟海洋合作中心、中新(泉州)海洋城、中非渔业总部基地(琅岐)、中国(杭州)跨境电子商务综合试验区、博鳌亚洲论坛
内陆地区(非内陆边疆)	洲际铁路大通道、国际航空门户等	打造重庆西部开发开放重要支撑与"一带一路"重要流通节点和成都、郑州、武汉、长沙、南昌、合肥等内陆开放型经济高地;出台四川省"251"三年行动规划;支持郑州、西安等内陆城市建设航空港、国际陆港,加强内陆口岸与沿海、沿边口岸通关合作,开展跨境贸易电子商务服务试点 加快推动长江中上游地区和俄罗斯伏尔加河沿岸联邦区的合作 建立中欧通道铁路运输、口岸通关协调机制	郑州航空港经济综合实验区;重庆中国—新加坡第三个政府间合作项目运营中心;湖南、安徽重点推进跨国园区项目;江西景德镇国际陶瓷博览会等

资料来源:根据《推动共建丝绸之路经济带和21世纪海上丝绸之路的愿景与行动》和《既有跨境合作工作》及有关网络资料数据整理。

（二）新时期国内空间响应新格局

1. 东部沿海地区的高端服务中心将加快崛起，逐步具有全球经济的影响力

在国际经济贸易稳步发展和境外投资逐年上升的背景下，中国东部沿海地区将承担起更多的国际金融、资本组织、技术输出等方面的枢纽作用。尤其是亚洲基础设施投资银行、丝路基金、"金砖国家"新开发银行、上海合作组织开发银行等相继落户北京、上海等城市，一批融资租赁、离岸金融和商贸金融产业相继在自贸区落户，未来沿海地区将成为中国参与全球金融市场的重要阵地。与此同时，中国众多企业走出国门需要大量人力和技术服务的支撑，也为东部地区主要中心城市的产业升级提供良好支撑。

2. 内陆地区面向新兴国际市场寻求制造业转移、商贸发展与文化交流将有历史性的突破

当前中国内陆地区面向国际市场的商贸活动显著增强，一是以重庆、成都、西安为首的中心城市外向型经济得到长足发展，二是边境口岸地区的进出口额度也快速增长。在这一背景下，"一带一路"倡议将加快推动中国东部沿海地区制造业向内陆地区转移；并为内陆口岸城镇建设提供良好机遇，如黑龙江的绥芬河、内蒙古的二连浩特、云南的瑞丽、新疆的霍尔果斯和喀什、广西的凭祥等地都已经成为面向各自境外区域的重要门户。由于中国内陆地区临界的国家往往具有文化多元特点，因此内陆地区的对外文化交流重要性尤为突出。如新疆借助于向西开放的"东风"，提出了"背靠13亿、面向13亿"的"五大中心"发展定位，未来将建成跨国的交通枢纽、商贸物流、金融、文化科教和医疗服务五大中心。

3. 对外投资与跨境电商成为撬动区域经济均衡布局的重要动力

一方面，"一带一路"倡议的实施将逐步推动中国重化产业、制造业产能向外转移，处于跨境交通大通道上的城镇都将具备产能输出的条件。对外投资参与"一带一路"沿线国家的基础设施建设是中国企业"走出去"的重要举措，这将带动中国基础原材料、装备制造等产业链的跨国输出。相关研究表明，中国目前参与相关国家的基础设施建设投资仅占投资对象国基建投资的1%左右，预计到2030年将提高到5%—8%，这对于化解中国产能过剩意义重大。

另一方面，跨境电商发展将使中国的进口物资快速增加，拥有自贸区和海关特殊监管口岸型地区将成为全球商品物资进入中国的窗口。2014 年中国跨境电子商务交易额达 4.2 万亿元，同比增长率达 35.5%，占进出口总额的 15.9%。[①] 跨境电商在中国进出口贸易中的地位不断加强，对中国产能合作与商品出口创造了有利条件。当前中国有跨境电商试点城市 9 个，除上海、广州、深圳、青岛、杭州、宁波等沿海城市外，郑州、重庆、西安等内陆城市也在其列。

（三）开放的全国城镇发展格局

1. 构建"亚洲脊梁"，打通连接北京，贯穿中国西南—东北方向的城镇发展脊梁

这条"脊梁"的构建与"胡焕庸线"继续向亚洲纵深腹地延伸的人口分布密切相关。对内来说，"胡焕庸线"所贯穿的中国第二级地理大台阶东部 100—300 公里，是中国历史上人口就十分稠密的区域，分别串联了自北京、大同、太原、西安、成都、重庆所在的古都或重镇，是历史上向西开放的中心枢纽；同时东北的沈阳—哈尔滨城镇走廊和西南的环滇池周边地区分别是重要的区域性城镇发展密集地区。如果考察近 100 百年的国家战略选择，这条走廊上的城镇也同样受到国家重大产业、交通项目的支持，特别是在民国时期、新中国"一五"和"三线"建设时期。这条走廊也是中国老工业基地聚集最多的区域，借势提振这些工业城市也是国家所需。未来，这条城镇走廊布局的大科学实验基地和战略性新兴产业基地将在中国产业结构调整方面起到举足轻重的作用。此外，这条"亚洲脊梁"的贯通，对于平衡中国南北经济格局也具有不可忽视的意义。

同时，这条线以南地区的人口规模与整体经济崛起地位显现，除中日韩的东亚经济圈（人口规模约 15.5 亿）以外，以印度为核心的南亚印巴经济圈（人口规模约 16.2 亿，其中印度 13.3 亿），以新加坡、马来西亚、泰国为主体的东南亚经济圈（人口规模约 5.6 亿）。未来这三大经济圈的贸易分工格局将逐步显现，尤其印度被公认为进入黄金增长时代，2015 年曾以经济增速 7.9% 位居全球第一。由此，东亚、南亚与东南亚之间互联互通的陆路大通道建构，对于实现区域共同繁荣发展具有十分重要的意义。

---

① 中国电子商务研究中心：《中国跨境电商发展现状趋势及主要平台发展策略》。

2. 向海延伸，串联起环太平洋西部城镇密集带

过去 30 多年里，在国外资本和国内劳动力的双重作用下，全球产业链分工重构在中国东部沿海地区形成了以京津冀、长三角、珠三角为核心，山东半岛、海峡西岸和辽宁沿海为支撑的国际化门户地区及城镇群，也造就了一批新兴开放城市和制造业重镇。若从当前的经济联系格局来看，更多体现出"沿海—腹地"的产业分工协作关系，京津冀、长三角和珠三角分别代表了华北—西北、长江流域、华南地区的经济重心和对外交往门户。但是，随着中国产业结构的升级，参与国际事务的全面拓展，这些城镇群之间的交流合作将显著增强。当前京沪之间密集的航空、高铁班次和人口流动数量也充分说明了这种沿海的横向联动关系。因此，在构筑世界级城市群城市、全球化城市地区的同时，未来中国的东部沿海地区将成为环太平洋西部的城镇密集带。如果将眼光再扩展到整个亚太地区，这条沿海城镇密集带将进一步与日韩、东盟之间产生更紧密的交流合作。

3. 海陆联动，打造跨国的开放发展走廊

国家"一带一路"倡议的最直接载体就是建立起中心城市与内陆边境口岸地区（或边境中心城市）的交通大通道。除"亚洲脊梁"形成的向西南（连接印度—巴基斯坦、东南半岛）和向东北（连接俄罗斯远东地区）两个大通道以外，以绥芬河—珲春、黑河、满洲里、二连浩特、霍尔果斯、喀什、亚东为主的口岸地区也是若干条重要国际大通道的连接节点。尤其是中国纵深腹地的亚欧陆桥，历史上是以丝绸之路为主要通道，未来仍将是重要的贸易与交往通道。但其格局将有巨大改变，首先在胡焕庸线以西将形成多通道并行格局，未来将在其北侧（自京津冀连接内蒙古西部、新疆北部）、南部（自成渝地区连接青海北部、新疆南部）拓展出新的国际能源、物资运输大通道；在胡焕庸线以东将以网络化交通格局加强与沿海地区的互联互通，这些通道包括传统的陇海线、西安—郑州—青岛（日照）、银川—太原—石家庄—天津（黄骅）、西安—郑州—南京、西安—武汉—福州、兰州—成都、重庆—贵阳—广州等多条大通道。

未来中国的交通基础设施建设应该注重以下五个方面：

第一，沿海城镇开放发展带全面升级国际客货运交通运输系统，强化国际空港与海港枢纽型门户建设，并加密国内中心城市之间的连接线。

第二,立足京昆城镇开放发展带健全跨境高速铁路大通道,使北京直接能够联系东北亚地区和东南亚、南亚地区,同时全面提升城镇发展带上中心城市的国际化空港门户地位。

第三,构筑新疆、青海、甘肃、内蒙古与中国中东部地区的多通道,并以新疆的乌鲁木齐、喀什为枢纽分别沟通中亚—欧洲、中亚—西亚—非洲的综合运输体系。

第四,健全中国瑷珲—腾冲线以东地区的网络化交通体系,全面提高中心城市之间的连接度。

第五,边疆地区省区加强中心城市与口岸城镇的快速通道建设,如黑龙江省将以哈尔滨为中心,绥哈满、大满同、哈北黑、延边铁路四条铁路干线为支撑,全面接轨俄罗斯的西伯利亚大铁路网和远东港口群,着力打造东北亚的国际商贸物流带。

支撑中国城镇体系发展的重大交通基础设施规划引导如表 11 – 5 所示。

表 11 – 5　　支撑中国城镇体系发展的重大交通基础设施规划引导

城镇发展带(轴)	重大交通基础设施
京昆城镇开放发展带、沿海城镇开放发展带、西安—武汉—南昌—福州城镇发展轴	规划预留高速铁路通道(其中沿海预留第二条高速铁路通道)
呼和浩特—包头—西安—宜昌—南宁城镇发展轴、太原—郑州—南京城镇发展轴、杭州—景德镇—抚州—赣州—深圳城镇发展轴、大连—烟台—青岛城镇发展轴	规划预留客货混行快速铁路通道
成都—西宁—格尔木—喀什城镇发展轴、呼和浩特—酒泉—格尔木—拉萨城镇发展轴、大连—丹东—珲春—绥芬河—同江口岸城镇发展轴	规划预留快速货运铁路通道,并分别连接内陆边境的口岸城镇
京津冀、长三角、珠三角、长江中游、成渝、关中—兰白西城镇群	围绕中心城市建设国际枢纽客运与货运机场、国际枢纽型海港或国际集装箱陆港
哈尔滨、乌鲁木齐、昆明、南宁、三亚、拉萨	建设面向周边国家或地区的国际空港与国际集装箱陆港

（四）人文开放的首都地区与多元繁荣的边疆地区

1. 人文、开放与包容的首都是大国发展的重要支撑

首都地区是"京畿重地、国之重器"，大国的京畿之地，代表一个时代的核心精神与空间精粹。从秦汉以来的历史长河来看，国力强盛之时的首都规模空前，首都范围也十分广阔，是一个开放、包容和壮丽的京畿之地，体现大国的胸怀。作为崛起中的国家首都，不仅应有展示中华文化形象的精神纪念地魅力，更应体现出开放、包容与和谐的魄力。当前国家推进京津冀协同发展，既有历史发展的线索，也有时代发展赋予的新使命，这就是肩负起整个北方地区的繁荣稳定与对外开放。从全球视野来看，未来首都地区应具备核心文化弘扬、国际交往、科技创新、经贸发展和全国性政治军事中枢管理等核心职能。无论是从历史线索还是国际经验来看，中国的首都地区在扩展布局这些核心职能方面，需要以区域观来统筹好，既要构建多元人文的首都中心城，又要营建开放包容的新城、区域中心及特色小城镇，共同构建大首都城镇体系。

要构建这样的大首都地区，应在国家宏观层面上来整合重大设施和空间资源。未来的首都地区应该是连通亚欧的洲际高铁网枢纽，是全球航空枢纽。要构建洲际高铁网枢纽，需要充分发挥京津两个城市的联动效应，将北京东部、天津西部及其走廊地区整合成为通达四方的枢纽地区；要建立全球航空枢纽，应借鉴日本东海道地区、美国波士华城镇群和欧洲西北部城镇群的航空港布局经验，立足京津石构建国际机场体系，协同布局入境口岸及跨境电商基地。同样，首都地区应该将国内所有城镇密集地区（人口规模过 1 亿的 8 个地区）紧密串联在一起。为此，京沪、京广（京九）都应该构筑双通道高铁格局，未来应实现京沪 3 小时可达，京广 7 小时可达；"亚洲脊梁"上应该连接北京到边疆中心城市的8 小时交通可达。

2. 多元繁荣的边疆是大国长期发展稳定的基石

中国历史上强盛的两汉、盛唐、明清时期，国家的边疆地区呈现出多民族和谐共存局面，边疆的繁荣及与周边国家地区的睦邻友好才能不断推进交往互信；同时边疆的防御稳固也关乎全国的安全。在过去几十年里，中国边疆地区随着人口的迁入和国家一系列优惠政策的普及，发展相对较快。但当前，除了部分开放内陆口岸以外的边疆地区，由于自然环境退化、交通不畅、基础设施薄弱等问题，出现了人口数量下降、

社会经济发展停滞的局面。改变这种局面,不仅需要大力扶持边疆地区的产业经济,引导人口适度聚集,加强对外开放,更重要的是要强化边境口岸、地区中心城市与区域中心城市的联动发展,通过构建城镇体系来维持边疆地区的长治久安与民族稳定繁荣。尤其是应对当前整个北方地区经济发展全面下滑的局面,应进一步强化整个北方地区的互联互通和对外大通道系统建设,构建起"口岸地区—边境城市—区域中心城市—首都地区"的城镇空间格局。在这套城镇体系中,诸如哈尔滨、西安、兰州、呼和浩特、酒泉—格尔木等城市的区域联动作用就尤为突出。

四 开放格局下中国的中心城市发展展望

中国以开放姿态将全国城镇网络融入全球的城镇网络,其全域开放模式使不同地区的中心城市有了新的发展机遇。主要表现为三个方面的深刻影响:一是全球化深度推进将出现新的国际门户、创新中心;二是国家实施相对均衡的城镇化发展战略有利于培育新的市场中心;三是区域交通、能源设施在全国层面将促使新的网络中心出现。因此,未来中国新兴的全球城市(国家中心城市)将在新国际门户、创新中心、新市场中心、新网络中心的叠加下产生,而北京、上海、广州—深圳等这些大都市地区也将在上述职能叠加基础上向全球城市体系的顶端位置移动。其他中心城市将逐步跃升为全球节点城市。

表11-6反映了中国未来全球城市体系及其所在城镇群的战略性节点识别情况。

表11-6 中国未来全球城市体系及其所在城镇群的战略性节点识别

城镇群	全球城市序列	战略性节点
京津冀	北京(主中心)天津(次中心)、石家庄	北京中关村及海淀后山、首都新机场周边、天津滨海新区、正定新区(空港地区)、曹妃甸港区、张家口枢纽
长三角	上海(主中心)、南京(次中心)、杭州(次中心)、无锡、宁波、合肥、苏州、常州、温州、金华—义乌	上海浦东新区、虹桥枢纽地区、南京空港地区、杭州空港地区、宁波沿海地区、无锡东部新区、合肥空港地区、金东新区

续表

城镇群	全球城市序列	战略性节点
珠三角	香港（主中心）、广州—深圳（主中心）、佛山、珠海—澳门	广州南沙新区、广州空港地区、深圳前海地区、横琴新区
成渝	重庆（主中心）、成都（主中心）	重庆两江新区、重庆西部铁路枢纽、成都天府新区、成都北部铁路枢纽
长江中游	武汉（主中心）、长沙、南昌	武汉东湖新区、武汉空港新区、武汉新港、长沙空港地区、南昌空港地区
关中—兰州	西安、兰州	西咸新区、兰州新区
中原	郑州、开封、洛阳	郑东新区、郑州空港地区
辽中南	沈阳、大连、营口	沈阳空港地区、铁路枢纽地区、大连港区
山东半岛	青岛、济南、烟台	青岛西海岸新区、青岛空港地区、济南铁路枢纽
海峡西岸	厦门、福州、泉州	平潭岛、厦门湾地区、泉州湾地区

（一）新的国际门户

GaWC 全球城市体系研究表明，除纽约、伦敦、东京、巴黎等世界城市外，一批人口规模不大但专业化职能突出、战略性经济要素掌控力强的城市位居全球城市体系的前列。随着中国参与全球化进程继续加深，也将出现一批新的专业化强的国际门户。

第一，长三角、珠三角和京津冀三个城镇密集地区的核心城市将逐步向全球城市体系的"顶端"移动，在文化、科技、创新服务、高端消费等国际性职能方面有更大突破。

第二，面向不同国际次区域的边境省区中心城市的国际化门户职能与边界中心枢纽地位将进一步强化。

第三，中国沿海地区的空港、海港地区和商贸物流节点城市，以及内陆的空港国际门户城市将产生国际性的专业化职能，如浙江的义乌、重庆的江北空港地区等。

特别是新时期中国联合周边国家积极倡导的"一带一路"，对于未来区域开发格局将产生深远影响。"一带一路"倡议使中国对外开放格局从过去的沿海一个方向转向沿海与内陆边境两个维度，由此将形成纵深联动的区域开发局面。在这一倡议引导下，目前重庆的中新战略性互联互通项目启动，宁夏内陆开放型经济试验区获批，一批中欧集装箱和邮政班列已定期开通。

可以预见，未来20年里，一批重大区域性综合交通枢纽设施，重大国家级政策将向中西部地区甚至边境地区倾斜，从而引导产业要素、创新要素和信息要素的集中。未来，中蒙俄、中国—中亚—西亚、中国—中南半岛、新亚欧大陆桥、中巴、孟中印缅等国际经济合作走廊上的区域性中心城市、边境地区门户城市、口岸城镇将迎来发展机遇。

（二）新的创新中心

国际化职能拓展的一项重要指标是城市的综合创新能力。创新能力的体现，一方面是新技术成果的孵化与市场交易，另一方面也体现出制度创新带来的产业经济价值链的延伸与市场化。

当前，与世界一流创新中心城市相比，中国有较强竞争力的城市有北京、上海和深圳三座。澳大利亚智库2 think now评出的2014年全球最具影响的创新城市前50名里，上海、北京位列其中。北京在中关村自主创新示范区政策下，上海在张江自主创新示范区政策下，均提出争取建设具有全球影响力的科技创新中心。当前北京中关村的技术交易合同占据全国的40%左右。深圳、上海成为新兴的"互联网＋"经济重要创新基地。中国正处于产业结构转型的关键时期，在国家全面推进制造业2025战略，推动"大众创业、万众创新"时期，加快形成一批接轨国际产业研发转移，培育本地创新服务中心的城市尤为迫切。

麦肯锡提出，全球科技创新中心的成长有三条路径：一是新加坡、中国台湾新竹为代表的政府主导型创新发展模式；二是首尔、班加罗尔为主的城市综合服务型创新模式；三是硅谷、纽约为主的"基础研发＋风投产业化"创新模式。北京、上海、深圳以第三类模式为主，而中国其余科技实力强的城市往往采取第一类模式。如国家布局未来科技城的城市，有天津、武汉、杭州，是明显的政府主导型。此外，广州、南京、成都、西安等城市的科技原创动力较强，未来这些城市都应朝第二类创新模式转型。

（三）新的市场中心

中国人口大国的基本国情决定了健康有序推进城镇化、合理引导农村人口就地就近转移是保障社会经济可持续发展的重要因素。内需导向的工业化、城镇化发展步伐加快，意味着未来人口密度分布将会成为主导城市发展的决定性因素之一。而从历史经验来看，当中国是强大的统一国家时期，中心城市的分布是相对均衡的。从中国的人口分布与人口密度来看，未来将有7—8个人口规模超过1亿、半径尺度在300公里左右的城镇密集地区。这些区域意味着庞大的消费市场，由此可以支撑一个强有力消费型中心城市的发展。

可以预见，未来人口密集的长江中游地区、黄河中下游地区、成渝地区将成为中国的新兴市场地区，这些区域将成为新的城镇人口快速聚集中心。尤其是，当前中国服务业对国民经济的贡献率已经超过工业，发挥中心城市的现代服务业引领作用、带动消费经济发展是促进大区域产业升级的重要途径。

（四）新的网络中心

区域交通条件对全国城镇体系布局的影响至关重要。自2000年以来，开始了大规模的高速公路网建设，2004年左右开始了海港与内河港的建设高潮，2008年国际金融危机后，中国的铁路、高速铁路和机场建设步伐明显加快。预计到2020年前后，中国将基本建成覆盖20万人口以上城市的高速公路网、铁路网和覆盖50万人口规模城市的航空网络和高速铁路网。这些交通网络枢纽地区的经济聚集能力将空前提升。主要表现在以下两个方面：

第一，各种交通设施网络将在全国层面形成布局相对均衡的客货运的集散中心，根据《全国城镇体系规划（2006—2020年）》，中国将建成北京—天津、上海、广州—深圳、沈阳、重庆—成都、武汉、西安、郑州、兰州九个一级综合交通枢纽。

第二，这些枢纽城市的直接影响范围将随着高速铁路、机场航线有更大拓展。通过日本新干线建设对高速公路和航空出行的影响分析表明，250公里左右是高速公路和高铁交通方式出行率的等分距离；800—900公里是高铁与航空出行的等分距离①（高津利次，2007）。根据2小时商务圈来看，核心城市的城市经济区范围将随着高铁、城际轨道扩展到500—600公里范围，由此对物流体系的重塑将产生重大影响。同时随着支线机

---

① 《日本铁路与交通》2007年8月，根据图纸换算。

场建设，中心城市的休闲旅游服务辐射腹地拓展到600—1000公里范围。比如，当前成都、昆明等城市，航空中转枢纽职能得到明显提升。

五 支撑城镇网络的交通网络发展展望

（一）谋划国际物流大通道

着力提升物流大通道承载力、辐射力和带动力，以高效物流引领区域空间集成优化、资源集聚整合、要素集约配置、产业集群发展，对于促进区域经济一体化、推动形成新的经济增长极和支撑带具有重要战略意义。围绕新亚欧大陆桥、中蒙俄、中国—中南半岛、中巴等重要经济走廊，进一步提高国际道路运输大通道的通行能力。在中国既有的以及规划的综合运输网络的基础上，综合与"一带一路"沿线国家的发展战略对接，推进国内物流大通道的建设，推进海陆双向国际合作的空间布局的形成。

1. 东北物流大通道

北起满洲里，向南连接到北京和东北亚航运中心的大连港以及营口港、丹东港。该通道以大连为前沿衔接日本和韩国，同时对接中朝蒙俄大通道，实现大海与大草原、大森林及欧陆大通道的对接。就国内建设而言，该通道由京哈高速、京哈铁路、哈大高速及铁路等沟通哈长城市群、辽中南城市群、京津冀城市群以及蒙东地区，远期烟大海底隧道建设。

2. 西南出海物流大通道

北起西安，南接云南、广西各口岸及北部湾港口群，连接了国内关中城市群、成渝城市群、黔中城市群、滇中城市群和北部湾城市群。该通道是在国家规划建设的"五纵七横"国道主干线网的基础上，由京昆高速公路、包茂高速公路部分区段和宝成、成昆、渝黔、昆明至河口、昆明至磨憨铁路，珠江—西江干流航道等构成，通过海上对接南亚孟加拉国等四国的重要港口，能覆盖巴基斯坦等10余个国家和地区约20亿人口，实现中国与南亚、东南亚地区的海陆联系，是中国西南部地区开发、开放的重要基础设施支撑。

3. 陆桥物流大通道

东起连云港，西至新疆口岸（阿拉山口、霍尔果斯以及喀什等），主要由连霍高速公路、陇海—兰新铁路等构成。该物流大通道是目前中国东西向距离最长的物流通道，是支撑丝绸之路经济带、海陆双向开放的重要物流通道，主要承担中国西部地区沟通东中部长距离物资交流以及中欧集装箱跨境运输功能。其中，喀什作为中国向西开放的重要窗口，具有"五口（岸）通八国，一路连欧亚"的地缘优势，是中国与中亚、南亚、西亚经济合作的承接地和聚合点，是中巴经济走廊的重要节点。

4. 二连浩特至北部湾物流大通道

北起二连浩特，南至北部湾，主要由二广、呼北、包茂高速公路、南北同蒲铁路、焦柳铁路、蒙西—华中铁路等构成。该大通道作为中国中部地区南北双向海陆开放通道，往北对接中蒙俄经济走廊，往南到越南、老挝、柬埔寨、泰国、马来西亚等国，打造中国到中南半岛的经济走廊。

（二）加快与国内重要空间战略相衔接

"一带一路"物流大通道建设与京津冀协同发展、长江经济带发展等国家战略相对接，并与西部开发、东北振兴、中部崛起、东部率先发展、沿边开发开放相结合，形成全方位开放、东中西部联动发展的局面。结合国内通道建设的实际情况，重点推进以下通道的建设：

1. 南北沿海物流大通道

北起大连港，南至海口、防城港，沟通中国南北沿海主要港口，通过沿海海运航线、沈海高速公路、南北沿海铁路等大大缩短在华北地区、京津冀、山东半岛、长三角、海峡西岸、珠三角等沿海各大经济圈之间的时空距离。该通道以深圳经济特区、上海浦东新区、天津滨海新区等经济特区和国家级新区为引擎，承担由北向南的煤炭、钢铁、石油、粮食、金属矿石等大宗物资以及由南向北的集装箱、机械设备、电器、轻工医药产品等高附加值的货物运输，以及物资国际海上运输。

2. 京沪物流大通道

北起北京，南至上海，主要由京沪高速公路、京沪铁路、京杭运河等构成。该大通道主要承担华北与华东地区煤油矿粮等大宗物资区域调配，提供东部城市群工业生产和居民生活物资的运输保障。

3. 京港澳（台）物流大通道

依托京港澳高速、京广高铁、京广铁路等综合交通运输通道，北起北京，南至广深，串联京津冀城市群、中原城市群、长江中游地区、珠三角地区，联系香港和澳门地区，涵盖北京、石家庄、郑州、武汉、长沙、广州、深圳等一级物流通节点城市，沟通华北、长三角和海上丝绸之路核心区，主要承担华北、华中、华南及海西地区煤油矿粮等大宗物资区域调配以及中东部城市群工业生产及居民生活物资运输保障任务。

4. 西北能源外运及出海物流大通道

东起天津，西至乌鲁木齐（新疆口岸），主要包括京新高速公路（东段）、京包铁路、大秦铁路等，并通过支线沟通内蒙古沿边各主要陆路口岸和天津港、秦皇岛港、唐山港、黄骅港等港口。该大通道发挥天津滨海新区龙头带动作用，主要承担三西（陕西、山西、蒙西）、两东（宁东、陇东）地区煤炭外运向东下水，也是新疆及西北地区物资外运的北部通道。

5. 青银物流大通道

东起青岛、日照等山东沿海城市，西至银川，主要由青银高速、石太—胶济铁路、太中银铁路、山西中南部铁路（瓦日铁路）、新菏兖日铁路等构成。该大通道主要承担西北、华北地区煤矿粮等大宗物资进出口和区域调配，同时支撑华北地区城镇居民生活配送物流需求。

6. 沿长江物流大通道

以上海为龙头，以南京、杭州、宁波、苏州、合肥、武汉、重庆等为支点，串联起江苏、浙江、安徽、江西、湖北、湖南、四川、贵州、云南九省沿江节点城市。该通道主要由长江黄金水道、沪渝、沪蓉高速公路、沿江货运铁路通道（上海—南京—芜湖—九江—武汉—襄阳—成都）等构成。该大通道主要承担长江经济带沿线产业经济发展的重要物资和能源供应，沟通沿长江各港口、各大城市群之间经贸往来，同时该通道还是中国华东、华中及成渝地区最重要的对外开放物流通道，发挥承东启西、通江达海的区位优势，带动长江经济带和东中西部联动发展。

7. 沪昆物流大通道

东起上海（宁波），西至瑞丽，主要由沪昆高速公路、沪昆铁路、沪昆高铁等构成，串联长三角地区、长株潭地区、黔中地区、滇中地区，沟通云南沿边各主要陆路口岸。该大通道是中国西南部重要的东西向物流大通道，连接东西部地区重要的港口和口岸，加强长三角沿海发达地区与中部内陆地区、西南沿边地区物流产业联动发展；承担西南部各省间煤油矿粮等大宗物资区域调配及沿线各城市群工业生产和居民生活的物资保障任务；未来有望进一步发展成为沟通海西和内陆的重要运输走廊。

（三）加强跨境货物运输组织

以提高物流效率、降低物流成本、提升服务品质为核心，以充分发挥国际物流大通道功能为依托，着力完善网络布局、提升物流节点功能、发展多式联运、促进干支衔接，为打造"一带一路"下的国际物流大通道集疏运体系提供强有力的支撑。

1. 货运班列

自 2011 年 3 月首列中欧铁路集装箱班列（重庆—杜伊斯堡）成功开行以来，长春、沈阳、天津、合肥、苏州、义乌、东莞、兰州、郑州、成都、武汉、重庆、南昌、昆明、长沙等城市陆续开通了去往德国杜伊斯堡、汉堡、西班牙马德里等 12 个欧洲城市的集装箱班列。中欧班列具有安全快捷、绿色环保、受自然环境影响小等综合优势，已成为国际物流陆路运输的骨干方式之一。截至 2016 年 6 月底，中欧班列累计开行 1881 列，境外到达城市 12 个，运行线路达 39 条，实现净出口贸易总额 170 亿美元。其中，回程班列稳步提升，2016 年 1—6 月，中欧班列回程达到 209 列。这也促进了东盟、印度、中东、非洲等"一带一路"沿线国家航线集装箱吞吐量占总吞吐量占比的提升。2016 年 6 月 8 日，中欧班列统一品牌正式发布启用。打造中欧班列统一品牌，对品牌建设、班列命名、品牌标识、品牌使用和品牌宣传进行统一规范和管理。下一步，中欧班列将继续创新服务模式、增强服务能力、优化运输组织、提高运行质量，加强资源整合、降低物流成本，着力打造干支结合、经济高效、多元服务的全程物流平台，为服务中国对外经济合作，贯通中欧陆路贸易通道，实现中欧间的道路联通、物流畅通，推进"一带一路"建设提供重要支撑和运力保障。

2. 推进多式联运工作

多式联运是与"一带一路"沿线主要国家减少人员和货物的"非效率"运输环节，降低跨境运输时间和成本，提高运输效率和服务水平的主要保障。2015 年，中国规模以上港口完成集装箱吞吐量 2.1 亿 TEU，同比增长4.1%，连续12年位居世界第一，但海铁联运的总比例依然没有超过2%，与国际大港30%—40%的比例仍相去甚远。"一带一路"建设为实现"一次查验、一次申报、一票到底、一次计费、全程服务"的集装箱公铁水多式联运模式提供了良好的机遇。2015年7月21日，交通运输部、国家发展改革委发布了《关于开展多式联运示范工程的通知》，要求为服务"一带一路"、京津冀协同发展、长江经济带国家战略，深入贯彻落实《物流业发展中长期规划（2014—2020年）》，加快推进物流大通道建设，不断完善综合交通运输体系。2016年4月1日，海关总署网站发布的《2016年海关落实"一带一路"建设战略规划重点工作》中也明确表示，将继续支持在国家多式联运重要物流节点设立海关多式联运监管中心，选定试点海关启动多式联运试点工作。未来，要围绕"一带一路"国家战略加快铁路场站与公路、港口的配套衔接，融入区域综合交通枢纽建设；重点发展沿海港口的内外贸集装箱海铁联运业务，打造铁水联运物流节点，进一步推进铁路与港口的深度合作，推进港口物流合作基地建设；加快上海港铁水联通进程，解决上海港铁水联运"最后一公里""瓶颈"；加强多式联运枢纽＋商贸集散、物流服务＋国际金融、内陆口岸＋新型贸易区构成的通道综合能力建设，实现中欧间贸易的互补与平衡。同时，要加快物流通道、货场、铁路无水港、各合作方物流信息化及实时互联互通等基础设施建设。

3. 实现通关"单一窗口"和"一站式作业"

畅通国际物流大通道，加强与"一带一路"沿线国家口岸执法机构的机制化合作。加快推进内陆沿海沿边一体化通关管理，实现在货物进出口岸或申报人所在地海关和检验检疫机构均可以办理全部报关报检手续。2015年，在沿海各口岸建成"单一窗口"，2016年，在全国各口岸建成"单一窗口"，推进一站式作业。通过整合监管资源，将现行转关、过境等模式，整合为多式联运监管模式，共享监管设施、优化监管流程、提高通关效率，将自贸区政策、跨境电子商务等新兴业态与多式联运海关监管中心相结合，加速形成区域综合性物流集散中心，积极支持建设"一带一路"的物流枢纽和贸易中心。

总之，随着全球经济的进一步发展，未来越来越多的发展中国家将面临城镇化的压力，尤其是对于人口规模大，人口密度高的国家，面临着特大城市、超大城市发展的巨大挑战。

目前,大多数发展中国家的都市地区往往不在全球城市地区之列,尤其是"一带一路"沿线国家。在当前的全球贸易格局下,不同国家和地区的城市网络发育的两极分化较为严重。据 UN – HABITAT 在 2008 年的预测,到 2025 年左右,人口规模超过千万的大都市地区或超大城市中,来自当前发展中国家及初等发达国家的数量将超过 2/3,而其中增长最快的仍然是中国、南亚和非洲等国家和地区。但除了中国以外,其他来自发展中国家和初等发达国家的大都市地区竞争力往往因为全球化反而受到了明显抑制,仅承担了全球产业分工的中低端价值环节。

中国通过"一带一路"倡议,将与"一带一路"沿线国家共同推进城镇化,带动城镇网络融入既有的全球城市体系。同时,中国作为在全球化进程中收益最大的国家之一,中国的城镇化也可与世界各国的发展经验相互取长补短。通过重塑空间发展的对外与对内关系,构建开放格局下的中心城市发展战略,以及在结合中国既有的以及规划的综合运输网络的基础上,围绕新亚欧大陆桥、中蒙俄、中国—中南半岛、中巴等重要经济走廊,综合与"一带一路"沿线国家的发展战略对接,将发达国家与欠发达国家或地区紧密联系在一起,不仅有利于解决发展中国家城镇化面临的压力,同时也将为全球经济发展带来新的动力。

第十二章　结束语：投身于产业合作与互联互通的伟大实践

英国文学家狄更斯描述过工业革命后的世界——这是最好的时代，也是最坏的时代。当前，世界也处于一个矛盾的运动过程之中。一方面，人类文明不断发展，物质财富不断积累，科技进步日新月异；另一方面，我们也看到，全球经济长期低迷，贫富差距、南北差距问题突出，一些地区的局部冲突频发，能源危机、金融危机阴影不散，保护主义、恐怖主义等挑战层出不穷，难民潮此起彼伏，贫困、失业致使收入差距拉大，世界经济仍然未能开辟出一条新路。面对这一情况，我们不禁要思考，人类文明发展到当前阶段，究竟面临着哪些深层次的困境？

一　人类文明发展面临着三大危机的挑战

人类的发展过程，是一部文明演进的壮丽历史，创造了一系列物质财富和精神财富。但是，在征服自然的过程中，人类文明的基本矛盾并没有得到根本性的解决，反而面临着三大冲突和矛盾的考验。

（一）人与自然冲突的生态危机

从原始文明、农业文明迈向工业文明的过程中，人类发展历史有了快速的推进。工业文明以全新的价值观和发展理念，在三百年的时间里，通过科学技术的加速器，释放出巨大的能量，不仅创造出无与伦比的物质财富，也奠定了今天的社会秩序和生活方式。但是，科学技术的迅猛发展，使人类社会向自然索取的能力不断强化，自我中心意识不断膨胀，对自然的敬畏演变成对自然的改造和征服。人和自然的关系由相互依赖走向对抗，环境污染、癌症村、大城市雾霾等均为其表象。虽然当前人类社会特别是一些非政府组织为此做出了大量的理论和实践的探索，但收效仍然有限。

经济发展、社会进步、环境保护是可持续发展的"三大支柱"，三者互相依存、相辅相成。与工业文明相伴而生的生态文明，关键的理念就是用可再生能源代替石油、煤炭等不可再生能源，重构人类与自然界合理的、可持续的物质能量交换关系。由于贫穷和落后，导致消耗性的供应方式难以转化为可持续发展方式，这是制约人和自然关系的一大"瓶颈"。特别是当前，全球南北差距扩大，数以十亿计的人口处于极端贫困之中，16亿人仍以薪柴和农作物秸秆为燃料，享受不到电力等优质能源服务。贫穷国家发展经济、摆脱贫困和改善民生的需求不应该忽视，地球上的每一个公民都有公平分享现代工业文明成果和获得可持续发展的权利。

（二）人与人冲突的社会危机

在上一轮全球化过程中，世界经济形成了一套"中心—边缘"国际分工体系，分化为发达国家和发展中国家。以第二次世界大战后的布雷顿森林体系为基础，形成了国际经济秩序，构筑了全球产业链分工模式。在这一模式下，发达国家处于产业链的中高端，而发展中国家处于产业链的中低端，造成了国与国之间支配与依附的不平等关系。虽然相当长时间内，全球产业链的发展，在一定程度上促进了世界经济的发展。但是，以非洲等地区为代表的发展中国家人民，在这一国际政治格局下，被掌握了资本和核心技术的发达国家攫取了大量的非对称利益。全球发展出现失衡的趋势，资本和劳动力回报差距进一步扩大。全球最富有的1%人口拥有的财富量超过其余99%人口财富的总和，有7亿多人口生活在极端贫困之中。对于很多家庭来说，住房、食物和稳定的收入仍然是一种奢望，这是当前世界面临的最迫切的挑战，也是一些国家和地区社会动荡的根源。

在过去数十年里，全球政治经济格局深刻演化，特别是新兴国家借助后发优势，通过代工等方式，取得了高于全球平均水平的经济增长。而发达国家受金融危机影响，出现长期低迷。全球产业布局深度调整，产业链、价值链、供应链融合发展，但是，投资、贸易等规则滞后于现实需求，机制封闭化、碎片化现象凸显。过去长期固化的国际分工体系基础已经发生动摇，但是，全球治理体系难以反映深潜其中的规律变化，其包容性、共生性存在较大的提升空间。这些现象反映出当今世界经济增长、治理、发展模式存在必须解决的问题。

（三）人与自身冲突的心灵危机

美国学者斯塔夫里阿诺斯在《全球通史》中指出："在今天和可以预见的将来，这些发展给个人和社会带来了深刻的问题。现在已到了不能不面对基本原则的时候。人生的意义是什么？人类存在的目的是什么？"随着全球化的曲折前进，推动了以基督教文明为主体的西方中心主义价值观的扩散和传播，其表征就是推广普世价值和输出民主革命。在这种亨廷顿"文明冲突论"背景下，滋生了伊斯兰极端恐怖主义的蔓延，形成现有制度安排下不可调和的价值观矛盾。

人类文明的发展从本质上说是人类精神的发展。根源于人与自身冲突的价值危机，与人类对美好生活的期待背道而驰。人类诞生后，相当长时间内都处在自然化生存状态，近现代科技进步与工业革命使人类超越了自然化生存状态，但又使人类生存过度依赖技术系统并导致与自然及人类自身的严重冲突。今天，人类文明的持续发展要求摒弃传统工业革命的反人性、反自然性，重新使发展回归自然、回归人类本性。人类必须寻找新的发展模式，建构与之匹配的主流价值观，走向新的文明时代。这实际上是一场思想理念的价值革命，是人类自身的反思。未来的价值革命要解决的根本问题是，社会的发展如何更好地体现人的本质存在的意义，以及人类文明新的进化方向。

二 以全球互联互通突破人类文明的危机根源

互联互通是当今时代的元模式。人与自然、人与人以及人与心灵的矛盾，归根结底，在于自然系统、社会系统和心灵系统之间的隔阂。尽管世界充满各种不确定因素，但是，互联互通不仅是工具和手段，也是人类文明发展的内在需求。

（一）打通脚下之路，构建全球连通的物质层

以交通为代表的基础设施往往作为帝国扩大影响的工具，其对帝国兴衰的重要性不亚于地理因素。罗马帝国和奥斯曼帝国修建了从首都通往帝国远方的道路网。中国隋炀帝也修建了从首都到江南的大运河。19世纪中期，英国东印度公司修建了印度铁路网。各个国家要保护自己的

国界，但最重要的是这些国家可以控制多少供应线：商贸路线和跨境基础设施。随着技术革命的推进，人类社会正在发生根本性的变革，历次革命成果促成了蒸汽机、铁路、汽车和飞机等交通工具的更新换代。从浩瀚的星空遥望地球，长约6400万公里的高速公路、200万公里的油气管道、120万公里的铁路以及75万公里的海底电缆，远远超过全球国境线的25万公里。互联互通逐步消解国内领域与国外领域的分界，成为全球新的组织范式，并推动整个世界由政治空间向功能空间转变。

从全球互联互通角度观察，技术力量促进了传统的地缘结构发生了变化。飞机的出现开辟了大气层的空间，在深海运行的海底光缆、在太空运行的通信卫星、在多维空间穿行的战略导弹打破了海陆二分结构，使地缘结构向海陆空天网全维域、立体化发展。资本的力量驱动了人流、物流、信息流在全世界流动，增加了可变量，形成了呈现网络化特征的地缘结构。但是，如果按照里夫金在《熵：一种新的世界观》的说法，地球是一个封闭式系统，这个川流不息的运行不过是内部与外部物质和能量的交换。要推进人与自然界物质交换关系的变革，必须把生态和谐发展的理念和原则全面融入建设全过程，并根据资源环境承载能力、发展基础和潜力，增强基础设施、公共服务、资源环境对人口的承载能力，促进人口分布、经济布局与资源环境承载力相协调，最终实现从消耗型要素供给方式到可持续发展方式的转变，使人类与自然界建立一种和谐伙伴关系，从根本上解决人与自然的生态危机。

（二）打通规则之路，推动全球产业链融合发展

传统国家的战略重要性用领土面积、经济和军事实力来衡量，而如今的世界朝着全球互联互通的方向演变，决定一国实力的往往是互联互通程度，即是否拥有对接全球性资源、资本、人才和其他有价值的资产。世界GDP的40%都依赖于商品、服务和资本的跨境流动。新加坡和荷兰的跨境流动度非常高，这可以让小国家获得远超国土规模的影响力。而即使中国的GDP超过了美国，美国依然有着全球互联程度最高的金融体系，占全球3000万亿金融资产的一半。各地政府都在想尽办法吸引全球产业链的落地，推动经济特区如雨后春笋般出现。这不仅是本地发展之锚，也是融入全球体系的节点。当前，全球发展最快的城市就是那些围绕某些大型龙头企业形成的百万级人口规模城市。这些新兴的城市有助于当地百姓融入世界产业链，对增长的促进作用超过任何一种形式。目前，全球产业链所涉及的范围更加宽广，连接力量不断增强，已经代表了一种更深层次的力量。而那些和世界体系连接程度很低的国家，则容易出现危机和动荡。通过更加积极的互联形式将其纳入全球体系，符合人类共同的利益。

但是，当前的国际分工体系存在非对称利益的现象，构成产业链的四个要素（资本、贸易、人口和科技）并没有形成完全自由化的机制。资本和贸易的流动，成就了发展中国家的工业现代化，也造成了发达国家的产业空心化和资本金融化。同时，发达国家通过严格的移民政策和技术壁垒限制人口和技术的扩散，以保持先发优势。当前，发达国家掌握国际话语权和规则制定权，发展中国家通常集体失语，制约了全球互联互通的进程，形成了次区域化的旋涡。全球治理体系与国际政治经济格局出现较大偏移，资本力量凌驾于主权之上，整个全球产业链的运行缺乏制度化保障。在这种情况下，我们要坚持合作而不是对抗，要"双赢"、多赢、共赢而不要单赢，打通规则之路，不断寻求各国最大公约数、扩大合作面，引导各方达成共识，加强协调合作，共同推动全球治理体系变革。

（三）打通心灵之路，树立命运共同体理念

亨廷顿的"文明冲突论"揭示，在现实的国际关系中，每个国家都有自己的精神家园和价值评价体系。当看到不同的异国情调时，往往产生"我族"意识。特别是西方中心主义价值观的推广，以普世价值的名义形成了一种文明压制的现象。我们看到，人类文明的历史不仅仅是战争与和平、经济枯荣的交替。历史的曲线足够绵长，但其走向就是互联互通。相比传统国界线的冲突，互联互通的竞争的暴力程度要轻微许多，由此，人类可以避免重蹈过去大国争斗的覆辙。全球连通因此也成为一次重塑版图与提升道德的机遇。在全球社会中，道德的检验标准就是充分利用连接来实现功利主义目的，为最大多数人创造最大的幸福。我们正在走在正确的道路上，全球化和互联互通虽然造成了不可避免的严重不平等，但也着实改善了几十亿人的生活质量。一个以连接而非分化重塑的世界或许能推动"我们—他们"心态进化为更为宽广的"我们"为特征的人性化身份认知。全球化互联文明的发展就是分隔和突破在不断膨胀的维度上对立统一的产物。分隔和突破如阴阳两极，既相辅相成又相互牵制，两者处于永恒的互动状态，在战略目标下归于统一。要想吸

引外资来振兴基础设施，美国就必须放松某些管制。要想让人民币国际化，就必须进一步开放自己的资本项目。

全球互联互通面临着利益交织、权力多极、多国共治的局面，各国处于相互交织的关联网中，传统竞争格局演变为一荣俱荣、一损俱损的竞合状态。在基础设施、市场、科技以及供应链连接全球的基础上，更需要一个更为宏大的全球化思维和道义责任，以实现更加公平和可持续的未来。全球互联互通尊重和表达各种文化、理念和发展模式，展现不同区域和国家的文明多样性，不断塑造人类共同价值体系。全球互联互通的观念互通并不是观念统一，而是观念相容、和而不同，最大限度实现有差异的观念间的沟通，寻找各国不同价值观念中的最大公约数。全球互联互通的基本价值观就是倡导均势发展和包容发展，这既不是另起炉灶，又可以从价值层面解决南北差距以及中心—边缘分工不公平等问题，使人类命运共同体理想具有现实可行性。

三 "一带一路"引领全球互联互通伟大实践

"一带一路"倡议符合全球互联互通的精神内涵，是全球互联互通理论与实践结合的纽带和典范。在当前世界经济增长低迷的情况下，坚持共同发展、共同治理和共享普惠的理念，与沿线各国推进"一带一路"建设，为全球治理提供公共产品和服务，可以说是恰逢其时，天时地利，符合国际社会的根本利益。

（一）物理联通，"一带一路"助推全球网络体系建设

当前，世界经济增速处于近年来最低水平，经济增长动能不足，难以支撑全球持续稳定增长。短期政策性刺激效果不佳，深层次结构性改革尚在推进。人工智能、3D 打印等新技术虽不断涌现，但新的经济增长点尚未形成。在全球经济增长的动能转化换挡期，加快以基础设施为主导的设施联通建设，不仅可刺激经济发展，而且对加强沿线国家的经济社会交流，优化各国土地、劳动力和资本等资源配置具有十分重要的意义。

1. 网络化

全球化发展打破了地缘政治学的格局，国家主权所辖的政治空间转

向功能空间,基础设施的网络化超过领域边界的限制,包括互联网系统、通信基础设施、有线电视、石油管道、铁路、公路、航空、跨国电子网络等,全球基础设施的迅速发展使世界从割裂走向连接,从民族分隔走向融合发展,逐步将迈入全球网络文明体系。互联互通将交通、电力、电信基础设施综合为单一系统,该系统归所有相关方以及外国投资者和经营者共同所有,使非洲等一些区域变得更加紧密,增加了对全球投资者的吸引力。但是当前,全球基础设施的投资建设集中在发达国家,发展中国家的设施密度和等级处于较为落后的阶段。要通过"一带一路"的建设,改变优势基础设施资源过度集中在发达国家的现状,推动东南亚、非洲、中亚等重点区域设施均衡发展,优化建设布局和形态,让基础设施在更大范围内产生规模效应和网络效益,带给人类更大的福祉。

2. 低碳化

长期以来,人类和自然系统共生共存、协调发展。工业化发展一方面创造了前所未有的物质财富,也产生了难以弥补的生态损害。在"一带一路"物理联通的过程中,要倡导绿色、低碳、循环、可持续的生产生活方式,持续推进2030年可持续发展议程。比如,能源博弈是第二次工业革命以来地缘政治的重要内容。而能源互联网是一种依靠先进的电力电子技术和信息技术,能够实现能量和信息双向流动,具备可再生性、分布式等优势特征。通过能源互联网等先进理念技术在"一带一路"倡议的推广,不仅可以推动相关国家冲突与对抗为主的"零和博弈"转变成以合作与互利为主的"双赢"模式,而且推动以化石能源为支柱的能源体系向以可再生能源为基础的可持续能源体系的转型,开拓生产、生活、生态良性互动的发展新模式。

3. 标准化

标准作为世界的通用语言,对促进全球经济贸易和合作、技术创新和绿色可持续发展等方面发挥着不可替代的作用。特别在推动"一带一路"建设过程中,标准是经贸往来和产业合作重要的技术基础和技术规则。要加强同"一带一路"沿线国家基础设施建设规划、技术标准体系的对接,深化标准化双、多边合作,发挥标准互联互通作用,促进投资贸易便利化。建立统一的全程运输协调机制,促进国际通关、换装、多式联运有机衔接,逐步形成兼容规范的运输规则,实现国际运输便利化。

（二）产业互通，以"一带一路"助推全球化包容发展

经济全球化是历史的发展趋势，促进了人员、贸易、投资和技术等核心要素的流通，改善了人类的福祉。但是，也存在发展失衡、治理困境、数字鸿沟等种种问题。但这些都是前进中的问题，不能因噎废食，要砥砺前行，推动建设一个开放、包容、普惠、平衡、共赢的经济全球化。"一带一路"倡议是落实联合国 2030 年可持续发展议程的重大战略举措，以开放、包容、均衡、普惠的理念，弥补全球化短板，推动全球经济以长周期、大空间、均衡化的状态健康发展。

1. 包容全球化

在全球经济上行期，经济发展的"蛋糕"做大，各参与国、各阶层收益，产生了全球化的增长效应，各个国家都有支持全球化的内在动力，从而推动了全球化的进程；在全球经济下行期间，经济发展的"蛋糕"难以做大，产生了分配效应，并造成部分国家制造业蓝领等阶层利益受到损害，其政党就会迎合诉求，强化贸易保护主义，反对经济全球化。但是如果贸易保护主义成为一致行动，将进一步使全球经济陷入泥潭。因此，我们要坚持长周期的思维，努力创造条件促进世界经济可持续包容增长。"一带一路"建设就是在全球经济增长低迷阶段的重大尝试，倡导贸易畅通，支持开放、非歧视的多边贸易体制，消除贸易壁垒，推动贸易和投资便利化，实现互利共赢。搞保护主义如同把自己关进黑屋子，看似躲过了风吹雨打，但也隔绝了阳光和空气。

2. 共生全球化

帕累托改进是共生全球化的核心理念，就是在不损害任何一方利益的前提下改善一方或多方利益。当前，人类已经发展成为你中有我、我中有你的命运共同体，通过产业链的分工合作，利益高度融合，彼此相互依存。在"一带一路"建设的推进过程中，要坚持共生全球化的理念，分享中国改革红利、发展经验，建设一个"双赢"而非零和的国际分工体系，改变全球产业分工与贸易格局，重塑各国比较优势，推动沿线各国国际分工体系向形态更高级、分工更优化、结构更合理的阶段演进，建立更加平等互利的新型全球发展伙伴关系，夯实世界经济长期稳定发展的基础。

3. 均衡全球化

传统全球化由海而生，海洋国家先发展起来，陆上国家相对落后，并形成了西方中心论,导致东方从属于西方,南半球从属于北半球,陆地从属于海洋等一系列不平衡不合理效应。从卫星上看夜晚的地球,就会发现,只有日本、北美和欧洲发达国家沿海地区灯火灿烂,而世界其他地方的灯火散落暗淡。如何让黑暗的地方灯亮起来?"一带一路"建设鼓励向西开放,以建设经济走廊、经济带为载体,带动中亚、蒙古国等内陆国家的开放,并改变了历史上丝绸之路只是作为东西方贸易文化交流的过道的局面。这将重塑世界经济地理和国家比较优势,让全球化普惠而均衡,这在一定程度上超越了欧洲主导全球化造成的区域不平衡,推动更多国家脱贫致富,对于建设和平、安全和共同繁荣的世界具有重大的战略意义。

(三) 文明融通,"一带一路"助推人类命运共同体建设

宇宙只有一个地球,人类只有一个家园。瑞士联邦大厦穹顶上刻着拉丁文铭文"人人为我,我为人人"。珍爱和呵护地球是人类的唯一选择。要树立人类命运共同体的理念,秉承共同发展、共同治理、共享成果的价值观,支持共生全球化、包容全球化、均衡全球化,为全球经济的可持续发展打造源源不断的核心动力引擎。

1. 共同发展

一百年来,人类经历了两次世界大战的劫难,经历了血腥的热战、冰冷的冷战,在曲折中取得了巨大的进步。发展到今天,挑战和风险仍然层出不穷,冷战思维和强权政治阴魂不散,恐怖主义、难民危机等非传统安全威胁持续蔓延。在这些复杂因素的背后,人类对美好生活的共同期待并没有因此而减弱,和平和发展仍是人类共同的愿望。全球命运与共、休戚相关,和平力量的上升远远超过战争因素的增长。不管民族宗教、文化背景、意识形态、政治制度和社会形态如何,和平、发展、合作、共赢的时代潮流是主旋律。"一带一路"建设的核心价值观恰恰契合这一时代潮流,顺应人民呼声,以产业园区、经济走廊为抓手,把陆上、深海、极地、外空、互联网等领域打造成各方合作的新疆域,而不是相互博弈的竞技场,以推动沿线各国的发展,解决发展中存在的各类问题。

2. 共同治理

世界上有200多个国家和地区、2500多个民族、多种宗教。不同历史和国情,不同民族和习俗,孕育了不同文明,使世界更加丰富多彩。

每个国家不分大小、强弱、贫富，都是国际社会平等成员，应平等地履行义务和参与决策，享受与之匹配的代表性和发言权。全球经济治理体系应适应国际经济政治新格局深度调整的需求，才能为全球经济提供正向保障。"一带一路"建设倡导共商、共建、共享理念，符合国际社会的根本利益，彰显人类社会共同理想和美好追求。在建设过程中，充分尊重各国对各自参与的合作事项的发言权，充分尊重各国的核心利益和重大关切，确保主权平等、权利平等、机会平等、规则平等，致力于共同打造政治互信、经济融合、文化包容的利益共同体、命运共同体和责任共同体，将为全球治理体系提供样板和典范。

3. 普惠共享

"大道之行也，天下为公"。"一带一路"建设的目的是造福沿线各国人民。要让发展更加平衡，就必须坚持人人参与、人人付出、人人共享的发展理念和模式。沿线各国国情不同，资源禀赋差异较大，应鼓励沿线各国根据自身特点，主动投入各类资源，促进各类经济要素自由有序流动、资源高效配置和市场深度融合，形成更大范围、更高水平、更深层次的区域合作，形成欧亚大陆一体化新格局。只有这样，才能保障"一带一路"建设的成果能够为沿线国家所共享，提升"一带一路"建设的公平性、有效性、协同性。

"积力之所举，则无不胜也；众智之所为，则无不成也。""一带一路"倡议为世界描述了一个美好的蓝图，也是一个需要一代又一代人接力跑才能实现的蓝图。只要我们牢固树立人类命运共同体意识，坚持功成不必在我，携手努力，共同担当，同舟共济，为全球互联互通理论和实践做出我们这代人应有的贡献！

后　记

2016 年 8 月 17 日，习近平主席在北京出席推进"一带一路"建设工作座谈会并发展重要讲话。国家开发银行党委高度重视，立即组织全行学习讲话精神。胡怀邦董事长指出，国家开发银行作为世界上规模最大的开发性金融机构，在推动"一带一路"建设过程中负有义不容辞的责任。郑之杰行长要求加强基础研究，梳理"一带一路"的理论逻辑，发现建设过程中的困难，增强对国别的了解，亲自布置撰写"一带一路"经济分析报告。

接到任务后，国家开发银行研究院高度重视。首席经济学家兼研究院院长刘勇亲自组织，迅速成立了工作组。工作组首先调研包括中国社会科学院世经政所、亚太战略研究院、北京大学在内的多家研究机构，在多次调研比较后，最终选择与国家开发银行研究院有多次合作的北京大学和具有国际影响力的联合国开发计划署，共同组成联合研究课题组，意在结合国家开发银行的开发性金融机构实践优势、北京大学的学术优势和联合国开发计划署的国际视角，客观、全面地揭示"一带一路"的理论逻辑和客观实践，做出一份服务国家战略、服务国家开发银行融智建设、服务同业与企业的务实、综合和权威的报告。

报告的撰写过程时间紧、任务重。9 月 5 日，联合研究课题组编写方案，呈报行领导，工作计划第一时间落地。10 月底，刘勇院长要求联合课题组在元旦之前完成初稿的撰写。课题组全体成员夜以继日，加班加点，北国漫漫寒夜里的国家开发银行办公室，北京大学小西门外的 24 小时肯德基，都见证了课题组成员挑灯夜战的身影。报告初稿终于在 2017 年元旦前完成。元旦到春节期间，联合研究课题组又组织了四次研讨会和征求意见会，来自北京大学、联合国开发计划署等多位专家纷纷提出了宝贵的修改意见。经过多轮修改、排版、统稿，终于在春节前完成定稿，在"一带一路"国际合作高峰论坛前做好了发布准备。报告被列入了联合国开发计划署与中国政府于 5 月 14 日高峰论坛签署的《共建"一带一路"行动计划》成果清单，原计划报告在峰会上发布，后根据"一带一路"领导小组办公室建议，决定将报告于峰会后发布。因此，联合研究课题组成员 8 月份再次动员起来，更新报告中的数据、国别情况等，力求展现最新、最及时的研究成果（更新到 2016 年）。经过"一带一路"领导小组办公室的审阅并于 10 月底正式批复，此版报告定名《"一带一路"经济发展报告》，并于 2017 年 11 月修改完成终稿。

《"一带一路"经济发展报告》得到国家开发银行、北京大学、联合国开发计划署等单位领导的高度重视。国家开发银行首席经济学家、国家开发银行研究院刘勇院长作为课题组长，主持课题并带领开展研究。朱文彬副院长、徐英九副院长等作为副组长，对课题进行指导，与课题组反复讨论。北京大学经济学院副院长张辉教授和国际关系学学院翟崑教授对本课题研究给予了鼎力支持，亲自参与并积极组织学生和专家参与写作。国家开发银行研究院国际战略研究处吴志峰处长构思和撰写了报告的写作提纲，组织联合课题组写作和修改，并负责报告统稿和校对。报告第一篇和第二篇即第一章到第五章由张辉、吴志峰、唐毓璇、易天、闫强明和石琳撰写；第三篇即第六章到第九章由吴志峰、温灏、王秀华和刘剑撰写；第四篇即第十章到第十二章由吴志峰、翟崑、顾春光、徐辉等撰写；吴志峰和李一君等组织了报告的发布和出版工作。联合课题组的全体同人为本报告的写作和出版付出了巨大的努力，参与研讨的专家提出了宝贵建议，在此对大家的辛勤付出表示由衷的感谢！

要特别提及的是，联合国开发计划署利用国际组织的多边语言和视角的优势，在中文报告基础上对英文报告进行了精心全面的再创作，使"一带一路"经济分析与联合国《2030 年可持续发展目标》相结合，增加了人类发展视角和社会影响力，并实现了英文报告在联合国开发计划署署长高访期间与中文报告同时发布，整体增强了报告的国际受众面，提升了国内外影响力。在此，我们特别感谢联合国开发计划署团队所做出的辛勤努力，他们包括：BaLazs Hovarth、Cristina Pinna Alena Pachòoni、唐毓璇、郑元、叶浩男、贾子涵、张卢娅、栾笑寒、蔡冰尔、王冰、邵译萱等。

当然，"一带一路"国家的经济发展日新月异，本报告的研究仍然是阶段性的，需要在今后持续进行跟踪和更新。在此欢迎读者对报告提出批评和建议，我们将在今后的研究中积极予以采纳。

国家开发银行研究院

2017 年 11 月